FÉDÉRATION NATIONALE

DES

COOPÉRATIVES DE CONSOMMATION

Siège Social : 29, Boulevard du Temple, PARIS (3e)

16e Congrès National

Tenu à ROYAN

SALLE DU THÉATRE DU CASINO

Les 17, 18, 19 et 20 MAI 1929

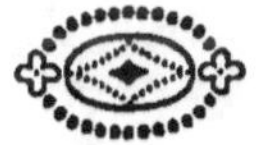

AMIENS
IMPRIMERIE NOUVELLE (Coop. Ouv.)
28-30, Rue des Vergeaux

1929

SEIZIÈME CONGRÈS NATIONAL

Tenu à ROYAN

SALLE DU THÉATRE DU CASINO

Les 17, 18, 19 et 20 Mai 1929

FÉDÉRATION NATIONALE

DES

COOPÉRATIVES DE CONSOMMATION

Siège Social : 29, Boulevard du Temple, PARIS (3°)

16ᵉ CONGRÈS NATIONAL

Tenu à ROYAN

Salle du THÉATRE DU CASINO

Les 17, 18, 19 et 20 Mai 1929

AMIENS

IMPRIMERIE NOUVELLE (Coopérative Ouvrière)

28-30, Rue des Vergeaux, 28-30

—

1929

Fédération Nationale des Coopératives de Consommation

29, Boulevard du Temple, PARIS (3º)

SEIZIÈME CONGRÈS NATIONAL

Tenu à ROYAN

SÉANCE DU 18 MAI 1929 (matin)

La séance est ouverte à 9 h. 15, salle du Théâtre du Casino Municipal.

OUVERTURE DU CONGRÈS

E. Poisson. — Chères Coopératrices, chers Coopérateurs, au nom du Conseil Central, je déclare ouvert le Congrès National de la Fédération des Coopératives de Consommation.

Conformément à nos traditions, le Conseil Central vous propose, pour présider la séance de ce matin, notre ami Charles Gide, avec commé assesseurs Berland, secrétaire de la Fédération du Centre-Océan, et Larquier, président de la Coopérative Régionale des Charentes et des Deux-Sèvres.

Je prie ces camarades de prendre place au Bureau.

Le Président. — Je donne la parole à M. Berland, Secrétaire de la Fédération Régionale du Centre-Océan.

Discours de BERLAND

Berland. — Chers Coopérateurs, c'est à l'usage qui veut qu'un camarade de la Fédération dans laquelle se tient le Congrès prononce une allocution dans la séance d'ouverture, que je dois l'honneur, en même temps que l'angoisse, de me trouver à cette tribune. Je vous demande toute votre indulgence, car je n'ai pas l'habitude de prendre la parole, vous avez pu le constater, d'ailleurs, depuis les longues années que j'assiste à tous nos congrès.

Au nom de la Fédération du Centre-Océan, j'ai tout de même le devoir de souhaiter la bienvenue à tous les Coopérateurs de tous les coins du pays qui sont venus à Royan.

Nous avons l'habitude d'organiser nos congrès dans des villes qui possèdent des organisations coopératives assez puissantes, et cela nous donne l'occasion de voir les perfectionnements et les méthodes employées par nos camarades, de façon que chacun de nous puisse les appliquer, lorsque nous sommes rentrés dans nos sociétés respectives.

Cette année, nous avons dérogé à cette habitude, parce que, dans notre Fédération, il est assez difficile de trouver une ville qui puisse recevoir une assistance aussi nombreuse. Cependant, même dans notre région assez pauvre en villes importantes, nous ne perdons pas l'espoir de vous amener un jour dans une ville où existe une coopérative puissante, et je sais que nos camarades de l'*Union de Limoges* voudraient que nous prenions l'engagement d'aller leur rendre visite dans deux ans, à l'occasion du cinquantenaire de la fondation de la Société. Mais, de cela, nous aurons l'occasion de reparler.

Nous vous avons amenés à Royan, parce que nous avons pensé que, dans ce cadre merveilleux, nos débats pourraient se dérouler avec facilité, et que l'ambiance qui y règne influencerait notre congrès et nous amènerait à envisager les questions que nous aurons à discuter, sans doute avec passion, c'est nécessaire, mais aussi avec calme et pondération.

Notre Fédération n'est pas une de celles qui font beaucoup parler d'elles ; nous sommes loin du soleil, c'est-à-dire loin de Paris, et nous nous contentons de travailler énergiquement à augmenter notre chiffre d'affaires et notre influence.

Ce qui nous caractérise, c'est que, d'année en année, le nombre de nos sociétés diminue, vous pouvez le constater dans le rapport du Conseil central, et que tous les ans nous enregistrons un chiffre moins grand de sociétés. C'est donc, comme diraient quelques camarades, et comme nous l'avons entendu dire dans tous nos congrès, que le Mouvement coopératif rétrograde et que nous arriverons par conséquent à ne plus grouper aucune société.

C'est pour changer un peu cette mentalité que l'an dernier, au Congrès de Grenoble, au nom de notre Fédération, je demandais et j'obtenais que, dans le rapport du Conseil central, on donne, en même temps que le nombre des sociétés qui, à mon sens, n'a aucune signification, le chiffre d'affaires fait par chaque Fédération.

Vous avez pu constater cette année, où on vous l'a indiqué pour la première fois, que le chiffre d'affaires de la Fédération du Centre-Océan, comme celui de la Fédération Nationale d'ailleurs, augmente considérablement. Nous réussissons à nous placer au quatrième rang des Fédérations Régionales, avec 152 millions. Nous n'avons, avant nous, que Nancy, Lille et Paris.

C'est que, voyez-vous, dans notre Fédération, nous avons appliqué les principes de la Fédération Nationale qui vise aux fusions et à la constitution de sociétés de développement.

Nous vous avons fait remettre une brochure qui contient quelques notes, presque en style télégraphique, mais qui vous montre cependant que nous avons à peu près dans chacun de nos départements des sociétés de développement dont la zone d'influence est restreinte.

Nous estimons, en effet, qu'il ne faut pas dépasser un certain rayon, — à l'encontre d'autres militants, mieux placés peut-être qui peuvent sans doute organiser leur affaire dans des conditions plus favorables, — et nous croyons qu'il est préférable de ne pas dépasser le cadre départemental, ou, pour employer une expression qui m'est chère, nous ne devons pas avoir de succursales qui soient au-delà d'une portée de camion.

Nous avons, je viens de le dire, un certain nombre de sociétés de développement, dans notre Fédération. Commençons par la région qui nous reçoit aujourd'hui, la région saintongeoise. La Société Coopérative régionale, fondée il y a quelques années seulement, arrive non pas au premier rang de la Fédération, mais au deuxième, avec un chiffre d'affaires d'une trentaine de millions. Son développement est extrêmement rapide et nous pensons que, d'ici peu de temps, elle aura accompli, comme quelques autres que je vous citerai également, le programme qui a été tracé par notre camarade Poisson, c'est-à-dire celui de doubler le chiffre d'affaires dans un laps de temps assez court.

Je dois citer aussi nos camarades de la Creuse qui, dans leur petit département dont les ressources sont bien modestes, avec une population fort peu dense, sont arrivés cependant à faire un chiffre intéressant. Ne le comparez point aux chiffres que peuvent atteindre certaines sociétés de Paris, du Nord ou de l'Est, mais la Creuse arrive tout de même à faire une vingtaine de millions.

Nous avons d'autres Coopératives encore : l'Union de La Rochelle, que les membres du Conseil central et un certain nombre d'autres militants ont visitée ces jours-ci, qui vient à peine à la vie, parce que, jusqu'à présent, elle avait été handicapée par l'insuffisance de ses moyens techniques qui ne lui permettaient pas de se développer, mais qui vient d'aménager un entrepôt, — un entrepôt assez symbolique : une vieille église désaffectée, — et qui, dans ce temple de la religion dont elle a fait l'acquisition, cultive l'idéal coopératif, remplaçant l'ancien culte désaffecté.

Je ne cite pas les autres sociétés ; je dirai cependant que nos camarades de Niort et nos camarades de Poitiers travaillent dans leur sphère et essayent d'amplifier chaque jour davantage l'idéal coopératif.

Je m'en voudrais et nos camarades de Limoges m'en voudraient aussi, si je ne citais pas l'Union de Limoges.

L'Union de Limoges n'est pas, à proprement parler, une société de développement ; elle n'a aucun magasin en dehors de l'agglomération principale ; pour l'instant, elle n'a aucun désir de s'étendre davantage. Elle se cantonne dans les limites de l'octroi où elle a seize succursales, mais dans une ville de 100.000 habitants, elle réussit à faire 52 millions d'affaires.

C'est dire que si nous avions dans la France entière une fidélité coopérative aussi grande, c'est par dizaines de milliards que nous chiffrerions les affaires de la Coopération française.

J'en aurai fini, camarades, de cette revue de nos sociétés, lorsque je vous aurai dit que nous tâchons que nos sociétés soient aussi fidèles que possible au Magasin de Gros.

Je sais bien que certaines sociétés, et je suis le premier à leur en faire le reproche, ne montrent pas toujours une fidélité suffisante à notre organisme central et ne font pas tout ce qu'elles peuvent pour traiter avec le Magasin de Gros. Un camarade disait hier qu'il était placé loin de Paris, et il faut bien avouer que c'est un petit handicap pour nos sociétés ; mais tout de même, sur nos 152 millions d'affaires, nos sociétés ont fait, avec le Magasin de Gros, un peu plus de 50 millions. C'est un chiffre assez respectable et une moyenne qu'il faudrait souhaiter rencontrer un peu partout.

Je sais bien que, dans ces 50 millions, la Coopérative Régionale que je citais tout à l'heure entre pour à peu près la moitié ; mais enfin, il reste tout de même que certaines sociétés tout au moins s'efforcent de traiter le plus possible avec le Magasin de Gros.

Je termine, camarades, en vous demandant, comme je le disais tout à l'heure de vouloir bien travailler. Mais nous vous avons promis, nous l'avons écrit, que vous auriez le soleil ; il ne se montrait pas beaucoup il y a quelques jours : plus forts que Josué qui se contentait de l'arrêter dans sa course, nous sommes allés le chercher et l'avons amené : nous vous demandons d'en profiter.

Je suis persuadé, camarades, que ce Congrès, comme ses devanciers, fera que Royan, à tous les points de vue et par la réception chaleureuse, non seulement la nôtre, mais celle du soleil, qui vous a été faite, et par les questions qui y seront traitées, et par le sérieux des discussions, et par la sagesse de vos résolutions, comptera parmi ceux qu'il convient de marquer d'une pierre blanche dans les annales de la Coopération.

LE PRÉSIDENT. — Je donne la parole à M. Larquier, Président de la Coopérative Régionale des Charentes et des Deux-Sèvres.

Discours de LARQUIER

Mesdames, chers Camarades, au nom de la Coopérative Régionale des Charentes et des Deux-Sèvres, je vous souhaite à tous une cordiale bienvenue. Nous sommes particulièrement heureux, dans ce petit coin de notre belle Saintonge, de vous voir réunis et nous avons fait tous nos efforts pour que vous soyez bien accueillis.

Vous devez vous demander quels sont ceux qui vous accueillent ; mon devoir est donc de vous indiquer ce qu'est notre Coopérative.

Notre centre d'action ne comprend pas beaucoup d'agglomérations industrielles ; nous sommes des ruraux, des paysans. Mais des paysans à l'âme coopérative, qu'ils tiennent de leurs ancêtres.

Dans une de nos dernières réunions, notre camarade Poisson disait que la Charente-Inférieure, la Saintonge, disons le mot, avait depuis bien longtemps l'esprit coopératif.

C'est au lendemain de la Révolution de 1848 que, dans ce pays, se créèrent les premières boulangeries coopératives, et aujourd'hui, je n'exagère pas en disant que presque dans chaque commune nous avons une boulangerie coopérative.

A la suite de faits malheureux sur lesquels je ne veux pas insister, nous avons voulu porter notre effort vers les coopératives de consommation. Nous avions déjà une société coopérative à Saintes ; c'est celle qui a été le point de départ de notre groupement ; il y avait là de bons coopérateurs qui devraient être aujourd'hui à ma place, mais qui ne l'ont pas voulu. A Rochefort, il existait aussi une société coopérative, à l'Arsenal ; une autre, à Cognac. Nous avons groupé ces sociétés et ce mouvement assez récent, dont nous sommes fiers, nous a permis de passer, en dix ans, de 1.900 sociétaires à 24.000 et de quelques centaines de mille francs d'affaires à 34 millions, chiffre de notre dernier bilan, 34 millions sur lesquels nous avons acheté au Magasin de Gros pour 25 millions.

Nous souhaiterions vivement, — ce qui est peut-être une prétention déplacée de la part d'une société jeune comme la nôtre, — que beaucoup de coopératives fassent comme nous et apportent leur fidélité au Magasin de Gros.

Nous croyons que, sans cela, notre effort coopératif succombera. Si nous avons réussi, c'est que précisément nous avons appliqué, dans

.. toute la mesure où nous l'avons pu, les principes coopératifs. Jamais,. entre nous, de discussions politiques ou confessionnelles, dans un pays qui pourtant a été bouleversé pendant des siècles par la vieille que-relle entre catholiques et protestants : ici, la liberté absolue et jamais de discussion. C'est ce qui a permis la bonne camaraderie et l'amitié sincère qui unit les membres du Conseil d'administration de la Société qui a le plaisir de vous recevoir aujourd'hui.

Voilà ce que nous sommes : des paysans, des ruraux qui s'efforcent d'appliquer les principes coopératifs que notre cher et vénéré maître Charles Gide a exposés dans ses livres, dans ses brochures et dans ses discours.

Nous poursuivons notre effort. Notre ami Poisson nous souhaitait d'arriver en peu d'années à doubler notre chiffre d'affaires ; c'est peut-être beaucoup ; mais en tout cas, nous avons la volonté d'agir et la certitude de réussir. De 34 millions, si nous nous donnons rendez-vous dans quelques années, nous serons arrivés sinon à un chiffre doublé, mais certainement bien augmenté.

C'est dans cet espoir, chers Coopérateurs, que je vous renouvelle mes souhaits de bienvenue.

Discours de M. Charles GIDE

Nous remercions et la Coopérative Régionale des Charentes et des Deux-Sèvres et la Fédération du Centre-Océan, pour la magnifique installation qu'elles ont préparée pour ce congrès. Vous venez de dire que vous nous avez apporté le soleil, mais nous vous apportons l'arc-en-ciel de notre drapeau, et les deux réunis feront le succès de ce congrès.

Les congressistes trouvent ici une leçon que nous n'avons pas trouvée ailleurs ; nous sommes ici tout près d'un grand centre de coopération agricole que quelques-uns de nous ont visité avant-hier et l'entente entre les sociétés de consommation et les sociétés agricoles est le plus grand problème de l'heure présente.

Vous vous étonneriez, chers Coopérateurs, si, en ouvrant ce Congrès, mes premières paroles n'étaient pas pour le camarade qui nous a reçu l'année dernière, au congrès de Grenoble, Casimir Chiousse, qui avait été si heureux de nous recevoir dans sa ville et presque dans sa maison. Ce congrès a été un dernier rayon de soleil au soir de sa vie qui était attristé par quelques déceptions.

Je ne viens pas faire ici sa biographie que j'ai faite ailleurs ; je dirai seulement ce que je lui disais à lui-même, à Grenoble : qu'il était pour moi personnellement un des derniers survivants de la vieille *Union* de la rue Christine, et le compagnon du pèlerinage inoubliable de Rochdale.

Et je n'oublierai pas non plus les autres membres du Conseil Central que nous avons perdus dans cette funeste année : le camarade Garbado, qui avait été le directeur du Magasin de Gros pendant la période si critique de la guerre et après la guerre, un administrateur modèle qui a laissé un petit traité trop peu connu et que je recommande même aux délégués étrangers, sur l'administration des sociétés coopératives ; et Lavielle, qu'un accident stupide a enlevé prématurément, délégué de la Fédération du Sud-Ouest, tout près d'ici, qui aurait été si heureux de se trouver avec nous. Et je me souviens que l'année dernière j'ai rendu hommage à la mémoire de Ponard, de Saint-Claude. Tous ces départs, ce ne sont pas seulement des tristesses, ce sont des pertes, dans le sens le plus vrai de ce mot ; un appauvrissement du Mouvement coopératif.

Nos adversaires disent souvent que la coopération affaiblit ou supprime les individualités. Quelle erreur ! Il n'est pas de mouvement qui puisse plus difficilement que le nôtre se passer des personnalités, car il est plus difficile de créer et de faire vivre une société coopérative que de créer et de faire vivre un syndicat ou une mutualité. Tous ceux qui sont ici en ont certainement fait l'expérience.

Chers Coopérateurs, nous voilà à Royan. J'admire quel hasard heureux trace l'itinéraire de nos Congrès à travers la France ! Aujourd'hui notre « tour de France » nous conduit, après les grandes cités de la houille noire et de la houille blanche, dans cette reine des villégiatures bourgeoises qui est Royan, loin de tous les centres ouvriers, et où, au lieu des hautes cheminées des usines, nous ne voyons à l'horizon que des phares.

Mais n'est-ce pas une intention réfléchie qui vous a fait choisir cette ville de loisir qu'est Royan, pour un Congrès qui, comme celui-ci, a mis précisément à son ordre du jour « L'utilisation des loisirs par la Coopération » ? C'est qu'en effet il y a ici quelque chose de nouveau. Ces villégiatures qui, jusqu'à présent, étaient réservées à la classe aisée, vont être maintenant, grâce à la Coopération, accessibles à tous.

Voilà déjà trente-six ans que la grande société anglaise coopérative de vacances « Cooperative Holydais » a institué cette admirable organisation des villégiatures pour les familles des coopérateurs. Dans son bilan de l'année dernière, elle a enregistré 23.000 semaines de vacances, réparties entre 12.000 familles de coopérateurs. 23.000 semaines de vacances, pensez-vous ce que cela représente : 500 années de bonheur !

Nos coopératives françaises n'en sont pas tout à fait encore là, mais elles y marchent. Déjà cinq villégiatures, dont quatre à la mer et une à la montagne, ont été constituées. Ici, à Royan, vous ne voyez qu'une villégiature bourgeoise ; mais on vous conduira lundi dans les villégiatures coopératives ; et là vous verrez comment la Coopération a permis d'utiliser les loisirs.

Je me permets même de signaler aux rapporteurs de ce Congrès sur les loisirs, que la Coopération me paraît appelée à prendre une plus grande place encore dans l'organisation des loisirs que dans celle du travail. Car si elle a fait merveille néanmoins là où les hommes ne sont rassemblés que pour travailler et pour produire, si ce groupement imposé par des nécessités techniques a pour effet de rendre le travail plus productif il ne le rend pas plus attrayant. Le travail le plus attrayant, le plus fier, c'est le travail isolé de l'artiste devant sa toile, du penseur devant sa table à écrire, du laboureur derrière sa charrue. Mais, au contraire, quand il s'agit de se récréer, que ce soit autour de la table, dans la danse, le sport, les jeux, le concert, le spectacle, l'homme ne se réjouit qu'autant qu'il est en compagnie. L'effort peut être solidaire : le plaisir veut être partagé. Il y a, je le sais, un jeu qu'on appelle le jeu du « solitaire » et ceux que l'on appelle des « patiences » : mais ce nom seul dit assez qu'en fait de jeux ce ne sont que du pis aller.

C'est pourquoi, je le répète, la Coopération, après avoir donné tant de choses dans le domaine économique proprement dit, pourra leur donner plus encore dans le domaine du loisir et de la joie.

J'aurais voulu, comme d'habitude, vous donner une petite revue de ce qui s'est passé cette année ; mais il ne s'est rien passé de remarquable qui puisse retenir notre attention et prolonger ce discours. Les statistiques, si nous nous en tenons aux chiffres, ne disent pas grand'chose de nouveau. Le nombre de sociétaires n'a pas augmenté. La génération actuelle ne paraît pas faire un accueil très empressé au Mouvement coopératif ; mais nous avons plus d'espoir dans la génération qui vient, car ce qui me paraît à noter dans le Mouvement coopératif français, c'est l'effort soutenu pour l'enseignement de la Coopération.

Je me permets de dire aux délégués étrangers que la Coopération française fait beaucoup en ce sens, à tous les degrés de l'enseignement : et dans plus de 3.000 coopératives scolaires, où les enfants, au lieu de s'amuser comme autrefois à jouer aux bataillons scolaires, jouent aux pionniers de Rochdale, et dans ces colonies de villégiature dont je parlais tout à l'heure, où nos enfants respirent, en même temps que la brise de mer, l'esprit vivifiant de la Coopération, et dans quelques lycées et même dans ces Facultés de droit que je connais bien et qui avaient été jusqu'à présent si réfractaires à l'introduction de la Coopération. Voici qu'une de ces Facultés, celle de Lille, vient d'inscrire la coopération parmi les matières d'examen pour le doctorat ; je félicite mon collègue Bernard Lavergne d'avoir obtenu cette consécration officielle de la coopération. Elle n'est encore qu'à titre facultatif, il est vrai et jusqu'à présent pour la seule Université de Lille : néanmoins c'est là une innovation, une révolution dans l'enseignement des Facultés de Droit. Pour moi, pendant quarante-six années que j'y ai passées, j'avais bien le droit d'interroger sur la coopération, mais les étudiants avaient aussi le droit de ne pas l'étudier et ils en usaient et en abusaient. Aujourd'hui, ceux-là du moins qui auront choisi cette matière seront tenus de l'étudier, et même les professeurs appelés éventuellement à les examiner seront obligés de l'étudier aussi, ce qui ne leur sera pas inutile.

Si nous voulons trouver un réconfort et de vastes espoirs, il faut étendre nos perspectives et dans le temps et dans l'espace. Poisson rappelait hier que la Coopération française est internationale. Certainement ! C'est pourquoi il faut regarder dans le vaste monde, au-delà des mers, de cette vaste mer vis-à-vis de nous qui nous invite. L'année dernière, à Grenoble, nous étions au pied des Alpes, mais les montagnes sont professionnellement, si j'ose dire, nationalistes, car leur rôle est de marquer des frontières et de séparer les peuples. Mais la mer, c'est la grande internationale ! Elle convie les peuples sur tous ses rivages : Nous voyons des coopératives briller comme ces phares dont je parlais tout à l'heure. Savez-vous que dans les Indes, il y a 65.000 coopératives de crédit.

Même dans ses îles les plus lointaines, dans les îles de Robinson, dans celles où les faiseurs d'utopies logèrent leurs sociétés nouvelles, on voit éclore des coopératives. J'ai reçu, il y a trois jours, une longue lettre qui venait de l'île de Lifou. Cela ne vous dira pas grand'chose, l'île de Lifou ! C'est une petite île située à une centaine de kilomètres au nord de la Nouvelle-Calédonie. Eh bien ! il y a là des indigènes qui viennent de fonder une société coopérative de consommation. Eux aussi étaient las d'être exploités par les marchands, je ne sais quelle voix mystérieuse, je ne sais quelle télégraphie sans fil, leur a apporté l'idée de la coopération de consommation : ils ont créé une société. Et comme les marchands avaient interdit aux navires de commerce de transporter les approvisionnements de cette pauvre société, savez-vous ce qu'ils ont fait, nos camarades de Lifou ! Ils ont construit un bateau et lui ont donné un nom canaque qui, traduit en français, veut dire magnifiquement, « Le Peuple de Lifou ». La barque est petite, parce que le peuple de Lifou est petit lui aussi ; mais elle sera suffisante pour aller jusqu'à la grande île, chercher les approvisionnements.

N'est-ce pas beau de penser qu'il y a là-bas, aux antipodes, une petite barque qui fera flotter sur le Pacifique le pavillon aux sept couleurs ? Et n'est-ce pas bon de penser que cette même étoile qui a brillé il y a près d'un siècle, pour les Pionniers de Rochdale, brille aussi, de l'autre côté de la terre pour ces indigènes qui, hier encore, étaient des cannibales, et fait descendre sur eux le même rayon d'or ?

Camarades sauvages, camarades à peau rouge, un jour nous verrons vos délégués assis au milieu des délégués des autres pays. Et en attendant, je vous envoie les félicitations les plus fraternelles de ce congrès.

Je vais donner la parole aux délégués étrangers qui nous ont fait l'honneur de venir en très grand nombre et qui donnent à ce congrès, soi-disant national, le caractère d'une assemblée tout à fait internationale.

La parole est à M. Vaïno Tanner, Président de l'Alliance Coopérative Internationale, naguère Président du Conseil des Ministres de Finlande.

Discours de M. Vaïno TANNER

M. le Président, chères Coopératrices, chers Coopérateurs, lorsque, il y a 25 ans, je suis venu pour la première fois en France et que j'ai pris contact avec le Mouvement coopératif français, ce dernier était encore relativement peu important et, ce qui rendait sa situation particulièrement difficile, c'est qu'il se trouvait divisé en deux camps adverses qui refusaient de travailler ensemble. Depuis ce temps, les coopérateurs français ont remporté la plus grande victoire qu'il soit possible de remporter, c'est-à-dire qu'ils ont remporté une victoire sur eux-mêmes et sur leurs propres préjugés. Les deux camps coopératifs concurrents ont opéré leur fusion en un mouvement uni, et, depuis ce temps, la puissance intérieure et extérieure du mouvement n'a fait que s'accroître d'année en année.

Le rapport du Comité Central de l'année passée m'a montré que ce développement favorable s'est poursuivi pendant l'année écoulée, et que cette période a été pour vous une période de prospérité. Permettez-moi donc de vous offrir à ce sujet mes meilleures félicitations.

J'ai la tâche très agréable de représenter à votre Congrès l'Alliance Coopérative Internationale parmi les membres de laquelle se trouve également la Fédération Nationale Française. Cette Union Coopérative mondiale est une des plus puissantes organisations volontaires que connaisse l'histoire universelle. Elle comprend aujourd'hui les organisations de 37 pays différents et la totalité des membres individuels de toutes ces organisations se monte à 50 millions, ou même, si l'on tient compte également des familles des affiliés, à environ 200 millions de consommateurs organisés. Cette imposante République Coopérative étend son influence bien loin, en dehors des frontières de l'Europe, et nous pouvons aujourd'hui, avec bien plus de raison que Charles-Quint, le monarque le plus puissant du commencement de l'ère moderne, affirmer que dans notre Empire, ou plutôt dans notre République, le Soleil ne se couche jamais.

Cependant, il importe peu de savoir si le Soleil se couche ou non, dans un Empire ou dans une République quelconque, ce qu'il importe de savoir c'est ce que le Soleil voit en parcourant son orbite. Sous ce rapport, notre grande République Coopérative offre un aspect susceptible d'éveiller les meilleures espérances. Dans tous les pays, le développement a de nouveau été réjouissant pendant l'année écoulée. Et l'Alliance Coopérative Internationale a pu enregistrer un élargissement de son activité dans différents domaines. Elle a repris contact avec un grand nombre de pays qui s'étaient tenus à l'écart pendant la guerre mondiale et elle a réussi a établir fermement de nouveau ses relations internationales. Elle a abordé et continue l'étude de questions toujours nouvelles, étude dont les résultats profiteront au Mouvement coopératif de tous les pays. On a également, à l'intérieur de l'Alliance Coopérative Internationale, commencé à vouer une attention plus grande au développement d'une collaboration internationale économique. C'est ainsi que la Société Internationale Coopérative de gros est en train d'accomplir des travaux préparatoires pour inaugurer, dans un avenir prochain, un échange international direct de marchandises et de fournir aux organisations nationales de gros les marchandises dont elles ont besoin. Les Banques Coopératives nationales continuent à prendre un contact toujours plus intime et à trouver des formes d'organisation qui permettront à l'épargne coopérative d'être mise au service, au point de vue international, du monde coopérateur. Les institutions nationales d'assurance coopératives continuent, elles aussi, à avoir des pourparlers pour aboutir à une collaboration internationale dans le domaine de l'assurance.

L'Alliance Coopérative Internationale doit une grande dette de reconnaissance au Mouvement coopératif français qui lui a toujours apporté un appui inlassable. Dès la fondation de l'Alliance Coopérative Internationale, les coopérateurs français lui ont prêté leur concours et lui ont toujours fourni des collaborateurs enthousiastes. C'est ainsi que nous avons la grande joie de pouvoir saluer parmi nous aujourd'hui le grand Maître du Mouvement coopératif non seulement de France, mais du monde entier, le professeur Charles Gide, lequel, malgré son âge, exerce toujours son activité en qualité de membre du Comité Central de l'Alliance ; depuis longtemps également, Poisson est vice-président de l'Alliance Coopérative Internationale; Gaston Lévy fait des efforts inlassables pour fonder une Banque Coopérative Internationale et A.-J. Cleuet donne ses meilleures forces pour l'organisation d'échanges internationaux de marchandises. C'est un devoir très agréable d'exprimer ici, à ceux que je viens de nommer et aussi à tous les autres membres du Mouvement coopératif français, les remerciements de l'Alliance pour l'appui qu'ils n'ont cessé de nous donner et pour les nombreuses initiatives qu'ils ont prises.

Je prends la liberté d'ajouter quelques paroles pour vous apporter également un message du Mouvement coopératif de ma patrie, de la Finlande, confinant au cercle polaire.

La Finlande est un pays où le mouvement coopératif occupe une très forte position. En dépit du fait que la population du pays ne dépasse pas 3 millions et demi, nos sociétés de consommation ne comprennent pas moins de 440.000 consommateurs organisés, et le chiffre d'affaires de ces sociétés a atteint 2 milliards et 100 millions de francs dans l'année écoulée. L'organisation coopérative centrale s'est également bien développée, de sorte que le chiffre d'affaires des organisations de gros a atteint un total d'un milliard 200 millions de francs. Une production coopérative est en train de se développer d'une façon prospère de sorte que nous pouvons nous déclarer satisfaits des résultats obtenus, d'autant plus que le mouvement est encore relativement jeune, ne comptant pas même 30 ans.

S'il y a un seul nuage sur le ciel coopératif finlandais, c'est que notre mouvement souffre d'une maladie qui ne laisse pas d'avoir une répercussion affaiblissante sur son activité. Nous sommes encore divisés en deux camps ainsi que l'avait été, en son temps, le Mouvement français. L'appui le plus considérable de l'organisation que j'ai l'honneur de représenter ici, est constitué par les ouvriers des villes et des centres industriels du pays, tandis que l'organisation parallèle est surtout constituée par les agriculteurs de la campagne. En une loyale concurrence, les deux organisations ont, chacune, dans le champ qui leur est propre, travaillé avec d'excellents résultats et ont ainsi contribué à développer le Mouvement coopératif ; cependant, notre puissance serait certainement plus grande si nous pouvions fusionner. Espérons, qu'en imitant l'exemple de la France, nous puissions réussir à trouver la voie de l'Union.

Nous autres, coopérateurs, pouvons être satisfaits d'avoir le privilège de vouer nos forces et notre travail à une cause aussi grande et importante que celle de la coopération, c'est-à-dire l'amélioration du sort des classes les moins aisées de la population. L'idéal que nous cherchons à réaliser est suffisamment élevé pour provoquer, parmi ses partisans, les plus grands efforts. Nous avons, en outre, la satisfaction de pouvoir constater autour de nous, dans la réalité de la vie journalière, les résultats bienfaisants de la matérialisation de notre idéal. Il n'y a peut-être aucune autre idée qu'il aurait été aussi facile de planter dans le sol aride de la réalité et qui, dans un laps de temps aussi court, aurait porté des fruits aussi généreux que l'idée coopérative. Sans exagération, il nous est permis d'affirmer que le mouvement coopératif, pendant les 85 années de son existence, a réalisé plus de changements dans le domaine de la vie économique que la révolution, même la plus sanglante. Notre but est la création d'un nouveau système économique qui doit remplacer le système actuel basé sur le profit individuel de l'économie capitaliste.

Camarades, je conclus en souhaitant le meilleur succès aux délibérations de votre congrès.

LE PRÉSIDENT. — La parole est à M. Lorenz, délégué du Magasin de Gros des Coopératives allemandes.

Discours de M. LORENZ

Chers Coopérateurs, au nom de l'Union Centrale des Coopératives allemandes et du Magasin de Gros des Coopératives allemandes, je vous remercie pour votre aimable invitation. Pour ma part, j'y ai répondu d'autant plus volontiers que c'est la première fois que j'ai l'honneur d'assister à votre Congrès.

C'est une bonne chose que les coopérateurs des différents pays se rendent à des réunions comme la vôtre, apprennent à s'y connaître mutuellement et retirent de leurs conversations un enrichissement réciproque.

Je voudrais vous dire quelques mots de notre mouvement et de nos organisations. Quelques mots seulement, car votre presse coopérative comme la nôtre, vous tient au courant de ce qui se passe chez nous.

Nous pouvons, étant donné les circonstances, nous réjouir sincèrement des progrès des organisations coopératives dans notre pays. Je dis : « étant donné les circonstances ». Car la situation économique de l'Allemagne n'est pas bonne. Le chômage, l'amoindrissement des revenus frappent particulièrement les classes populaires, les milieux ouvriers parmi lesquels se recrutent les membres de nos sociétés.

L'Union Centrale des Sociétés coopératives allemandes (Z. D. K.),
qui a été fondée en 1903 et comptait alors 684 sociétés coopératives,
en groupe aujourd'hui 1.050. Ses sociétaires sont au nombre de 2.900.000.
Ils ont été beaucoup plus, mais nous avons progressivement éliminé ceux
qui n'étaient sociétaires que sur le papier. Le *chiffre d'affaires* s'était
élevé en 1927 à 881 millions de marks ; en 1928, il a atteint 1.100 millions de marks. Sa production propre est passée de 241 millions de
marks à 303 millions de marks en 1928. Boulangeries et boucheries
sont le plus communément exploitées. Le *capital* versé est passé de
30.4 millions de marks à 48 millions de marks. Les *réserves*, qui atteignaient 28 millions de marks en 1927, se sont élevées en 1928 à 36 millions de marks. Les dépôts d'épargne des membres des coopératives
étaient, en 1927, de 175 millions de marks et en 1928 de 253 millions
de marks. C'est la preuve de la grande confiance que les coopérateurs
ont dans leurs organisations.

Le *Magasin de Gros des sociétés coopératives allemandes* (G. E. G.),
a été fondé en 1894 par 47 sociétés coopératives, au capital de 34.500
marks. Aujourd'hui *882 sociétés coopératives* y adhèrent. Le capital
est de 15 millions de marks. Le chiffre d'affaires est passé de 373
millions de marks en 1927 à 445 millions de marks en 1928. L'augmentation constatée dans la production propre des articles de première
nécessité est particulièrement réjouissante : 63 millions de marks en
1927 conre 105 millions en 1928, soit une progression de 67 %.

La *Production propre* a fait de grands progrès. Le Magasin de Gros
possède actuellement 52 entreprises de produits différents. Un moulin,
une fabrique de pâtes, une fabrique de tissus viennent d'être établis
sur des bases nouvelles.

Pour l'approvisionnement rapide des sociétés coopératives, nous disposons de 17 entrepôts dans les différentes régions du pays.

La position matérielle de la G. E. G. est favorable et solide. Ses
réserves atteignent 14 millions de marks.

Les dépôts bancaires auprès de la G. E. G. s'élèvent en 1928 à 104
millions de marks.

Outre la production coopérative, nous nous occupons de deux compagnies d'assurances : la « Volkfürsorge » et l' « Eigenhilfe ».

La *Volksfürsorge* a été établie en 1913 par 58 actionnaires. Elle en
compte aujourd'hui 172. Le capital se monte à 2 millions et demi de
marks. Le nombre des polices est de 1 million et demi. Les sommes
assurées atteignent 582 millions, les versements aux assurés ont été, en
1928, de 2 millions de marks.

L'*Eigenhilfe* fonctionne depuis 1926. Son développement est satisfai-
sant. Elle a été fondée par 35 actionnaires au capital de 3 millions de
marks. Le nombre des polices est de 392.000. Les sommes assurées
se montent à 2.005 millions de marks.

La *Caisse de retraites* de l'Union Centrale des sociétés coopératives
allemandes existe depuis 1906 ; 357 organisations, avec 28.500 assurés,
en font partie. Ses *versements* se sont élevés en 1928 à 1.250 millions
de marks. Les biens possédés par la caisse atteignent 20 millions et
demi de marks. La caisse sert des pensions d'*invalidité* et de *vieillesse* ;
elle sert également des rentes aux *veuves* et aux *orphelins*.

Nous nous sommes efforcés, par la parole, par la plume et par tous
autres moyens de faire connaître la valeur et la portée de nos organisations. Nos efforts ont été couronnés de succès.

Nous avons pourvu au recrutement des directeurs et des employés de nos sociétés par des cours et des enseignements d'ordre divers. Nous espérons ainsi assurer au Mouvement les hommes et les chefs dont il a besoin.

Tandis que nous pouvons, dans l'ensemble, nous réjouir des résultats de notre travail coopératif et de notre propagande, nous menons, d'autre part, une lutte acharnée contre les adversaires de la coopération, en particulier contre les intermédiaires, lesquels nous combattent par des moyens qui ne sont pas toujours loyaux et menacent notre Mouvement d'une lutte légale et fiscale. Nous ne craignons pas la bataille ! Nous sommes assurés que notre Mouvement en sortira victorieux.

La compréhension de la nécessité de l'économie coopérative groupe toujours plus autour de nous les masses populaires, dans l'intérêt du pays tout entier.

Ainsi, chez nous comme chez vous, c'est la même marche en avant.

Un des vôtres, Daudé-Bancel, nous a apporté, dans un des derniers numéros de la *Konsumgenossenschaftliche Rundschau* des renseignements précieux touchant votre Mouvement. Nous sommes heureux de vos grands progrès et nous vous souhaitons, pour l'avenir, un aussi beau développement. Votre grand théoricien, l'éminent professeur Charles Gide, connu et vénéré par les coopérateurs du monde entier, contribue, d'une façon remarquable, à l'élargissement spirituel de l'idée coopérative.

Les *capitalistes* de chaque pays sont des concurrents respectifs ; les *coopérateurs* de tous les pays sont des amis. Ils se réjouissent des succès qui sont remportés dans les autres pays ; ils travaillent en commun *pour une grande idée et une grande tâche.* C'est là une des différences qui distingue l'économie capitaliste de la production et de la répartition coopératives.

Nous souhaitons à vos délibérations les meilleurs résultats, à vos organisations les plus grands succès.

Le Président. — La parole est à M. W Swindlehurst, représentant de l'Union des Coopératives britanniques.

Discours de M. W. SWINDLEHURST

C'est pour nous un grand privilège d'apporter aux représentants du Mouvement coopératif français le salut fraternel et les vœux cordiaux du Mouvement coopératif de Grande-Bretagne et d'Irlande.

La coopération britannique n'a-t-elle pas profondément influencé la pensée coopérative dans tous les pays du monde, et les pionniers de Rochdale ne jouissent-ils pas, à juste titre, d'une renommée internationale. Et ne sommes-nous pas, de notre côté, redevables à de grands écrivains et de grands dirigeants français comme le Professeur Gide et M. E. Poisson, des contributions qu'ils ont apportées à la pensée coopérative ?

En Grande-Bretagne, nous avons été particulièrement heureux de constater ces dernières années, la croissance du Mouvement coopératif de consommtion en France et nous prévoyons le moment où le nombre de vos sociétaires et votre chiffre d'affaires seront égaux à ceux de notre Mouvement britannique. Rien ne pourrait vous être plus agréable, nous le sentons, que les progrès constants de la coopération britannique en face des graves difficultés, résultant d'un chômage inouï et qui peut difficilement être imaginé en France où le nombre des chômeurs est, en somme, négligeable. En dépit de cet handicap extraordinaire, la population de Grande-Bretagne continue d'adhérer à notre

Mouvement avec un empressement accru; si bien que dans ces jours pénibles de dépression industrielle, les chiffres de nos transactions ont marqué une progression extrêmement encourageante.

A la fin de 1927, cinq millions et demi de personnes étaient sociétaires du Mouvement coopératif. Nous comptons aujourd'hui six millions de membres, et, avec leurs familles, il n'est pas inexact d'affirmer que la moitié du pays est coopératisée. Naturellement, cela ne nous suffit pas. Nous ne serons satisfaits que le jour où toute la nation sera enrôlée dans notre grand Mouvement. Nous avons des raisons de penser que notre Mouvement y parviendra, car l'accroissement du nombre des sociétaires durant ces dernières années a été plus grand qu'auparavant. Si notre progression se poursuit au rythme actuel nous aurons à travailler dur pour fournir aux nouveaux venus les services qu'ils réclament. L'accroissement du nombre de nos sociétaires s'est accompagné d'un accroissement parallèle de notre chiffre d'affaires. Les ventes de nos sociétés de détail sont passées de £ 184.880.000 en 1926 à £ 200.000.000 en 1927. Nous pouvons prévoir avec quelque certitude que lorsque le chiffre d'affaires de 1928 sera connu, il fera apparaître une augmentation notable de nos ventes totales et du nombre de nos sociétaires. Vous remarquerez que cet énorme volume de transactions impose une lourde responsabilité à ceux qui sont appelés à diriger les destinées des sociétés coopératives. Il suffit de songer que nous avons, pour les seules sociétés de détail, plus de 10.000 maisons de vente au service de nos membres et que de nouvelles s'ajoutent chaque jour. Les services centraux de l'Union coopérative à Holyoake House, à Manchester, n'existent que depuis 1911, mais l'énorme accroissement du nombre des sociétaires et la variété des services juridiques, financiers, littéraires, d'éducation et de propagande ont nécessité l'adoption immédiate d'un plan pour l'extension des services centraux.

Même dans l'exploitation agricole où les conditions financières d'après guerre ont été mauvaises, le Mouvement coopératif peut se flatter, en raison de l'étendue totale de ses domaines, d'être « le plus grand propriétaire foncier de Grande-Bretagne ».

Une de nos récentes découvertes durant ces dernières années, c'est que le succès lui-même comporte des difficultés et des problèmes spéciaux. Mais nous nous efforçons de regarder en avant et de prévoir ces difficultés pour que rien n'entrave notre progression. Les trusts et les cartels sont les rivaux les plus dangereux auxquels la coopération se heurte en Angleterre et comme les trusts et les cartels ont un caractère international, il n'est pas douteux que c'est là une difficulté que votre Mouvement rencontrera de plus en plus à mesure que vos succès iront en s'affirmant. L'Union Coopérative fait un effort vigoureux pour amalgamer les sociétés dans une situation économique difficile et constituer de larges unités coopératives capables de combattre la menace des trusts et des cartels capitalistes.

Dans quelques jours, nous prendrons part au grand congrès annuel du Mouvement coopératif britannique à Torquay. Nous pourrons dire à ce congrès l'enthousiasme et le véritable esprit coopératif que nous avons trouvés parmi les coopérateurs français. Au nom de l'Union Coopérative de Grande-Bretagne et d'Irlande, nous vous adressons nos plus vives félicitations et nous exprimons l'espoir que vos efforts aient pour résultat l'élévation du niveau de vie des coopérateurs français et de toute la population de votre pays.

Le Président. — La parole est à M. Skatula, délégué de la Fédération Centrale des Coopératives Tchécoslovaques.

Discours de M. E. SKATULA

Monsieur le Président, chers Coopérateurs, j'ai la mission honorable de vous remercier au nom de la Fédération Centrale des Coopératives Tchécoslovaques de votre aimable invitation pour ce Congrès et en même temps de vous apporter les meilleures salutations de cette Fédération.

Nous, en Tchécoslovaquie, suivons très attentivement votre Mouvement et nous nous réjouissons de tous vos succès, obtenus dans le champ coopératif. Les relations amicales entre les deux Fédérations, la nôtre à Prague, et la vôtre à Paris, sont plus fréquentes et la visite occasionnelle de vos représentants à Prague a contribué beaucoup au rapprochement et au raffermissement des liens réciproques.

Nous connaissons bien le rôle de la France dans l'histoire et dans le présent de la Coopération et l'intérêt que nous prenons pour vos grands penseurs du Mouvement social et coopératif est chez nous toujours très vif.

Permettez-moi, maintenant, chers coopérateurs, quelques mots d'information sur notre Mouvement coopératif. Il y a en Tchécoslovaquie à peu près 15.000 coopératives de différents groupes dont la plupart sont des coopératives de crédit agricole. La Fédération Centrale des Coopératives Tchécoslovaques, à Prague, que je représente ici, à votre Congrès, a pu grouper plus de 1.200 sociétés coopératives de consommation, de production, d'affermage, de construction et de crédit avec un chiffre total de 500.000 sociétaires et plus de 1.200 millions de couronnes tchécoslovaques de chiffre d'affaires. La Fédération est une Centrale des coopératives ouvrières, la plus grande du pays.

La majorité des sociétés coopératives, appartenant à la Fédération, forment les sociétés coopératives de consommation ; elles ont environ 400.000 sociétaires avec un chiffre d'affaires de presque un milliard de couronnes tchécoslovaques.

On peut dire en général que notre Mouvement coopératif s'est consolidé, que le progrès de la centralisation est en marche et que, par conséquent, les services rendus aux consommateurs organisés par les sociétés sont toujours plus grands. Différentes réformes internes du système administratif et commercial ont contribué aux meilleurs résultats. Nous avons aussi obtenu de réels progrès pour notre presse coopérative et d'éducation. L'œuvre de propagande, notamment parmi les ménagères, s'est diffusée et perfectionnée. La fondation d'une École supérieure des Études Coopératives à Prague est un fait très remarquable pour notre mouvement.

Aussi le développement de notre Magasin de Gros, avec ses 500 millions de couronnes de chiffre d'affaires, la production coopérative toujours croissante et les progrès de notre Banque Générale et de la Société d'Assurances marquent le chemin vers la démocratie et vers un ordre coopératif de notre pays.

Le Mouvement coopératif de Tchécoslovaquie m'a chargé de féliciter votre Mouvement pour les résultats qu'il a atteints et de lui exprimer son sincère espoir de voir cet important Congrès marquer, par ses délibérations, une nouvelle étape vers la réalisation de votre idéal.

Les coopérateurs tchécoslovaques, qui se réjouissent de vos succès, vous invitent à poursuivre, avec eux, le but commun et par l'association internationale des consommateurs, à faire régner la paix et la fraternité universelles.

Vive le Mouvement coopératif en France !

Vive la solidarité coopérative internationale !

Le Président. — La parole est à M. Serwy, de l'Office Coopératif Belge.

Discours de Victor SERWY

Monsieur le Président, chers Camarades, le protocole de nos Congrès nationaux nous crée une agréable obligation, celle de nous saluer en toute fraternité, de nous communiquer les progrès accomplis par les organisations de chacune de nos nations et d'échanger nos espérances en l'avenir de notre Mouvement.

Nous applaudissons de tout cœur à l'avance qu'enregistrent vos sociétés de développement, votre Magasin de Gros, votre Banque et tout votre Mouvement. Vous avez doublé tous vos chiffres depuis 1914 et vous être en train, fidèles au mot d'ordre donné par votre Congrès de Bordeaux : de doubler pour 1937 vos effectifs et votre chiffre d'affaires actuels :

3 milliards et demi de francs d'affaires,

7.500 succursales,

3.500.000 coopérateurs.

Ce sont là les forces coopératives de ce pays sorties de la pensée des Pionniers de Lyon et de l'effort de milliers de pauvres consommateurs conscients.

Réjouissons-nous en !

En Belgique, nous pouvons aussi nous féliciter de voir notre Mouvement s'étendre, grandir chaque jour, affirmant d'une façon claire, précise son caractère de lutte contre les puissances d'argent et de domination capitaliste. Notre Coopération conserve son contact avec le Syndicalisme et le Parti Ouvrier, car ce sont les organisations qui doivent nous aider à conquérir la République coopérative et sociale. Les appels qu'elle a adressés à maintes reprises aux organisations coopératives neutres ne sont pas parvenus à les faire sortir d'une économie purement ménagère. Quant à notre Coopération agricole belge, elle est complètement cléricalisée et pis est, elle est en voie de devenir une puissance capitaliste alliée aux trusts et aux grandes sociétés anonymes industrielles et financières.

Au fur et à mesure que notre Mouvement s'amplifie, progresse, le capitalisme se développe, se défend contre l'emprise coopérative et l'attaque. Il appelle à son aide des Gouvernements pour taxer les sociétés coopératives, il crée lui-même des boulangeries, des magasins dans lesquels il s'efforce d'attirer les consommateurs par les bas prix, sacrifiant chaque année des millions. C'est l'histoire de nos magasins patronaux, qui ne sont établis que là où il y a des coopératives et qui ne sont créés, de l'aveu de leurs promoteurs, que pour détruire les coopératives socialistes.

Ne nous endormons point sur les quelques lauriers conquis, sachons que les luttes du passé ne sont rien en présence de celles qui attendent les futures générations. C'est vrai pour nous, en Belgique, ce doit être exact en France, où les sociétés de développement ont à lutter contre les maisons à succursales multiples qui, rien que dans le commerce de l'épicerie vendent pour près de cinq milliards et demi, possèdent deux milliards de capitaux et ont une armée de 86.000 employés.

Nous ne gagnerons l'enjeu de la lutte engagée entre les masses des consommateurs et le capitalisme que si nous restons fidèles aux principes de Rochdale et surtout si nous nous imposons le devoir de les appliquer dans notre existence de chaque jour : fidélité complète à nos magasins, confiance entière en nos sociétés. Toute notre consommation, toutes nos épargnes à la Coopération pour atteindre notre libération économique : Etre nos propres commerçants, nos propres producteurs, nos propres banquiers.

Dans ce Congrès vous envisagez le problème de la rationalisation dans ses rapports avec la Coopération. Le mot est nouveau, l'idée est vieille, car elle est à l'origine de notre Mouvement. Tout le programme de Rochdale, comme celui qu'exposait votre Président à Paris en 1880, n'énonce-t-il pas l'idée du meilleur rendement qui y préside : du producteur au consommateur, plus d'intermédiaires : le juste prix. Des débits de marchandises, bien distribués en nombre suffisant pour servir les besoins et non pour réaliser des bénéfices, achats aux sources et à la production, crédit à prix de revient.

Voilà la rationalisation.

La Coopération, c'est le système économique rationnel par définition. Elle a par surcroit pour elle la justice, l'équité et la solidarité. Elle est encore timide. Notre ennemi, le capitalisme, lui, est audacieux. Nous ne serons pas des gens de peu de foi. Nous aurons confiance en nous-mêmes, nous ne craindrons point les difficultés et nous ne reculerons point devant les obstacles de toutes espèces : cartels, trusts, ni devant toutes les embûches que nous tendent protectionnisme et militarisme, parce que nous savons dans le tréfond de nous-mêmes que c'est pour la concorde entre les hommes, pour la paix entre les peuples que nous travaillons.

Le Président. — La parole est à M. E. O. Zellwenger, de l'Union Suisse des Sociétés de Consommation.

Discours de M. E. O. ZELLWENGER

L'Union suisse des Sociétés de consommation s'est fait un plaisir de répondre à votre aimable invitation et d'envoyer une délégation à votre congrès pour vous apporter les salutations cordiales des Coopérateurs suisses et l'expression de leur profonde sympathie à l'égard du Mouvement coopératif de France.

Je suis très heureux d'être accompagné de M. Angst, président du Conseil de surveillance de l'U. S. C. et directeur général de la Société coopérative de consommation de Bâle, la plus grande et la plus importante Coopérative de notre pays, qui a réussi à coopératiser la population dans une très forte mesure, puisque, sur 180.000 habitants, elle compte plus de 45.000 familles comme membres et a obtenu l'année dernière un chiffre d'affaires de plus de 58 millions de francs suisses.

C'est pour M. Angst, président du C. S. et pour moi-même un très grand plaisir de venir vous dire combien les dirigeants de notre Mouvement suivent toujours avec un intérêt particulier le développement réjouissant de la Coopération en France. Le bel élan que vous mettez dans l'exécution de votre programme et les progrès remarquables que vous avez obtenus au point de vue éducatif et commercial ne manquent pas de nous laisser une impression profonde des belles qualités qui sont à l'œuvre chez vous. Nous suivons avec admiration surtout vos efforts de propagande parmi la jeunesse avec le concours intelligent du corps enseignant et nous vous en félicitons ; car notre travail d'aujourd'hui est la base pour la construction de demain et c'est à la jeunesse d'aujourd'hui surtout que nous devons inculquer la haute valeur morale de l'idée coopérative ; c'est elle qui devra porter, dans quelques années, en nombre toujours plus grand, le drapeau de la Coopération.

Ce drapeau, je suis heureux de le dire, flotte aussi en Suisse sur un bon nombre de Coopérateurs et sur un Mouvement en bon développement. L'U. S. C. compte actuellement 516 sociétés, qui groupent environ 250.000 familles, dont plus du quart de la population suisse. Le chiffre d'affaires de ces sociétés est d'environ 280 millions de francs suisses au prix de gros.

Grâce à nos efforts pendant les dernières années, nous avons réussi à augmenter dans une bonne mesure le capital social des sociétés aussi bien que de l'Union Centrale ; ceci étant, à part la force de consommation organisée, l'élément principal pour le développement futur de notre Mouvement sur une base saine et solide.

Depuis de longues années nous nous sommes efforcés aussi de centraliser les épargnes de nos sociétaires pour la Coopération et voilà un an que nous venons de créer, avec l'appui de l'Union Syndicale suisse, une Banque centrale coopérative, qui a aujourd'hui un capital social de 6 millions et demi de francs suisses et dont le total du bilan se monte déjà à plus de 70 millions de francs.

En Suisse nous avons renoncé à faire exécuter par une seule organisation centrale les différents problèmes économiques dans le domaine coopératif. Sur l'initiative de l'Union suisse et avec sa participation financière, plusieurs sociétés à buts spéciaux, comme nous les appelons, ont été créées et sont appelées à apporter des éléments très actifs dans la production agricole et industrielle, dans l'assurance, dans la minoterie et d'autres branches économiques.

Par la participation financière dans des entreprises privées, nous tâchons d'y éliminer, autant que possible, l'esprit exclusif du capitalisme privé. C'est ainsi que nous possédons la majorité des actions du plus grand établissement de boucherie en Suisse, avec succursales dans différents endroits pour garantir aux consommateurs une fourniture rationnelle de la viande.

Mais à côté des questions matérielles nous portons toute notre attention aussi au grand rôle moral qui incombe au mouvement dans l'éducation coopérative du peuple. Une propagande intense, à l'aide de 7 journaux, dont 5 hebdomadaires, édités en français, en allemand et en italien, avec un tirage de 270.000 exemplaires, doit nous aider dans cette tâche.

Bien que nous puissions enregistrer des progrès réjouissants dans notre pays, nous savons qu'il y a encore énormément à faire pour approcher du but que nous nous sommes posé. Nombreuses sont les difficultés que nous aurons encore à surmonter, difficultés qui proviennent non seulement de nos adversaires économiques, mais qui se trouvent surtout dans l'indifférence et l'apathie d'un grand nombre de consommateurs, qui ne savent pas encore reconnaître dans toute sa portée le grand rôle économique, social et moral de l'organisation coopérative.

Mais semblable au montagnard dans nos Alpes, qui gravit les pentes abruptes, étape par étape, souvent par mille difficultés et en employant toutes ses forces, pour se lever enfin sur la cime altière baignée dans une immensité de lumière et de soleil, aussi les Coopérateurs s'efforceront de vaincre les difficultés multiples, de monter toujours plus haut dans la réalisation de leur idéal pour procurer plus de soleil, plus de lumière, plus de bien-être dans la vie de tous ceux que nous devons considérer comme nos frères dans le sens le plus large du mot.

Animés de ces sentiments, les délégués suisses vous expriment encore une fois les meilleurs vœux pour le développement grandissant de la Coopération en France.

LE PRÉSIDENT. — La parole est à M. Popoff, représentant le Centrosoyus.

Discours de POPOFF

Permettez-moi de vous transmettre les salutations sincères et les meilleurs souhaits de la Coopération de consommation de l'U. R. S. S.

Le Congrès de Grenoble a décidé d'envoyer une large délégation en U. R. S. S., composée de militants actifs de votre Mouvement, pris à tous les degrés; nous accueillerons avec joie cette délégation et vous assurons que durant son séjour en U. R. S. S. elle trouvera l'accueil le plus amical. Nous ferons tout ce qui est dans notre possible pour que les délégués puissent faire le meilleur usage de leur visite, et aient toute faculté pour connaître les résultats des 12 années de travail de la Coopération soviétique sous le drapeau de la dictature prolétarienne. La Direction du « Centrosoyus » m'a chargé de renouveler son invitation, et de vous exprimer son désir de recevoir une très nombreuse délégation composée des militants de tous les degrés du Mouvement coopératif.

La Coopération de l'U. R. S. S. englobe maintenant 26 millions et demi de membres et fait les 50 % du chiffre d'affaires total du commerce du pays. De ces pourcentages ressort le rôle important que notre Mouvement coopératif a atteint, malgré toutes les difficultés qu'il eut à vaincre, et en même temps, ils démontrent toute l'importance que peut acquérir la coopération lorsque le pouvoir est entre les mains du prolétariat, et lorsque les conditions nécessaires pour l'édification du Socialisme sont obtenues.

Nos progrès sont étroitement liés au développement économique et intellectuel de l'U. R. S. S., ainsi qu'à l'amélioration générale de la vie de notre population.

Les chiffres que je vais vous donner vous instruiront sur les progrès de la Coopération. Le nombre de membres s'est élevé de 15.991.000 en 1926-1927, à 22 millions et demi en 1927-28. Actuellement nous avons 26 millions et demi de membres. Le chiffre d'affaires global s'est accru de 125 milliards 875 millions de francs à 182 milliards de francs. Les capitaux propres du système coopératif qui étaient de 5.937,5 millions de francs au 1er octobre 1927, ont passé à 10.387,5 millions au 1er octobre 1928.

Vingt-six mille nouveaux magasins ont été ouverts ces deux dernières années. La production des usines appartenant à la Coopération de production a atteint en 1927-28, 12.325 millions de francs.

Nous attribuons en 1928-1929 (de nos années économiques) environ 412,5 millions de francs pour nos institutions, telles que : écoles et cours coopératifs, cinémas, radio, etc... pour créer des cadres de coopérateurs éduqués.

Le Commerce extérieur du *Centrosoyus* se développe normalement et a dépassé, en 1928, 10 millions de livres sterling. Comme vous le savez déjà, nos relations avec vos institutions centrales (Banque des Coopératives et Magasin de Gros) sont très étendues. Nos achats et ventes au Magasin de Gros, ou par son intermédiaire, ont atteint en 1928, 3 millions et demi de francs, et nous espérons, à l'avenir, dépasser largement ce chiffre.

Les destructions causées par la guerre mondiale et la guerre civile sont déjà restaurées, et nous avons entamé une période de reconstruction. Toutes nos forces sont dirigées maintenant à rattraper et même à devancer les pays les plus avancés économiquement et techniquement.

Selon les plans quinquennaux du développement de la vie économique de l'U. R. S. S. élaborés par l'Etat, en 1932-33, la production de l'industrie soviétique doit tripler comparativement à 1913. Dans ce but, de gros capitaux seront investis dans l'industrie. Ces capitaux atteindront 220 milliards de francs, alors que dans la période des cinq dernières années, les capitaux investis atteignaient un montant de 59 milliards. Les fonds de l'industrie atteindront vers la fin de cette période quinquennale 413 milliards de francs. Dans ces sommes le secteur socialiste, c'est-à-dire les fonds étatiques et coopératifs, atteindront 68,9 % en 1932-33, contre 52,7 % pourcentage actuel.

Dans les campagnes, nous agrandissons les biens collectifs et comptons, vers 1932-33, recevoir de ces collectivités, au moins 16 % de tout le blé que produit le pays entier.

Ce travail d'édification, cette reconstruction générale sur une base socialiste s'accélèrera puissamment, si l'U. R. S. S. n'est pas attaquée par les Etats impérialistes. La Paix favorise la concentration de tous ses efforts aussi bien sur un développement rapide de l'économie socialiste, que sur un développement intellectuel de tous ses membres.

Il est cependant très facile de constater les progrès croissants des armements. Les traités secrets entre pays capitalistes se multiplient. Le premier Etat socialiste ne peut s'aveugler sur la situation réelle des choses. Actuellement il n'y a pas de « Paix » dans le monde, mais une véritable course aux armements, aux préparatifs de guerre.

La réunion de la Commission Préparatoire pour la Conférence du Désarmement, dont les assises viennent de se tenir à Genève, a démontré une fois de plus que ces réunions n'ont qu'un but : berner les masses laborieuses et masquer les préparations militaires des gouvernements impérialistes, ce qui est prouvé par le rejet des propositions soviétiques sur le désarmement.

Tout ceci a d'ailleurs été récemment constaté par l'un des hommes politiques d'Angleterre les plus en vue, Lloyd George.

L'intérêt même des larges masses de consommateurs ouvriers et paysans — organisés en coopération — est de lutter effectivement pour la Paix. Elles savent que la réalisation de la vraie paix ne peut être acquise que de haute et incessante lutte, contre les dangers de guerre, et cela en liaison active avec les organisations du prolétariat poursuivant les mêmes buts. C'est ce qui nous fait espérer que la Coopération de Consommation française soutiendra au sein de l'Alliance nos propositions qui ont le but primordial d'assurer la paix, de lutter contre les préparations militaires et les armements, contre les tentatives d'isolement de l'U. R. S. S.

La recrudescence de l'offensive capitaliste contre le bien-être acquis par la classe ouvrière rend nécessaire pour la Coopération, dont l'existence même est étroitement liée à celle du prolétariat, de participer à la lutte économique engagée par le prolétariat en commun avec toutes les organisations de la classe ouvrière.

Vive l'amitié des masses coopératives de France et de l'Union Soviétique contre les dangers de guerre !

Vive la Coopération française !

Le Président. — La parole est à M. Ventosa Roig, de la Fédération Régionale des Coopératives de Catalogne.

Discours de M. VENTOSA ROIG

Chers Coopérateurs, ce n'est pas la première fois que j'ai le plaisir de vous apporter dans vos congrès, la fraternelle salutation des camarades de Catalogne. Mais aujourd'hui je suis plus fier de cette agréable mission car au même temps, j'ai reçu du Comité de la Fédération Nationale des Coopératives d'Espagne, le mandat de vous transmettre leurs meilleurs vœux.

Dans d'autres circonstances, nous vous parlions de la constitution de notre Fédération Nationale, comme d'une chose encore lointaine : maintenant c'est déjà un fait et les pourparlers qui ont eu lieu à Madrid l'année dernière ont abouti aux meilleurs résultats, car nous avons réussi à rassembler tous les centres coopératifs qui, jusqu'alors, avaient vécu sans une relation permanente. Seulement les coopératives de fonctionnaires et les coopératives militaires restent en dehors de notre Fédération.

Nous sommes vraiment fiers de ce succès, car c'est une démonstration bien évidente que la coopération est le moyen le plus sûr pour rapprocher les peuples et développer les sentiments de fraternité. Les différences régionales qui ont souvent fait échouer bien des mouvements politiques et sociaux, en cette occasion, se sont effacées, et comme le soleil dissipe les brouillards les plus épais, les principes rochdaliens, appliqués dans toute leur intégrité, ont fait évanouir toutes les suspicions, tous les malentendus.

Il ne faut pas manquer de dire que nous sommes seulement au commencement de notre tâche. Le Mouvement coopératif en Espagne a manqué toujours d'homogénéité. A vrai dire, on ne pouvait parler de la coopération espagnole, car elle n'existait pas. Il y avait une coopération du Nord de l'Espagne et une coopération catalane, et des coopératives disséminées dans d'autres régions, mais sans aucune organisation, dans la plupart de notre territoire, la Coopération était presque inconnue. C'est pour cette raison qu'on ne peut se former une idée exacte de notre Mouvement, car le manque de données fait appliquer à la population globale d'Espagne des chiffres qui, en réalité, se rapportent à une ou deux régions.

Attacher tous ces foyers coopératifs isolés par les liens de la Fédération, faire naître là où ils n'existent pas encore des sentiments de solidarité coopérative, et faire pénétrer notre idéal dans des contrées encore vierges, c'est la tâche qui nous intéresse avant tout et qui sera commencée lors de notre prochain congrès qui aura lieu au mois d'août ou septembre, à Barcelone.

Le travail est difficile, les moyens ne sont pas très abondants, mais par contre, nous avons la volonté de la mener au bout et une foi ferme dans la beauté de l'idéal coopératif.

Le Président. — Je donne la parole à M. Tcheng qui, sans être particulièrement délégué à ce Congrès, parlera cependant au nom de l'Union des Coopérateurs de Chine.

Discours de M. TCHENG

Monsieur le Président, Messieurs les Délégués, je suis très flatté d'être appelé parmi vous et de pouvoir présenter à votre honorable Congrès National, au nom de l'Union des Coopérateurs en Chine, auxquels je me joins avec plaisir, nos sincères félicitations et tous nos vœux pour la réussite de ce Congrès. On dira peut-être que les délégués chinois à l'Assemblée Internationale des Chambres de Commerce, et à celle des Postes, Télégraphe et Téléphone sont toujours les mêmes dans toutes les assemblées, soit nationales, soit internationales ; mais le reproche en tout cas ne concerne pas les réunions coopératives étrangères, car je suis un peu effrayé de la charge qui m'incombe, charge appelant des responsabilités que je crains être supérieures à ma compétence. Je vous devais cet aveu. Je suis honoré aussi d'être à côté des délégués coopérateurs de toute la France et de plusieurs pays Européens. Vous êtes, naturellement, les véritables représentants de l'armée coopérative et convaincus de la valeur de cette doctrine nouvelle, vous représentez, Messieurs, les pays dans lesquels la coopération ne compte que des victoires et de brillants succès.

Quant à moi, je suis ici à titre officieux ; la Chine est un pays extrême oriental avec une population de quatre cents millions et une superficie de territoire égalant au moins celle de la Russie. Mais malgré cette population considérable, cette immensité de terre, elle ne connut rien encore de l'organisation économique jusqu'à la fin du xixᵉ siècle.

Les premiers adeptes du système coopératif furent en effet des pays occidentaux et orientaux à l'exclusion seulement de la Chine. Pourrait-on croire que la Chine, qui réunit toutes les conditions les plus favorables à l'éclosion d'un monde coopératif pût être exclue de ce nouveau monde ?

Bien certainement, Messieurs, vous n'avez pu le supposer un seul instant. Notre départ a été un peu plus tardif voilà tout et cela en raison de notre industrie moderne presque encore dans sa prime jeunesse. Je trouve là l'excuse de ne pouvoir vous en donner une longue définition. Mais ce que je peux vous assurer sans aucune crainte d'être taxé d'exagération, c'est que l'organisation coopérative fait actuellement en Chine des progrès remarquablement rapides et heureux. Evidemment, ces progrès ne pourront atteindre le but désiré que par un effort incessant de tous mes compatriotes et surtout, Messieurs, par votre entr'aide et vos conseils éclairés.

C'est en qualité de frères plus jeunes que notre coopération vous demande de guider ses premiers pas.

Du reste, nous sommes tous frères, puisque nous occupons tous ensemble les quatre points du globe comme le dit notre grand philosophe chinois Confucius, dans ses « quatre livres ». Ici, nous sommes tous confrères, puisque nous poursuivons le même idéal et le même but.

Voilà un bien faible aperçu de l'histoire et de la tendance du Mouvement coopératif en Chine.

C'est grâce aux efforts du professeur Sien-Tchou Seih que nous avons eu les premières notions de cette doctrine. Le Professeur Seih était professeur à l'Université Fuh-Tan de Changhaï. Il commença en 1919 une campagne d'organisation en vue de créer une société appelée « Société des Confrères coopératifs ». Elle comprit à peu près soixante membres, dont quelques notabilités commerciales ; mais la plus grande partie était formée par un certain nombre d'étudiants — je fus moi-même un de ceux-ci.

Aussitôt après l'inauguration de cette société, le Professeur Seih dressa un plan de banque coopérative — toute petite banque au modeste capital de deux mille dollars chinois (environ vingt-quatre mille francs français). Elle adopta dès le début le système Schutze. Ce fut la première banque coopérative chinoise.

Nous croyions à ce moment-là que le Mouvement coopératif connaîtrait de suite un développement rapide, mais la Révolution arrivant, toutes les questions sociales furent provisoirement suspendues. D'autre part, le Professeur Seih mourut juste à cette époque ; ce fut une perte immense pour le Mouvement coopératif chinois. Heureusement, le Gouvernement National de Nankin, unifiant toute la Chine, attira l'attention sur la réorganisation générale de notre pays et en particulier sur la coopération, base de toute l'évolution économique, cette intervention du Gouvernement fut un encouragement des meilleurs. Actuellement, nous réorganisons notre « Société des Confrères Coopératifs » sous une appellation différente : « l'Union des Coopérateurs en Chine ». Cette union a pour but d'étudier et de propager la doctrine coopérative. Désormais la coopération marchera à un pas régulier sans rencontrer d'obstacles malheureux, espérons-le.

Maintenant, permettez-moi avant de vous quitter de vous soumettre quelques statistiques prises au hasard dans la presse quotidienne chinoise :

Actuellement six organisations de propagande coopérative existent avec quarante sociétés de consommation, dont la plupart ont leur siège à Changhaï, et huit cents environ sociétés de crédit, dont les 9/10 sont dans la province du Chili.

En 1928, le Gouvernement National décréta une loi sur la coopération, puis, plusieurs Gouvernements provinciaux créèrent des écoles coopératives.

Le ministre des chemins de fer ordonna en conséquence aux compagnies d'organiser des sociétés de consommation et des caisses d'épargnes mutuelles entre ses ouvriers et employés.

Mais je me propose de le faire un peu plus tard demandant pour cela l'appui de votre puissante publication hebdomadaire.

Il me reste, Messieurs, à m'excuser d'avoir retenu si longtemps votre attention et à vous remercier aussi d'avoir bien voulu me compter au nombre de vos délégués.

Le Président. — La parole est à M. Milan Gravilovitch, délégué de la Coopération Serbe.

Discours de M. Milan GRAVILOVITCH

Cher Maître, chers Coopérateurs, j'ai l'honneur de représenter ici les coopératives serbes, et j'ai malheureusement bien peu de choses à vous dire. Il y a trente quatre ans, en Serbie, il n'existait pas une seule société coopérative et il a fallu qu'un homme de chez nous fasse de la propagande dans nos villages pour convaincre quelques villageois très humbles des avantages de la Coopération et les amener à fonder la première société coopérative de Serbie.

Pendant ces trente-quatre ans, dont il faut déduire six années de guerre, puisque nous avons été en guerre depuis 1912 jusqu'à la fin de 1918, nous avons réussi à fonder près de 2.000 sociétés coopératives, exactement 1977, dont 1183 de crédit et 728 de consommation ; les autres sont des coopératives fruitières, laitières, etc.

Ces coopératives représentent à peu près deux millions de membres ; leur chiffre d'affaires est malheureusement peu élevé : 269 millions de dinars serbes, au total. C'est peu, vous le voyez. Alors qu'un petit pays comme la Finlande, avec trois millions d'habitants, fait un chiffre d'affaires de deux milliards par an, dans ses coopératives, chez nous, alors que notre population est de douze millions d'habitants, nous n'avons pas fait plus de 163 millions. C'est peu de chose ; mais j'espère que le délégué serbe qui, dans quelques années, me remplacera au milieu de vous, aura la joie de vous apporter de meilleurs chiffres.

Au nom des coopérateurs serbes, j'ai le plaisir et le grand honneur de vous saluer ici.

Je suis également chargé expressément d'une autre mission, celle de saluer tout spécialement notre cher maître Charles Gide. Depuis que ses livres ont été traduits en langue serbe, le Mouvement coopératif a pris chez nous son essor. Je vous salue, cher maître, au nom de tous les coopérateurs de mon pays.

Le Président. — Je donne la parole à M. John Renaud, Président de la Société de Consommation de Genève.

Discours de M. John RENAUD

M. le Président, Mesdames, chers Coopérateurs, il peut paraître étrange et je m'en excuse auprès de vous, que la Société de Genève soit appelée à être représentée à ce Congrès, alors que vous venez d'entendre il y a quelques instants le représentant de l'Union Suisse des Sociétés de Consommation. La Société de Genève est toujours une société suisse ; elle n'a pas cessé d'appartenir à la Suisse. Pourquoi cette situation privilégiée ? Est-ce peut-être à cause du caractère international donné à Genève par la Société des Nations et le Bureau International du Travail ? Je crois plutôt, chers amis de la Fédération Française, que la cause doit en être recherchée dans les atomes crochus qui nous lient à la Fédération française depuis de longues années et qui font que vous considérez la Société de Genève un peu comme une fille adoptive.

Quoi qu'il en soit, nous avons été chargés, Grandjean et moi, de représenter notre société à votre Congrès et nous sommes venus ici avec l'intention de mettre en pratique les idées que développera demain notre grand ami Albert Thomas sur l'utilisation des loisirs. Nous sommes venus ici pour utiliser les loisirs qu'on a bien voulu nous accorder, dans l'intérêt du Mouvement coopératif genevois.

Malheureusement, chers Coopérateurs, vous avez donné à vos Congrès un cadre d'une telle magnificence que nous avons jusqu'ici quelque peu failli à nos devoirs en négligeant d'assister aux travaux d'hier, ce qui me fait craindre que nous ne remportions de Royan qu'un bagage un peu mince, tout cela à cause du cadre merveilleux dans lequel vous avez placé vos assises.

Quoi qu'il en soit, nous devons féliciter la Fédération des progrès immenses accomplis par l'ensemble du Mouvement coopératif français, et nous vous présentons ici les vœux de la Société de Genève pour que cette progression s'accentue encore pour le plus grand bien de la

Coopération, au point de vue français comme au point de vue international.

Je voudrais, chers Coopérateurs, pouvoir vous apporter quelque chose, au nom de la Société de Genève. Nous vous apportons le témoignage renouvelé de notre profonde affection, de l'affection des Coopérateurs genevois pour les Coopérateurs français.

Allocution de M. Charles GIDE

La liste magnifique des onze délégués étrangers est épuisée. Avant de donner la parole aux quatre délégués français qu'il nous reste à entendre, je dois accomplir un devoir en remerciant ces délégués étrangers.

Je regrette que l'heure qui s'avance ne me permette pas de remercier chacun d'eux comme il le mérite. Il faudrait dire beaucoup pour chacun.

L'Alliance Coopérative nous apprend, par la présence de son éminent Président, à élever nos vœux au-dessus des intérêts purement nationaux. Et de même a fait le délégué allemand, en disant que les coopérateurs de tous les pays sont amis parce que travaillant à la même œuvre et pour le même idéal. C'est vrai. Coopérateurs allemands et Coopérateurs français, nous pourrions prendre pour devise le titre d'un livre qui a fait grand bruit : « Au-dessus de la Mêlée ». Je crois pouvoir dire que si la Commission des Experts était composée de Coopérateurs français, allemands, anglais et belges, il y a longtemps que son travail serait fini !

Dans l'allocution du Coopérateur britannique, j'ai remarqué qu'il exprimait l'espoir de voir bientôt le chiffre des ventes pour la France égaler celui des coopératives de son pays ! C'est une aimable exagération où nous reconnaissons l'humour britannique.

En attendant, ce que nous pouvons retenir, c'est que le Mouvement des affaires anglaises est de 200 millions de livres sterling, ce qui représente 25 milliards de francs, alors que le nôtre est de deux milliards.

E. Poisson. — Trois milliards et demi ! ne nous diminuons pas !

Charles Gide. — Entendu ! Mais il reste 21 milliards et demi de marge. Pour les Coopérateurs tchèques, je retiens qu'ils ont une Ecole Supérieure d'enseignement de la Coopération. Je regrette que nous ne puissions pas en dire autant en France, pour compléter le bel effort d'enseignement que j'ai signalé tout à l'heure.

Quant aux amis les délégués suisse et belge, je n'en dirai rien, parce que, entre de vieux amis, qui se retrouvent tous les ans, les paroles sont inutiles. On dit : Vous allez bien ? Nous aussi. Et cela suffit, nous nous comprenons.

Que dirai-je du délégué russe ? Voilà qu'une délégation française va faire en Russie le voyage que j'ai fait moi-même il y a cinq ans. Nos camarades trouveront la Coopération russe encore bien plus grande que de mon temps. En présence de ce colosse russe, ils auront le même mouvement de stupeur que les visiteurs du Muséum d'histoire naturelle, quand ils se trouvent en présence du mégathérium. Songez donc que si vous mettez dans un des plateaux de la balance tous les coopérateurs du monde entier, et dans l'autre plateau les 26 millions de coopérateurs russes, la balance penchera en leur faveur. C'est une puissance formidable. Nous faisons tous nos vœux pour que cette puissance formidable pèse de tout son poids pour la paix, sinon pour la paix sociale, du moins pour la paix internationale. C'est ce qu'a dit le camarade Popoff.

Il a terminé en disant : « Vive la lutte... » J'ai un peu frémi parce que je pensais que la finale serait « ... la lutte de classes » ! Mais il a dit simplement, par un rétablissement heureux : « ... la lutte contre la guerre. ». Et ici, nous serons unanimes et je dirai même que nous devons nous féliciter de la présence des Russes à la Conférence de Genève pour le désarmement. Ils pourront faire beaucoup. Ce n'est pas que je ne trouve un peu sévère l'appréciation de Popoff, disant qu'à Genève la Commission du Désarmement n'a pas d'autre but que de berner les classes laborieuses ; mais tout de même, je crois qu'il est bon qu'il y ait des délégués russes, pour stimuler leurs collègues un peu trop diplomates.

La présence du délégué espagnol m'a rappelé que l'Espagne a été déjà souvent représentée à nos congrès alors que nous n'avons pas encore été chez eux. Je suis confus de cette impolitesse involontaire.

Notre camarade Ventosa Roig sait-il que le chemin qui conduisait de France en Espagne a été un des plus fréquenté de l'Europe, pendant tout le Moyen Age, parce que c'était le chemin de Saint-Jacques de Compostelle ? Il n'y a pas beaucoup de parisiens qui sachent que la plus vieille rue de Paris, qui est la rue Saint-Jacques, porte ce nom parce qu'elle était le commencement du chemin qui conduisait au Pèlerinage de Saint-Jacques. Je pense que le jour ne tardera pas où les coopérateurs français, nouveaux pèlerins, reprendront le chemin de Saint-Jacques de Compostelle pour aller voir les camarades espagnols, surtout maintenant que les Pyrénées sont percées de tous les côtés.

Deux pays sont représentés aujourd'hui pour la première fois : la Yougoslavie et la Chine.

Je remercie le Délégué de Serbie d'avoir fait, pour venir parmi nous, les 3.000 kilomètres qui nous séparent de Belgrade — d'autant plus qu'il vient de me dire qu'il avait fait le voyage tout exprès pour nous.

Quant au délégué chinois, il serait exagéré de dire qu'il ait franchi, uniquement pour nous, les 25.000 kilomètres qui nous séparent de son pays. Nous avions la bonne fortune qu'il se trouvait déjà à Paris. Et je n'oserai dire non plus qu'il ait reçu mandat de ses 400 millions de compatriotes. Néanmoins, c'est un événement mémorable que la présence, pour la première fois, d'un coopérateur chinois dans un congrès coopératif européen, et ce sera un titre d'honneur pour la Coopération française que ce soit le Congrès de Royan qui ait été le premier appelé à saluer les Coopérateurs chinois.

Je vais donner la parole aux délégués français, en commençant par M. Patier, qui représente la Fédération Nationale de la Mutualité et de la Coopération agricoles.

J'exprime le regret personnel que j'éprouve en pensant que nous ne reverrons plus ici M. Peysonnerie qui, tant de fois, est venu nous apporter l'expression des vœux de la Mutualité agricole.

Discours de M. PATIER

Chers Coopérateurs, c'est avec un grand plaisir que j'assiste pour la première fois à votre Congrès. La Fédération Nationale de la Mutualité et de la Coopération agricoles que je représente en l'absence de son président, M. Fernand David et de son secrétaire général, M. Vimeux, retenus à Paris, n'est pas inconnue de beaucoup d'entre vous. Elle occupe une place spéciale à la tête du Mouvement coopératif agricole français. Elle n'est pas constituée uniquement par des coopératives agricoles ; les quatre sections qui la composent englobent également les institutions de crédit agricole, les syndicats et les sociétés d'assurances mutuelles agricoles. Environ 550 associations sont affiliées à notre Fédération. Ce chiffre peut sembler peu élevé, mais si l'on tient compte que la plupart de ces associations sont à circonscription départementale ou régionale c'est en définitive près de 18.000 associations agricoles diverses qui sont rattachées à notre Mouvement.

La Fédération Nationale de la Mutualité et de la Coopération agricoles a toujours suivi avec un vif intérêt les progrès du Mouvement coopératif de consommation. Ces progrès, comment ne pas les souligner, nous pensons qu'ils sont dus pour une grande part à l'unité que nous admirons dans votre mouvement, unité qui se manifeste au sein d'une Fédération nationale puissante et écoutée et qui sait montrer la bonne voie à ses sociétés adhérentes. C'est cette unité qui vous a permis de créer des œuvres considérables dont la prospérité ne se ralentit pas : Magasin de Gros qui réalisait l'an dernier 650 millions d'affaires, Banque des Coopératives de France aux nombreuses agences et dont le chiffre des dépôts atteignait 210 millions à la fin du dernier exercice et qui rendent des services inestimables à vos coopératives.

Ce n'est pas à moi de signaler toutes les autres réalisations que vous avez accomplies dans le domaine coopératif. Permettez-moi cependant d'indiquer le *Coopérateur de France*, qui naquit l'an dernier et est devenu hebdomadaire grâce à vos efforts, répandu dans toute la France à plus de 200.000 exemplaires et représente dignement votre Mouvement.

Je ne peux pas faire ici l'historique des relations de la Fédération Nationale de la Mutualité et de la Coopération agricoles avec vos organisations centrales qui sont fort anciennes, mais c'est au lendemain de la guerre que des relations régulières ont été établies par la création du Comité d'Entente et d'action commune en faveur de la Coopération. Depuis il n'est pas de questions intéressant les coopératives qui n'aient été discutées entre les délégués de nos groupements soit au sein dudit Comité, soit au sein de Commissions ou réunions spéciales telles que les Journées Parlementaires de la Coopération. D'importants problèmes sollicitent actuellement nos activités : Loi organique sur la Coopération, enseignement de la coopération, assurances sociales, relations entre coopératives agricoles et coopératives de consommation, etc... Cette dernière question intéresse, vous le savez, au premier chef, nos coopératives agricoles de production, il serait souhaitable à notre avis, que le lait, beurre, fromage, vin, fruits, pour ne citer que quelques denrées de consommation courante, produits de nos coopératives agricoles, puissent vous parvenir sans le concours d'intermédiaires inutiles. Les formules d'ententes durables peuvent être plus difficiles à établir qu'il n'y paraît, la proposition de loi Chanal en instance au Sénat présente ce mérite d'en réaliser une qui, nous l'espérons, sera féconde en résultats. Je sais que nous pouvons compter sur votre concours pour en demander le vote par le Parlement.

Je suis heureux, profitant de l'occasion qui m'est offerte, de saluer les délégués de l'Alliance Coopérative Internationale dont notre Fédération fait partie, et tout spécialement leur éminent Président, M. Tanner. Nous n'avons pas oublié la grande marque de sympathie que nous a donné l'an dernier M. Ch. Gide en assistant à notre Congrès d'Arras. En saluant notre maître vénéré, je me permets de formuler le vœu qu'il puisse cette année à nouveau assister à notre Congrès qui aura lieu à Chambéry.

Le Président. — La parole est à M. Briat, Secrétaire général de la Chambre Consultative des Associations ouvrières de Production.

Discours de M. BRIAT

Chers Camarades, je remercie le Conseil Central d'avoir bien voulu encore cette année nous faire le plaisir et l'honneur de nous demander d'assister à votre Congrès National. C'est pour moi un plaisir toujours renouvelé que d'assister à vos assises. Cela me rappelle ma jeunesse, le temps où je collaborais à une coopérative de consommation parisienne, dans l'espoir de voir le Mouvement grandir, et c'est avec joie que je constate chaque année l'accroissement du nombre de vos sociétaires et de votre chiffre d'affaires.

Nos coopératives ouvrières industrielles de production, plus anciennes que vos sociétés de consommation, n'ont pas eu le même développement. Cela tient à bien des causes, aux difficultés que rencontrent les producteurs pour trouver les capitaux nécessaires à la construction d'usines modernes, à l'achat d'outillages perfectionnés, à la constitution d'une clientèle suivie qu'il faudra ensuite contenter.

Vous avez vous-mêmes aperçu quelques-unes des difficultés qu'on rencontre dans la production, quand vous avez examiné la marche de votre Magasin de Gros et de ses usines ; vous avez pu constater que souvent il y avait, du côté de la clientèle, un manque de fidélité et que des questions de mode intervenaient dans la vente des produits, de sorte qu'après avoir immobilisé des capitaux pour constituer des stocks, ce qui est une nécessité, on peut se trouver dans l'impossibilité d'écouler ces stocks, simplement parce que la mode a changé et que la clientèle s'évanouit.

Dans nos Sociétés coopératives de production, nous connaissons toutes ces difficultés : manque de capitaux, parce que les ouvriers sont pauvres ; difficultés de clientèle qu'il faut rechercher et que nous ne trouvons pas, comme vous, dans nos sociétés elles-mêmes ; difficulté aussi dans le recrutement de nos sociétaires.

Pendant fort longtemps, nous avons eu des démêlés avec les syndicats ouvriers ; ils considéraient nos coopératives de production comme des associations patronales et rejetaient de leur sein les camarades qui cherchaient à s'émanciper dans nos sociétés. Cette mentalité a fort heureusement disparu, et actuellement nous rencontrons au contraire, parmi nos camarades des syndicats ouvriers, de bons collaborateurs et quelquefois de bons actionnaires.

Je souhaite que, parmi les camarades coopérateurs de consommation, nos sociétés trouvent aussi l'appui indispensable pour se développer. Il y a souvent, dans vos Coopératives, des travaux que vous pouvez confier, tout en sauvegardant vos intérêts, à des coopératives de production : faites appel à elles ; je suis certain qu'elles vous donneront un travail au moins égal à celui que vous obtiendrez chez des industriels, et vous ferez en même temps œuvre de bonne solidarité.

Nous avons, dans nos organisations nationales, créé un Comité d'Entente, dont le but est d'étudier en commun les questions générales, tout en sauvegardant l'autonomie de chaque société.

Ce qu'a fait le Comité central, au point de vue national, je vous demande d'examiner si, au point de vue régional, il ne serait pas possible de le faire et d'avoir aussi des contacts entre coopérateurs de consommation et coopérateurs de production.

Je suis certain que de ces contacts il sortira un bienfait pour les deux formes d'organisation.

En terminant, permettez-moi de remonter à quelques années et de vous signaler la Verrerie Ouvrière qui a été créée il y a trente-trois ans, grâce à l'effort de tout le prolétariat. La Verrerie Ouvrière a trouvé ses premiers clients dans les Coopératives de consommation. Elle a connu bien des difficultés, bien des crises ; elle a subi il n'y a pas longtemps une crise morale qui a été heureusement terminée, grâce, il faut le dire, à l'action de notre camarade Cleuet, à force de bonne volonté, d'esprit de conciliation et de patience. Mais, si cette crise qui avait eu pour point de départ des divergences de vue au sujet de la caisse des retraites, est aujourd'hui terminée, la Verrerie Ouvrière connaît par contre de graves difficultés d'ordre industriel : elle stocke, elle produit plus qu'elle ne parvient à vendre. Cela tient à l'accroissement de la production de toutes les verreries ; les verreries ont entrepris la fabrication mécanique et il y a aujourd'hui surproduction : la consommation ne répond pas à la production accrue.

Je demande encore très instamment aux représentants des grandes organisations coopératives de consommation de voir s'il ne leur serait pas possible, tout en sauvegardant les intérêts de leurs sociétés, je le répète, d'épuiser un peu le stock de la Verrerie Ouvrière.

A cet égard, je me permettrai un exemple, celui de la Coopérative de Strasbourg. Malgré l'éloignement et malgré les frais de transport qui, d'Albi à Strasbourg, sont considérables, elle commande continuellement des verres à la Verrerie Ouvrière.

Cette Verrerie ouvrière, dont la forme est un peu spéciale, est l'œuvre de tout le prolétariat : quantité de coopératives de consommation ont été actionnaires de la Verrerie Ouvrière dès le début. Beaucoup ont oublié le chemin d'Albi. Je vous demande d'examiner à nouveau s'il ne serait pas possible, dans cette crise industrielle, de venir en aide à nos camarades de la Verrerie Ouvrière.

Je termine en vous souhaitant des discussions courtoises, des délibérations avantageuses pour votre Mouvement, car je suis certain que de ces délibérations sortira aussi un avantage pour la coopération de production.

Quant à nous, nous vous assurons de notre cordiale fraternité et vous remercions de votre aimable invitation.

Le Président. — La parole est à M. César Chabrun, député, Vice-Président du Groupe Parlementaire de la Coopération.

Discours de M. CHABRUN

Chers Coopérateurs, c'est encore moi qui ai cette année l'honneur et le plaisir de représenter le groupe de la Coopération, en l'absence de mon ami et camarade Frédéric Brunet.

Cette présence à des congrès successifs doit vous paraître assez monotone et je m'excuse de sa répétition. Je dois vous dire que, pour moi, elle est chaque année une joie renouvelée et que c'est avec un plaisir accru que je viens me retremper dans le milieu du Congrès de la Fédération Nationale des Coopératives et que je constate, d'année en année, les magnifiques progrès de vos sociétés.

Au Groupe de la Chambre, nous suivons ces progrès et nous les aidons de notre mieux. Nous nous efforçons actuellement d'obtenir une meil-

:lleure distribution des crédits, une utilisation plus complète et plus parfaite de l'argent qui est mis à votre disposition.

Nous préparons aussi la mise à l'ordre du jour de la loi organique des coopératives.

Je suis bien obligé de vous dire que la discussion ne sera pas sans un certain péril. Nous voyons poindre à l'horizon des amendements qui pourraient être dangereux et nous sommes décidés à pousser la discussion, mais aussi à ne la présenter que d'une manière telle que nous soyons sûrs que le statut des Coopératives, une fois voté, sera à l'avantage des coopératives et ne leur enlèvera aucune des libertés dont elles disposent aujourd'hui.

Ne nous dissimulons pas que nous avons à l'heure actuelle à lutter pour vous, à lutter plus peut-être que dans d'autres temps.

Tout à l'heure, notre camarade Serwy, au nom des Coopératives belges, parlait des dangers que la haine capitaliste peut faire courir aux coopératives et des ennemis de la Coopération. Ces ennemis, nous les rencontrons dans la vie parlementaire à tout instant. Ils sont les uns nets, incisifs, francs ; les autres, sournois et insidieux. A chaque instant, il faut déjouer leurs manœuvres, et je dois dire que ces manœuvres se font d'autant plus précises que le besoin de la coopérative de consommation se fait davantage sentir. J'entends par là que les manœuvres de nos adversaires sont d'autant plus ardentes qu'on vit davantage dans une anarchie des prix que seule la coopération peut réglementer.

C'est qu'en effet, dans cette anarchie des prix, les entreprises capitalistes voient le moyen d'agir sur le consommateur et d'en faire une proie facile. Le consommateur, dans l'impossibilité de contrôler le rythme de l'économie, est obligé de subir la loi qu'on lui fait. C'est pour cela que, dans les périodes de prix anarchiques, la lutte contre les coopératives devient plus intense, et c'est pour cette raison aussi que, dans ces mêmes périodes, la nécessité des coopératives s'impose davantage.

Je suis, par nécessité politique, un grand voyageur à travers la France. Et si je vois, au Parlement et autour du Parlement, l'action que l'on mène contre les Coopératives de consommation, je dois reconnaître que dans les pays où les coopératives ne sont pas très développées, le souci du consommateur fait que peu à peu des groupements se forment qui sont des embryons encore élémentaires, qui prennent le nom de ligue de consommateurs ou tel autre nom du même genre, mais qui, s'ils veulent aboutir, doivent en définitive arriver à la constitution de sociétés coopératives. Car la ligue de consommateurs n'est qu'une parlote, si elle n'aboutit pas à l'organisation de la consommation, c'est-à-dire à la coopérative.

Voilà donc des espoirs qui naissent, par la défection même des temps dans lesquels nous sommes, des espoirs qui naissent de l'anarchie même des prix, des espoirs qui naissent des besoins mêmes des consommateurs. A vous, Coopérateurs, d'en profiter, à vous de faire que ces espoirs ne soient pas déçus, à vous d'entreprendre la propagande nécessaire pour que les bonnes volontés éparses se cristallisent dans des organisations comme les vôtres.

De tous nos vœux, nous, membres du Parlement réunis dans notre Groupe de la Coopération, nous suivrons vos efforts et nous y aiderons dans la mesure du possible. Nous suivrons vos efforts, parce qu'ils correspondent à un idéal qui nous est cher, un idéal juste, un idéal d'organisation de la consommation qui est en même temps un idéal d'émancipation économique des travailleurs.

LE PRÉSIDENT. — La parole est à M. Louis Tardy, Directeur général de
la Caisse Nationale de Crédit Agricole.

Discours de M. Louis TARDY

Mon cher Maître, Chers Coopérateurs, c'est avec un très vif plaisir
que je viens ici, au nom de la Caisse Nationale de Crédit Agricole,
adresser mes remerciements à la Fédération Nationale, ainsi qu'au Magasin de Gros et à la Banque des Coopératives de Consommation, pour
la si cordiale invitation que leurs secrétaires généraux et leurs administrateurs nous adressent traditionnellement, voulant ainsi marquer la
nécessité de réunir plus étroitement toutes les formes de la coopération.

J'ai été très heureux d'avoir pu venir moi-même cette année assister
à votre Congrès et y constater les progrès réalisés par la Coopération
de consommation.

C'est aussi pour moi un plaisir tout particulier que d'avoir l'occasin de rendre hommage au Président de votre Congrès, à mon excellent
Maître Charles Gide, auquel tous ses élèves seront toujours reconnaissants des leçons qu'il leur a données, des principes qu'il leur a donnés,
des principes qu'il leur a enseignés et de l'idéal qu'il leur a fait entrevoir. J'ai plaisir à le retrouver, toujours aussi jeune, aussi actif, avec sa
foi aussi ardente. Il nous rappelait hier soir que les Coopérateurs sont
des cœurs fidèles qui se souviennent, il peut être assuré que ses élèves
se souviendront toujours de lui et s'efforceront de mettre en pratique
les idées qu'il a su leur communiquer.

Il nous a très justement rappelé que la Coopération n'est pas seulement un principe juridique, comme on peut parfois le croire, mais
qu'elle doit toujours avoir un caractère économique et tendre à l'émancipation des travailleurs, ainsi que l'affirmait également tout à l'heure
le Président de l'Alliance Coopérative, M. Vaïno Tanner, qui nous a
montré quel devait être l'idéal coopératif.

Vous avez donné à M. Vaïno Tanner l'occasion de visiter une coopérative laitière de notre région. Je suis persuadé que s'il avait vu les
caves coopératives, qui sont à l'heure actuelle au nombre de plus de
350, il se serait rendu compte peut-être davantage encore de la puissance de la coopération agricole dans notre pays. Il nous disait que
le vin de France, c'est du soleil concentré. Les vignerons se sont unis
dans les Caves Coopératives et ont résolu ainsi une réelle difficulté :
celle que nous montrait dans une conférence, il y a une trentaine d'années peut-être, le Professeur Charles Gide lorsqu'il faisait remarquer
que le paysan viticulteur était peut-être le plus individualiste des agriculteurs. Il faisait le portrait du vigneron qui se tourne vers l'Orient
pour mieux regarder la couleur de son vin et qui dit : « Il est fameux,
mon vin ! il est bien meilleur que celui de mon voisin ! »

Le grand miracle de la Coopération a été d'amener les vignerons à
se réunir, ce qui leur a procuré des rendements inconnus autrefois.

L'intervention de la Caisse Nationale de Crédit agricole a eu pour
effet de développer sous toutes ses formes la Coopération en agriculture.

Contrairement à ce qui se passe, en effet, dans toutes les autres branches de l'activité économique, la propriété ne se concentre pas en agriculture ; elle se divise, au contraire, et dans les pays de l'Europe centrale, la réforme agraire a eu pour effet de réaliser, peut-être un peu
artificiellement, cette division de la propriété et surtout l'accession du
travailleur à la propriété, réalisant ainsi cette idée des physiocrates et

des encyclopédistes que la terre doit appartenir à celui qui la cultive.

M. Charles Gide avait encore l'occasion de le rappeler tout à l'heure, pour que le travail soit joyeux et fécond, il faut qu'il soit libre. C'est pour cela que les petits agriculteurs travaillent avec plus de soin, lorsqu'ils sont propriétaires de la terre qu'ils cultivent.

Ceci est particulièrement vrai dans cette région de production laitière. Cela tient à quelque chose d'un peu spécial, c'est que les vaches laitières sont des êtres féminins. Pour les êtres féminins, il y a deux théories : les unes estiment qu'il faut employer la force, les autres, la douceur. En ce qui concerne les vaches laitières, la question est bien définitivement tranchée : c'est la douceur qui leur convient ; si on les bouscule, si on les frappe, elles retiennent leur lait, comme disent les agriculteurs de notre pays ; au contraire, si on les traite avec douceur, elles le donnent avec abondance.

C'est pour cela que seul le petit propriétaire exploitant peut obtenir un bon rendement en lait et intensifier la production laitière.

Mais si ce petit propriétaire restait isolé, il ne pourrait plus rien faire du lait ainsi obtenu ; et c'est pour cela que la Coopération constitue le complément indispensable de la petite propriété.

Le fonctionnement de la Caisse nationale de Crédit agricole a eu cet avantage de montrer qu'il doit y avoir une entente de plus en plus grande entre les initiatives privées et les services publics. Elle s'efforce, d'autre part, d'attirer l'attention des pouvoirs publics sur l'importance de la Coopération. Je crois d'ailleurs que c'est en matière de Coopération agricole que les principes justes de la Coopération ont eu l'occasion d'être fixés pour la première fois dans des textes législatifs, par les lois de 1906 et du 5 août 1920. Ces lois ont précisé qu'il ne devait pas être réalisé de bénéfices, que les parts ne pouvaient recevoir qu'un intérêt fixe et que les réserves accumulées par les trop-perçus étaient impartageables.

Le fonctionnement du Crédit Agricole a montré aussi que le crédit n'est pas un danger, comme on l'avait craint parfois en agriculture ; que s'il est le nerf de la guerre, il est aussi le nerf de la paix, et qu'en tout cas il est indispensable au développement de la coopération. Le Crédit Agricole possède actuellement une dotation importante dont on est parfois un peu envieux, ce qui fait qu'avec la coopération agricole il est, de temps à autre, l'objet de critiques assez vives.

Mais si les pouvoirs publics ont encouragé la coopération agricole, les agriculteurs eux-mêmes ont aussi fait preuve d'initiative et ont réalisé dans leurs caisses de crédit un capital qui atteint près de 100 millions, avec des réserves sensiblement égales.

L'importance des prêts consentis est actuellement de l'ordre de 1.700 ou 1.800 millions. Ces prêts ont permis de créer 45.000 petits propriétaires nouveaux, et plus de 2.700 coopératives agricoles qui transforment les produits récoltés par les agriculteurs.

Ces coopératives ont créé des richesses nouvelles, en permettant l'utilisation de sous-produits qui étaient absolument perdus autrefois, tels que la caséine qui servait uniquement à l'alimentation des porcs et dont on fait maintenant les usages les plus productifs, ou encore les marcs dont on extrait aujourd'hui de l'alcool et même de l'huile de pépins de raisin.

L'administration n'est pas toujours très favorable à la Coopération, nous disait tout à l'heure M. Charles Gide, en parlant notamment de certaines colonies. Il faut reconnaître cependant que c'est à la demande du Ministère des Colonies que le regretté M. Peysonnerie, à la mémoire de qui M. Charles Gide rendait tout à l'heure un hommage dont je le remercie, est allé en Afrique Occidentale et à Madagascar et qu'on a cherché à mettre debout, dans ces colonies, des organisations coopératives que l'on considère à juste titre comme une des meilleures formes de colonisation.

C'est qu'en effet, comme on le disait tout à l'heure, la Coopération ne diminue pas les énergies ; au contraire, elle les stimule, elle moralise les individus et par conséquent, en développant l'intelligence et l'esprit de progrès, rend les indigènes meilleurs et leur fait mieux apprécier la Métropole.

Déjà en Algérie, dans certaines coopératives, on compte 2/3 d'indigènes.

Je suis heureux, je le répète, d'être venu dans ce beau pays de Saintonge où l'on a, comme disait M. Larquier tout à l'heure, le pouvoir d'arrêter ou d'appeler le soleil ; où l'on a fondé aussi, il le rappelait, les premières boulangeries coopératives. Ces petites panifications qui se sont tant développées dans cette région sont les contemporaines et parfois même les devancières des Pionniers de Rochdale.

Je suis persuadé que ce Congrès marquera encore davantage la nécessité d'une entente entre producteurs et consommateurs, d'une entente entre coopératives agricoles de production et coopératives de consommation qui s'inspirent les unes et les autres d'un même idéal : lutter contre les intermédiaires inutiles, tâcher de diminuer la cherté de la vie et réaliser cet idéal de fraternité et de solidarité qui est le troisième principe de notre devise républicaine, en s'efforçant d'assurer la paix entre les peuples, cette paix que bien certainement désirent par dessus tout les agriculteurs.

Allocution de M. Charles GIDE

L'heure inexorable ne me permet pas de répondre comme il conviendrait à nos aimables collègues. Je dirai simplement à M. Chabrun que la joie « toujours renouvelée », qu'il a bien voulu nous exprimer à chacune de nos rencontres, est réciproque et que nous pensons que la Loi sur la Coopération, entre ses mains, est en de bonnes mains.

A M. Patier, je répondrai que les fiancailles entre la Coopération Agricole et la Coopération de Consommation qui durent depuis une trentaine d'années, n'aboutiront peut-être pas encore à un mariage mais enfin qu'elles ont fait ici un pas de plus.

Au camarade Briat, je dirai qu'il n'y a jamais eu, entre la Coopération de Production et la Coopération de Consommation de projet de mariage, mais que nous entretenons un aimable et fidèle cousinage.

Quant à M. Tardy, comment pourrais-je répondre à tout ce qu'il a bien voulu dire d'aimable de moi ? Je ne puis que feindre de n'avoir rien entendu.

La parole est, maintenant, à Poisson.

Vérification des Mandats

Poisson. La Commission de vérification des mandats se réunira tout à l'heure ; voulez-vous désigner des noms ?

Le Congrès désigne : Delabaère, Simonnet, Leclercq, Lermier et Colomer.

LE PRÉSIDENT. — Je mets aux voix la désignation des camarades proposés.

Il n'y a pas d'opposition ? Ils sont désignés pour constituer la Commission de vérification des mandats.

La parole est à Poisson.

POISSON. — La discussion va s'ouvrir cet après-midi sur le Rapport du Conseil Central : elle doit être terminée avant l'heure du dîner.

Je vous propose de décider qu'elle commencera à 2 heures précises et ne pourra dépasser 5 h. 1/4, heure à laquelle la parole sera donnée au Rapporteur du Conseil Central qui n'en aura pas pour plus de 30 minutes.

Est-ce que le Congrès est décidé à adopter ces propositions ?

LE PRÉSIDENT. — Le Congrès accepte.

POISSON. — Il est donc entendu que la séance commencera à 2 heures.

Actuellement, il y a 27 orateurs inscrits. Pour permettre à chacun d'eux de prendre la parole, nous sommes dans la nécessité de limiter le temps de parole ; nous disposons pour la discussion de 3 heures 1/4 ; à 27, cela ne fait pas beaucoup de temps pour chacun. Nous espérons que certains d'entre eux n'auront que peu de choses à dire ; mais nous sommes en tout cas dans la nécessité de limiter le temps de parole. Nous vous proposons d'accepter 10 minutes au maximum à chaque orateur. Il n'y a pas d'objections ?

PAQUEREAUX. — Même s'il y en avait, elles seraient inutiles.

POISSON. — C'est même pour cela que je parlais de 10 minutes. C'est un maximum. A 8 minutes, on préviendra l'orateur.

LE PRÉSIDENT. — Je mets cette proposition aux voix.

Elle est adoptée.

A 2 heures précises, le premier orateur inscrit prendra la parole : c'est Hentgès.

La séance sera présidée par Clouet, avec pour assesseurs Bernier, Président de la Fédération des Alpes et Savoies, et Sarraude, de la Fédération du Sud-Ouest.

La séance est levée à midi 45.

DEUXIÈME SÉANCE

RAPPORT DU CONSEIL CENTRAL

La séance est ouverte à 14 heures, sous la présidence de A.-J. Cleuet, assisté de Bernier, de la Fédération régionale des Alpes et Savoies, et de Sarraude, de Biarritz-Coopérative.

LE PRÉSIDENT. — Je donne la parole à Hentgès.

Discours de HENTGÈS

HENTGÈS. — Camarades, mon intervention se bornera à une seule question. Au Congrès de Grenoble, à la suite d'une intervention du camarade Leboursier, sur les économats patronaux, le Congrès a adopté un texte, présenté par la Commission des Résolutions et qui se terminait de la façon suivante :

Le Congrès demande au Conseil Central d'entreprendre une campagne énergique contre ces groupements, en dénonçant le but qu'ils poursuivent et l'apparence faussement coopérative qu'ils revêtent parfois.

Or, si nous nous en rapportons au rapport moral, nous voyons que toute l'action du Conseil Central à cet égard se résume en quelques lignes. Il semble bien, jusqu'à preuve du contraire, que la question des économats patronaux n'a pas préoccupé davantage les camarades qui avaient la charge de mettre en application les décisions du Congrès, puisque rien de positif n'a été effectué dans ce domaine.

Tout l'effort du Conseil Central s'est limité à une lettre envoyée ces temps derniers aux Fédérations, demandant des renseignements, afin d'établir une statistique, et à une demande adressée au Ministère du Travail, le priant de faire lui aussi une enquête sur la question.

On conviendra, Camarades, que c'est peu et que cela ne saurait correpondre à l'action énergique contre les économats patronaux, réclamée par le Congrès.

Je pense, en conséquence, qu'il n'est pas superflu de rappeler une fois de plus ici toute l'importance, je pourrais dire toute la gravité de la question, tant que, par leur développement, les économats patronaux peuvent mettre en péril, si nous n'y prenons garde, tout l'avenir du Mouvement coopératif lui-même.

Si nous prenons en exemple la région industrielle du Nord, nous constatons, sous les formes les plus diverses, l'existence, la renaissance des économats patronaux, dans les différentes branches de l'industrie : dans les chemins de fer, dans les mines, dans la métallurgie, dans le textile, partout, à Lille, à Roubaix, à Tourcoing, à Halluin, les usines se mettent de plus en plus à vendre à leur personnel des objets de consommation.

Ce faisant, le patronat mène simultanément son offensive contre le prolétariat, et sur le terrain industriel et sur le terrain commercial. Son but, en vendant des marchandises au-dessous du cours normal, est de réduire les salaires au minimum. J'ajouterai même que, sous cer-

: taines formes, il porte même atteinte à la liberté individuelle et à la liberté d'opinion ; c'est ainsi que, dans une usine du textile, à Lille, les ouvriers et les ouvrières, pour avoir droit à l'économat, sont obligés de présenter une carte d'une association religieuse.

Vous le voyez, Camarades, c'est un véritable danger qui menace le prolétariat tout entier.

La conclusion logique de cette situation de fait, c'est qu'il est certain que le Conseil Central, par sa conception de la neutralité coopérative, a négligé toute action de ce côté et même a été, je dirai, hostile à l'intervention de la Coopération dans les grands mouvements sociaux, dans toutes les grandes batailles qui mettent aux prises le prolétariat contre le patronat : grève, lock-out, etc.

C'est là une faute ; c'est un renoncement à l'idéal coopératif prolétarien en ce qu'il a de plus pur, de plus sain, de plus sacré. C'est un renoncement à la solidarité de la coopération envers la classe ouvrière, dans la lutte pour son émancipation. C'est une défection de la Coopération de classe, telle qu'elle fut inspirée par les Pionniers de Rochdale, à cet idéal qui donna à la Coopération les éléments de propagande les plus sacrés des organisations ouvrières.

Pour terminer, je veux, en opposition avec cette règle de la neutralité coopérative qui va à l'encontre des intérêts de la classe ouvrière, citer un exemple qui est tout à l'honneur de la Coopération, c'est le geste de solidarité de *la Fraternelle* d'Halluin qui, lors de la dernière grève du textile, a distribué gratuitement à ses membres en grève pour plus de 200.000 francs de pain, en plus des sommes versées au Comité central de grève.

Camarades, voilà le vrai sens de la coopération prolétarienne. Tôt ou tard, il faudra bien s'y rallier, si l'on veut entraîner dans la Coopération la grande masse des consommateurs, c'est-à-dire du prolétariat.

LE PRÉSIDENT. — Je donne la parole à Richard, de l'*Union des Travailleurs*, de Saint-Etienne.

Discours de RICHARD

RICHARD. — Camarades, c'est avec une grande amertume que j'aborde à nouveau la tribune du Congrès. C'est tout simplement pour démontrer ce qu'en différentes occasions nous avons dit, c'est que toute la propagande nécessaire n'est pas faite comme elle devrait l'être.

En effet, lorsque nous examinons les comptes rendus qui nous sont envoyés, nous nous apercevons qu'une certaine somme assez rondelette est dépensée et que cette propagande ne donne cependant pas les résultats que nous sommes en droit d'en attendre.

Nous avons pensé et nous estimons qu'à côté de la Fédération, il y a peut-être quelque chose à faire, ce serait qu'en coordination avec le Conseil Central, les Fédérations régionales puissent disposer de certaines sommes, à seule fin de pouvoir faire elles-mêmes le maximum de propagande.

Camarades, inutile de vous dire, à vous qui appartenez tous à des Fédérations, qu'il existe certaines sociétés qui auraient besoin d'être remontées ; nous estimons que la propagande qui pourrait être faite à cet égard serait mieux conduite, si elle était organisée par les Fédérations régionales qui connaissent mieux le milieu et les sentiments qui peuvent inspirer confiance dans ce milieu.

Pour ces raisons, nous avons proposé à la Fédération du Bourbonnais de demander la modification des statuts de la Fédération Nationale, en ce qui concerne la cotisation.

Nous demandons que la cotisation qui est de 3 centimes, soit portée à 2 centimes pour la Fédération Nationale et à 2 centimes pour la Fédération régionale.

Nous espérons ainsi décentraliser la propagande, ce qui déchargera d'autant la Fédération Nationale et le Conseil Central, et nous croyons que cela donnera de bien meilleurs résultats.

Nous avions demandé, toujours en vue de la propagande, que les comptes rendus du Conseil Central, aussi succincts soient-ils, fassent l'objet d'une insertion dans le journal *Le Coopérateur de France*, ou à la rigueur dans *L'Action Coopérative* qui est envoyée gratuitement à toutes les sociétés. Camarades, il y a là quelque chose à faire.

Chez nous, nous nous sommes vu dans l'obligation de créer un journal et nous voudrions pouvoir publier ces comptes rendus, afin que nos sociétaires soient tenus au courant de ce qui se fait dans le Mouvement coopératif. Il se produit quelquefois des malentendus qu'il y aurait intérêt à dissiper ; ces malentendus se répercutent et ont une mauvaise influence dans nos sociétés ; un excellent moyen de les dissiper serait précisément de faire connaître à nos sociétaires les résultats des délibérations du Conseil Central.

Nous demandons en conséquence que les comptes rendus des séances du Conseil Central soient publiés, et cette demande fait l'objet d'une résolution que nous déposons à la Commission des résolutions.

Nous demandons aussi que les vœux et propositions émis dans les Congrès régionaux soient communiqués à toutes les Fédérations, ou à défaut, qu'ils soient insérés dans un journal. De cette façon, toutes les Fédérations régionales connaîtront ce qui s'est passé dans les autres Fédérations, et nous espérons en retirer une bonne propagande, en faveur du Mouvement coopératif.

J'avais l'intention de parler des économats ; mais, le camarade qui m'a précédé à cette tribune a suffisamment développé la question pour que je la passe sous silence.

Nous avons également l'intention, — et nous le disons dans la proposition déposée par nous à la Commission des résolutions, — de demander au Conseil juridique de vouloir bien s'occuper de proposer au Groupe parlementaire de la Coopération, l'extension aux Sociétés coopératives de consommation de l'article 19 de la loi du 3 mars 1928, modifiant les bases d'imposition à la patente de certaines catégories de contribuables.

En effet, l'année dernière, à Grenoble, j'avais fait la proposition ; seulement, comme je n'avais pas soumis cette proposition à la Commission des résolutions, aucune décision n'a été prise.

Nous insistons sur ce point, parce que la loi qui régit la patente est encore celle d'avant-guerre. Inutile de vous dire que les valeurs locatives d'avant-guerre atteignant 25.000 francs n'existaient pour ainsi dire pas, alors qu'elles sont très fréquentes aujourd'hui. Toutes les grosses coopératives ont leur patente établie sur une valeur locative bien supérieure à celle-ci. Nous demandons qu'on examine là possibilité de reviser cette loi ou tout au moins que les coopératives de consommation bénéficient des avantages accordés à certaines catégories de contribuables.

Nous demandons en outre que la loi du 30 décembre 1903 spécifie que soit considérée comme ouvrier ou artisan toute personne vivant du

produit de son travail. Nous prions la Commission des résolutions de
se prononcer sur ce point.

L'année dernière, j'avais développé cet article. Nous nous sommes vu
refuser, à Saint-Etienne, le bénéfice réclamé, sous prétexte que nous
avions, parmi nos membres, des employés de banque et des cantonniers.
Il est inadmissible qu'une Coopérative ne soit pas considérée comme
une association ouvrière, sous prétexte qu'elle a parmi ses membres des
employés de banque ou de petits fonctionnaires.

Nous considérons qu'il est inutile de venir dans les Congrès faire des
propositions ou demander des renseignements, pour qu'on n'y donne
aucune suite.

Avant de terminer, je voudrais demander que le vote sur le rapport
moral, au lieu d'être fait immédiatement, ait lieu seulement après que
le Rapporteur aura répondu aux observations présentées. C'est, à mon
avis, logique. L'année dernière, je suis venu au Congrès avec un mandat
illimité ; on m'avait dit : « Selon que tu jugeras que la réponse de
Poisson te donne satisfaction ou non, tu seras libre de voter comme
tu l'entendras. » Vous voyez donc qu'il est nécesssaire, dans un cas
pareil, d'attendre pour émettre son vote que le rapporteur parlant au
nom du Conseil Central ait répondu aux critiques et aux questions qui
sont apportées à la tribune par les délégués.

Le Président. — Je donne la parole à Boyet, de La Bellevilloise.

Discours de BOYET

Boyet. — Camarades, je considère comme un devoir, avant de présenter les quelques observations qu'il me sera possible de soumettre au
Congrès, de faire entendre une énergique protestation.

Depuis quatre ans, c'est-à-dire depuis le Congrès de Lille, vous impo-
sez, on peut dire, aux seuls membres de la minorité de ce congrès un
temps de parole réduit à dix minutes.

Des camarades ont demandé, l'année dernière notamment, de céder
leur temps de parole, dans un but de clarté et d'unité de développement des questions qu'ils avaient à traiter, à certains autres orateurs :
vous avez refusé.

D'autres camarades qui, malgré leur lourd travail quotidien, avaient
sérieusement étudié des questions importantes : protectionnisme ou
libre-échange par exemple, ou condition de développement et d'exploitation des coopératives, loi sur la coopération, ont demandé, pour traiter
ces questions devant vous, dans des conditions compatibles avec la
dignité de notre grand Mouvement coopératif, de dépasser un peu les
dix minutes qui leur étaient accordées : vous avez encore refusé.

Il faut que nous vous disions aujourd'hui que ces procédés, ces
méthodes ou plutôt ces pratiques, je dirai ces détestables pratiques, ne
font point honneur à un mouvement dont nous avons la fierté de dire
qu'il compte dans le monde 50 millions de familles et qu'il a plus ou
moins droit de cité dans une cinquantaine d'Etats.

Ces pratiques détestables rabaissent et rapetissent nos débats. Nos
débats, alors surtout qu'ils ne se produisent qu'une fois par année, pourraient revêtir, à mon avis, quelque ampleur, voire quelque grandeur.
Mais l'étouffement répété, facile et à la fin monotone d'une minorité n'a
vraiment rien d'intéressant.

Il y a quelques jours, notre camarade Poisson venait à *La Bellevilloise*
et je lui demandais : « Voyons, Poisson, ne pourriez-vous pas cesser ces
pratiques et, pour l'honneur même du Mouvement coopératif, accorder

au moins un certain temps à telle ou telle tendance, sauf aux membres désignés, de cette tendance pour prendre la parole, à se donner les uns les autres les minutes qui pourraient leur être accordées ? »

Et Poisson, qui était lui-même ce jour-là, comme il l'est toujours, Poisson riait, je dirai même qu'il rigolait. Il m'a répondu : « Non, vous n'aurez que dix minutes ; nous ne vous donnerons jamais une heure, pour faire de la politique au Congrès coopératif ».

Un Congressiste. — Il a eu raison.

Boyet. — Camarades, nous ne faisons pas ici de politique, ou du moins nous faisons de la politique en tant que la politique est liée nécessairement à toutes les questions que nous avons à discuter.

Et vous-mêmes, camarades, vous faites de la politique, vous en faites même de la mauvaise, à mon avis.

Je passe maintenant à des questions qui ne sont pas purement politiques.

Vous avez, dans le rapport du Conseil Central, proposé une modification à la loi de 1917. D'après cette modification, le taux de l'action des sociétés coopératives serait porté à 500 francs.

Camarades, au Cercle des Coopérateurs de *La Bellevilloise*, nous ne sommes pas du tout d'accord avec le Conseil Central sur cette proposition, et je crois que le Conseil Central a commis là une erreur. Vous allez non pas peut-être tarir tout à fait la source du recrutement coopératif, mais du moins la diminuer considérablement.

J'ai jeté un coup d'œil ce matin sur quelques pages d'un livre que nous avons pu trouver à la porte du Congrès, de notre camarade Poisson : *La Politique du Mouvement Coopératif Français*.

Dans quelques-unes des pages de cet ouvrage, j'ai trouvé des arguments qui me permettent de défendre la thèse de *La Bellevilloise*.

A la page 206, si je ne me trompe, Poisson dit que, si l'on considère l'ensemble des classes de la société, « *ce sont les classes les plus pauvres qui auraient le plus d'intérêt à entrer dans la Coopération* ». Je ne cite pas le texte littéralement, mais c'est bien là le sens de la phrase à laquelle je me réfère.

Et à la page suivante, Poisson nous dit : « *Ce qu'il est surprenant de constater, c'est que les ouvriers qui ont des salaires peu élevés pénètrent plus difficilement dans la Coopération* ».

Qu'est-ce à dire, camarades ? D'abord, que vous le vouliez ou non, que notre recrutement se fera toujours, pour une énorme proportion, dans la classe ouvrière. Et, d'autre part, que les ouvriers qui ont des salaires bas, alors que l'action est seulement à 100 francs, n'entrent que difficilement dans nos sociétés.

A quel sentiment avez-vous obéi pour demander au législateur de porter l'action à 500 francs ? Sans doute à celui-ci qui est louable, à savoir que les capitaux sont généralement insuffisants dans les coopératives et qu'il convient de les augmenter.

Malheureusement, camarades, je crois que vous allez arriver à un résultat diamétralement opposé à celui que vous recherchez.

Si, en effet, le nominal de nos actions est un peu plus élevé, cinq fois plus, cela semblera logique, en raison de la stabilisation du franc au taux où elle a été faite. Mais en fait, ce n'est pas ainsi que la question se pose, et de plus en plus les ouvriers redouteront d'entrer dans les coopératives, et y entreront beaucoup moins nombreux, parce qu'il leur faudra souscrire une action de 500 francs et que si cette somme n'est pas très élevée — je vous le concède, — elle l'est encore trop pour la majorité, la grande majorité d'entre eux. Camarades, nous vous demandons donc de renoncer à cette modification de la loi de 1917.

Par contre, au nom du Cercle des Coopérateurs de *La Bellevilloise*, je vous propose une modification à l'article 12 de cette loi.

La loi de 1917 a organisé le crédit pour les sociétés coopératives. Or, je vous ai dit, au congrès de Nîmes, je crois, que *La Bellevilloise* qui est une grande société coopérative parisienne, avait fait une demande de crédit de 1.100.000 fr. au mois de janvier 1925, et qu'après deux années d'études, sans doute laborieuses, elle recevait, en janvier 1927, une lettre de 4 lignes exactement ainsi conçue :

J'ai l'honneur, en réponse à votre lettre du 25 janvier 1925, de vous dire que M. le Ministre du Travail n'a pas cru devoir accorder le crédit que vous demandez.

Cette lettre émanait du Directeur du Travail au Ministère.

Camarades, je vous ai dit, au Congrès de Nîmes, quelles étaient les raisons qui avaient fait refuser le crédit que nous demandions. Nous avons à *La Bellevilloise*, des pupilles ; or, ces pupilles qui sont âgés de dix à quinze ans, avaient donné leur adhésion à une organisation ressortissant au parti communiste, d'une part ; et d'autre part, pour les élections municipales de 1925, le Cercle des Coopérateurs, qui dispose d'un organe, *Le Coopérateur Bellevillois*, avait utilisé cet organe pour les élections municipales.

Voilà les raisons pour lesquelles on a refusé à *La Bellevilloise*, qui, par ailleurs, remplissait toutes les conditions imposées par la loi du 7 mai 1917 et par le Règlement d'administration publique du 5 septembre de la même année, le crédit qu'elle avait demandé.

J'avais fait une visite à l'ancien ministre du Travail, M. Durafour, député de Saint-Etienne ; je lui avais indiqué le motif du refus de notre demande, et M. Durafour m'avait répondu : « Ce motif n'est pas avouable, il est odieux ».

Camarades, pour que des sociétés ne se trouvent pas dans la situation où s'est trouvée *La Bellevilloise* et qu'on ne leur refuse pas des crédits pour raison politique, nous demandons au Congrès d'accepter la résolution suivante :

« Ajouter à l'article 12 de la loi du 7 mai 1917, un 4° paragraphe, ainsi conçu : *En aucun cas, une avance demandée par une société coopérative, ne pourra lui être refusée pour des raisons d'ordre politique.* »

Je demande au Congrès d'accepter cette résolution, persuadé que si le Congrès lui-même l'envoie au Groupe parlementaire de la Coopération, ce Groupe, qui est assez fort et assez nombreux, pourra le faire adopter par les Chambres.

Notre camarade Richard vous demandait tout à l'heure de faire en sorte que le bénéfice de la loi du 3 mars 1928 soit étendu aux sociétés coopératives. Dans la déclaration faite à l'occasion des élections législatives, sous la rubrique « Politique fiscale », déclaration insérée au Rapport du Conseil Central, la Fédération Nationale s'exprime de la façon suivante :

A ce point de vue, il apparaît indispensable d'examiner les charges extrêmement lourdes qui pèsent sur les consommateurs, tant en ce qui concerne les impôts indirects que les impôts directs; il est essentiel qu'une révision de l'ensemble des taxes qui touchent la consommation soit faite en maintenant l'équilibre indispensable du budget.

Parmi les taxes qui pèsent sur les coopératives, comme du reste sur les commerçants faisant un certain chiffre d'affaires et sur les maisons à succursales multiples, il en est une que nous avons le plus grand intérêt à voir disparaître, c'est la taxe sur le chiffre d'affaires, instituée par la loi du 25 juin 1920.

Au Congrès de Grenoble, dans son rapport, le Conseil Central nous disait qu'une commission instituée en vue de la transformation en une taxe à la production, de la taxe sur le chiffre d'affaires s'était réunie très souvent au cours de l'année, qu'elle avait fait une suggestion, qu'elle avait demandé qu'une prétaxe soit instituée, qui aurait permis de se rendre compte exactement de ce que la taxe à la production pouvait rapporter au Trésor. Cette suggestion, ajoutait-on, n'a pas été appliquée.

Cette commission n'a pas fonctionné au cours des années 1928 et 1929, autant que je sache du moins...

Poisson. — Si, elle a fonctionné.

Boyet. — Tant mieux ! Mais je regrette que, dans son rapport, le Conseil Central n'ait pas jugé utile de nous rendre compte de ses travaux.

En tout cas, la taxe sur le chiffre d'affaires subsiste et — je suis certain de parler au nom d'un grand nombre de coopératives — il faut absolument qu'elle soit transformée.

A *La Bellevilloise*, où nous faisons environ 30 millions d'affaires, nous payons 400.000 francs de taxe sur le chiffre d'affaires, 400.000 francs qu'il faut prélever sur le bénéfice que nous avons réalisé.

Or, il est à peu près certain que si la taxe sur le chiffre d'affaires était transformée en une taxe à la production, la majoration pour l'établissement de nos prix de vente serait à peu près la même, que nous ferions le même bénéfice brut et que par conséquent ce que nous sommes obligés de prélever sur le trop-perçu, pour le remettre au Trésor, nous le garderions pour notre coopérative.

Je demande instamment au Congrès, puisque cette commission existe toujours, de la prier de travailler et de présenter au Groupe parlementaire de la Coopération un vœu dans le sens de celui que nous déposerons tout à l'heure au bureau.

Camarades, je voudrais parler d'une dernière question.

L'année dernière, au Congrès de Grenoble, nous avons discuté — et beaucoup de camarades sont intervenus dans le débat — de la loi organique sur la Coopération.

Que demandions-nous surtout ? Nous avons déclaré au Congrès de Grenoble, — je parle de la majorité des orateurs qui ont pris la parole, — nous avons déclaré que nous étions absolument opposé à l'institution d'un reviseur ayant les pouvoirs exhorbitants que lui donnait le projet de loi du Conseil Supérieur de la Coopération.

Nous avions demandé également qu'une modification de ce projet soit faite en ce qui concerne le quorum.

En effet, dans le projet de loi dont je viens de parler, il n'était plus question de quorum et dans les commentaires, faits sans doute par le rédacteur du projet, on saluait le libéralisme de la loi projetée, par ce fait qu'il n'y aurait plus besoin désormais, dans les sociétés coopératives, d'atteindre un quorum quelconque, et que la première réunion de l'Assemblée Générale pourrait être utilement tenue, les décisions prises, valables et engageant les absents ou les dissidents.

Nous avions signalé là un danger, parce que dans le projet de loi, il y avait un article 12 qui disait :

Les administrateurs ou le reviseur pourront convoquer l'Assemblée Générale.

La conjonction ou indiquait l'exclusion de l'une des parties. Donc,

:seuls les administrateurs pouvaient convoquer, comme seul le reviseur pouvait convoquer l'assemblée générale.

Mais on ajoutait :

Lorsque les administrateurs convoqueront l'Assemblée Générale, ils devront en prévenir le reviseur.

En retour, on ne disait pas que lorsque le reviseur convoquera l'assemblée générale, il devra en prévenir les administrateurs.

Camarades, nous voyions là un danger que nous avons signalé l'année dernière, et je croyais que l'accord avait été fait entre nous sur ce point.

Je me souviens en effet qu'après une interruption, alors que notre camarade Ramadier parlait, Ramadier, se tournant vers moi, disait : Mais, je suis d'accord ; que Boyet nous apporte le texte qu'il vient d'indiquer.

A la fin du Congrès, il avait été entendu qu'avant de déposer le projet de loi, une commission serait réunie.

Camarades, cette commission n'a pas été réunie. Nous le regrettons et nous protestons devant le Congrès.

J'ai sous les yeux le projet de loi nouveau qui a été soumis au Parlement et qui vraisemblablement sera bientôt voté.

Or, loin d'avoir été modifié, loin de nous donner satisfaction, ainsi que nous l'avions demandé l'année dernière, le projet de loi est à peu près textuellement ce qu'il était. Je pourrais même ajouter que, s'il a été modifié, c'est dans un sens d'aggravation des dispositions, et non pas de l'atténuation des dangers qu'elles présentent.

Ces dangers, cependant, nous étions tous d'accord, il me semblait du moins, pour les reconnaître, et il semblait que nous allions, avant que le projet soit déposé devant le Parlement, nous réunir et essayer d'avoir satisfaction sur les dispositions qui nous choquaient.

L'article 12 dit toujours, en effet :

L'Assemblée Générale peut en outre être convoquée par les administrateurs *ou* par le reviseur, toutes les fois qu'ils le jugeront nécessaire; quand cette convocation sera faite par les administrateurs, ils en aviseront le reviseur.

Mais il n'y a pas réciprocité et le reviseur pourra convoquer l'Assemblée Générale sans en informer les administrateurs...

Un Congressiste. — Oui, ou non, est-ce dix minutes ?

Boyet. — Oui, c'est dix minutes.

Le Président. — Laissez parler Boyet ; il va avoir bientôt fini. Dépêchez-vous, Boyet.

Boyet. — Le Président me dit de me dépêcher ; je vais en avoir fini...

Le Président. — Laissez finir Boyet.

Un Congressiste. — Cela fait un quart d'heure qu'il est à la tribune.

Le Président. — Non, n'exagérons rien. Parlez Boyet.

Le Président. — Laissez parler Boyet : il va avoir bientôt terminé.

Boyet. — Camarades, si vous y tenez absolument je vais descendre de la tribune, et je vous demanderai de terminer mon exposé lors du prochain congrès, en 1930 ou même en 1931.

L'article 13 dispose :

Les délibérations de l'Assemblée Générale sont prises à la majorité des suffrages exprimés.

L'Assemblée générale peut modifier toutes les dispositions des statuts, notamment...

Donc pas de changement quant aux prérogatives du reviseur. Pas de changement non plus en ce qui concerne le quorum : la première assemblée générale convoquée, entendez-le bien, quel que soit le nombre des présents, pourra émettre des votes qui seront valables et qui engageront les absents et les dissidents.

Il y a également un article qui je crois — mais ma mémoire me fait peut-être défaut — n'existait pas dans l'ancien projet de loi et qui se trouve dans le nouveau :

Le reviseur assure le dépouillement des votes, sous sa responsabilité ; il statue sur toutes les difficultés qui peuvent se présenter et dresse procès-verbal des opérations de vote. Les énonciations de ce procès-verbal pourront être rectifiées...

Le procès-verbal et les extraits feront foi jusqu'à preuve contraire.

Ainsi, les sociétés coopératives, si ce projet de loi est voté, seront, pardonnez-moi l'expression, « sous la coupe » du reviseur que la loi va instituer. Il pourra convoquer l'assemblée générale sans en référer aux administrateurs, lui qui n'est même pas sociétaire ; il pourra la convoquer quand et comme il voudra. Nous n'avons aucune raison particulière de faire à un reviseur que nous ne connaissons pas, davantage confiance qu'à nos organismes statutaires, qu'aux organismes réguliers qui existent actuellement.

Lorsqu'il aura convoqué l'assemblée générale, il pourra faire émettre des votes qu'il dépouillera lui-même ; il fera simplement signer les administrateurs, et les votes ainsi émis et ainsi dépouillés feront foi, seront valables, engageront absents et dissidents, la société elle-même.

Camarades, je demande au Congrès de repousser les dispositions que mes camarades et moi-même n'accepterons jamais.

Un Congressiste. — Il empêchera les faillites.

Boyet. — Quelles faillites ?

Le même Congressiste. — Mais, les faillites des sociétés.

Boyet. — Qu'est-ce que vous voulez dire ? Vous en dites trop ou pas assez. Expliquez-vous.

Poisson. — Cela ne vise personne. Vous ne vous sentez pas visé, Boyet ? On a parlé en général.

Boyet. — Merci, Poisson. Vous visez mieux, vous, mais de façon détournée. En tout cas, si on veut instituer ici un débat sur *La Bellevilloise*, je suis prêt à répondre. Mais si vous ne voulez pas parler clairement, permettez-moi de vous dire qu'il serait plus courageux de vous taire.

Le Président. — Terminez, Boyet.

Un Congressiste. — Pourquoi vous en froissez-vous ?

Boyet. — Parce que je suis suffisamment informé sur les faux bruits que d'aimables camarades ont fait courir, notamment dans les congrès régionaux.

Je m'arrête et je répète que, dès maintenant, je me fais inscrire pour l'année prochaine.

Le Président. — Quelques camarades se sont étonnés que nous ayons laissé parler Boyet plus de dix minutes. Cela montre que nous savons faire une interprétation extrêmement libérale de la décision qui a été prise. Mais nous n'avons pas moins d'une trentaine d'orateurs inscrits ; à 10 minutes chacun, cela fait cinq heures de discussion ; vous voyez où cela va nous mener.

Un Congressiste. — Cela n'empêchera pas Boyet de dire qu'il a parlé dans l'obstruction.

Le Président. — La parole est à Bonnin, de *L'Union des Coopérateurs des Flandres*.

Discours de BONNIN

Bonnin. — Camarades, je voudrais appeler votre attention sur un point particulier du Rapport du Conseil Central qui peut avoir une certaine importance au point de vue de la propagande. Il s'agit de la Confédération générale de Défense des Consommateurs.

Certains esprits pourraient peut-être reprocher à la Fédération Nationale de s'être préoccupé de cette ligue qui doit défendre, dit-elle, les consommateurs, en disant que le seul organisme capable d'accomplir cette mission doit être la Fédération Nationale des Coopératives.

Et alors, le rôle de la Fédération aurait été de dire à ces camarades qui veulent défendre les consommateurs : « Venez avec nous ; vous les défendrez avec nous ».

Je suis d'un avis opposé, parce que ces hommes là ne nous connaissent pas ou nous connaissent mal, et s'ils ne nous connaissent pas, notre rôle c'est de nous faire connaître à eux, c'est par conséquent d'aller chez eux.

En effet, ceux qui ont créé cette ligue de défense des consommateurs, ce sont des camarades qui s'occupent surtout de questions corporatives, de questions particulières intéressant seulement leurs adhérents. Ce sont les organisations de mutilés, les organisations de combattants, la Fédération des fonctionnaires.

Ils ont d'abord cherché à faire améliorer les moyens d'existence de leurs adhérents. Et lorsqu'ils ont constaté qu'ils arrivaient dans une impasse, que lorsqu'ils faisaient augmenter les salaires, la cherté de la vie leur enlevait le résultat qu'ils avaient pu obtenir, ils ont examiné le point de vue économique et ont commis la même erreur que nous avons commise autrefois lorsque nous nous sommes préoccupés de cette question.

Qu'avons-nous fait à l'origine ? Nous avons dit : Il faut aller trouver les commerçants et leur demander de diminuer leurs majorations.

Et qu'ont fait nos camarades de la Ligue de Défense du Consommateur ? Ils ont demandé des remises aux commerçants. Ils les ont demandé et ils ont obtenu satisfaction ; mais je ne crois pas qu'ils aient rempli la mission qu'ils s'étaient assigné. Parce que si le commerçant leur accorde 5 % de remise, il profite en réalité de la circonstance pour augmenter tous ses produits de 5 %, de sorte que le résultat est exactement l'inverse de celui qu'on a cherché.

Ils se sont dit encore : Nous allons créer des comités d'achat. Ces comités d'achat ont eu une certaine importance que je ne nie pas, car ils ont obligé au moins certains camarades à réfléchir sur les questions économiques ; mais les Comités d'achats que l'on a créés ne pouvaient donner un résultat suffisant pour amener les consommateurs à s'organiser eux-mêmes.

Certains d'entre eux ont pu, par moments, obtenir des prix intéressants, en s'adressant à des producteurs ; mais, au bout d'un certain temps ces producteurs abandonnaient le Comité d'achat et l'influence qu'eurent ces Comités fut presque nulle.

Il n'y a donc qu'une seule organisation, à mon point de vue, qui puisse défendre utilement le consommateur, c'est la Coopération. Il n'y en a pas d'autre.

La coopération, en effet, comme vous le savez, organise les consommateurs pour leur permettre de faire eux-mêmes leurs achats et commence aussi à organiser la production.

Si on ne s'attaque pas à la production, on n'obtient pas les résultats
que l'on voudrait obtenir et que l'on pourrait obtenir ; si on ne cherche
pas à produire soi-même, on reste toujours sous la coupe des producteurs.

La Coopération donne donc des résultats bien supérieurs à ceux que
peuvent donner les comités d'achat en commun, si bien organisés qu'ils
soient.

C'est pourquoi j'estime qu'il faut que nous fassions connaître à tous
ces camarades quel est le véritable but de la Coopération, quel doit être
son rôle. S'ils ne viennent pas à nous, il faut que nous allions à eux,
que nous entrions dans leur organisation et que nous leur disions ce
que désire la Coopération.

Lorsqu'ils la connaîtront bien, je suis persuadé qu'ils viendront à
nous et qu'ils ne feront qu'un avec les organisations coopératives.

Ce sera donc un excellent moyen de propagande.

Je lisais, dans le rapport du Conseil Central, qu'il allait y avoir des
Comités régionaux et des Comités départementaux. Je demande à la
Fédération Nationale de prendre l'initiative de la création de ces comités.
Nous apporterons là notre expérience, nous montrerons à ces camarades
qui veulent créer des comités d'achat, qu'il faut qu'ils viennent à nous
et qu'ils entrent dans l'organisation coopérative.

Nous leur éviterons des erreurs et nous trouverons là un nouveau terrain de propagande pour l'ensemble du mouvement coopératif.

LE PRÉSIDENT. — Je donne la parole à Pourquié, de *La Fraternelle*,
de Saint-Quentin.

Discours de POURQUIÉ

POURQUIÉ. — Camarades, les orateurs qui m'ont précédé ici ont traité
des points qui figurent dans le rapport moral. La tâche qui m'est dévolue
est précisément d'appeler votre attention sur deux points qui ne figurent
pas dans le rapport moral. Nous avons en effet le regret de constater là
une lacune. Le premier de ces points, c'est l'Action Internationale du
Mouvement coopératif.

Camarades, nous sommes un certain nombre qui avons eu connaissance de divers articles qui ont paru dans différentes revues du Mouvement coopératif. Ces articles n'ont pas été sans jeter parmi nous
quelque effroi. Il s'agit en l'espèce de l'entrée dans l'Alliance Coopérative Internationale du Mouvement coopératif fasciste.

Nous pensons que c'est une lacune du rapport moral, que de ne pas
avoir pris nettement position sur ce point-là.

Nous voudrions avoir des précisions, car le fait de comparer, sous
couvert de neutralité, le mouvement coopératif fasciste et le mouvement coopératif soviétique, ne nous donne en l'occurrence aucune espèce
de garantie.

Comment ! on vient nous objecter qu'il est possible de voir entrer le
mouvement coopératif fasciste dans l'Alliance Internationale, sous ce
prétexte que la neutralité doit être aussi bien observée à l'égard de la
Coopération fasciste qu'à l'égard de la Coopération russe !

Nous ne comprenons pas du tout la comparaison, alors que le Maître
Charles Gide faisait ce matin le plus grand éloge de la Coopération
Russe, alors que, disait-il, « si l'on mettait dans l'un des plateaux d'une

balance l'ensemble du mouvement coopératif mondial, et dans l'autre plateau le mouvement coopératif russe, c'est celui-ci qui l'emporterait », et que d'autre part, le fascisme n'a eu à l'égard de la Coopération et des Coopérateurs qu'une seule ligne de conduite : la destruction des coopératives ouvrières qui existaient avant sa venue. Nous ne nous expliquons pas que certains veuillent placer ces deux Mouvements sur le même plan.

Lorsqu'on vient nous parler de l'entrée dans l'Alliance Coopérative Internationale du Mouvement Coopératif Fasciste, nous nous demandons, en vérité, si nous ne sommes pas en présence d'une agression.

J'en ai terminé sur ce point.

La seconde lacune que je veux relever dans le rapport du Conseil Central, le deuxième point qui n'y figure pas et que, pour ma part, j'aurais voulu — avec de nombreux camarades — y voir figurer, c'est ce qui concerne la délégation à envoyer en U. R. S. S.

Camarades, c'est le Congrès de Grenoble qui a décidé l'envoi d'une délégation en Russie.

Les directives que la Fédération Nationale a envoyées aux sociétés ont été fort tardives ; nous avons pu y relever, en tout cas, que les frais d'envoi des délégués étaient à la charge des sociétés.

Nous voyons là une première manœuvre qui tend à écarter systématiquement l'envoi des délégués des petites sociétés.

Ce matin et tout à l'heure encore, on parlait dans cette salle de solidarité ; hier, on parlait de fidélité au Magasin de Gros. Le Conseil Central devrait s'inspirer de ces pensées de solidarité et de fidélité, pour donner l'exemple. Il est question dans le Rapport moral, sous le titre « Mouvement des Sociétés », de 1.500 sociétés adhérentes. Je pense que si le Conseil Central avait pris l'initiative de demander à chacune d'elles un versement de 100 francs, bien peu auraient refusé cette somme, et il en est un bon nombre à qui on aurait pu demander davantage.

Il était possible de mettre là en application cette solidarité dont on se targue, et de ne pas écarter systématiquement ainsi les petites sociétés ; cela aurait permis par exemple à une grosse société qui ne veut pas envoyer de délégué en Russie, d'aider une petite société à y envoyer le sien.

Camarades, le fait de laisser ainsi à la charge des sociétés la totalité des frais, ne peut avoir pour résultat que d'écarter de la délégation toutes les petites sociétés.

On nous répondra, je pense, sur ce point-là ; mais je crois que le Congrès aurait tout de même pour tâche de se prononcer et de demander à la Fédération Nationale de prélever sur son budget, puisqu'elle n'a pas prévu de faire cette demande aux sociétés, une certaine somme qui permettrait à des sociétés qui le désirent mais qui n'en ont pas le moyen, d'envoyer un délégué en Russie, afin que celui-ci puisse leur rapporter ce qu'il aurait vu et tout ce qu'il aurait vu.

Le Président. — Je donne la parole à Gaston Prache.

Discours de Gaston PRACHE

Gaston Prache. — Camarades, je ne perdrai pas cinq minutes à élever ma protestation personnelle contre la limitation évidemment excessive du temps de parole. Je voudrais simplement dire en passant à nos camarades de la Fédération Nationale et au Congrès qu'il me paraît nécessaire de rechercher une meilleure solution devant aboutir à permettre aux diverses opinions qui ont ici à se faire entendre de s'exprimer librement et complètement. Il est évident que dix minutes, si c'est trop pour certains, ce n'est pas assez pour d'autres.

Personnellement, à la demande de plusieurs camarades qui sont ici, je dois entretenir le Congrès de la question des Assurances sociales et de la façon dont nous pensons pouvoir la régler dans notre Fédération du Nord.

Je dois également, mandaté en cela par notre Conseil fédéral, intervenir à propos du développement coopératif et faire entendre une protestation contre certaine action qui se produit actuellement.

Je ne puis pas en dix minutes développer convenablement un tel programme. Je crois tout de même que la générosité du Président de cette séance s'exercera en ma faveur, comme elle s'est exercée très justement en faveur d'autres camarades qui m'ont précédé.

Je n'en abuserai d'ailleurs point.

Deux mots à Hentgès pour commencer.

Notre camarade Hentgès, délégué minoritaire du Nord, a exposé la question des économats du point de vue minoritaire.

Je voudrais dire qu'Hentgès, délégué de *La Fraternelle d'Halluin* et membre par ailleurs de la Coopérative d'Hellemmes-les-Lille, a reçu, comme toutes nos sociétés adhérentes du Nord, un questionnaire sur les économats.

J'entends bien qu'Hentgès vous a dit : adresser un questionnaire, ce n'est pas traiter le problème ni organiser la lutte qu'il est nécessaire d'engager ; cette lutte ne peut pas être menée au moyen de circulaires aux sociétés ; c'est véritablement ridicule, c'est en tout cas insuffisant.

Personne ne nous fera l'injure de croire que pas plus à la Fédération Régionale qu'à la Fédération Nationale, nous avons pensé en rester là. Mais il faut au moins qu'avant d'entreprendre toute action utile, nous connaissions la situation exacte de ces économats ou de ces soi-disant coopératives patronales.

Comment nous en rendre compte, sans avoir au préalable accumulé les matériaux et les documents nécessaires ?

La circulaire est pour nous un premier moyen.

Je regrette que l'intervention d'Hentgès à cette tribune n'ait pas pu être appuyée par lui de l'indication qu'il avait tout au moins répondu aux circulaires que nous lui avons envoyées. Tout le monde comprendra que la première chose à faire ce n'est pas de critiquer mais de renseigner ceux à qui on demande d'agir. Une vingtaine de sociétés seulement nous ont répondu. Nous attendons les documents nécessaires pour entreprendre toute action utile.

Sur la question des assurances sociales, j'ai pu m'entretenir avec des camarades de diverses régions. On nous a souvent demandé : « Que faites-vous dans le Nord ? ».

Notre position, dès que la Fédération Nationale eut invité les Fédérations régionales à s'occuper du problème, a été tout de suite une position d'unité d'action la plus large.

A cet effet, suivant en cela les directives de la Fédération Nationale, nous nous sommes tournés vers les représentants des organisations ouvrières et vers les représentants de la mutualité, pensant pouvoir souder les forces des uns et des autres, nous coopérateurs servant de trait d'union. Ainsi devions-nous aboutir à l'unité que nous souhaitions ardemment.

Nous n'avons pas eu besoin de chercher longtemps cette solution, puisque notre première démarche a abouti à un échec de principe irrémédiable.

Les représentants des syndicats ouvriers confédérés nous ont fait savoir qu'il ne pouvait être question pour eux de s'associer en aucune façon avec les représentants de la Mutualité.

Il y a à cela une raison sur laquelle je ne m'étendrai pas, — ne voulant pas juger ici — une raison assez spéciale à notre région du Nord.

La Mutualité départementale du Nord a, l'an dernier, signé ce qu'on appelle un pacte d'alliance avec le Consortium textile de Roubaix-Tourcoing, pour l'application des assurances sociales et de la mutualité en général.

Les représentants des syndicats ouvriers ont vu, dans cette alliance, un véritable accord entre la mutualité qui avait toujours affirmé sa neutralité, et les représentants d'un patronat, que la classe ouvrière du Nord n'a pas précisément en odeur de sainteté.

Devant l'impossibilité de réunir des éléments aussi opposés, nous nous sommes repliés sur nous-mêmes. Notre mouvement coopératif est assez fort pour nous laisser espérer que son action propre, sur le terrain des assurances sociales, ait des chances de succès.

Nous avons décidé, dans notre Fédération, d'affirmer d'abord que notre action coopérative sur ce terrain ne visait nullement à lutter contre aucune autre forme d'action, mais au contraire à soutenir et compléter celles que les travailleurs organisés dans les syndicats ouvriers, de quelque tendance qu'ils soient, entendaient mener.

Comme nous ne pouvions pas uniquement nous tourner vers un syndicat plutôt que vers un autre — il y en a trois dans notre région — nous avons jugé que notre meilleure position, à défaut d'autres, était de faire cavalier seul.

Là où nous serons numériquement inférieurs, nos coopérateurs iront à la forme qui leur convient le mieux. Par contre, là où nous sommes en force, notre action sera menée, et à cet effet, nous avions décidé la constitution, à l'aide des groupements dits spontanés, d'une caisse primaire départementale pour le Nord et d'une caisse pour le Pas-de-Calais, qui auraient pris le nom : « Le Coopérateur ».

Est ensuite intervenu le projet de loi rectificatif que vous connaissez. Ce projet rectificatif apporte un véritable bouleversement dans l'organisation des assurances sociales, telle que la loi d'Avril 1928 l'avait envisagée. Il est susceptible de modifier très sensiblement notre point de vue sur la question, partant notre forme d'action.

Le rectificatif est actuellement en instance de discussion devant le Parlement. Sera-t-il voté ou non ? Ou sera-t-il voté avec des modifications ? Nul ne pourrait le dire. Nous avons cru, nous croyons encore qu'il sera voté.

On nous dit en dernière heure : Il y a des chances pour qu'il ne le soit pas intégralement. Attendons.

En tout cas, nous avons envisagé, en raison des modifications que prévoit le projet rectificatif, la possibilité de détourner notre action vers un autre terrain.

Au fond, nous ne sommes pas tellement fâchés de ce changement du problème, car il nous permettra d'aboutir à une solution que nous jugeons meilleure et dont la connaissance, j'en suis sûr, vous fera également plaisir.

La caisse primaire spontanée avait un intérêt pour les travailleurs affiliés aux assurances sociales, en ce sens que le Conseil d'Administration devait être composé exclusivement d'assurés, à l'exclusion des représentants des employeurs.

Le rectificatif enlève ce privilège aux caisses spontanées. On peut être pour, on peut être contre cette modification. Personnellement, je m'élève contre et nombreux seront les coopérateurs qui partageront cet avis.

Je ne sais pas si notre protestation aura quelque effet, étant donné que celle des syndicats ouvriers ne semble pas avoir eu beaucoup d'écho.

Mais abandonnant le terrain de la caisse spontanée, nous nous tournons alors vers la Caisse départementale officielle. Cette caisse départementale, prévoit le rectificatif, cesse d'être une caisse de centralisation pour ne rester qu'une simple caisse primaire devant réunir tous les isolés, — j'entends par là tous ceux qui ne sont pas affiliés à quelque autre organisation — Et notre position, à nous coopérateurs, arrivant avec une masse d'assurés organisés par nos soins, nous donnerait un terrain favorable à l'action coopérative au sein même de cette Caisse.

Mais alors, nous avons pensé, revenant à notre sentiment d'unité, toujours aussi fort chez nous, que peut-être, devant le rectificatif, l'opinion et la division dans l'action des syndicats ouvriers se modifieraient aussi. Nous avons écrit aux représentants des diverses organisations syndicales du Nord, pour leur demander leur point de vue et leurs intentions.

J'ai le plaisir de vous annoncer qu'à la veille même de mon départ pour le Congrès de Royan, je recevais de deux de ces organisations syndicales, les confédérées et les unitaires, une réponse tout à fait satisfaisante.

J'avais posé ces deux questions :

— Quelles sont vos intentions ?

— Le cas échéant, seriez-vous disposés à vous rencontrer avec nous pour une action commune, au sein de la Caisse départementale ?

A la dernière de ces deux questions, les deux organisations syndicales les plus puissantes de chez nous ont répondu d'une façon très favorable, disant que non seulement il leur paraissait souhaitable de mener cette action en commun, mais que c'était presque une nécessité.

J'attends impatiemment notre retour dans la région du Nord, pour avoir les entrevues nécessaires. J'espère qu'elles aboutiront favorablement.

Ainsi, nous pouvons nous réjouir de ce fait que les travailleurs, par la voix de leurs représentants autorisés et par la voix aussi de leurs représentants dans le Mouvement coopératif, auront réussi à comprendre que leur intérêt dans la question des assurances sociales, comme dans tant d'autres, c'est de se grouper tous solidement. Si la Coopération régionale du Nord peut, à propos des assurances sociales, aboutir à ce résultat, on pourra dire qu'elle aura rempli une tâche vraiment belle, vraiment noble : elle aura servi de trait d'union entre tous les travailleurs organisés, mais hostiles, présentement, les uns aux autres, par un groupement bien compris, en vue de leurs intérêts communs.

Troisième point...

Un Congressiste. — Est-ce que vous avez reçu une réponse à votre deuxième question, de la part des sociétés de secours mutuels ?

G. Prache. — Je n'ai pas posé la question aux sociétés de secours mutuels, avec lesquelles nous avons d'ailleurs de bonnes relations pour la raison que la mutualité ne pense pas s'orienter vers la caisse départementale. Sur le terrain de la caisse départementale, nous ne risquons de rencontrer que les ouvriers affiliés, par l'intermédiaire de leurs syndicats, et non les mutualistes.

Un Congressiste. — Des unions de sociétés de secours mutuels pourraient faire une caisse départementale.

G. Pilache. — Oui, mais le problème, chez nous, est le suivant : l'Union du Nord, comme l'Union du Pas-de-Calais constituent leurs propres caisses primaires, dans chacun des départements, pour former en commun leur caisse de retraite vieillesse et invalidité.

J'en arrive au troisième point, que je regrette de devoir traiter rapidement. C'est le vieux dada que nos camarades du Nord et moi-même avons enfourché déjà depuis quelques années : je veux parler de la question du développement coopératif.

Je m'en voudrais de passer à vos yeux pour un garçon qui a déjà des manies malgré son âge ; ne croyez pas que ce soit une manie, ou tout au moins considérez que c'est une manie salutaire.

Nous redisons cette année, comme les années passées, qu'il est grand temps d'établir un plan de développement coopératif pour toutes nos sociétés, pour toutes nos régions, pour tout notre pays.

L'an dernier, nous avons nous-même déposé devant vous une résolution que vous avez acceptée et qui proclamait la nécessité d'établir, par société, un plan de développement coopératif, la nécessité de grouper par fédérations régionales les plans ainsi établis de façon à leur donner la coordination nécessaire, et la nécessité pour la Fédération nationale de connaître tous ces plans des sociétés et ces plans régionaux, pour tracer ensuite dans leurs grandes lignes les directives du développement ultérieur de notre Mouvement.

La résolution que vous avez acceptée se terminait en outre par cette phrase : « Il est entendu que les congrès annuels nationaux et régionaux connaîtront des résultats atteints dans ce sens ».

Le rapport de cette année n'en fait pas mention. Peut-être y a-t-il d'autres questions plus importantes à examiner ?

Je tiens cependant à vous dire que notre activité dans la région du Nord a essentiellement porté sur ce point.

Nos deux derniers Congrès Régionaux, depuis Grenoble, ont traité de cette question du développement coopératif. Nous sommes arrivés à établir notre plan de développement dans la région du Nord, par une coordination de tous nos efforts, par une discipline librement acceptée par l'ensemble des sociétés, disons même par toutes, car s'il se trouve dans nos congrès une minorité pour voter contre les résolutions présentées par notre Commission de développement fédéral, il se trouve non moins que cette minorité est représentée dans nos commissions et participe à nos travaux en parfait accord avec nous. Donc, unanimité.

Je ne retiendrai, faute de temps, que ce point spécial, point particulièrement important, c'est celui des difficultés qui peuvent s'élever entre nos sociétés, au sujet du secteur d'action territoriale de chacune d'elles.

Nous avons pensé qu'il valait mieux, en cela, recourir à une médecine préventive qu'à une médecine curative : l'expérience nous a montré que nous avons raison, parce que, lorsqu'il s'agit d'apaiser un conflit, il est extrêmement difficile d'aboutir. Je ne rappellerai pas ici tel conflit qui nous tient encore à cœur dans la région du Nord et que nous n'espérons malheureusement plus résoudre favorablement.

Mais une règle a été acceptée à notre congrès de décembre dernier, d'après laquelle toute société qui veut ouvrir un magasin nouveau doit en demander d'abord l'autorisation à la Fédération régionale. Depuis lors cette règle a scrupuleusement été observée et nous avons ainsi déjà évité des conflits qui auraient sans doute pris une tournure regrettable.

J'insiste sur ce point. Je voudrais dire encore, pour me réjouir avec notre ami Berland qui marquait sa satisfaction de voir que le tableau statistique inséré au rapport du Conseil Central a été heureusement complété, je voudrais dire qu'il conviendrait d'augmenter encore les renseignements statistiques donnés dans ce tableau, de façon à permettre à chaque société et à chaque délégué d'avoir une impression plus précise sur le développement atteint au cours de l'année écoulée par nos organisations régionales et même par nos principales sociétés.

Des appels ont été faits dans tous nos congrès, il en a été fait encore hier à l'Assemblée Générale du Magasin de Gros, il en sera fait encore par divers camarades qui interviendront, et par Poisson lui-même, en faveur d'une plus grande organisation de notre Mouvement, d'une centralisation de ses forces et d'une unité d'action coopérative qu'il faut à tout prix obtenir.

Camarades, nous donnons, je crois, dans le Nord, le spectacle d'une unité parfaite et d'une marche à pas rapides vers une plus grande concentration de nos forces.

Sur tous les terrains où nous pouvons nous unir, sur tous les terrains où nous pouvons coordonner nos efforts, nous le faisons et nous sentons que nous aboutissons de mieux en mieux.

Je voudrais, en l'occurrence, mandaté en cela par le Conseil Fédéral, dire l'émotion qui a saisi nos camarades du Nord, lorsqu'ils ont connu la circulaire émanant de ces Comptoirs Industriels et Commerciaux, dont on a évoqué l'action hier, à l'Assemblée Générale du Magasin de Gros.

Nous avons eu, au lendemain de l'envoi de cette circulaire, une réunion de notre Conseil Fédéral. Je dois dire à Clouet qui déclarait hier qu'il n'y a pas lieu de s'émouvoir, je dois dire à tel ou tel de nos camarades ici présents, qui dans nos conversations particulières, disaient : ce sera probablement un coup d'épée dans l'eau, que nous, coopérateurs du Nord, n'en jugeons pas ainsi.

Nous sommes pour l'unité, mais nous disons qu'il est des choses qu'il ne faut pas permettre. Nous disons qu'il ne suffit pas qu'à toutes les interventions dont le but est de soulever une fraction coopérative contre une autre fraction coopérative, nous entendions en fin de compte Poisson répondre par un splendide discours aux camarades minoritaires.

Aujourd'hui, la question est beaucoup plus grave, parce qu'elle ne se situe plus sur le terrain moral, mais en plein sur le terrain commercial.

J'ai appris hier avec stupéfaction que des représentants autorisés des sociétés minoritaires étaient à l'origine de la constitution de ce Comptoir.

J'ai vu, dans cette salle, des camarades de la minorité, j'ai vu Boyet, Paquereaux, d'autres encore dont je ne connais pas les noms. Nous espérions, nous camarades du Nord, entendre leurs explications, leurs raisons : personne n'a parlé.

Paquereaux. — Mais quelqu'un parlera !

Prache. — Je n'en ai pas pour bien longtemps. Je ne veux pas feindre une indignation qui n'est que trop réelle, ni une émotion qui n'est que trop sincère. C'est au nom de nos camarades du Nord que je pose ici cette question : Nous voulons l'unité. S'il y a des camarades qui veulent la briser, qu'ils aient le courage de le dire.

Nos camarades du Nord m'ont chargé d'avoir, devant tout le Congrès une attitude ferme, une attitude énergique et de demander à la Fédération Nationale de mettre en demeure les camarades ou leurs sociétés qui sont, je dirai le mot, inculpés dans cette affaire, d'avoir ici à se disculper, d'avoir à nous dire, comme nous le souhaitons et l'attendons de tout notre cœur, qu'ils ne veulent pas la division, qu'ils ne veulent pas porter préjudice à notre organisme central économique. A l'heure où, plus que jamais, toutes les forces capitalistes se coalisent sérieusement contre notre Mouvement, créer une scission sur le terrain économique serait plus qu'une faute, faute impardonnable, ce serait un crime !

Le Président. — Je donne la parole à Vaxelaire, de *L'Union des Coopérateurs*, de Paris.

Discours de VAXELAIRE

Vaxelaire. — C'est d'une des plus belles réalisations de la Fédération nationale, de la création de l'Ecole Technique, que je désirerais entretenir le Congrès.

Si, sur certains points, nous pouvons avoir quelque infériorité par rapport aux organisations capitalistes, il en est d'autres, au contraire, où, grâce à la concentration de nos forces morales et de nos forces commerciales, nous pouvons non seulement obtenir des résultats supérieurs, mais aussi, ce qui est très important, des résultats beaucoup plus rapides.

A cet égard, la création de l'Ecole Technique est une démonstration de la volonté du Mouvement coopératif de former non seulement des hommes du point de vue de la technique commerciale, mais aussi de former des hommes en ce qui concerne la connaissance du Mouvement coopératif, ce qui est un point très important à l'heure actuelle.

Si nous regardons dix ans en arrière, on peut dire que le Mouvement coopératif a franchi des pas de géant. Mais si nous regardons dix ans vers l'avenir, dix ans en avant, ces pas deviennent bien petits, par rapport à ce qu'il nous reste encore à réaliser !

Le problème des hommes de demain est un problème des plus importants que le Mouvement coopératif ait à envisager à l'heure actuelle. Il nous faut développer nos sociétés, il nous faut organiser nos sociétés du point de vue commercial et du point de vue de l'organisation scientifique. Mais pour développer nos sociétés, pour les fortifier, pour les consolider, pour leur permettre d'aller tous les jours de plus en plus de l'avant, il nous faut des cadres, il nous faut des directeurs, il nous faut des chefs de service ; il nous faut des inspecteurs, il nous faut des chefs d'entrepôt et il nous faut aussi de bons employés.

C'est précisément le rôle de l'Ecole Technique de former et de mettre à la disposition du Mouvement coopératif les techniciens qui lui sont indispensables pour assurer son avenir et son extension.

Camarades, revenons un peu à la réalité. Lorsque nous consultons le rapport de la Fédération Nationale, nous constatons, en ce qui concerne l'Ecole Technique, qu'il a fallu enregistrer un déficit de 27.000 francs, et que les sommes versées par les sociétés, au titre de la taxe d'apprentissage, se sont élevées à 109.000 francs.

C'est une question que je vous pose et que je vous demanderai de résoudre lorsque vous serez de retour dans vos sociétés. Ce n'est pas avec une centaine de mille francs qu'il est possible d'organiser l'Ecole Technique d'une façon suffisante, pour permettre de répondre demain aux besoins de cadres du Mouvement coopératif. D'une statistique établie par la Fédération Nationale, il résulte que si toutes les sociétés avaient versé à la Fédération Nationale les 80 % de la taxe d'apprentissage que la Fédération Nationale est autorisée à percevoir, ce n'est pas un budget de 100.000 francs que l'Ecole Technique aurait eu à sa disposition, mais un budget de 400.000 francs.

Mais ces sommes qui n'ont pas été versées à la Fédération Nationale ont tout de même été versées à l'Etat ; et, comme la loi le veut, ces sommes, qui auraient pu aller à la Fédération Nationale pour notre Ecole Technique, mais qui ont été versées à l'Etat, sont revenues aux Chambres de Commerce, et ont par conséquent servi, d'une façon un peu indirecte, l'action et les possibilités de nos concurrents, vis-à-vis de nos organisations coopératives !

C'est une question que vous aurez à examiner demain, lorsque vous retournerez dans vos sociétés.

Si je parle du budget de l'Ecole Technique, c'est précisément parce que je pense et parce que nous pensons que l'école, telle qu'elle est organisée, n'est pas encore suffisante. Il nous faudra demain une école de gérants, car nous aurons besoin, au fur et à mesure de notre développement, d'une multitude de gérants, et il ne faut pas oublier que les gérants sont les meilleurs propagateurs du Mouvement coopératif, tant en ce qui concerne le recrutement des sociétaires que le recrutement des capitaux.

Nous devons envisager aussi la création d'une école de militants. Car il ne suffira pas, demain, d'avoir des techniciens ; il nous faudra aussi des militants qui soient les propagateurs de l'idéal coopératif, qui soient les vulgarisateurs du Mouvement coopératif. C'est encore une chose indispensable.

Il faudra aussi, du point de vue matériel, améliorer les conditions de travail de l'école.

Ce qu'il est nécessaire d'éviter, c'est qu'après avoir résolu le problème des capitaux en ce qui concerne le développement du Mouvement coopératif, nous nous trouvions en présence d'organisations qui n'avancent pas ou qui n'avancent que lentement, parce qu'elles n'auront pas à leur disposition les hommes capables de leur permettre des réalisations et un développement intense.

Ce matin, j'entendais parler d'association. C'est encore un fait qu'il convient de reconnaître : en France, l'esprit d'association est beaucoup moins développé que dans les pays étrangers. Là encore, si nous avons une faiblesse, si le Mouvement coopératif a une infériorité en France, du fait que l'esprit d'association est moins développé qu'ailleurs, il faut que, par une organisation supérieure, nous arrivions à compenser et au-delà cette infériorité.

Il faut que nos techniciens soient d'abord des techniciens ; mais il est nécessaire aussi qu'ils aiment et comprennent la Coopération, et c'est dans la mesure où nous aurons des techniciens aimant et comprenant la Coopération que le Mouvement coopératif pourra se développer en toute sûreté.

Il faudra aussi, après avoir formé les hommes, que le Mouvement coopératif sache les conserver.

La formation des cadres du Mouvement coopératif est à la base de son expansion et de la suprématie du Mouvement coopératif sur les organisations capitalistes. Et c'est seulement dans la mesure où nous aurons formé les hommes qui nous sont nécessaires que bien des réalisations qui nous paraissent maintenant relever de l'utopie deviendront pour nous des réalités pratiques, pour le plus grand intérêt de nos organisations et pour la défense du consommateur.

Le Président. — La parole est à notre ami Simiand, Directeur de l'Ecole Technique pour le Personnel Coopératif, mais je ne laisserai pas aborder la tribune par Simiand, sans le présenter à l'Assemblée. Il est le Directeur de notre Ecole Technique pour le Personnel Coopératif et si nous ne le voyons pas souvent à la tribune de nos Congrès, je puis dire qu'il travaille depuis de nombreuses années, silencieusement mais avec toute sa science et toute sa foi, au développement du Mouvement coopératif.

Discours de SIMIAND

Simiand. — Je suis un peu intimidé par la présentation que notre cher Président vient de faire de moi, et mes premiers mots seront pour renouveler les remerciements que j'ai déjà adressés au Conseil d'Administration et au Conseil de l'Ecole pour la confiance dont ils m'ont donné le témoignage, en me chargeant de la direction de cette école.

Notre ami Vaxelaire, un des collaborateurs les plus précieux de cette école, vient de vous dire très bien quel était l'objet immédiat, l'objet puissant de l'effort que nous avons ainsi tenté, et je n'ai pas à compléter ce qu'il a si bien exprimé.

Je voudrais seulement, — c'est mon rôle — apporter ici un bref compte rendu et y joindre un appel.

Le compte rendu, en effet, nous pouvons déjà vous le fournir. Nous avons fait deux premières réalisations, dans l'été dernier et dans l'hiver qui vient de finir. Dans ces deux réalisations, nous avons pu déjà assurer notre programme et nous avons pu aussi, je crois, donner à nos professeurs dont plusieurs sont ici, les moyens d'assurer eux-mêmes leur enseignement ; je puis dire que dès maintenant ils en sont pleinement maîtres.

Notre programme peut paraître large ; il est cependant, à mon avis, à peine suffisant. C'est dans l'ensemble du monde économique, c'est dans toutes les branches de l'activité économique que l'organisation scientifique, que la rationalisation comportent de plus en plus la formation méthodique des chefs et des hommes appelés à collaborer directement avec eux en ces branches diverses.

L'industrie s'est aperçue qu'il y avait une technique de l'industrie et qui pouvait s'enseigner. Le commerce de gros, le commerce de détail, le commerce même des denrées alimentaires les plus concrètes se sont aperçu qu'il y avait aussi une technique du commerce, et qui pouvait s'enseigner et qui s'enseigne de plus en plus.

La Coopération ne doit pas être en retard. Elle doit s'apercevoir qu'il y a aussi une technique des services qu'elle est appelée à assurer et que cette technique peut s'enseigner : elle doit non seulement ne pas être en retard, mais elle doit, comme toujours, avoir l'ambition de faire mieux.

Nous envisageons et nous avons déjà réalisé à cet effet un enseignement qui porte, d'abord, sur la connaissance des choses que les coopératives achètent et répartissent : c'est le cours de marchandises. Et, pour bien suivre ces choses jusqu'au bout, de leur usage jusqu'à la consommation elle-même, ce qui est notre préoccupation essentielle, ce cours est complété, puis-je dire, — et je pense que la partie féminine de l'auditoire l'approuvera spécialement en cela — par un enseignement ménager. Car notre personnel coopératif doit devenir pour ainsi dire un conseiller ménager de l'emploi des produits qu'il s'attache à répartir.

Ce n'est pas parce que notre ami Vaxelaire est présent que je manquerai à dire que le cours d'organisation des sociétés et des services est un des cours fondamentaux sinon le cours fondamental de notre enseignement, et que, dès maintenant, placé entre ses mains, vous pouvez être assurés qu'il est bien tenu et peut donner tous les résultats que nous pouvons en attendre.

A côté de ces enseignements essentiels, initiaux, nous avons prévu et réalisé aussi deux enseignements fort utiles encore, un enseignement du droit, dont notre ami Ramadier a pu se charger, avec la maîtrise que vous lui connaissez et un enseignement de la comptabilité.

Le droit, comme la comptabilité, sont enseignés sans doute dans leurs principes généraux qu'il faut connaître, mais adaptés aussi et surtout aux conditions spéciales de nos sociétés.

Ce programme, jusque là, c'était assurer la technique, comme le disait notre ami Vaxelaire. Mais en outre, si cette connaissance des choses et des pratiques peut se rencontrer dans un enseignement du commerce ordinaire, ce que nous avons, nous, à y ajouter, c'est une âme coopérative. Et pour cela, d'abord, nous y avons joint un enseignement de l'histoire de la Coopération ; notre ami Gaumont ici présent a pu le développer avec la science dont vous avez tous eu déjà de si grands témoignages. — Un enseignement des principes de la Coopération, je crois, Poisson, que vous pouvez en être le professeur responsable et justement responsable — un enseignement aussi des principes généraux de toute l'œuvre coopérative ; — un enseignement des autres formes de coopération et de leur liaison avec la nôtre, et notre ami Fauquet a su montrer là l'ampleur des vues que vous avez déjà pu apprécier.

Tout cela constitue, vous le voyez, un ensemble déjà assez considérable. Je ne voudrais pas vous effrayer par le nombre de leçons qu'a comporté notre dernière série. Et cependant, si nous avons laissé peu de loisirs à nos élèves, nous avons encore essayé, anticipant un peu sur le rapport qui viendra demain, d'occuper ces loisirs, en pensant que le bon coopérateur devait être en même temps un homme cultivé, devait être en même temps *un homme*.

L'ensemble de cette formation peut, je crois, se résumer en un effort pour donner à nos élèves des connaissances techniques en même temps que pratiques ; pour compléter cet enseignement par des visites et par des stages que nous nous efforcerons de développer ; pour leur donner, enfin, un esprit coopératif, une foi coopérative.

Les résultats de ces deux premières années de réalisation, il ne m'appartient pas de les juger ; mais certains d'entre vous ici même m'en ont apporté un témoignage assez favorable déjà. Les élèves, après ces deux séries de cours, ont, j'oserai dire, à « digérer » les enseignements un peu massifs qu'ils ont reçus ; mais dès maintenant ceux d'entre vous qui ont eu des élèves sortis de ces séries, ont pu reconnaître je crois, que le temps passé à l'Ecole avait été bien employé et que dans l'avenir encore plus que dans le présent, il sera profitable pour l'ensemble de notre Mouvement.

Voilà un compte rendu sommaire, mais un compte rendu qui, même s'il peut vous montrer que nous avons atteint quelques résultats, doit surtout vous marquer que nous en avons encore de plus grands à rechercher.

Il faut faire encore plus large et il faut faire encore mieux. Pour cela, — et voici mon appel — nous avons besoin de votre concours à tous, concours dans l'ordre technique et concours dans l'ordre financier ; là, je n'ai rien à ajouter, — ce n'est pas d'ailleurs mon rôle — à ce qui vient de vous être dit ; mais concours aussi, et cela est nettement dans le rôle qui m'a été donné de Directeur de cette Ecole, — en nous donnant des élèves, en nous les donnant et de plus en plus à deux degrés au moins, et peut-être ultérieurement à d'autres degrés encore, mais pour le moment et en tout cas à deux degrés : à un premier degré, d'abord, à l'âge de l'entrée dans les services coopératifs, pour des cours que j'appellerai d'initiation, ou élémentaires ; en nous les donnant aussi à un second degré, à l'âge adulte, pour commercer à préparer des chefs, qui pourront, avec l'expérience pratique jointe à ces connaissances, vous donner plus tard les concours dont vous sentez tous que vous avez besoin.

Pour la désignation de ces élèves, votre concours nous est nécessaire ; nous avons même besoin de quelque sacrifice de votre part. Nous savons bien quelle est la limitation — et cela vient de nous être répété, — du personnel des sociétés, combien un chef a de difficultés à se séparer justement du bon collaborateur pendant quelques mois. Ce que je crois cependant, c'est que cette privation sera grandement et largement payée, tout de suite et encore plus dans l'avenir. Il faut donc que vous nous consentiez ce prêt des meilleurs de vos collaborateurs, et nous tâcherons de vous donner en retour, des assurances d'une collaboration encore meilleure et qui pourra servir davantage le développement auquel nous aspirons.

Nous vous demandons à tous des élèves ; mais nous vous demandons aussi des conseils, et ces conseils déjà seront un encouragement. Et s'il m'est permis de résumer en une formule un peu courte cette intervention peut-être trop longue, je vous dirai : Aidez-nous, et l'Ecole Technique vous aidera.

Le Président. — La parole est à Fleury, de *La Bellevilloise*.

Discours de FLEURY

Fleury. — Camarades, j'interviens rapidement sur quelques points, concernant l'activité de la F. N. C. C. au sein de l'Alliance Internationale, et d'abord sur une proposition discutée à la réunion de l'Exécutif de l'Alliance, ces jours derniers, concernant une proposition de la deuxième Internationale Socialiste, relative à une action commune des partis ouvrier et social-démocrate de l'Internationale Syndicale d'Amsterdam, et de l'Alliance, pour le désarmement.

Que dit cette résolution ?

La Deuxième Internationale propose à l'Alliance que les organisations coopératives des différents pays de leur Union votent une résolution ainsi conçue :

« L'Assemblée générale espère que la Commission préparatoire de la Société des Nations terminera ses travaux dans le plus bref délai, pour pouvoir réaliser, par la conclusion d'un traité général de désarmement, la promesse solennellement donnée à tous les peuples du monde.

L'Assemblée insiste pour que les dispositions pacifistes des peuples du monde entier soit exprimée à Genève par les délégués des gouvernements, pour que la paix puisse être effectivemnt réalisée ».

La résolution des coopératives, ainsi votée, devra être remise au Président de la Société des Nations.

En outre, les manifestations de 1er Mai devront être cette année des manifestations de paix, et du 27 Juillet au 4 Août, à l'occasion du 15e anniversaire de la déclaration de la guerre, devra être organisée une semaine de manifestations.

Cette circulaire a été adressée aussi au Centrosoyus. Le vice-président du Centrosoyus a répondu par la lettre suivante, publiée dans *La Vie Coopérative*, du 14 Mars :

« La circulaire sur la proposition de l'Internationale ouvrière socialiste ni'étant parvenue trop tard, nous avons répondu télégraphiquement ce qui suit :

Les Coopératives soviétiques soulèvent des objections contre la collaboration de l'Alliance avec la Deuxième Internationale dans l'action du désarmement.

Les coopératives soviétiques proposent à l'Alliance de se rallier aux propositions de Litvinof, sur le désarmement complet.

Les coopératives soviétiques sont pour la participation aux manifestations du 1er Mai, comme manifestations contre la guerre; mais elles se prononcent contre la manœuvre de la Deuxième Internationale par l'Alliance et insistent pour que la proposition de la Deuxième Internationale soit mise en discussion à la séance de l'exécutif de l'Alliance.

En attendant, le Secrétariat général doit s'abstenir de toute nouvelle démarche pour ces propositions... ».

POISSON. — J'ai écrit la même chose.

FLEURY. — Je continue :

« Nous voulons rappeler avec force que l'Internationale ouvrière socialiste, par son attitude pendant et après la guerre, a suffisamment montré que les organisations qui lui sont affiliées dans leur politique vont entièrement à la remorque des gouvernements impérialistes.

L'Internationale ouvrière socialiste soutient la politique de la Société des Nations, qui est un instrument dans les mains des gouvernements pour la préparation de nouvelles guerres sous le couvert de déclarations pacifiques.

Dans de telles circonstances, l'action de l'Internationale ouvrière socialiste ne peut être considérée que comme une manœuvre destinée à éveiller dans les masses laborieuses de faux espoirs sur la réalisation de la paix dans le monde, et l'œuvre de la Société des Nations est destinée à les détourner de la lutte contre la préparation de nouvelles guerres.

C'est pourquoi nous croyons nécessaire que l'Alliance s'abstienne de toute nouvelle démarche sur cette question, jusqu'au moment où les organisations du Mouvement coopératif auront la possibilité de discuter la dite proposition et nous prions de soumettre cette question à la prochaine réunion de l'Exécutif ».

Entre temps, les représentants de la Deuxième Internationale dans l'Alliance ont déjà commencé leur propagande.

Il n'y a pas de doute que les chefs social-démocrates là-bas feront tous leurs efforts pour mettre les coopératives au service de la Deuxième Internationale, et c'est pourquoi il importe que les coopérateurs révolutionnaires prennent leurs dispositions.

En tout cas, nous profitons de cette circonstance pour marquer qu'il a été proposé à l'Alliance de se mettre en rapport non seulement avec l'Internationale d'Amsterdam, mais également avec les autres organisations syndicales.

Et puis, ce n'est pas tout. Lorsqu'on parle de la neutralité, on prétend représenter quelque chose de très bien, et cela aboutit à quoi exactement ?

Nous voyons, par exemple, au Comité Central de l'Alliance, tenu les 8 et 9 novembre dernier, à Genève, qu'une proposition, après les interventions de Poisson et de Lévy, a été repoussée ; c'était une proposition de Serwy, pourtant bien anodine, qui s'adressait à la Société des Nations et qui était libellée en ces termes :

« Pour obtenir des gouvernements la solution des différents entre les nations par l'arbitrage et aussi par la réduction et la limitation des armements nationaux... »

Nos représentants de la Coopération estimèrent devoir agir de telle sorte que la proposition fut repoussée, pour éviter que l'on fasse de la politique.

Naturellement, c'est quelque chose qui aboutit à apporter à l'impérialisme français la collaboration la plus zélée.

La délégation soviétique a présenté la proposition suivante, au même Comité Central :

« Le Comité Central est obligé de constater que la question du désarmement n'a fait aucun pas en avant et que la Société des Nations n'est pas capable d'appliquer des mesures efficaces sur ce terrain.

Le Comité Central se rallie à la résolution de la Ligue Féminine Internationale dans la question du désarmement.

Le Comité Central constate que les armements et les menaces de guerre sont loin de diminuer et se sont accrus.

Le Comité Central invite toutes les organisations affiliées à être sur leurs gardes, à maintenir le contact avec les organisations ouvrières syndicales et à élever immédiatement leur voix pour protester contre la croissance des armements. »

Un Congressiste. — Et la Russie ?

Fleury. — Je dois aussi rapidement qu'on peut le faire en quelques minutes, dénoncer la diversion habilement réalisée par le président de la séance du congrès de ce matin, lorsque, après avoir montré la coopération soviétique comme une réalisation formidable, il a dit : « Nous souhaitons que cette force soit pour la paix. C'était une insinuation...

Le Président. — Laissez-le finir, camarades !

Un Congressiste. — Nous ne pouvons pas permettre qu'on accuse Charles Gide d'avoir apporté des insinuations ! Ce n'est pas admissible.

Fleury. — Ce sont là des déductions que l'on peut faire.

Un Congressiste. — Je dis qu'un homme comme Charles Gide a le droit de dire quelque chose sans être accusé d'insinuation.

Fleury. — Personne ne conteste à Gide le droit de dire quelque chose.

Un Congressiste. — Mais on vous conteste, à vous, le droit de l'injurier.

Fleury. — Un délégué, quel qu'il soit, a le droit de dire quelque chose. C'est pourquoi je rappellerai qu'un homme dont certains d'entre vous se réclament, Jaurès, disait : « Le régime capitaliste porte en lui la guerre, comme la nuée porte l'orage ».

Nos camarades de Russie ont mis dans la pratique cette parole de Jaurès. Puisque le capitalisme porte en lui la guerre comme la nuée porte l'orage, ils ont supprimé la cause de la guerre en supprimant le régime capitaliste...

Un Congressiste. — Vous dites qu'ils ont supprimé la guerre ?

Fleury. — Depuis qu'en Russie le prolétariat a pris le pouvoir, les coopératives connaissent leur plein développement. C'est pourquoi vous êtes bien mal placés pour reprocher à la soi-disant armée rouge d'être un instrument d'impérialisme, alors que la Russie montre qu'elle est bien le meilleur défenseur de la paix.

Le Président. — Si vous interrompez, nous n'en finirons pas. Il est en droit de demander plus de dix minutes !

Fleury. — L'habileté oratoire de Poisson ne changera rien au fait qu'il apporte sa collaboration à un Gouvernement dont le budget de guerre dépasse 13 milliards, a fait qu'il a une armée non pas populaire mais une armée de métier.

PLUSIEURS CONGRESSISTES. — Et en Russie ?...

FLEURY. — En Russie, les ouvriers sont armés dans les usines. Cela ne changera rien non plus à ce fait que le Gouvernement va réaliser demain, à Vincennes, le bombardement simulé d'un village : préparation à la prochaine guerre. Et c'est pourquoi la neutralité est en contradiction avec l'attitude des Pionniers de Rochdale et des Canuts de Lyon qui luttaient contre la rapacité patronale et capitaliste. C'est pourquoi, de plus en plus, le Mouvement coopératif révolutionnaire aura avec lui les masses de coopérateurs, pour défendre les intérêts des coopérateurs français et de la Russie Soviétique.

LE PRÉSIDENT. — La parole est à Simonnet, rapporteur de la Commission de vérification des mandats.

Commission de Vérification des Mandats

SIMONNET. — Camarades, j'ai à vous donner connaissance du rapport de la Commission de Vérification des Mandats.

Cette commission, que vous avez désignée ce matin, s'est réunie à l'ouverture de la présente séance ; elle a constaté que 610 sociétés étaient représentées au XVIe Congrès de la Fédération Nationale des Coopératives de Consommation, par 660 délégués, disposant de 5.713 mandats.

Aucune contestation n'ayant été formulée, la Commission vous prie de déclarer ces mandats valables.

LE PRÉSIDENT. — Quelqu'un demande-t-il la parole sur le rapport de la Commission de Vérification des Mandats ?

UN CONGRESSISTE. — Simonet devrai bien indiquer pourquoi il y a moins de mandats que l'année dernière.

SIMONNET. — L'explication est toute simple. L'année dernière les mandats étaient calculés sur cinq centimes, ce qui fait que certaines sociétés, certaines régions qui n'ont que la cotisation de 4 centimes se trouvaient perdre une partie de leur représentation.

Cette année, le Conseil Central a estimé qu'il fallait donner à toutes les Fédérations une représentation égale et il a décidé de calculer le nombre des mandats en prenant pour base la cotisation de 3 centimes, versée à la Fédération Nationale.

LE PRÉSIDENT. — Personne ne demande la parole ? Je mets aux voix le rapport de la Commission de vérification des mandats. Il est adopté à l'unanimité.

LE PRÉSIDENT. — La parole est à Chauvet, Directeur de *L'Assurance Ouvrière*.

Intervention de CHAUVET

CHAUVET. — Camarades, j'ai à vous faire une communication au point de vue de l'assurance des succursales des sociétés coopératives.

L'Assurance Ouvrière a été amenée à étudier un système de contrat pour garantir les sociétés coopératives au premier feu.

L'Assurance Ouvrière, en liaison avec la Fédération Nationale, a examiné deux combinaisons.

On utiliserait une police unique pour garantir toutes les succursales des sociétés coopératives, avec dérogation à la règle proportionnelle.

Ce contrat peut être établi dès maintenant.

Les sociétés coopératives qui voudraient garantir leurs succursales avec ce système de contrat n'ont qu'à s'adresser à la Fédération Nationale qui est en liaison avec *L'Assurance Ouvrière* et le nécessaire sera fait pour l'établissement des polices.

Deuxième point : *L'Assurance Ouvrière* a étudié un système d'assurance pour les coopérateurs. Tous les membres des Sociétés Coopératives pourraient être garantis également au premier feu, avec dérogation à la règle proportionnelle.

Ce contrat est au point ; mais nous sommes arrêtés dans sa réalisation par des prétentions fiscales que nous n'avons pas encore pu écarter.

Dès que nous aurons obtenu satisfaction à cet égard, nous vous le ferons savoir.

LE PRÉSIDENT. — La parole est à Parisé, de *La Fraternelle du Bas-Meudon.*

Discours de PARISÉ

PARISÉ. — Camarades, c'est à bâtons rompus que les membres de la minorité apportent devant vous des observations forcément incomplètes en raison de la dictature que fait peser le Conseil Central dans la réglementation de ce Congrès.

UN CONGRESSISTE. — Chacun son tour !

PARISÉ. — Que vous soyez majoritaires ou minoritaires, je tiens à vous dire ma pensée, et bien que l'on cherche à étouffer le débat, à dresser entre les Coopérateurs et nous un écran pour ne pas que la situation soit éclaircie.

Il y a, en effet, parmi vous des hommes déterminés qui sont nos adversaires; mais il y a des travailleurs desquels on veut nous séparer, des travailleurs que l'on veut berner avec cette théorie de la Coopération neutre et prétendument indépendante.

Sachez que cela ne nous gêne que dans une certaine mesure ; nous avons l'habitude non seulement d'aller trouver les coopérateurs dans les congrès, mais nous avons l'habitude, contrairement à ce que font les membres de la majorité, d'aller les trouver sur les lieux de leurs luttes, à l'usine et dans les grèves.

Camarades, tout à l'heure, Prache est venu ici pour essayer de faire partir une deuxième fois le pétard que Cleuet avait fait partir hier, à propos des Comptoirs Industriels et Commerciaux ; il est venu, sur le mode sentimental, dire : « L'unité, nous la voulons ». Il aurait mieux fait de se rallier à la thèse de ceux qui pensent que c'est là un coup de sabre dans l'eau.

Et puis, je trouve étrange de la part de Prache, que nous avons été trouver au moment des grèves du textile du Nord, Prache qui est venu affirmer ici qu'il voulait faire l'unité contre le danger capitaliste et qui, lorsque le Consortium textile s'est dressé brutalement contre les ouvriers en leur refusant le droit à la vie, n'a pas répondu à notre appel quand nous sommes allés le trouver ; il n'a pas eu le courage de prendre position pour ou contre l'aide aux grévistes du textile.

PLUSIEURS CONGRESSISTES. — C'est faux ! C'est faux !

PARISÉ. — Camarades...

Un Congressiste. — Tu sais bien que ce que tu dis n'est pas la vérité !

Parisé. — Camarades...

Le Président. — Laissez parler.

Parisé. — Lorsque nous nous sommes adressés à l'*Union des Coopérateurs des Flandres*, je dois dire que les membres de cette coopérative, que le chef d'entrepôt, je le reconnais d'une façon tout à fait loyale, ont mis leur outillage à la disposition du Comité central de grève.

Mais il y a une autre chose. Il y a le fait que le Comité central de grève s'est adressé à l'organisme responsable de la Coopération dans le Nord et que cet organisme n'a pas répondu.

Plusieurs Congressistes. — Ce n'est pas vrai ! C'est ignoble !

Le Président. — Vous n'avez pas l'air d'accord, les uns et les autres !

Nombreux Congressistes. — Menteur ! Menteur !

Poisson. — Camarades, j'ai assisté au Congrès de la Fédération du Nord. C'est peut-être un simple malentendu. Je crois que Parisé n'est pas au courant.

Parisé. — Je suis très au courant.

Poisson. — Je m'étonne que votre délégué officiel qui a pris la parole tout à l'heure et qui a assisté au Congrès du Nord, — qui ramassait du reste les mandats avant, pendant et après le Congrès, — n'ait pas fait un rapport complet pour vous dire qu'au Congrès du Nord, notre camarade Prache a lu la réponse qu'il vous avait faite et qui n'était pas ce que vous disiez tout à l'heure.

Il y a donc erreur de votre part quand vous dites qu'il n'y a pas eu de réponse de Prache. Cette réponse a été lue au Congrès. Vous avez simplement un camarade qui vous a mal renseigné, et voilà pourquoi vous êtes traité de menteur.

Parisé. — Je veux répondre à Poisson sur la question ; parce qu'on ne peut pas esquiver un débat aussi important que l'aide aux travailleurs en grève.

J'étais au Comité Central de grève du Nord, lorsque la grève a été décidée à Lille.

Plusieurs Congressistes. — Par qui ?

Parisé. — Avec des camarades de votre tendance.

Nous avons été trouver Prache qui nous a dit : Je ne peux pas répondre moi-même ; mais dans quelques jours, le Comité administratif de la Fédération se réunira et nous vous répondrons.

Trois semaines après, alors que le mouvement avait été poignardé par vos amis réformistes du Nord, vous n'aviez pas encore répondu.

Plusieurs Congressistes. — Assez ! Assez !

Parisé. — Camarades, j'ai peut-être soulevé quelque peu les passions du Congrès. Mais j'ai cru devoir apporter ici cet exemple, pour vous dire que, lorsque vous nous empêchez de nous expliquer devant vous, nous allons nous expliquer devant les ouvriers.

Et maintenant, je passe à une autre observation.

Je tiens d'abord à faire entendre, d'accord avec mes camarades, une petite protestation sur le lieu où siège ce Congrès.

Un Congressiste. — Je suis de l'*Union des Coopérateurs des Flandres*, qui a livré pour plus de 700.000 francs de marchandises aux ouvriers grévistes d'Halluin.

Et quand vous venez dire que nous sommes des traîtres, je dis que c'est vous qui en êtes un ! Et c'est vous qui tracez la route au capitalisme.

PARISÉ. — Je me suis adressé à la Fédération Régionale du Nord.

Je disais, camarades, que nous tenons à protester contre la tenue successive des congrès nationaux dans des lieux comme Grenoble et Royan qui sont des stations touristiques ou balnéaires, où les prix de séjour sont tout à fait prohibitifs pour certaines petites sociétés.

Je ne voudrais pas faire de démagogie sur cette question ; il est certain que les minoritaires comme les majoritaires aiment bien les paysages comme celui-ci. Mais un congrès coopératif est une manifestation populaire de première importance.

LE PRÉSIDENT. — Laissez parler. Il n'y a pas à se passionner sur cette question.

PARISÉ. — Une manifestation comme un congrès coopératif doit se tenir là où se trouvent ces masses les plus déshéritées dont parlait ce matin le Président de l'Internationale Coopérative.

Un congrès coopératif devrait être composé non pas d'excursions ou de manifestations théâtrales, mais de meetings auprès d'ouvriers qui comprennent encore trop peu la nécessité de se coopératiser.

C'est pour cela que nous émettons le vœu que le prochain congrès coopératif soit tenu dans un milieu industriel.

POISSON. — Grenoble n'est pas un milieu industriel !

PARISÉ. — Un autre point. Je veux parler de l'attitude du Conseil Central vis-à-vis des Assurances Sociales.

J'ai écrit quelques lignes là-dessus : Poisson m'a dit qu'il n'avait rien compris. Moi non plus, je n'ai également rien compris à son rapport.

LE PRÉSIDENT. — Alors, vous n'êtes pas près de vous entendre !

PARISÉ. — En tout cas, nous affirmons que la Coopération doit prendre nettement position et indiquer aux Coopérateurs qu'ils doivent, en toutes circonstances, soutenir la constitution des caisses spontanées, constituées par les Syndicats ouvriers.

Voilà notre position.

En ce qui concerne le point de vue rectificatif, je trouve le raisonnement de Prache tout à fait incomplet.

Je suis d'accord que la disposition essentielle de ce projet rectificatif, c'est d'enlever en fait aux ouvriers la gestion de leur caisse primaire.

Et je pense que le Congrès doit protester énergiquement contre ce projet rectificatif. Je pense que s'il était juste je voudrais espérer que vraiment les travailleurs, soient entendus dans les organismes officiels du gouvernement. Je dis que si cette thèse était vraie, le Congrès coopératifs, aujourd'hui, aurait l'occasion d'élever une protestation véhémente contre ce fait de déposséder les travailleurs de leur caisse d'Assurances Sociales, dont ils payeront non seulement la moitié des fonds nécessaires à les alimenter, mais en réalité la totalité.

Voilà les deux premiers points sur lesquels je désirais intervenir.

Le troisième, c'est *Le Coopérateur de France*.

Beaucoup de questions importantes, intéressant le Mouvement Coopératif sont débattues dans nos Congrès ou dans les débats internes de la Coopération. Mais à aucun moment nous n'avons vu, dans *Le Coopérateur de France,* le reflet de ces débats et une campagne engagée contre les économats patronaux, jamais nous n'avons vu une campagne engagée contre les dangers de guerre que personne ne nie, même pas ceux qui ont été les défenseurs du locarnisme.

Je dis donc qu'en vertu de l'idéal de paix que défend la Coopération, un organe de grande diffusion tel que *Le Coopérateur de France* doit prendre position sur ce point.

S'il y avait eu un débat public dans le Coopérateur sur la question de l'aide à la grève, peut-être n'aurait-on pas vu tout à l'heure ce malentendu ou tout au moins ces protestations qui se sont fait entendre, de la part de nos camarades du Nord.

Camarades, je ne dis pas que *Le Coopérateur de France* soit mal fait; évidemment, on y trouve des rubriques d'ordre ménager qui sont intéressantes. Mais, avant d'apprendre à faire cuire le lapin et le poulet, il faudrait d'abord s'occuper de l'essentiel et savoir comment faire gagner le lapin et le poulet aux ouvriers.

Il est certain, et j'en ai fini, que toutes nos divergences ont à la base cette conception différente de la Coopération, à savoir que nous, minoritaires, nous ne pensons pas que le plein épanouissement de la Coopération puisse régler d'une façon rationnelle les rapports économiques entre les hommes. Voilà, en somme, le point central de nos divisions. Nous ne pensons pas que la nouvelle méthode qui consiste à participer aux organismes de l'Etat bourgeois, dans lesquels sont en majorité les représentants des trusts et des cartels, soit une méthode susceptible de procurer des avantages à la Coopération. Nous ne pensons pas que le point capital du discours de Cleuet, hier, à l'Assemblée générale du Magasin de Gros, soit son histoire des Comptoirs Industriels et Commerciaux...

Un Congressiste. — Parce qu'elle gêne !

Parisé. — Nous y reviendrons.

L'essentiel de son discours, c'est la condamnation irréfutable de la possibilité pour la Coopération de se développer en régime capitaliste.

Cleuet. — C'est votre interprétation, ce n'est pas la mienne !

Parisé. — Ce sont les auditeurs qui seront juges.

Mais vous êtes venu dire hier ici, à juste titre et avec des arguments sérieux, que les vues, les projets que vous aviez l'année dernière à Grenoble, vous n'avez pas trouvé la possibilité de les appliquer, parce que, dans le domaine de la production capitaliste, avez-vous dit, nous pouvons difficilement y faire participer des capitaux coopératifs, quand les entreprises sont bonnes ; et pour celles qui sont mauvaises, mieux vaut ne pas y entrer ; d'ailleurs, il nous est impossible d'entrer en lutte contre les cartels et les trusts.

Cela, non seulement vous l'avez affirmé, mais les délégués des Centrales étrangères qui sont venus ce matin à cette tribune ont eu également pour leitmotiv dans leur discours la lutte contre les cartels et les trusts.

Et quelle a été votre conclusion, Cleuet ? C'est que ces choses étaient déplorables. Mais vous n'avez pas indiqué les moyens de lutte.

Je conclus en disant que c'est là la physionomie générale du Congrès. Hier, un discours où l'on constate la lutte des trusts contre la Coopération, notamment dans les pays capitalistes où cette coopération est le plus développée.

Deuxième constatation : c'est qu'aujourd'hui on voit que l'attaque du Congrès n'est pas dirigée contre ces trusts ; elle est dirigée contre qui ? contre la minorité !

Camarades, c'est une constatation que je fais. Vous pouvez le vérifier. Vous avez deux jours de Congrès et ce soir, d'une façon tout à fait réduite, on vous accorde trois heures à peine pour un débat important.

Camarades, nous nous expliquerons ailleurs puisque nous ne pouvons pas nous expliquer ici, mais nous sommes obligés de constater que l'offensive est dirigée contre la minorité et non pas contre le système capitaliste.

Le Président. — La parole est à Dettweiller.

Discours de DETTWEILLER

Dettweiller. — Camarades et chers Coopérateurs, il est toujours agréable pour un militant coopérateur sincère de constater que le Mouvement coopératif, malgré les divergences de vue et les luttes habituelles menées entre les hommes, évolue vers le progrès sans cesse grandissant, au sein même de la société capitaliste, tant au point de vue moral qu'au point de vue spirituel ainsi que dans ses réalisations.

C'est pour moi, ancien combattant, comme tant d'autres dans cette salle, une grande satisfaction de constater que depuis deux ans, sont présents à cette tribune les délégués de tous les pays, y compris ceux que nous appelions il y a quelques années nos ennemis.

Il est normal, en ce qui concerne la tenue du Congrès, que chacun arrive ici avec ses opinions propres : nous avons le devoir d'exprimer ce que nous ressentons et il est souhaitable que le Congrès entende toutes les opinions représentées dans le Mouvement coopératif. Il faut les entendre pour deux raisons ; d'abord au point de vue moral, quelles que soient nos divergences la discussion permettra d'éclairer les militants et de participer ainsi aux mises au point nécessaires, la deuxième raison est que la Coopération de base essentiellement démocratique exige dans son esprit la plénitude de ces débats.

Je ne pense pas que l'unité soit compromise sur aucun terrain, au contraire au point de vue économique plus nous allons plus la puissance de la Coopération doit nécessairement s'affirmer.

C'est surtout sur cette partie du problème que je tiens à m'appesantir.

Au point de vue commercial nous allons rapidement faire le point et essayer de nous rendre compte de la position de notre économie coopérative au sein de la société capitaliste.

Il est certain que 1.500 sociétés égalant 3 milliards 1/2 de chiffre d'affaires, c'est un beau résultat mais encore peu de chose. C'est peu de chose quand on considère depuis la fin de guerre le développement formidable qu'ont pris le commerce et la production mondiale.

Production mondiale, plus exactement surproduction mondiale situation née des besoins extraordinaires créés pendant la grande guerre de 1914 à 1918.

Il faut savoir d'autre part que la finance internationale dans les graves problèmes économiques de l'heure trouve à profiter d'une façon presqu'absolue de la pauvreté existente des pays belligérants et on en arrive à cette constatation que malgré sa modestie la Coopération représente une cellule organique particulièrement saine, au sens physiologique du mot dans le grand corps social que constitue les échanges universels.

Cellule parfaitement organisée où tout de même les hommes de bonne volonté peuvent s'entendre et cela dans l'intérêt général contre l'intérêt privé.

Je sais bien que le Mouvement coopératif dans sa position actuelle éprouve quelques difficultés. Elles sont d'autant plus sérieuses qu'il a contre lui une concentration capitaliste devenue mondiale par nécessité et sur ce point nous pourrions faire quelques constatations intéressantes.

En premier lieu je voudrais signaler les difficultés particulières qui pourraient se présenter dans les organismes de production coopératifs si l'écoulement n'était pas absolument assuré.

D'autre part si la production mondiale depuis la guerre et dans l'après-guerre a connu une ère de grande prospérité il est certain que dans l'actuelle situation de surproduction les financiers internationaux des pays surproducteurs ont pour but de rechercher dans les pays appauvris les marchés et les moyens d'écouler leurs productions.

Mais alors, nous coopérateurs, nous savons ce que cela veut dire et nous comprenons aussi que les rivalités économiques poussés au paroxyme appellent les hommes en arme et l'âme monstrueuse des canons. Tel est ce que nous pouvons attendre des sursauts financiers de New-York, des bourses de Londres, de Paris ou d'ailleurs.

Le système actuel veut précisément qu'il y ait des pays vassaux économiquement parlant, alors que la doctrine coopérative désire au contraire la liberté absolue des échanges sous réserve d'une harmonie des productions nationales.

Voici pour l'extérieur, à l'intérieur de notre Mouvement : neutralité complète. Pourquoi cette neutralité ? C'est très simple, le jour où la coopération aborderait une politique déterminée à quelle tendance que ce soit elle ne résisterait pas aux assauts qu'elle aurait à recevoir des dissentiments qui pourraient naître et nous risquerions de voir disparaître en quelques années 60 % de nos bonnes sociétés.

Il est certain que si nous arrivons à attirer dans nos succursales l'ensemble des consommateurs et nous pouvons le dire surtout les consommateurs de la classe ouvrière car il n'y a guère que ceux-là au fond qui ont notre sollicitude et qui viennent à nous, nous pensons encore que les bienfaits de la Coopération doivent s'étendre d'une façon progressive à la classe moyenne très durement traitée.

Nous connaissons quelques exemples de concentration particulièrement forts ; il y a des sociétés à succursales multiples qui à elle seule dans une grande ville représentent presque la totalité du chiffre d'affaires du Mouvement coopératif français.

Ces sociétés groupées dans un syndicat qui possèdent 14.000 succursales en France étudient le problème coopératif et dirigent contre nous des armes terribles.

C'est ainsi que la plus grosse société à succursales ne distribue pas de dividendes notoires depuis 3 ans à ses actionnaires mais il est vrai que cela est compensé par la hausse de ses valeurs en bourse et que de très importantes réserves sont constituées.

Et alors à quoi vont servir ces réserves ?

Pour les techniciens penchés sur le problème indiscutablement ces réserves sont dirigées contre la Coopération.

Contre la Coopération parce qu'hier par exemple, on engagea une somme, de 30 millions dans la région parisienne pour ouvrir 100 magasins, demain on pourra engager 50 millions ou plus dans une autre région, c'est désormais une lutte de vitesse.

Nous devons nous organiser sur le terrain commercial.

Il ne faut pas trop compter sur la fidélité des coopérateurs. L'après-guerre a fait perdre à l'ensemble de la population le souci des choses sociales, nous le constatons non seulement dans la Coopération mais aussi dans les organisations politiques. Il y a un désintéressement complet auquel vient s'ajouter encore la disparition des 1 million 400.000 hommes massacrés par la grande tourmente. Il est certain que, dans ces conditions, la Coopération française connaîtra des difficultés à mon avis particulièrement graves, plus graves encore peut-être que celles des autres pays, par le fait de notre appauvrissement spirituel, moral et technique.

Il est donc absolument nécessaire que la Coopération de consommation, qui a pris une place importante dans l'économie nationale, reste particulièrement unie, pour l'avenir du Mouvement Coopératif français.

Le Président. — La parole est à Bessière.

Discours de BESSIÈRE

Bessière. — Camarades, ma brève intervention à cette tribune portera sur trois ordres d'idées.

J'ai eu tout d'abord l'intention de m'étonner de ce que la question de l'organisation de la production ne figure pas à l'ordre du jour de ce Congrès. Il est évident que ce qu'en a dit hier Clouet pourrait me dispenser de m'apesantir sur cette critique ; toutefois, vous me permettrez d'insister un peu sur cette question de l'organisation de la production qui a été traitée l'année dernière au Congrès de Grenoble avec tant d'ampleur.

Comme l'a dit Yung en propres termes, nous devons être autre chose que les gérants responsables de l'écoulement de la production capitaliste. Nous devons travailler à faire véritablement l'émancipation du consommateur. C'est pourquoi j'estime que le problème de la production coopérative, méthodiquement et rationnellement entreprise, mérite de figurer d'une façon permanente à l'ordre du jour de nos congrès nationaux.

Ayons l'esprit de suite. Dès cette année, demandons-nous ce que nous avons fait depuis l'année dernière, ce que nous nous proposons de faire d'ici à l'an prochain.

Le camarade Clouet ne pourrait pas nous dire indéfiniment que le problème est délicat, que le problème est extrêmement difficile à résoudre. Il faudra en effet trouver des solutions de détail et préciser en même temps un plan d'ensemble.

Il ressort de ce qu'ont dit ce matin certains délégués étrangers que les trusts internationaux ou les cartels internationaux font peser sur la Coopération une grave menace. Et contre cette menace, nous ne serons garantis que lorsque la Coopération sera fermement établie sur le terrain de la production.

En second lieu, on s'est plaint au Congrès de Grenoble de l'insuffisance de la propagande coopérative. *L'Union des Coopératives du Rouergue*, qui m'a délégué ici, doit, à ce sujet, rendre hommage aux administrateurs et techniciens du Magasin de Gros. Chaque fois que notre jeune société de fusion et de développement a fait appel à eux, ils se sont déplacés ; leurs avis, leurs conseils nous ont été d'un puissant secours.

Poisson est venu il y a quelques mois à Decazeville et à Millau ; nous ne pouvons que le remercier pour ses exposés coopératifs parfaitement clairs, pratiques et bien adaptés à la situation de notre société.

Voilà, à mon sens, de la bonne propagande. Favoriser la création de sociétés de fusion, aider celles qui sont nées à s'organiser sur des bases solides, éclairer leur route pour qu'elles progressent normalement et sans à-coups, il n'est pas à mon sens d'objectif meilleur à poursuivre.

Il faut créer partout ces liens puissants et permanents dont nous a parlé Poisson, liens commerciaux s'exprimant par le contrat d'achat, gage de cette fidélité économique si souhaitable pour la solidité du Mouvement coopératif ; liens d'interpénétration, impliquant la présence d'au moins un administrateur du Centre aux principales réunions du Conseil d'administration des sociétés de fusion, la présence aussi d'un propagandiste du Centre à nos principaux meetings coopératifs.

Une propagande ainsi conçue serait efficace et de nature à accroître à la fois la force de rayonnement et la qualité de la Coopération française.

Sans quitter le terrain de la propagande, je terminerai par quelques mots au sujet du journal *Le Coopérateur de France*.

L'administration de ce journal paraît avoir une particulière tendresse pour l'édition générale, dont elle déplore le tirage trop faible. Nous voudrions qu'elle manifestât la même sollicitude à l'égard des éditions régionales. Si nous remarquons ce qui se passe sur le plan politique, nous devons convenir que, malgré la valeur technique de la presse parisienne, la presse régionale garde son importance et son influence, précisément à cause de ses éditions régionales. Il en est de même sur le terrain coopératif : après s'être intéressé aux différentes rubriques variées et alléchantes des trois premières pages du *Coopérateur de France*, beaucoup de Coopérateurs aiment à entendre, à la 4e page, des voix de chez eux, à être renseignés sur la marche de leur propre société, à avoir un reflet de la vie du milieu coopératif qui les environne.

Il faudrait que *Le Coopérateur de France* pût être distribué gratuitement tous les huit jours à tous les membres des sociétés de fusion, par les soins de ces sociétés, bien entendu.

Certaines sociétés commerciales à succursales multiples ont déjà leur organe, organe attrayant, périodique et gratuit.

Cette distribution gratuite du *Coopérateur de France* est possible pour les grandes sociétés qui ont de grosses disponibilités et qui obtiennent des réductions considérables, parce qu'elles prennent tous les huit jours des dizaines de mille exemplaires. Mais pour les sociétés qui ne peuvent prendre que deux ou trois mille exemplaires, les tarifs sont à peu près prohibitifs, surtout si nous voulons faire nos commandes tous les huit jours.

Il nous semble qu'il serait conforme au principe coopératif que les petites sociétés, même si elles ne peuvent passer de commande que tous les mois ou tous les deux mois, obtiennent que le prix de l'exemplaire leur soit décompté aux mêmes conditions qu'aux grosses sociétés.

Allons, camarade Camin, un bon mouvement qui sera un mouvement coopératif ! Il ne faut pas s'hypnotiser sur la recherche des bénéfices dans la vente du journal. Nous pensons au contraire qu'il serait honorable et peut-être habile de consentir à quelques pertes. Et d'ailleurs, n'y aurait-il pas moyen de nous donner satisfaction ? Ne pourrait-on pas, comme cela a été proposé peut-être même par le camarade Poisson, augmenter la réclame du journal, faire déborder même s'il le faut cette réclame sur la partie régionale ? Ne pourrait-on pas obtenir que la Fédération Nationale, le Magasin de Gros, la Banque subventionnent dans une certaine mesure l'organe coopératif ?

Les bonnes gens de notre pays ont l'habitude de dire qu'il ne faut pas hésiter à donner une serviette pour recevoir un drap de lit. Je crois qu'un journal qui pénètrerait partout servirait grandement le Mouvement coopératif tout entier, servirait l'organisme commercial et l'organisation bancaire, accroîtrait, en dernière analyse, l'esprit coopératif.

Ce que nous demandons, c'est que l'on consente des sacrifices intelligents et raisonnés, pour faire du *Coopérateur de France* un organe essentiellement populaire qui puisse être distribué jusqu'au fond de nos campagnes aveyronnaises.

Nous espérons que l'Administration du journal voudra bien se montrer accommodante et accueillir nos suggestions. D'avance, nous l'en remercions.

Le Président. — Je donne la parole à notre ami Paul Ramadier.

Discours de Paul RAMADIER

Paul Ramadier. — Je voudrais vous entretenir très brièvement des travaux concernant la loi sur la Coopération.

Au demeurant, je ne serai pas le seul à présenter cette question, puisque je crois que mon ami Boyet l'a déjà abordée.

Vous savez à quel point nous en étions, lors du Congrès de Grenoble. Un texte avait été préparé par les organismes centraux de la Fédération Nationale, par la Chambre consultative des Associations Coopératives de Production et par la Fédération Nationale de la Mutualité et de la Coopération agricoles.

Ce texte, accepté également par le Groupe parlementaire de la Coopération, avait été, avant la séparation de l'ancienne Chambre, déposé sous forme de proposition de loi ; il était alors revêtu de la signature de tous les membres du Groupe de la Coopération.

Ces approbations, si intéressantes qu'elles fussent, ne pouvaient évidemment suffire à elles seules pour aboutir au résultat pratique. Il fallait non seulement le concours des organismes centraux, mais l'approbation de divers Congrès.

C'est à cette délibération successive des organisations diverses que notre texte a été soumis pendant la dernière partie de l'an dernier.

Un peu partout, nous nous sommes trouvés en présence des mêmes hésitations ou des mêmes craintes dont Boyet s'était fait l'écho à cette tribune, et depuis les organisations les plus révolutionnaires jusqu'à celles que l'opinion publique a quelque tendance à considérer comme modérées, les paroles de Boyet, sous des formes diverses, ont été répétées.

Ce sont les reviseurs qui ont donné lieu à des observations particulièrement vives.

Nous avons été fort heureux d'avoir entendu, à notre Congrès de l'Union, les observations de Boyet, et d'avoir trouvé avec lui un terrain d'entente, une proposition acceptée par les uns et par les autres, car c'est justement la suggestion qui a recueilli l'accord de Boyet et la nôtre qui a aussi réuni l'accord de toutes les organisations, depuis les plus modérées jusqu'aux plus avancées.

Désormais, l'accord s'est donc fait sur une formule qui donne au reviseur les pouvoirs que la loi actuelle accorde aux commissaires des comptes.

Quant à leur nomination, elle peut être faite, si la Société le désire si la société le veut, par une Union de Revision et de Contrôle, par une Fédération à laquelle la société donne son adhésion et confie la mission de désigner le reviseur. Mais si la Société ne le veut pas, si elle préfère un autre mode de désignation, c'est l'Assemblée générale à laquelle appartient la nomination du reviseur.

Il n'y a plus alors entre le reviseur et le commissaire des comptes qu'une différence ; à savoir que, lorsque la société le veut, sa désignation est faite par la Fédération, au lieu d'être faite par l'Assemblée générale elle-même.

Cet accord a été homologué à deux reprises différentes : homologation officieuse aux journées parlementaires de la Coopération, où les organisations les plus diverses sont venues constater sur ce point qu'elles étaient absolument d'accord avec nos suggestions. Et puis ensuite, homologation officielle, au Conseil supérieur de la Coopération, qui a d'ailleurs en même temps que constaté cet accord, envisagé une manière pratique d'aboutir aussi vite que possible.

Nous avons été, après expérience et consultation, unanimes pour penser qu'un texte aussi long, aussi complet que celui que nous avions préparé, ne passerait pas facilement, d'un bloc ; qu'il rencontrerait des oppositions ou serait l'objet d'amendements tels que sa délibération en serait encombrée.

Et le Conseil supérieur, voulant du moins aller aussi vite que possible, a demandé au Gouvernement de détacher de l'ensemble du texte les dispositions constituant le titre premier, définissant la Coopération, et d'en demander tout d'abord l'adoption au Parlement.

Ainsi, la procédure parlementaire s'en trouverait sensiblement allégée, et peut-être pourrions-nous espérer, — c'est évidemment le but de nos efforts — obtenir un vote sans débat à la Chambre, et au Sénat un examen rapide.

Il est bien entendu d'ailleurs que cette définition de la Coopération qui permettrait de délimiter ce que sont les véritables coopératives et ce que sont les fausses coopératives, cette définition ne serait qu'un premier pas en avant, et que le reste devrait suivre.

Voilà le point où nous sommes.

Le Gouvernement a entendu l'appel du Conseil supérieur, le Ministre du Travail a examiné notre texte ; il l'a proposé à ceux de ses collègues qui sont intéressés au dépôt du projet : ministre de l'Agriculture, ministre des Travaux publics, ministre du Commerce.

Le tour des ministères doit être à l'heure actuelle à peu près achevé, si mes renseignements sont exacts, et nous allons être saisis, à la Chambre, du projet gouvernemental, coïncidant avec la première partie de notre texte.

Cet accord des organisations coopératives et du gouvernement nous permettra, je l'espère, d'obtenir plus vite que la proposition soit examinée par la Commission de Législation civile à laquelle il a été renvoyé et que, d'autre part, le projet soit inscrit à l'ordre du jour dans le plus bref délai.

Voilà le point où en sont les choses.

Je pense, en vous racontant tout simplement ce qui s'est passé depuis notre dernier congrès, avoir par là même répondu aux observations qui se sont produites à la tribune et constaté que fidèles à l'accord conclu entre nous, nous avons tenu compte intégralement et sans réserve des suggestions qui avaient été apportées et auxquelles nous avions donné notre accord.

Le Président. — La parole est à Paquereaux.

Discours de PAQUEREAUX

Paquereaux. — Camarades, vous allez permettre, je pense, à celui qui, lors du Congrès de Grenoble, lançait un appel à l'unité coopérative, au moment même du reste où les menaces dirigées contre elle ne venaient pas de chez nous, de répondre catégoriquement et franchement à la question posée par Cleuet hier et par Prache aujourd'hui, dont je crois que la deuxième partie ne constituait pas une menace.

Camarades, jamais aucun membre de la minorité ne consentira à sanctionner ni à signer la circulaire qui a été distribuée dans le pays.

Je veux répondre et je veux dire tout de suite que je n'ignore pas, pour ma part, et mes camarades n'ignorent pas non plus, la constitution des Comptoirs Industriels et Commerciaux qui, notamment dans ces deux dernières années, ont fait du commerce, mais qui n'avait du reste rien à voir avec les marchandises vendues ordinairement dans nos succursales.

Sans doute, les hommes qui sont encore à l'heure actuelle à la tête de ces organismes sont des hommes qui ont joué dans le Mouvement Coopératif un rôle du reste assez passager et superficiel ; mais j'ai le droit de déclarer ici qu'aucun des hommes qui composent la direction des Comptoirs Industriels et commerciaux n'est ni de près, ni de loin, lié avec nous et que, pour notre part, nous les réprouvons.

Je veux aller beaucoup plus loin. Je dis, Camarades, qu'il faudrait être non pas criminel, Prache, mais qu'il faudrait être fou pour ne pas se rendre compte que, dans l'état actuel des choses, quand on analyse les phénomènes de la concentration capitaliste, il faudrait être, dis-je, fou pour ne pas comprendre qu'il n'y a qu'un organisme pour donner à notre Mouvement les conditions les meilleures de prix et de qualité, et que cet organisme ne peut être que le Magasin de Gros.

Ce matin même, nos camarades de Vierzon m'ont posé la question Jusqu'à maintenant, ils ne sont pas adhérents au Magasin de Gros ; ils me disaient : Qu'est-ce que tu en penses ? Je leur ai répondu : Vos dernières hésitations doivent tomber. Et j'ai été le premier à obtenir leur adhésion à un organisme que je considère pour ma part comme absolument indispensable à notre Mouvement.

Et c'est de cette tribune du Congrès que non seulement je jette le cri d'appel pour l'adhésion au Magasin de Gros, à nos camarades de Vierzon, mais pour ceux qui sont encore derrière nous, s'il leur faut une fois de plus cet appel pour que leur résistance tombe. Camarades, au nom de l'unité qui nous est chère, je le leur lance du plus profond du cœur.

Un Congressiste de Vierzon. — Avec le Magasin de Gros, nous travaillons le plus possible. Je t'ai demandé des renseignements sur le contrat d'achat ; mais nous faisons le maximum avec le Magasin de Gros, et nous continuerons.

Paquereaux. — Tu me rendras cette justice que j'ai appuyé de la manière la plus catégorique l'invitation à faire avec le Magasin de Gros le maximum d'affaires.

Camarades, voilà une question qui a pesé lourdement sur le Congrès et qui a pu nous faire apparaître comme les artisans d'une scission sur le terrain commercial.

Plusieurs Congressistes. — Oui, oui, et c'est vrai !

Paquereaux. — Si je n'ai pas répondu hier, malgré que mes camarades m'y invitaient, c'est parce que je considère qu'une scission sur le terrain commercial, c'est aussi une scission morale, et que c'était seulement aujourd'hui que la réponse devait être faite.

Ah ! l'unité du Mouvement coopératif, elle n'est pas pour nous, Camarades, une formule d'abdication. Nous continuerons la confrontation des idées, des méthodes, des principes. Il se peut, et c'est normal, que, sur l'orientation du Mouvement coopératif, nous n'ayons pas, les uns et les autres, les mêmes conceptions ; c'est peut-être la richesse d'un congrès que les idées se heurtent, quand elles sont présentées dans une atmosphère qui permet de les confronter toutes.

Mais, en dehors de ces différences de conception que nous cherchons à faire prédominer au sein du Mouvement coopératif français, en dehors de cette lutte que nous continuerons sur les idées, les principes et les méthodes, jamais nous ne voudrons prendre la responsabilité coupable de briser l'unité du Mouvement coopératif en France.

POISSON. — Paquereaux, veux-tu me permettre une question ?

Je crois que les déclarations de Paquereaux ont une telle importance, dans le respect des idées de chacun et d'une minorité indispensable, qu'il y a intérêt à dissiper un dernier malentendu.

PAQUEREAUX. — Allons-y, alors !

POISSON. — Dans la Fédération, j'ai entendu dire par un camarade qui est ici, qu'en dehors des réunions de congrès, mais dans l'assemblée d'une de nos organisations, — et je vais faire appel naturellement à celui qui me l'a dit, — tu aurais tenu ce propos : « Oui, l'unité... Mais, quand nous serons 200 sociétés, nous quitterons la Fédération Nationale ».

Je fais appel au camarade Rolland qui m'a affirmé que tu avais tenu ce propos.

ROLLAND. — L'affirmation de Poisson est exacte et je tiens à la disposition du Congrès les noms des camarades présents le 5 décembre 1920, lors de la déclaration faite par Paquereaux. Ce sont les camarades Chemière et Néron, de Bourges.

BOYET. — Si vous ne pouvez plus rougir, cela n'a rien d'étonnant.

ROLLAND. — Je n'ai pas à rougir : je dis ce qui est vrai.

PAQUEREAUX. — Evidemment, Rolland peut affirmer que Paquereaux a tenu un tel langage. Mais moi je dis tout à fait clairement, et mes camarades le savent bien, que jamais, tu m'entends, Rolland, jamais je n'ai dit cela. Pourquoi donc, quand vous quittez nos rangs, les quittez-vous en laissant derrière vous de ces traînées, et pour tenter de nous combattre, pourquoi prenez-vous des armes de cette nature ? Tu m'entends, Rolland ! jamais, tu le sais, jamais il n'a été , au sein même de mon parti, jamais nous n'avons tenu un tel langage. Au contraire, nous avons dit : Il faut maintenir l'unité du Mouvement coopératif à tout prix. Il n'y a qu'une concession que nous ne ferons pas, — elle rentre du reste dans le jeu normal des congrès, — c'est celle de nos idées, de nos principes, de nos méthodes et nous subirons la loi des majorités et des minorités.

Et puis, Camarades, est-ce que vous nous croyez assez naïfs pour envisager, quand on sera 200 sociétés coopératives, de rêver la constitution d'une petite Fédération ? Camarades, non !

Nous avons tout de même une compréhension plus exacte des choses. Non seulement le propos n'a pas été tenu parce qu'il serait idiot, mais il n'a pas été tenu parce qu'il serait à la fois antiprolétarien et anticoopératif.

Un Congressiste. — Il y a un an, dans une réunion minoritaire de Bourges, Paquereaux a dit qu'il ne faudrait jamais provoquer une scission dans la Coopération.

Paquereaux. — Non seulement nous ne sommes pas pour la scission dans le Mouvement Coopératif; mais il ne faudrait pas que je fasse sans doute un bien grand appel aux souvenirs de Rolland pour lui rappeler que jamais je n'ai fait une réunion coopérative sans m'étonner qu'un certain nombre de sociétés restent en dehors de notre mouvement.

Et je voudrais dire à nos camarades du Nord d'exprimer quelle était ma pensée quand, tout récemment, dans le Nord, on me donnait la liste des coopératives qui n'étaient pas adhérentes à la F. N. C. C. Je voudrais qu'Hentgès dise quel était le langage que je tenais. Je disais aux camarades : Lorsque, pour des raisons d'ordre politique ou des raisons de tendance, vous restez en dehors du Mouvement Coopératif, sous prétexte que vous ne trouvez pas dans sa marche générale l'interprétation exacte que vous voudriez voir jouer à la Coopération, vous avez une conception fausse de l'état actuel des choses ; on n'a pas le droit d'être en dehors du Mouvement Coopératif. — Et je faisais non seulement un appel pour l'unité au sein de la F. N. C. C., mais je faisais un appel à ceux qui, jusqu'à maintenant, sont restés en dehors, poussés par des considérations d'ordre local et n'ayant pas compris que nous sommes à une heure où le principe de la concentration oblige à des devoirs de solidarité immédiate.

Camarades, je pense avoir ainsi répondu à vos deux préoccupations. Je voudrais que vous vous rendiez compte que ce n'est pas seulement dégager telle ou telle responsabilité ; ce n'est pas seulement pour prendre ici une attitude qui consisterait à nous montrer comme des gens qui ont fait un retour sur eux-mêmes. Pas du tout.

En ce qui concerne les Comptoirs Commerciaux et Industriels, la déclaration est catégorique : l'œuvre nous est étrangère, elle n'aura jamais aucun appui de nous, et la minorité que je représente condamne par avance toute politique de scission avec un instrument commercial de cette nature.

Camarades, je voudrais dire quelque chose sur le programme de l'Alliance Internationale.

Ce matin, le Maître Charles Gide disait : « Nous sommes internationalistes ». Je dois dire que je regrette que les questions d'ordre international, si préoccupantes, ne soient pas posées au sein du Congrès, avec une analyse beaucoup plus approfondie de la situation.

Camarades, j'ai écouté moi aussi le discours de Clouet, hier matin, et quand il examinait le rôle de la production coopérative, j'ai compris qu'il y avait chez lui un certain nombre d'incertitudes qui marquaient que le rôle de la Coopération, en régime capitaliste, ne pouvait pas être un rôle qui aboutirait à sa pleine éclosion.

D'un côté, il disait : « Pourrons-nous faire par nous-mêmes ? il est sûr que nous aurons à lutter contre une concentration puissante et organisée ». Et de l'autre côté, il ajoutait : « Alors, faut-il rechercher dans le régime capitaliste, avec les garanties indispensables, le moyen d'accentuer encore la marche de notre production ? » Et, ajoutant encore, dans sa conclusion, il prononçait cette parole : « Le problème est grave; je ne veux pas penser à l'examiner ». J'ai même senti qu'il pensait : « Je recule devant la possibilité de le résoudre ».

Camarades, c'est peut-être la seule chose qui nous différencie sur le terrain coopératif.

Vous pensez, vous, que la Coopération pourra, dans le cadre du régime, trouver son plein épanouissement. Mais nous sommes d'un autre avis ; nous ne pensons pas du tout que le régime capitaliste laissera installer dans sa propre maison, dans son propre cadre, un régime qui est le contraire du sien propre ; nous croyons que la Coopération devra, à un moment donné, passer un accord avec la totalité des organisations prolétariennes, pour trouver son plein épanouissement et son éclosion complète.

Vous pouvez ne pas être d'accord avec nous ; mais quand nous apportons ces préoccupations essentielles dans un Congrès coopératif, reconnaissez que, même sur ce plan, nous travaillons à l'unité du Mouvement Coopératif.

Je suis d'autant plus inquiet que le rythme du développement de l'économie capitaliste et de sa concentration, non seulement en France mais dans tous les pays — et tous les délégués qui ont parlé ici en ont manifesté le caractère aigu — je suis d'autant plus inquiet que, parallèlement, il n'apparaît pas que le développement du Mouvement Coopératif, dans l'ensemble du monde, ait un rythme aussi accéléré et même parallèle.

C'est justement cette infériorité qui aboutit à cette conclusion que la différence entre l'évolution du capitalisme et la Coopération est tel qu'en dehors des conditions propres au capitalisme lui-même, capable de briser ce qui peut l'ébranler, l'infériorité est également un deuxième facteur, et cette infériorité est tellement grande que nous pensons qu'avant tout il y a là encore une raison qui vient renforcer notre conviction.

On a parlé de la lutte contre les trusts et contre les cartels, ces grandes forces financières dont Clouet a dit qu'elles finissaient par s'infiltrer partout. On a parlé de la lutte, et là encore nous ne sommes pas d'accord. Pourquoi ?

Nous ne sommes pas d'accord parce que vous croyez que c'est dans le cadre du régime, avec les moyens du régime, avec le concours des organisations économiques, voire même avec le concours de la Société des Nations que les trusts et les cartels pourront être brisés. Vous y travaillez, vous y travaillez même avec assez d'ardeur. Je vous le dis catégoriquement : nous ne pouvons pas vous suivre sur ce terrain. La lutte contre les trusts et contre les cartels, pour nous, n'est possible, ne peut être féconde, sur le plan national comme sur le plan international, qu'autant que le Mouvement Coopératif entrera dans la lutte avec le prolétariat, contre les organisations économiques qui l'oppriment.

Deuxième divergence : Est-ce que cela veut dire que nous n'avons pas des conceptions qui s'inspirent de l'intérêt du Mouvement Coopératif ? Je ne le pense pas et c'est parce qu'il ne m'apparaît pas que, dans tous ces problèmes : lutte contre les cartels, lutte contre la vie chère, lutte contre les trusts, il ne m'apparaît pas que l'Alliance Internationale Coopérative ait un programme qui nous donne des garanties, que nous ne pouvons pas suivre l'activité du Comité Central sur cette question.

Puis, il y a autre chose qui nous effraie — je dirai toute ma pensée — c'est qu'il nous apparaît qu'on est en train de dépouiller le Mouvement Coopératif d'une de ses prérogatives les plus essentielles et que toutes les grandes questions qui devraient être résolues dans ces assises internationales, sont maintenant transplantées sur le terrain de la

Société des Nations. qui apparaît par conséquent comme un organisme se substituant au Mouvement Coopératif dans son ensemble.

Camarades, je ne veux pas embarrasser cette tribune trop longtemps. Je regrette également que l'Alliance Coopérative Internationale n'ait pas encore son programme. Je crois bien que c'est Albert Thomas qui insistait pour que l'Alliance se traçât un programme. Je ne vois pas encore, dans cet ordre d'idées que rien ait été tenté, et je ne pense pas qu'on soit disposé à faire à la déclaration de nos camarades russes un accueil bien chaleureux.

Ainsi, quand j'examine l'activité de l'Alliance et, par répercussion, le rôle de notre grand Mouvement au sein de cette organisation, je constate qu'aucune garantie ne nous est donnée.

Je ne veux pas parler non plus d'une question que mon ami Fleury a évoquée ici ; mais j'ai l'impression très nette, je le dis très franchement, j'ai l'impression que, dans ces Congrès, à chaque fois qu'on pose de grands problèmes, il y a chez les camarades une espèce de surestimation à nous accuser de faire de la politique. Je pense, au contraire, que quand nous nous posons de telles questions et que nous les élargissons sur le plan international, nous faisons une œuvre utile.

Et maintenant, est-ce que nous allons continuer notre bataille ? Oui. Oui, Camarades. Nous continuerons à lutter au sein du Mouvement Coopératif, pour tâcher d'en opérer le redressement, que nous considérons comme indispensable. Vous nous trouverez toujours en position contre vous. Nous trouvons que vous êtes l'expression d'une politique coopérative que ne peut pas être la nôtre. Nous continuerons d'appeler le prolétariat dans la Coopération ; mais je dois dire que nous n'avons aucune illusion. Pour nous, la Coopération ne trouvera sa pleine éclosion, sa pleine force que dans la mesure où à l'égal de nos camarades russes nous aurons brisé le régime et pris nous-mêmes le pouvoir.

Le Président. — La parole est à Floiras, de *La Laborieuse*, de Troyes.

Discours de FLOIRAS

Floiras. — Chers Coopérateurs, mon inexpérience de la tribune me dispensera d'être long, alors surtout que divers camarades qui sont intervenus avant moi ont traité plusieurs des questions dont je désirais entretenir le Congrès.

Je me permets d'insister auprès des militants de la Fédération Nationale, ainsi qu'auprès du Groupe Parlementaire de la Coopération, pour que les vœux que nous avons formés dans les congrès précédents ainsi qu'aux Journées parlementaires, reçoivent leur suite, et que l'on s'occupe particulièrement de la question des économats d'usine.

Nous sommes dans une cité industrielle où nous ressentons d'une façon très vive la concurrence de ces économats d'usine ; ils font sur notre place un chiffre d'affaires qui n'est pas inférieur à une dizaine de millions. C'est dire que, s'adressant directement à la classe ouvrière, par l'absence de charges dont ils bénéficient, ils nous font une concurrence sérieuse, et nous avons le devoir, tant au point de vue moral qu'au point de vue de l'intérêt du Mouvement Coopératif et de l'intérêt du Magasin de Gros, de chercher à les faire disparaître dans le plus bref délai.

J'insiste pour que l'effort des dirigeants de la Fédération se porte sur ce point : Obtenir une loi qui condamnera ces groupements d'achats.

Le Ministère lui-même a été touché par nos réclamations. M° Ramadier est intervenu en notre nom et une enquête a été faite par l'Inspecteur du

Travail ; mais nous n'avons obtenu aucun résultat. C'est donc par une loi nouvelle que nous pourrons aboutir.

Je pensais faire également une remarque au Congrès, au sujet de la représentation par mandats des différentes sociétés qui adhèrent à la Fédération. Il semblerait normal, au lieu d'avoir une représentation basée sur le chiffre d'affaires des sociétés coopératives, que nous ayons une représentation qui correspondrait à nos effectifs, puisque c'est de cette façon que les Conseils d'administration sont composés ; et qu'à l'inverse, pour le Magasin de Gros, ce soit par le chiffre d'affaires traité par les sociétés coopératives que nous ayons notre représentation.

Comme je suis jeune dans le Mouvement, je demande à d'autres camarades plus expérimentés que moi de vouloir bien donner toutes explications sur ma proposition ; peut-être me démontreront-ils qu'elle est mauvaise, et dans ce cas je n'aurai garde d'insister.

Un troisième point m'est suggéré par l'intervention du camarade Pâquereaux. Il s'agit d'un fait local très important pour notre société qui lutte depuis quarante années et qui obtient des résultats chaque année meilleurs, à tel point que notre société, qui travaille uniquement dans notre ville de 50.000 habitants, arrive à grouper 8.000 familles et fait un chiffre d'affaires de 25 millions de francs.

Jusqu'alors, nous n'avons rencontré de difficultés que dans les firmes capitalistes et dans les économats d'usine. Mais depuis quelque temps, en raison d'une modification de nos statuts, tendant à agrandir notre cadre, à accomplir l'œuvre que nous ont tracés les précédents congrès, c'est-à-dire arriver à étendre notre Mouvement et à doubler notre chiffre d'affaire dans un temps déterminé, nous avions besoin d'adapter nos statuts pour qu'ils se rapprochent de ceux des sociétés de développement, et nous serons peut-être obligés de faire appel à l'autorité de Paquereaux pour qu'il donne des conseils à ses camarades de notre région, afin qu'ils ne continuent pas leur action qui est désastreuse pour le Mouvement Coopératif, et que les déclarations qu'il vient de faire ne restent pas lettre morte. Nous sommes appelés devant la justice bourgeoise et même devant les juges du tribunal de commerce ! J'estime que c'est là une action criminelle, de faire juger une affaire de coopération par des commerçants, et c'est cependant devant ce tribunal qu'a été portée la question de savoir si nos statuts sont en rapport avec la loi.

Je demande au camarade Paquereaux de faire que ses camarades troyens de la minorité cessent une telle action.

Paquereaux. — Quelle société ?

Floiras. — *La Laborieuse*, de Troyes.

Le Président. — Le camarade Moreau, de *La Famille Nouvelle*, qui avait demandé la parole, a déposé à la tribune la résolution qu'il se proposait de lire. Cette communication est renvoyée à la Commission des Résolutions.

Le Président. — La parole est à Simonnet, secrétaire de la Fédération Régionale du Centre.

Discours de SIMONNET

Simonnet. — Camarades, il est indiscutable qu'un effort sérieux a été accompli par la Fédération Nationale, pour engager les sociétés dans la voie du développement et inciter les Fédérations Régionales à travailler les déserts coopératifs qui entravent l'essor de notre Mouvement.

Mais cet effort n'a été et ne pouvait être que moral. La Fédération Nationale et à plus forte raison les Fédérations régionales, ne possèdent pas actuellement les moyens de constituer des sociétés pivots, là où il serait nécessaire de le faire. D'autant que c'est dans la zone d'action des Fédérations régionales et des sociétés les plus faibles que se trouvent précisément ces fameux déserts où, on ne le sait que trop, il est inutile de prêcher.

Nous avons déjà dit, aux Conférences des Secrétaires Fédéraux, combien il serait vain de demander aux Fédérations Régionales une tâche au-dessus de leurs forces, surtout en tenant compte de la centralisation, de la propagande et de l'action jugée indispensable et appliquée par la Fédération Nationale.

C'est ainsi que nous avons réclamé au Conseil Central d'outiller les Fédérations Régionales en leur permettant d'établir une carte coopérative, en leur fournissant le tableau détaillé et comparatif des forces coopératives et du commerce compétitif.

Tout cela, certes, facilitera l'action générale, mais ne saurait résoudre le problème posé par l'effort précis et urgent réclamé en certaines contrées. La solution de ce problème me paraît consister dans la création, avec le concours de nos grandes organisations départementales ou régionales, le Magasin de Gros et la Banque des Coopératives, *d'une Société nationale de Développement* qui aurait pour mission de prospecter les régions réfractaires à l'idée coopérative, de fonder et gérer partout où cela serait utile et possible de nouveaux magasins de répartition, en accord avec les organisations voisines, bien entendu.

L'acuité toujours plus grande de la lutte que soutient le Mouvement coopératif nécessite le perfectionnement de nos méthodes d'action, ainsi que l'indiquait Brot dans la dernière édition lorraine du *Coopérateur de France*. Voici sa conclusion, à laquelle nous souscrivons entièrement :

Les délégués de *L'Union des Coopérateurs de Lorraine* au Congrès national de Royan ne manqueront pas de défendre l'urgence d'un vaste programme d'ensemble qui évitera le gaspillage d'efforts et de dévouements précieux.

La Coopération se doit de rationaliser au maximum son travail de développement.

La rationalisation et la concentration du commerce privé appellent en effet la rationalisation et la concentration du Mouvement Coopératif.

J'estime, quant à moi, que le seul moyen pratique, le seul réellement efficace d'obtenir des résultats, hors du champ d'activité des régions fortement organisées, serait la création *d'une Société Nationale de Développement* qui, en plus de la mission que je viens d'indiquer, pourrait accessoirement recevoir la charge noble et délicate d'envisager le sauvetage de coopératives en difficultés, — mais, j'insiste sur ce point : accessoirement.

Dans ces conditions, je me permets de soumettre au Congrès National la proposition suivante que je vous prie de vouloir bien renvoyer à la Commission des Résolutions pour étude et rapport :

Le Congrès National de la Fédération Nationale des Coopératives de Consommation, estimant que la réduction des déserts coopératifs ne peut être obtenu que par l'action directe et rationnelle de l'ensemble du Mouvement Coopératif : Sociétés, Magasin de Gros et Banque des Coopératives,

Donne mandat au Conseil Central d'unir tous les efforts et de constituer ou provoquer la constitution d'une Société Coopérative Nationale de Développement, chargée d'implanter, étendre et défendre l'organisation coopérative partout où il sera reconnu nécessaire de le faire.

Le Président. — Je donne la parole à Lagrange, de l'*Union des Coopérateurs de l'Aude*.

Discours de LAGRANGE

LAGRANGE. — Camarades, hier, en rappelant les difficultés que nous avons rencontrés au début de la création des organisations coopératives, j'avais malmené peut-être quelque peu les jeunes, et ma première parole aujourd'hui sera pour m'en excuser auprès de mon petit Prache, permets-moi cette familiarité, tu sais quelle estime j'ai pour toi, et tout à l'heure tu m'as fait revivre un de ces moments d'émotion comme nous en avons eu dans notre jeunesse. Tu as pu être touché hier par mes paroles, mon petit, sincèrement, je t'en fais mes excuses.

Ceci dit, le camarade Paquereaux a singulièrement facilité ma tâche. Depuis hier, nous subissons ici une lourde gêne. Problème difficile à résoudre, rupture possible ; mots venant sur les lèvres de chacun et que personne n'osait véritablement prononcer.

Paquereaux, je veux croire, je n'ai pas le droit d'en douter, à la sincérité. Mais si réellement les paroles que tu as prononcées à cette tribune doivent avoir des suites heureuses pour le Mouvement coopératif, au nom de ce Mouvement coopératif, je te demande d'intervenir dans la région de l'Est et, pour situer mieux ce point, auprès de *La Laborieuse*, en demandant à tes amis de ne pas continuer cette campagne malheureuse et regrettable à tous les points de vue pour le Mouvement coopératif dans son entier. Que nous n'assistions plus à ce douloureux spectacle de voir des coopérateurs minoritaires traduire des coopérateurs majoritaires devant un tribunal composé de commerçants ; au moment où nous allons pouvoir, après sept ou huit années d'efforts, constituer demain dans l'Est une société de développement qui pourra faire, pour la première année, au minimum cinquante à soixante millions d'affaires. Que nous ayons contre nous les Economats de Châlons, la Ruche et toutes les grosses firmes capitalistes, c'est compréhensible ; mais que nous rencontrions en face de nous une partie de cette classe laborieuse, de ceux qui, comme nous, vivent les difficultés de l'existence quotidienne, malgré nos dissentiments, Paquereaux, tu ne le voudras certainement pas, et j'ose espérer que les paroles que tu as prononcées tout à l'heure seront le départ d'une unité nouvelle que nous avons toujours recherchée dans la Coopération.

N'est-ce pas assez d'être divisé sur d'autres terrains, sans y ajouter encore le terrain économique ? Est-ce que vous pensez que nous n'avons pas assez de mal à lutter contre les firmes capitalistes qui, comme autant de pieuvres nous environnent et nous saignent, sans encore nous en créer d'autres ?

Ce ne sont pas des mots, Paquereaux, c'est un fait qui se passe actuellement, c'est la réalité. Et je te demande à nouveau de faire un appel pressant auprès de tes camarades de Troyes.

Et à vous aussi, Boyet, je demande d'appuyer ma réclamation auprès du camarade Paquereaux. Et peut-être qu'il en sortira non pas peut-être encore cette unité tant désirée, mais un commencement d'unité qui n'aurait jamais dû disparaître, parce que la division de la classe ouvrière fait rire la classe capitaliste qui en profite. Nous sommes, là-bas, la risée de tout le monde.

Vous parlez, nous dit-on, du développement coopératif, vous dites que ce régime peut, à un moment donné, apporter une amélioration au sort de la classe ouvrière, modifier, transformer la société actuelle en une société meilleure ; et vous ne pouvez pas vous mettre d'accord Vous avez besoin de faire appel à ces tribunaux de commerçants que vous condamnez dans toutes vos réunions, pour vous départager et vous juger !

Camarades, cela, vous ne le permettrez pas. Vous n'oublierez pas que nous avons le devoir essentiel de maintenir l'unité dans son intégralité de toutes les forces ouvrières, que nous avons le devoir de ne pas encourir la responsabilité, par notre division, de donner à nos adversaires des armes nouvelles, alors qu'ils ne sont déjà que trop armés contre nous. Et si vous continuez la lutte sur le terrain où elle a été portée, nous ne pourrons que constater le désastre qui pourrait s'ensuivre et voir triompher cette classe capitaliste déjà trop arrogante, que nous voudrions tous voir abattue et à terre.

LE PRÉSIDENT. — La parole est à Lermier, de la *Coopérative Régionale de Basse-Normandie*.

Intervention de LERMIER

LERMIER. — Camarades, je m'étais fait inscrire pour apporter à la tribune deux suggestions et une observation. Les camarades qui ont parlé avant moi ont fait l'observation et une des suggestions que je me proposais de vous soumettre, et beaucoup mieux que je ne l'aurais fait moi-même.

La seconde suggestion est celle-ci. Elle concerne les questions de publicité, de propagande et d'éducation coopérative. Il est tard ; je me réserve de la faire à nos amis de la Fédération et en particulier à la Commission de Publicité.

Je quitte donc la tribune, croyant vous être agréable en vous faisant gagner dix minutes.

LE PRÉSIDENT. — La liste des orateurs est épuisée ; je donne la parole au camarade Poisson.

UN CONGRESSISTE. — Dix minutes !

Discours de POISSON

POISSON. — Ne soyons pas trop sévères. Nous n'avons pas interrompu Paquereaux qui a parlé 25 minutes, et nous ne le regrettons pas.

Tout d'abord, je tiens à répondre à propos de l'organisation même du Congrès et sur la méthode de discussion.

On nous a reproché de laisser un temps trop court aux orateurs, alors que leurs interventions peuvent être utiles. Il est incontestable que si le Conseil Central, avec votre accord, est arrivé à mettre de l'ordre dans la discussion, c'est à la suite des abus qui s'étaient produits, car il est très facile de déborder un sujet et, à propos du Rapport du Conseil Central de la Fédération Nationale, de parler de tout sauf de cela. Nous en avons eu l'exemple de la part de camarades dont je ne veux pas citer les noms et qui cependant n'ont pas dépassé les 10 minutes qui leur étaient imparties ; ils ont parlé de militarisme et de je ne sais quoi ; toutes choses qui n'avaient rien à voir avec le rapport de la Fédération Nationale.

En réalité, nous ne sommes pas arrivés au dernier stade de notre procédure. Pour ma part, je verrais très bien qu'on donnât davantage de temps aux camarades qui, par exemple, ont reçu un mandat d'une Fédération Régionale, à la suite d'une délibération de cette Fédération, sur une question intéressant le Rapport du Conseil Central ; c'était un peu le cas de notre ami Prache qui avait mandat du Comité Fédéral, sur trois points. Et en revanche, nous laisserions aux sociétés le droit de parler, mais pour des observations précises et dans un temps très court.

Nous entendons de toutes nos forces et dans la mesure de nos moyens empêcher ce que voudraient peut-être quelques camarades de la minorité qui lient ici un débat entre le Conseil Central, la majorité et la minorité. Il ne devrait pas exister ici une minorité systématiquement constituée. Il devrait y avoir des questions sérieuses, positives et précises, sur lesquelles chacun serait pour ou serait contre ; mais, sur des points différents, on ne devrait jamais trouver la même majorité et la même minorité.

Ce qui est grave, c'est la constitution d'un groupe homogène, coordonné et qui vote contre le Rapport de la Fédération Nationale quoi qu'on dise, quoi qu'on fasse, quelles que soient les explications données. C'est ainsi que l'autre jour, à la Fédération de la Région parisienne, un camarade prenait la porte, alors qu'on discutait depuis trois heures, et disait : « En principe, vous savez que je vote contre le Rapport de la Fédération Nationale ».

Eh bien ! nous n'admettons pas cette méthode ; il ne doit pas exister de langage de majorité ou de minorité et de toutes nos forces nous nous défendrons contre ces débats purement oratoires. Nous sommes obligés de céder de temps en temps ; nous nous laissons gagner quelquefois par libéralisme et par cordialité ; mais nous ne nous laisserons pas entraîner sur un terrain où la Fédération Nationale serait un champ clos, où minorité et majorité se livreraient à des discussions étrangères à la Coopération.

Je veux tout d'abord répondre à quelques points particuliers.

Voilà par exemple l'*Alliance des Travailleurs de Saint-Étienne*. J'oserai dire — elle ne m'en voudra pas — qu'elle a quelquefois mauvaise tête ; mais justement, je trouve parfaites ses interventions ; elles portent non pas sur des considérations théoriques, mais sur des questions positives. Cette société nous apporte des suggestions, fait des critiques, et suivant que nos réponses sont favorables ou défavarables, elle vote ou pour ou contre le Rapport du Conseil Central. Cela, c'est une méthode parfaitement acceptable car elle n'est pas systématique.

Qu'est-ce que disent, aujourd'hui, nos amis de Saint-Etienne ? Ils posent une question de cotisation et ils demandent que la Fédération Nationale se contente de deux centimes, abandonnant un centime à la Fédération Régionale.

La Fédération à laquelle appartient l'*Alliance des Travailleurs*, de Saint-Etienne, en est aux quatre centimes. Nous nous permettons de dire que le premier effort à faire, pour l'organisation Régionale, devrait être de vous assujettir vous mêmes à la cotisation de cinq centimes, qui est celle de presque tout le Mouvement.

Un Congressiste. — C'est fait.

Poisson. — Tant mieux ! C'est une excellente chose. Mais attendez les événements et laissez à la Fédération Nationale une cotisation qui ne lui a pas encore permis de donner aux sociétés toutes les satisfactions auxquelles elles ont droit.

Nous essayons d'organiser, d'année en année, la Fédération Nationale ; mais, pour cela, il nous faudra encore beaucoup plus d'argent que nous n'en avons. Et comme on ne peut pas songer à augmenter de nouveau la cotisation, il faut attendre le développement du chiffre d'affaires des sociétés, ou tout au moins de ne pas aller trop vite ; mais il faut

ossayer les possibilités des actions de la Fédération Nationale parallèlement au progrès des sociétés.

.Voilà pourquoi je me permets d'insister pour qu'on ne touche pas
à la cotisation et à notre équilibre budgétaire.

J'entends bien qu'on dit : « la Fédération est riche, elle a quelques
réserves. Elle n'a même pas, vous dirait Camin, une année de fonds de
roulement, et en vérité si nous n'avions pas ces fonds d'avance, c'est
Gaston Lévy qui serait obligé de nous les fournir. Oh ! assurément,
il ne se ferait pas prier... seulement, il y aurait la note à payer ; il
n'oublierait pas de l'envoyer à la Fédération Nationale ; vous pouvez
être tranquilles !

Maurice Camin. — C'est d'ailleurs la situation actuelle.

Poisson. — Oui, c'est la situation actuelle ! Ne parlons donc pas du
trésor de la Fédération Nationale !

Et puis, il faudrait que nous eussions quelques sous pour réaliser une
partie des œuvres que nous voudrions mettre debout.

Nous avons fait un effort qui est incontestable, et je dis aux camarades de la minorité que, s'ils n'étaient pas de parti pris, s'ils n'agissaient
pas par ordre, cette année ils approuveraient le Rapport de la Fédération Nationale. La Fédération Nationale n'a jamais eu une pareille
activité. Elle est en train de mettre debout toute une série d'institutions
heureuses. C'est notre journal *Le Coopérateur de France* qui, l'année
dernière, était bimensuel et qui est devenu hebdomadaire. Et je veux
répondre ici à notre camarade du Rouergue que Camin ne s'intéresse
pas seulement à l'édition générale qui n'est d'ailleurs pas la partie
principale du journal ; c'est même plutôt aux éditions régionales qu'il
s'intéresse, et je tiens à dire pour nos amis du Conseil Central et pour
Camin que ce n'est pas moi qui ai soufflé à nos camarades du Rouergue
l'idée que le journal pourrait, à un moment donné, être gratuit, grâce
à la publicité ; nous nous sommes peut-être rencontrés sur une idée,
mais c'est sans avoir eu de conversations préalables. En tous cas, nous
ne pouvons pas songer d'ici longtemps à ce qui peut être un idéal. Si
nous étions « riches », nous ferions un journal gratuit ou presque
gratuit pour les sociétés ; nous n'avons pas de trésor, et ce que nous
pouvons faire, ce que nous ferons, c'est de tendre à aller vers un
journal de moins en moins cher.

Le Coopérateur de France marche bien. Nous n'avons pas la prétention
de dire que tout y est parfait ; je ne tenterai même pas de dire que c'est
encore un journal amusant ; mais on peut dire que c'est un journal
intéressant et bien fait.

Nous avons essayé d'en faire le journal de la Coopération et
du loisir, puisque c'est un journal pour la famille ; nous avons le
Coin du foyer, celui de la ménagère, celui des enfants. Il y a encore
beaucoup à faire pour le mettre au point : nous nous y emploierons
de notre mieux. On donne la recette pour manger le lapin : c'est intéressant. Quant à donner la recette pour gagner le lapin, si nous la
donnions, j'ai bien peur qu'elle n'ait pas grand succès ; au surplus,
je ne la connais pas ! J'entends qu'on pourrait réclamer pour les
travailleurs des salaires plus élevés et des marchandises toujours meilleur marché ; mais cela, ce sont des mots, c'est du «bourrage de crâne»;
et s'il y a des crânes disposés à la recevoir, il n'y en a pas beaucoup;
j'oserai même dire — car nous en avons l'expérience — que si notre
journal ne parlait que des principes coopératifs tels que je vous les
expose dans toutes nos réunions, on dirait que les articles sont admirables
parce qu'on verrait quelques signatures « célèbres » ; mais personne ne

lirait ces fameux articles et aucune propagande réelle ne serait réalisée.

Ce n'est qu'à travers un journal vivant, parlant de tout, que l'on peut, de temps à autre, sur une page ou dans un article, toucher au programme coopératif ou aux questions coopératives.

Voilà notre journal : c'est une des grandes réalisations de cette année.

Il en est une autre, très importante aussi. C'est l'Ecole Technique pour le Personnel Coopératif. Je n'y reviendrai pas. D'une part Vaxclaire, un des professeurs dont le rôle a été le plus important à l'Ecole, — je ne dirai pas qu'il est éminent, parce qu'on réserve ce qualificatif aux économistes — d'autre part Simiand, le Directeur responsable de notre Ecole, vous ont indiqué ce qui a été fait, ce qui peut être fait demain: ils vous ont indiqué l'aide que nous attendons de vous, par la Taxe d'apprentissage que vous payez et que vous pouvez, que vous *devez* verser à notre Ecole à concurrence de 80 % ; ils vous ont dit l'effort que nous attendons des directeurs des sociétés pour qu'ils nous envoient des élèves, l'effort que nous attendons de tous pour qu'ils nous soutiennent.

C'est là une grande réalisation d'avenir, capable et seule capable, comme le disait si justement Vaxclaire, de nous donner les cadres et les hommes nombreux dont nous avons besoin, si nous voulons devenir une grande force sociale.

Parlant de notre Ecole Technique, je voudrais, en passant, au nom du Congrès tout entier, adresser à Simiand nos remerciements simples mais fraternels en lui demandant de vouloir bien être notre interprète auprès de tous les autres professeurs pour les remercier également.

L'année a été pour nous une année de travail.

Vous me direz : Nous ne le savons pas assez. Et notre ami de Saint-Etienne viendra réclamer que l'on publie dans *Le Coopérateur de France* ou dans *L'Action Coopérative* le compte rendu des séances du Conseil Central.

Franchement, je crois que ce n'est pas cela qui intéresse les lecteurs du *Coopérateur de France !* C'est une affaire de militants et d'administrateurs.

Quant à *L'Action Coopérative*, on fait mieux que de vous donner les comptes rendus qui en seraient que des phrases, des mots sans signification s'ils n'étaient pas accompagnés d'une analyse : L'Action Coopérative vous fait connaître toutes les actions entreprises par la Fédération Nationale.

Nous avons fait du travail aussi sur le terrain de l'organisation juridique. Là encore, nous avons de la chance ; pas trop cependant : nous eussions préféré que Ramadier ne devînt pas député ; mais enfin, heureusement, il nous est resté tout de même et malgré la multiplicité des tâches qu'il assume, il est à la disposition — partielle tout au moins — des sociétés. Et depuis quinze ans qu'il est avec nous, j'ose dire que le Mouvement Coopératif peut être fier d'avoir une pareille compétence juridique à sa disposition, s'il n'était pas là, je dirais une pareille intelligence pour aider notre Mouvement.

Ajouterai-je que cette année, nous sommes entrés dans une voie que nous avaient indiquée des camarades : nous avons fait un pas vers la décentralisation, pour coordonner les efforts des conseils juridiques et, dans trois ou quatre régions, nous avons essayé de mettre debout non pas des services juridiques autonomes, car il n'y a pas de terrain où l'unité soit plus indispensable afin d'établir une unité de jurisprudence, mais des services de contentieux coordonnés et contrôlés, sous l'action même des Fédérations Régionales.

Et puisque nous sommes sur le terrain juridique, je rappelle encore, sans y revenir, ce qu'a dit Ramadier à propos de la Loi organique de la Coopération.

Il me semble que, sans discussion possible, il a répondu d'une façon péremptoire, même à Boyet.

En ce qui concerne les reviseurs, il y avait, aux Journées Parlementaires, des représentants de *La Bellevilloise* ; ils ont entendu ce qui a été dit par Ramadier...

UN CONGRESSISTE. — Nous n'y étions pas, le jour où Ramadier a parlé.

POISSON. — Nos camarades étaient toujours là quand ils avaient besoin d'y être, c'est-à-dire quand il y avait des ministres ; mais ils n'y étaient pas, quand il y avait les représentants de la Coopération !

En tout cas, vous pouvez toujours écrire de petites saletés sur nous ou sur la Loi organique, mais au fond nous sommes d'accord.

Sans doute, il y a un point délicat, c'est le droit qu'aura le reviseur de convoquer l'Assemblée Générale ; sans doute, bien des précautions sont nécessaires. Mais tout de même, un reviseur qui serait à la disposition du Conseil d'Administration ne serait rien du tout. Qu'est-ce que c'est que le reviseur ? C'est l'homme des sociétaires qui interviendra si le Conseil d'Administration fait des bêtises. Si vous mettez le reviseur entre les mains du Conseil d'Administration, s'il n'a pas le droit de s'adresser directement aux sociétaires en convoquant l'Assemblée Générale, il n'est rien du tout. C'est dans l'intérêt des consommateurs, mon cher Boyet, c'est dans l'intérêt des travailleurs qui sont les sociétaires de la Coopérative, qu'il est indispensable, à l'égard de leurs élus, si dévoués et si capables soient-ils, d'établir un contrôle qui servira au Mouvement général.

Et maintenant que ces reviseurs, vous le savez, n'ont plus rien à faire avec l'Etat, puisqu'ils dépendent de votre organisation, toutes les critiques disparaissent.

Quant à l'argument du quorum, étant donné que ce problème est particulièrement important, nous l'examinerons, si vous le voulez bien, hors de la tribune de ce congrès avant d'en parler ici.

La Loi sur la Coopération, vous le savez, est maintenue divisée en deux parties. Nous allons essayer, grâce à l'effort du Groupe Parlementaire de la Coopération, grâce à Brunet qui n'est pas là et aussi grâce au nouvel élu Ramadier, d'obtenir le vote de la première partie.

Et puis, nous voulons faire autre chose. Nous voulons obtenir, même si la Loi sur la Coopération tarde, une loi immédiate permettant d'augmenter les actions. Ah ! vous en avez fait une musique, là-dessus ! quel cheval de bataille ! La Coopération s'embourgeoise ! Le Conseil Central a fait déposer une proposition pour que les actions soient portées à 500 francs !

BOYET. — Qui est-ce qui a dit cela ? Je n'ai pas employé le mot embourgeoiser. Je vous ai dit que vous alliez atteindre un but diamétralement opposé à celui que vous recherchiez et qu'au lieu d'augmenter le capital des sociétés, très probablement vous alliez arriver à le diminuer. Je n'ai pas parlé d'embourgeoisement.

POISSON. — Camarade Boyet, vous n'avez pas le monopole de la critique sur ce point. Vous êtes un de ceux qui avez la responsabilité du *Coopérateur* ; ne désavouez donc pas vos amis avec tant de facilité : cela vous porterait malheur.

Dites-vous que le projet est bien simple. Nous ne voulons pas du tout obliger à transformer les actions de 100 francs en actions de 500 francs. Nous voulons donner la faculté, la possibilité, à ceux qui le veulent, d'avoir des actions de 500 francs. On ne contraindra personne; mais ceux qui voudront avoir des actions de 500 fr. pourquoi voulez-vous les en empêcher ? Voilà le sens de notre proposition. Je crois qu'après cette explication, tout le monde trouvera que la Fédération Nationale n'a pas eu tort.

BOYET. — Il n'y a pas cette restriction dans votre texte ; vous parlez simplement de porter le taux de l'action à 500 francs.

POISSON. — Je n'ai pas le texte sous les yeux, vous le pensez bien ; mais c'est une question de bonne foi et je me souviens très bien d'avoir discuté cela et d'avoir montré que chaque société devait être laissée libre...

Gaston LÉVY. — Voilà le texte sur l'embourgeoisement.

POISSON. — Gaston Lévy me passe le texte auquel je faisais allusion tout à l'heure :

« Le taux de 500 francs, représentant une augmentation de vingt fois
« celui de 1914 qui était de 25 francs, représente un taux plus élevé que
« celui fixé dans les pays où le Mouvement coopératif est le plus élevé.
« L'acceptation de cette loi accentuerait encore l'éloignement des
« masses ouvrières de la Coopération, et aboutirait à une collaboration
« plus étroite avec la bourgeoisie ».

Et allez donc ! ce n'est pas mon père !

Il suffit de lire le texte pour en voir la signification.

Sur la question par conséquent de l'action à 500 francs, nous pouvons aussi tomber facilement d'accord.

Mais, je voulais en arriver à un autre point.

Les crédits mis à notre disposition par l'Etat sont tout à fait insuffisants ; il s'agit de quelques... millions, pour notre Mouvement qui fait 3.300 millions d'affaires, et non pas deux milliards, comme le disait hier matin Charles Gide. Car il faut qu'on le répète, même à notre ami Charles Gide, les chiffres de la Coopération française montent d'année en année et d'une façon réelle, effective, surtout maintenant avec la stabilisation de la monnaie, et leur ascension n'est pas moins rapide, moins réelle que celle des mouvements étrangers.

Donc, nous avons besoin d'argent et il faut que nous obtenions de l'argent de l'Etat, pour la part qui doit nous revenir, puisqu'il en donne sans compter à la coopération agricole et à l'agriculture. Nous ne critiquons pas les attributions faites au profit des autres mouvements ; mais tout de même il ne faudrait pas oublier celui qui représente la plus grande association volontaire du pays.

Je demande donc à la Commission des Résolutions de faire donner mandat au Conseil Central de réclamer de l'Etat une augmentation de crédits, comme du reste le Ministre du Travail s'est engagé à le faire, aux Journées Parlementaires.

Ah ! ces Journées Parlementaires ! C'est encore un embourgeoisement de la Coopération ! On nous dit : Qu'est-ce que vous allez faire avec un Ministre du Travail ! Qu'est-ce que vous allez faire avec un Loucheur ! On m'a même dit cela dans le Nord : s'ils ne l'avaient pas envoyé au Parlement, il ne serait pas Ministre du Travail !

Mais tout de même, le problème est là. Dans la situation actuelle, à tort ou à raison, vous les Communistes, vous n'avez pas le pouvoir ; n'ayant pas le pouvoir, vous ne disposez pas de l'appareil de l'Etat ;

ne disposant pas de l'appareil de l'Etat ; vous ne disposez pas de ses finances...

Un Congressiste. — Les Russes ont donc eu raison de prendre l'appareil de l'Etat.

Poisson. — Je ne discute pas de cette question. Je dis simplement qu'en France, vous ne l'avez pas. Et lorsque nous voulons obtenir des crédits de l'Etat, il faut bien que nous nous adressions à ceux qui ont en mains les rênes de l'Etat.

Et par là même se trouvent justifiées les Journées Parlementaires de la Coopération, car même si nous appellions les représentants du Gouvernement russe et les communistes français, ce n'est pas cela qui nous donnerait des crédits.

Donc, il faut bien avoir des discussions avec le représentant du Gouvernement. Et vous ne me ferez jamais commettre une incorrection vis-à-vis de ceux — fussent-ils des capitalistes — qui, pour des raisons que j'ignore, sont favorables à la Coopération.

Donc, nous continuerons notre action en ce sens et nous essayerons de faire disparaître les privilèges à rebours dont nous sommes les victimes.

Ah ! camarades, j'ai une petite vengeance à prendre devant le Congrès. Mon vieil ami Lévy me presse depuis six mois, j'allais dire me barbe...

Gaston Lévy. — Depuis six mois ! Tu peux dire depuis deux ans !

Poisson. — Paquereaux ou Boyet ne seraient pas plus tenaces. Il me dit : « Mais, tu n'obtiens rien du tout de ce gouvernement ! Il faudrait obtenir que les épargnes coopératives soient exonérées des 18 % d'impôt, alors que les agriculteurs, les caisses d'épargne, les banques populaires et je ne sais qui encore bénéficient de cette exonération. Cette taxe est un handicap dans notre recherche des capitaux ».

En pareil cas, deux solutions sont possibles : ou bien, demander la suppression des privilèges pour tout le monde, ou bien demander pour nous un privilège de plus, comme les autres.

La suppression totale du privilège serait plus juste ; l'obtention d'un privilège pour nous, avec les autres, serait plus agréable

A quoi parviendrons-nous ? Je n'en sais rien ! Mais nous avons le devoir de poser le problème et de soutenir Gaston Lévy dans sa revendication essentielle.

Voilà quelques-uns des problèmes pratiques qui se posent à nous.

Je m'excuse d'être long ; mais je veux parler de l'activité de la Fédération Nationale, de son action et il fallait que j'expose les problèmes qui se posent à elle.

Un camarade de Saint-Etienne a posé une question ; il demande l'extension aux sociétés coopératives de consommation de l'article 19 de la Loi du 3 Mars 1928, modifiant les bases d'imposition à la patente. Je lui demande de rédiger une motion et de la déposer à la Commission des Résolutions : je lui promets qu'elle sera l'objet d'un accueil favorable et que, dans la mesure du possible, nous la retiendrons.

Voilà pour les questions d'ordre pratique.

Et maintenant, quelques autres points.

Notre camarade de Saint-Quentin, au sujet de la délégation à envoyer en Russie, a imaginé un système d'impôts, pour que cette délégation soit mieux comprise que celle que nous avons organisée ; il voulait vous frapper tous d'une contribution de 100 francs, peut-être davantage pour les grosses sociétés, un peu moins pour les petites ou pour celles qui ne voudraient pas payer ; et il disait que cette contribution, multipliée par le nombre de sociétés, ferait une assez belle somme qui permettrait aux petites sociétés d'envoyer des délégués.

Voulez-vous que je vous dise ce qui arriverait en pareil cas ? C'est que toutes les sociétés qui auraient versé 100 francs voudraient envoyer un délégué en Russie. Et je ne suis pas bien sûr que ce soit les petites qui l'emporteraient.

BOYET. — Elle a donc tant d'attrait, la Russie ?

POISSON. — Comment ! Boyet, si elle a de l'attrait ! J'y suis allé il y a cinq ans et je vais y revenir, alors que vous n'y êtes pas encore allé !

Nous avons au contraire adopté une formule de justice.

Nous pouvions tout simplement dire : C'est le Conseil Central qui désigne quelques-uns de ses membres. Il aurait en pareil cas payé les frais, et il y aurait eu en Russie des délégués officiels du Mouvement coopératif français. Mais naturellement, pour les camarades de la minorité : passez muscade !

Nous avons été plus libéraux. Nous nous sommes dit : Tout de même, il faut essayer de donner la possibilité, par une voie indirecte, aux camarades communistes, d'aller là-bas avec nous. Et on a dit : Il y aura des délégués du Mouvement central ; Poisson sera à la tête de la délégation ; puis il y aura Foucaut pour le Magasin de Gros et Gaillard pour la Banque ; il y aura également l'interprète. Tout cela, au compte de l'organisation centrale. A 7.000 francs par tête, cela fait une jolie somme.

Et puis, nous prendrons à forfait d'autres délégués ; s'il y a du supplément, notre caisse le supportera. Camin a protesté, mais enfin on s'est tout de même mis d'accord et la décision que j'indique a été prise.

Si bien que cela coûtera assez cher à l'organisation centrale ; c'est une dépense de 40 à 50.000 francs. Vous avouerez que nous ne pouvons pas faire davantage.

Nous avons fait appel aux sociétés, et comme elles ont répondu, nous serons de quinze à dix-huit, de tous les coins de la France. J'espère même que nous aurons avec nous quelques camarades communistes ; j'en connais déjà au moins un, et je crois que le deuxième est en perspective.

Donc, de bonnes proportions ; donc, rien à nous reprocher là-dessus.

Ce voyage en Russie, du reste, il ne faut pas exagérer son importance. Nous allons en Russie comme nous irons ailleurs. Ce n'est qu'un commencement pour la Fédération Nationale. Nous reprendrons nos habitudes d'avant-guerre ; nous organiserons tous les ans, si possible, un voyage à l'étranger, pour examiner le mouvement coopératif des différents pays.

Pour l'année prochaine, le voyage est tout désigné. C'est le Congrès International de notre Alliance, et j'espère, mon cher Tanner, que la délégation française aura l'honneur de visiter notre organisation internationale. Et puis, nous irons peut-être une fois jusqu'en Finlande, nous irons en Allemagne et en Angleterre.

C'est un voyage d'étude ; nous le ferons en toute impartialité, en toute objectivité et nous ferons connaître au Mouvement les résultats de notre enquête.

Je passe à un autre point. Je suis obligé de les prendre un à un, mais je répondrai à tous. L'aide aux grèves. La Fédération Nationale, dit-on, ne participe pas aux secours pour les grèves. C'est exact, et pour ma part je trouve admirable la formule de la Fédération du

Nord, celle qui se trouve dans le milieu le plus prolétarien, où ce problème est le plus aigu.

Nous prétendons que la Fédération Nationale a dans son sein non pas seulement des ouvriers, mais aussi des paysans, et que les problèmes de grèves ne se posent pas tout à fait de la même manière pour toutes les classes non pas de la bourgeoisie, mais du travail. Nous nous plaçons sur le terrain de l'indépendance à l'égard des organisations politiques-économiques.

Les sociétés, suivant leur milieu, sont libres de faire ce qu'elles veulent ; c'est leur affaire. Mais la Fédération Nationale qui a dans son sein des sociétés de toutes nuances et de toutes origines sociales, ouvrières ou paysannes, ne peut pas sortir de sa neutralité sur ce point. Pas davantage nos Fédérations régionales. La solidarité, si je vous disais mon opinion personnelle, c'est la société qui doit l'exercer, pour ses membres victimes d'un fléau social, que ce fléau soit l'incendie ou la grève. Mais c'est un effort de la société en faveur de ses sociétaires, et c'est ce qu'ont fait du reste nos camarades de Dunkerque.

Il est vraiment curieux qu'on ait encore cette conception de la Coopération vache à lait, chez des gens qui ne nous connaissent pas en temps normal, qui ne font appel à nous que quand ils sont engagés dans une lutte étrangère à notre Mouvement, et qui malheureusement ne reviennent pas le lendemain avec nous. Vous le savez bien à *La Bellevilloise*, hein !

Donc, notre position est claire. Vous comptez, Coopérateurs communistes, sur le sentimentalisme. Permettez-moi de vous dire très franchement que c'est un peu de la démagogie et même d'une démagogie qui n'est pas très correcte. Car vous savez bien que les assemblées ouvrières, celles des coopérateurs même, deviennent presque des assemblées de bourgeois, quand il s'agit de leurs sous ! Mais en réalité, ce n'est pas l'argent qui vous intéresse ; ce que vous recherchez, c'est le geste, pour des préoccupations qui ne visent pas au soulagement des misères de la classe ouvrière, mais qui visent à tout autre chose que l'intérêt corporatif.

Du reste, nous avons entendu tout à l'heure notre camarade Paquereaux. Ce qu'il a dit de la Coopération, c'est au fond ceci : Dans la société actuelle, elle n'a aucune valeur révolutionnaire ; elle est un organe voué à être dominé par le régime capitaliste et par les grandes sociétés commerciales ; ce n'est que quand la classe prolétarienne aura pris le pouvoir que la Coopération fera vraiment quelque chose.

Seulement, ce que vous dites de la Coopération, vous le pensez naturellement aussi du syndicalisme, vous le pensez des grèves ; et pour vous, dans les grèves, ce n'est pas le résultat immédiat qui compte : rien ne compte tant que vous n'aurez pas pris le pouvoir politique.

Camarades, c'est ici que nous arrivons à un point important de nos dissensions. Je vous ai entendu tout à l'heure, j'ai observé Paquereaux et je me disais : Que c'est dommage, vraiment, de dépenser tant de force, tant de conviction, voire tant de mysticisme, pour une œuvre négative ! Car tout votre discours aboutit à la négation de l'action.

Sur l'organisation de la production, vous avez dit : « Nous avons écouté avec satisfaction Cleuet montrer les difficultés de l'organisation de la production par le Magasin de Gros, les difficultés de participation dans des sociétés capitalistes ». Car ce qu'il y a de curieux, c'est que vous avez recueilli cela avec une certaine joie. Alors que tout le discours de Cleuet était construit non pas pour dire qu'il n'y a rien à faire mais pour vous donner plus de force en affirmant que si les résistances sont grandes, cependant, nous vaincrions.

Et c'est bien là ce qui nous différencie. C'est qu'en vérité vous n'attendez rien de la société actuelle. Pour vous il n'y a rien à y faire ; le prolétariat y est exploité, le travail y est opprimé, et, tout ce qu'on peut obtenir par le syndicalisme, par la coopération, tout cela ne sert à rien. C'est au contraire, pour vous, la misère croissante qui résulte soi-disant de l'évolution du régime capitaliste, et c'est de la misère croissante, c'est de l'exploitation de plus en plus éhontée du travail que vous attendez le coup de baguette qui vous fera prendre le pouvoir.

Avant, il n'y a rien ; après, il y aura tout !

Permettez-moi de vous dire que si je voulais m'amuser à être un négateur, je pourrais m'écrier comme tous les conservateurs sociaux devant n'importe quel mouvement d'émancipation : Cela a toujours été comme cela ; ce sera toujours comme cela.

Et les mêmes conservateurs sociaux vous diront : Vous voulez prendre le pouvoir ; mais quand est-ce que vous pourrez le prendre ? A quel moment ? Quelles sont les conditions économiques qui vous permettront de le prendre et de ne pas le perdre, ou qui vous permettront, étant au pouvoir, de réaliser votre programme et de ne pas donner une caricature de capitalisme mitigé ?

Ce qui est intéressant, c'est de se dire : Il faut dans la vie, si on croit au progrès, avoir confiance en l'action, en tout ce qui est action. Et par exemple, lorsqu'il s'agit des trusts et des cartels, il faut engager la lutte. Ah ! c'est là que votre négation apparaît ! Vous montrez les dangers des trusts et des cartels, dangers que nous connaissons mieux que vous ; mais vous dites : La Coopération ne résistera pas aux trusts et aux cartels, elle sera brisée par eux.

Mais si c'était vrai, qu'est-ce qui vous permettrait de dire, vous, que vous pourriez les renverser par le pouvoir politique ?

Si les consommateurs ne sont pas capables, dans les cadres du régime actuel, de maintenir leur position, vous croyez que sur d'autres terrains ils ne seraient pas vaincus ?

Les trusts et les cartels, par quel moyen voulez-vous les abattre ? Par la prise du pouvoir, non seulement dans un pays, non seulement en Russie, mais dans le monde entier ? C'est des calendes grecques que vous nous parlez !

En vérité, nous sommes des gens plus positifs et nous disons que la Coopération, telle qu'elle est, à l'intérieur du fruit capitaliste, comme un ver qui le ronge, doit vivre et se développer. C'est de votre bonne volonté que dépendent ses progrès, et plus elle grandit, plus elle prospère, plus il sera difficile de l'abattre. Vous direz qu'elle sera plus dangereuse ; mais plus elle sera dangereuse, mieux elle pourra se défendre aussi.

C'est à nous de lui donner les armes et les possibilités d'action, et si nous croyons au développement indéfini de la Coopération, si nous croyons que, contre les trusts et les cartels, il y a des possibilités de contrôle, n'oublions pas que le meilleur des contrôles serait la constitution, sur le terrain international, de ce que vous disait Tanner ce matin : le Magasin de Gros international, l'organisation internationale de la production coopérative.

Rêve et utopie ?... Mais tout est rêve pour ceux qui ne pensent pas et n'agissent pas, et tout est réalité vivante pour ceux qui pensent et qui agissent.

Vous pouvez reprocher à la Fédération Nationale de négliger certains problèmes. Vous avez parlé des économats patronaux. Permettez-moi de dire que j'éprouve une indignation totale quand je lie vos petits papiers dans *Le Coopérateur*. Vous nous dites que nous n'avons rien fait, à l'égard des économats patronaux ! Je pourrais vous dire : Qu'est-ce que vous avez fait, vous ? Car après tout les économats patronaux ont des clients. Quels sont ces clients ? Ce ne sont pas des bourgeois, ce sont bien des ouvriers, n'est-ce pas ?

Et puis, je pourrais parler d'une certaine profession où vous avez 150.000 des vôtres qui ont demandé le maintien des économats patronaux !

Voilà ce que vous avez fait, pour la suppression des économats patronaux !

Un Congressiste. — Il y a beaucoup de denrées qui ne sont pas vendues par le Magasin de Gros, et qu'on trouve dans les économats.

Poisson. — Je vois que vos amis veulent vous faire asseoir ! Ils ont bien raison ! Je vous assure qu'après une sottise comme celle-là, il vaut mieux ne pas en lâcher une autre !

Je vous répondrai que si les économats patronaux vendent à des prix que le Magasin de Gros ne peut pas faire, c'est que les transports sont payés par l'ensemble des consommateurs et les usagers des compagnies. Et on leur paie non seulement les transports, mais les locaux.

Et c'est vous qui prétendez représenter l'esprit d'émancipation qui, non seulement ici mais dans les milieux syndicaux où vous êtes puissants, venez parler des économats patronaux, alors que ce qu'il y a de mieux, c'est que la loi permet aux travailleurs eux-mêmes de les supprimer !

Les économats des patrons, les patrons continuent à les avoir : c'est leur affaire. Mais en ce qui concerne les chemins de fer, ce sont vos 150.000 membres qui votent eux-mêmes pour leur maintien !

Un Congressiste parle, au fond de la salle, au milieu du bruit.

Le Président. — Vous n'avez pas la parole.

Poisson. — Nous avons fait, à la Fédération Nationale, tout ce qui était en notre pouvoir.

Nous avons d'abord écrit aux organisations centrales syndicales, pour les chemins de fer, en leur disant : Conformément à ce que vous nous demandiez à Grenoble, voulez-vous faire quelque chose contre les économats ?

La C. G. T. U. nous a répondu que nous ferions mieux de nous mêler de ce qui nous regarde !

Un Congressiste. — Qui ?

Poisson. — Le Secrétaire général du Syndicat des Cheminots Unitaires.

Quant à la C. G. T., nous avons déjà eu des entrevues ; nous avons examiné si nous ne pourrions pas transformer les économats en coopératives fermées ; ce ne serait pas bien brillant, mais ce serait tout de même mieux que les économats actuels. Mais naturellement, ce serait en demandant le maintien de tous les avantages acquis pour les transports, pour les locaux et pour le reste !

Je crois qu'on ne pouvait pas faire plus, pour marcher avec les organisations syndicales.

Voilà pour les économats des chemins de fer.

Quant aux autres économats, nous avons également écrit à la C. G. T. et à la C. G. T. U. ; nous avons bien reçu des réponses ; on nous dit bien qu'on est prêt à engager une action ; mais on ne répond pas à nos demandes d'entrevues.

Voilà les faits.

Et puis, ce n'est pas, à mon avis, la seule action à entreprendre. Il y a l'action légale. Mais elle est très difficile. Nous avons essayé de mettre un projet debout ; nous ne pouvons pas y arriver légalement.

Action sur les patrons ? Ici, il y a quelque chose de curieux. Ce qu'il y a de peu banal, Paquereaux et Boyet, c'est que, pendant que nous n'obtenions rien des organisations syndicales et que nous devions nous déclarer impuissants devant le problème juridique, nous avons obtenu quelque chose de certains patrons ! Nous n'avons pas obtenu, vous le pensez bien, la suppression de tous les économats patronaux ; mais nous avons eu quand même des résultats ; ce n'est pas grand'chose, c'est assez pour nous encourager à continuer dans ce sens une action intégrale et vigoureuse.

Un mot sur la Confédération Générale de la Consommation. Là, nous avons encore pactisé avec la bourgeoisie ! Je pense bien ! Nous avons essayé d'aller à cette Confédération pour essayer de défendre les intérêts généraux des consommateurs.

Nous ne nous illusionnons pas sur les résultats, au moins immédiats, qu'on pourra en obtenir. Mais nous avons cru que notre place était dans un organisme s'occupant de la consommation, où en fait de bourgeois nous trouvons des fédérations d'anciens combattants et mutilés, une fédération de travailleurs, — car vous ne rejetez sans doute pas les fonctionnaires hors du travail. La principale organisation de cette Confédération est précisément la Fédération des Fonctionnaires, et aussi cette malheureuse Confédération des Travailleurs Intellectuels qui n'a pas l'air d'être précisément une organisation capitaliste et bourgeoise !

Là encore, nous continuerons notre action, pour défendre le consommateur et pour empêcher que ce mouvement ne puisse dévier d'une ligne de conduite qui n'aurait pas comme résultat dernier la coopération qui est la seule issue.

Et voilà traités à peu près tous les points posés, sauf la question de l'Alliance Coopérative Internationale.

Il est assez curieux d'entendre dire au camarade Parisé que nous avons une attitude contradictoire. En effet, qu'est-ce qu'a dit Parisé ? Ah ! ce n'était pas très clair. Il a dit : On a proposé à l'Alliance Coopérative Internationale une action commune avec la 2e Internationale et l'Internationale Syndicale d'Amsterdam. Et il vous a lu une lettre de la Coopération russe qui protestait contre cette action commune avec la 2e Internationale, en faveur de la paix et du désarmement.

Tiens, tiens ! Les coopérateurs russes s'opposent à une action commune avec la 2e Internationale ; mais ils en proposent une avec la 3e !

A plusieurs reprises, ce sont les propositions qu'ils nous ont apportées.

Eh bien ! nous trouvons qu'il y a là un illogisme qui montre que chez eux le point de vue politique prédomine sur le point de vue coopératif.

Tandis que nous avons au contraire été très logiques, nous coopérateurs français. Nous avons écrit à l'Alliance Coopérative Internationale et nous avons défendu à Paris, devant son Exécutif, il y a quinze jours, cette thèse que l'Alliance Coopérative Internationale, en raison de sa neutralité, ne pouvait mener aucune action commune ni avec la 2e Internationale ni avec la 3e.

Nous sommes sur le terrain même où nous entendons défendre l'indépendance de la Coopération.

Vous nous dites : Pourquoi n'avez-vous pas voté, au Comité Central de l'Alliance, le projet Serwy ?

Nous n'avons pas voté le projet Serwy pour la raison que c'était la division, que c'était la politique introduite à l'Alliance.

Serwy, notre vieil et bon ami Serwy, représentant d'une Coopération qui fait de la politique, la Coopération belge, mais qui ne fait pas la même politique que les Bolchevicks, notre ami Serwy a déposé un amendement favorable au désarmement.

Nous avons commencé par dire — c'est Lévy qui a pris la parole — que cela ne pouvait pas être discuté, parce que c'est de la politique.

En effet, à peine l'amendement était-il écarté, qu'on discutait la question au fond. Ah ! ce fut un joli méli-mélo ! Immédiatement, nos amis russes ont apporté une proposition pour défendre le texte de Litvinoff, le désarmement immédiat, etc...

Et nous qui avons la prétention d'être pour la paix et pour le désarmement, comme vous tous, mais pas pour mener une agitation stérile et entraîner simplement des gens derrière nous, nous avons montré que c'était là une action politique, nous avons dénoncé — à tort probablement, aux yeux de Serwy — comment on pouvait interpréter le texte.

Et voilà pourquoi nous avons voté pour que la politique ne soit pas introduite au sein de l'Alliance.

Ici, nous le faisons déjà ; mais sur le terrain de l'Alliance Coopérative Internationale, c'est encore bien plus indispensable qu'ici. A l'Alliance Coopérative Internationale, il n'y a pas que des coopératives de consommation ; il y a des coopératives de production, des coopératives agricoles, des coopératives de crédit. Il y a bien la Coopération soviétique, mais il y a aussi la Coopération hongroise. S'il y a les camarades des Soviets ,il y a les Magyares hongrois ; et puis, il y a un mouvement paysan, que sais-je encore. Et vous voulez que, pour maintenir l'unité coopérative internationale, on jette là-dedans le venin confessionnel, l'empoisonnement politique, les passions nationales !

Non ! L'unité coopérative internationale vivra du respect de l'indépendance de tous. Et si jamais une majorité se faisait dans un sens ou dans l'autre, l'unité de l'Alliance Coopérative internationale serait morte.

C'est ce qui permet à des hommes comme notre ami Tanner, président de l'Alliance, de pouvoir être, en dehors de la Coopération, un militant politique, un ancien président du Conseil. Mais, sur le terrain coopératif, une seule attitude est possible : la totale neutralité, l'absolue indépendance.

C'est cette politique que nous soutenons.

Vous avez parlé de la Coopération fasciste. Si j'en avais le temps, je montrerais que vous avez accusé ce malheureux Gide de vouloir la rentrée de la Coopération fasciste à l'Alliance, et que l'article même publié par vous démontre exactement le contraire.

Hier, nous avons défendu la Coopération italienne persécutée, poursuivie, opprimée. Nous continuerons à le faire, et toutes nos amitiés vont encore vers les militants italiens dont le symbole est notre ami Vernerini.

Mais ce n'est pas parce que l'Italie subit le joug de la tyrannie que nous oublions la masse des Coopérateurs italiens qui ont conservé leurs organisations et qui les ont conservées parfois malgré l'oppression fasciste. Et nous disons que leur place, le plus rapidement possible, sera au milieu de nous, du jour où les Coopérateurs italiens eux-mêmes que nous avons connus nous diront qu'ils ont recouvré assez de liberté pour reprendre leur place parmi nous. Voilà notre thèse.

Il me faut maintenant terminer sur le fait que la Coopération s'engage dans une voie nouvelle. Oui, vous avez eu raison de poser ici le problème de notre développement. Nous avons fait une promesse à Nîmes, c'est de doubler les forces coopératives en moins de dix ans. Il y a de cela deux ans. Je suis heureux de vous dire que, jusqu'à ce jour, nous avons tenu notre engagement.

Mais nous ne sommes qu'au début de notre action. Il faut que toutes les sociétés fassent un plan de développement ; non pas seulement un plan commercial d'ouverture de nouvelles branches d'activité ou de nouvelles succursales, mais un plan financier, pour savoir où elles trouveront, au fur et à mesure des immobilisations nouvelles, les capitaux de crédit ou les capitaux d'État qui leur seront nécessaires.

C'est là, à mon avis, la besogne de demain des Fédérations régionales. Au congrès de l'année prochaine, il faut que chacune de nos sociétés apporte son plan.

Et puis, il n'y a pas que le rôle des Sociétés ou des Fédérations régionales ; il y a le rôle de la Fédération Nationale elle-même.

Simonnet a eu raison. Il y a des déserts coopératifs qu'il faut essayer de combler ; il y a, sur la carte de la France, des territoires à densité coopérative encore infime. Si nous attendons la volonté spontanée des intéressés, nous pourrons attendre longtemps. Il faut d'avance stimuler et forcer cette volonté.

Un autre problème est également posé. Le monde capitaliste évolue et se transforme avec rapidité ; les sociétés à succursales multiples, armatures de l'économie actuelle, se concentrent et se réunissent dès maintenant en deux ou trois consortiums. Le consortium général ne tardera pas à venir, non seulement le consortium général commercial, mais le consortium général bancaire. Avant cinq ans, ce programme sera réalisé.

Qu'est-ce que vous allez faire, en face de cette évolution générale ?

Ah ! camarades communistes, nous ne disons pas qu'il faut attendre le grand soir : Nous disons : Il est bon matin ; faisons notre travail alors qu'il est encore temps.

Il faut qu'aujourd'hui les petites sociétés autonomes se libèrent de leur carapace de localisme qui les empêche de voir plus loin et plus haut. Il faut que les sociétés de développement elles-mêmes se concentrent, s'unissent, cherchent ensemble le moyen d'établir un plan de combat, un plan de bataille de la Coopération française, luttant pour arracher la répartition et le commerce au profit des consommateurs.

Vous connaissez l'enjeu, vous connaissez le combat. Je dis que l'heure est venue d'y réfléchir et d'agir tout de suite.

Ah ! nous avons besoin pour cela d'hommes, de directeurs, d'administrateurs ; nous avons besoin pour cela d'avoir à notre disposition et les ressources et le matériel et les entrepôts pour les sociétés de détail. Il nous faut pour notre Magasin de Gros, une organisation encore plus puissante, s'étendant à de nouvelles branches de production. Il faut coordonner l'action des organismes centraux et des organismes locaux, il faut se procurer des moyens financiers, travailler à un apport de capitaux suffisants qui nous permettront de mener notre action, de prendre des hommes et de les conserver.

Quant à moi, j'ai confiance. La Coopération est une œuvre de la volonté humaine. Ah ! les Pionniers de Rochdale, tisseurs sans ins-

on, les Pionniers de Rochdale qui avaient en face d'eux non pas:
ment le monde capitaliste tout entier, mais les tisseurs du
ishire qui souffraient des longues journées de travail et des
es misérables, les 28 Pionniers ont fait les 60 millions de Coopé-
rs répartis dans le monde. Pourquoi donc ces 60 millions de
les ne se dresseraient-elles pas, pour la libération des consom-
irs et pour la Cité Nouvelle ?

PRÉSIDENT. — Nous allons lever la séance. Le Congrès continuera
avaux demain matin, à 9 heures 30, par l'examen de la question;
Jtilisation des Loisirs, dont le rapporteur est Albert Thomas..

séance est levée à 19 heures .

DEUXIÈME JOURNÉE

TROISIÈME SÉANCE, DIMANCHE 19 MAI (matin)

La séance est ouverte à 9 heures.

Poisson. — Le Conseil Central propose au Congrès de désigner Cozette, pour présider cette séance et de désigner Mmes Elosu et Alice Jouenne, comme assesseurs.

Commission des Résolutions

Le Président. — Je donne la parole à Couvrecelle, rapporteur de la Commission des Résolutions.

Couvrecelle. — Chers camarades, j'ai été chargé, par la Commission des Résolutions, de préparer le rapport de cette Commission.

Ce rapport a été établi un peu hâtivement ; nous espérons cependant répondre à tous les désirs qui ont été manifestés par le Congrès.

La Commission des Résolutions demande au Congrès d'adopter la proposition faite par Simonnet. Le projet que nous vous soumettons est ainsi conçu :

Le Congrès National de la F. N. C. C., estimant que la réduction des déserts coopératifs ne peut être obtenue que par l'action directe et rationnelles de l'ensemble du Mouvement coopératif : Sociétés, F.N.C.C., Magasin de Gros et Banque des Coopératives.

Donne mandat au Conseil Central d'unir leurs efforts et de constituer ou de provoquer la constitution d'une Société Coopérative Nationale — ou par tout autre moyen approprié — chargée d'implanter, étendre et défendre l'organisation coopérative partout où il sera reconnu nécessaire de le faire.

Le Président. — Il n'y a pas d'observations ? Cette proposition est adoptée.

Couvrecelle, rapporteur. — La Commission a examiné la question de l'impôt de 18 % sur les valeurs mobilières, elle demande au Congrès de faire valoir la résolution suivante :

Le Congrès,

Considérant que les Coopératives de consommation et la B. C. F. doivent légitimement bénéficier de l'exonération de l'impôt sur les valeurs mobilières, dont sont exonérées les Caisses d'épargne, les Banques populaires, les Caisses de crédit agricoles et de nombreuses autres organisations, demande au groupe parlementaire de la coopération de prendre les mesures nécessaires pour obtenir cette exonération.

Le Président. — Pas d'observations ? Le Congrès adopte ce texte en souhaitant qu'il aura un sort favorable.

Couvrecelle, rapporteur. — La Commission des Résolutions a pensé utile de rappeler l'intérêt qu'offre le propos de loi Chanal qui permet les unions entre les Sociétés Coopératives agricoles et les Sociétés Coopératives de Consommation. Elle propose au Congrès le texte suivant:

Le Congrès demande au Parlement de voter le projet de loi Chanal qui a pour but de permettre la création d'unions entre les coopératives agricoles et les coopératives de consommation. Il demande au Comité d'entente des différentes formes de la coopération de faire toute l'action utile pour obtenir ce vote.

LE PRÉSIDENT. — Le Congrès est d'accord.

COUVRECELLE, rapporteur. — La question des économats a retenu l'attention de la Commission des Résolutions ; elle vous propose la résolution suivante :

Le Congrès,

Considérant que la loi actuelle sur les économats ne permet pas d'empêcher ceux-ci de se maintenir et même de se développer ;

Considérant que les économats, qui ne sont pas soumis aux lois fiscales toujours appliquées aux sociétés coopératives, jouissent d'un régime de faveur qui fausse les conditions normales de répartition ;

Le Congrès demande au Groupe parlementaire de la Coopération de prendre les initiatives nécessaires pour aboutir à la transformation de tous les économats en sociétés coopératives de consommation.

Il charge le Conseil Central d'engager les pourparlers nécessaires avec les organisations professionnelles intéressées.

LE PRÉSIDENT. — Le Congrès accepte ? Le texte est adopté.

COUVRECELLE, rapporteur. — Je vous demande d'adopter la résolution suivante sur la loi de la Coopération :

Le Congrès, prenant acte de l'accord réalisé en ce qui concerne la loi sur la coopération qui a pour objet de fixer le statut des coopératives des diverses formes, demande au Parlement de voter le texte qui lui est soumis et demande au groupe parlementaire de la coopération de prendre toutes les initiatives utiles qui lui permettront d'obtenir le vote de cette loi.

LE PRÉSIDENT. — Le Congrès adopte cette résolution.

COUVRECELLE, rapporteur. — La Commission des Résolutions a été saisie de la question de la loi sur les patentes ; elle vous propose le texte suivant :

Le Congrès charge le Conseil juridique de proposer au Groupe parlementaire de la Coopération l'extension aux sociétés coopératives de consommation du bénéfice de l'article 19 de la loi du 3 Mars 1928 modifiant les bases d'imposition et la patente de certaines catégories de contribuables.

LE PRÉSIDENT. — Il n'y a pas d'observations ? Le texte est adopté.

COUVRECELLE, rapporteur. — La question des impôts de consommation a retenu l'attention du Conseil Central qui a pu constater que le projet de budget ne prévoyait aucun dégrèvement alors que cela s'impose Il a déposé — et la Commission des Résolutions l'a fait sien, le texte suivant :

Le Congrès, considérant que les dégrèvements d'impôts doivent être faits à l'occasion du budget de 1930 ;

Considérant d'autre part l'importance des impôts qui frappent la consommation et qui atteignent 20 milliards ;

Considérant également que les impôts sont une des causes qui peuvent empêcher l'économie nationale de se développer ;

Déclare que dans l'intérêt général et pour atténuer l'élévation des prix, il est indispensable que des dégrèvements soient faits sur certains impôts touchant directement la consommation ;

Le Congrès estime que deux taxes doivent être diminuées : celle sur le sucre qui atteint 1 fr. 30 par kilo, et celle sur les transports de marchandises qui est de près de deux milliards ;

Le Congrès charge le Conseil Central de faire toutes démarches utiles et d'engager une action, en accord avec les Fédérations régionales et le Groupe parlementaire de la Coopération afin d'obtenir que ces dégrèvements soient votés par le Parlement, dès le vote du prochain budget.

LE PRÉSIDENT. — Le Congrès adopte très certainement cette Résolution. Elle est acceptée à l'unanimité.

COUVRECELLE, rapporteur. — La Commission des Résolutions a été saisie du vœu suivant concernant le projet de loi rectificatif concernant les Assurances sociales et elle demande au Congrès de l'adopter :

Le Congrès National des Coopératives de consommation proteste énergiquement contre certaines dispositions du projet de loi rectificatif sur les Assurances sociales.

Considérant que les bénéficiaires de la loi en sont en même temps les usagers, puisque c'est la santé de leur famille et la leur qui est en cause, il est juste que leur représentation dans les Conseils d'Administration des caisses primaires soit prépondérante et que la loi française soit au moins aussi libérale que toutes les lois étrangères ;

La loi du 5 Avril 1928 prévoyait pour les assurés la faculté de se grouper spontanément dans des caisses gérées uniquement par eux avec le concours de deux praticiens ;

Le Congrès proteste contre la nouvelle composition des conseils d'Administration des caisses spontanées, malgré toutes les promesses faites, et qui annule pratiquement la faculté libérale de la loi des assurances sociales ;

Enfin, le Congrès, tout en estimant heureuses les simplifications apportées en ce qui concerne le fonctionnement des offices et des caisses départementales, demande que ces dernières, considérées désormais comme des caisses primaires aient au moins, comme celles-ci, la possibilité de gérer tous les risques, dans les conditions et les limites de la loi y compris les risques vieillesse et invalidité.

LE PRÉSIDENT. — Il n'y a pas d'observations. Le Congrès accepte ce texte à l'unanimité.

COUVRECELLE, rapporteur. — Les Sociétés savent que les crédits accordés aux Sociétés Coopératives de Consommation sont insuffisants. La Commission des Résolutions demande au Congrès de voter le texte que voici :

Le Congrès, considérant que les crédits mis à la disposition des Coopératives de consommation sont nettement insuffisants pour lui permettre de poursuivre tout développement ;

Demande que ceux-ci soient augmentés pour répondre aux réels besoins des sociétés dont l'action correspond à l'intérêt général des consommateurs.

D'autre part, le Congrès demande à nouveau que les délais de rembourscment soient prolongés, dans le but de permettre un emploi plus judicieux des fonds ainsi mis à la disposition du mouvement coopératif.

COUVRECELLE, rapporteur. — En ce qui concerne le projet de résolution présenté par la région du Forez et Bourbonnais relatif à la cotisation à la Fédération Nationale, la Commission des Résolutions a examiné le problème ; elle est d'avis de maintenir le statu quo.

Toutefois, eu égard aux besoins spéciaux que peut avoir la Fédération Régionale qui a fait cette proposition, il est entendu que, en accord avec la F. N. C. C., une entente pourra intervenir, en vue d'intensifier plus particulièrement la propagande dans cette région.

En ce qui touche le compte rendu des séances du Conseil Central dans *Le Coopérateur de France*, l'avis de la Commission des Résolutions est le suivant.

Elle ne s'oppose pas, et les Organismes centraux eux-mêmes ne s'opposent pas à ce que des extraits des procès-verbaux puissent paraître ; mais seulement ceux qui auront trait aux délibérations de la Fédération Nationale.

En effet, sur les questions intéressant plus particulièrement le Magasin de Gros et la Banque des Coopératives, la Commission des Résolutions pense qu'il y a lieu d'être réservé. C'est seulement par des communications qui pourraient être faites, mais sans présenter le caractère d'extraits de procès-verbaux, que des renseignements peuvent être mis à la disposition des Coopérateurs.

POISSSON. — Dans l'*Action Coopérative*.

COUVRECELLE, rapporteur. — Oui, dans l'*Action Coopérative*.

En ce qui concerne les Crédits, la Commission des Résolutions a réglé cette question de la façon suivante.

Le Congrès sera sans doute d'accord avec elle pour déclarer que nous comptons sur l'action qui sera menée par les représentants du Mouvement Coopératif, à la Commission des Crédits, pour que les attributions soient faites en dehors de toute considération politique.

Nous pensons, en effet, que nos camarades qui font partie de cette Commission sont suffisamment qualifiés et peuvent avoir notre confiance pour mener leur action dans le sens que je viens d'indiquer.

BOYET. — Alors, vous avez voté la résolution présentée par *La Bellevilloise* ?

COUVRECELLE, rapporteur. — Nous pensons que la façon dont nous avons transformé votre projet de résolution peut vous donner satisfaction.

BOYET. — Vous seriez bien aimable de présenter au Congrès votre propre résolution.

COUVRECELLE, rapporteur. — Vous demandez la modification de l'article 12 de la loi de 1917. La Commission des Résolutions n'est pas d'avis de demander cette modification de la loi ; elle préfère la modalité que je viens d'indiquer, à savoir, que le Congrès compte sur l'action du Mouvement Coopératif, au sein de la Commission, pour obtenir le résultat que vous désirez, c'est-à-dire pour s'élever contre la tendance qu'il pourrait y avoir de prendre argument des opinions politiques de la majorité des membres de certaines sociétés, pour refuser les crédits.

Boyet. — Si je comprends bien, vous acceptez la résolution, .tout en la rejetant.

Couvrecelle, rapporteur. — Non. Nous. acceptons votre résolution; mais nous ne demandons pas la modification de la loi. En tout cas, nous nous inspirons de votre désir.

Boyet. — Nous nous contentons de votre résolution ; je vous en prie, présentez-la au Congrès, au nom de la Commission des Résolutions.

Couvrecelle, rapporteur. — Je crois l'avoir suffisamment exposée.

Boyet. — Mais, elle n'est pas écrite, il n'y a pas de papier.

Couvrecelle, rapporteur. — Le texte que vous désirez sera mis au point.

Boyet. — Nous avons satisfaction.

Le Président. — Les observations qui ont été présentées ont ainsi satisfaction.

Couvrecelle, rapporteur. — Il nous reste maintenant à examiner les propositions de la Commission des Résolutions, en ce qui concerne la désignation des membres du Conseil Central.

Vous êtes déjà au courant, dans une certaine mesure, des modifications intervenues, puisque nous en avons délibéré aux Assemblées Générales de la Banque des Coopératives et du Magasin de Gros ; mais la Fédération Nationale a la charge de mettre cette question au point.

En ce qui concerne la Fédération du Centre, notre camarade Saint-Eloi, à qui j'ai à adresser, au nom de la Commission des Résolutions et au nom du Congrès, notre salut fraternel, va quitter sa place au Conseil Central, pour des raisons de propagande examinées dans le sein de sa Fédération Régionale. Nous lui adressons, au nom du Congrès tout entier, nos remerciements pour la collaboration qu'il nous a apportée. Il sera remplacé, dans sa Fédération, par le camarade Simonnet.

La Commission des Résolutions vous demande d'accepter cette disposition.

En ce qui concerne la Fédération du Sud-Ouest, c'est notre camarade Sarraude qui va occuper la place laissée vacante par notre regretté camarade Lavielle.

Pour la Fédération des Alpes et Savoie, c'est notre camarade Bernier qui est désigné pour remplacer notre regretté camarade Chiousse.

Enfin,. en ce qui concerne la Fédération du Centre-Océan, notre camarade Larquier est désigné pour compléter la représentation de cette Région.

Pour les membres désignés directement par le Congrès, la Commission des Résolutions propose à celui-ci de désigner Charles Gide, E. Poisson et Gaston Lévy.

D'autre part, la Commission des Résolutions m'a demandé d'accepter de me charger de vous parler de la situation particulière dans laquelle se trouve notre camarade Yung, Secrétaire général de la Fédération Nationale.

Vous savez, en effet, que les statuts du Magasin de Gros s'opposent à ce qu'il y ait plus de 36 administrateurs, pour cette organisation.

Par suite de la présence de Yung, nous sommes actuellement 37, au Conseil Central ; nous vous demandons de régler cette situation.

Cela n'a aucune importance en ce qui concerne la Fédération Nationale et la Banque. La situation pourra se trouver régularisée, je pense, dans un délai qui ne sera pas extrêmement long, en ce qui concerne le Magasin de Gros des Coopératives. La procédure sera la même qui a été employée à l'égard de notre camarade Prache qui s'est trouvé dans la même situation ces dernières années.

La Commission des Résolutions vous demande donc de désigner notre camarade Yung, comme membre du Conseil Central.

LE PRÉSIDENT. — Il n'y a pas d'opposition sur les candidatures proposées par la Commission des Résolutions ?

Les candidats présentés sont élus.

Vote sur le Rapport du Conseil Central

LE PRÉSIDENT. — Je donne la parole à Camin, pour la lecture des résultats du vote d'hier soir.

CAMIN. — Voici le résultat du vote qui a été émis par les Fédérations Régionales :

Nombre de mandats 6.108
Pour le Rapport 5.551
Contre 557

L'Utilisation des Loisirs

LE PRÉSIDENT. — Je vais donner la parole à notre ami Albert Thomas. Inutile de vous le présenter ; nous avons simplement à le remercier d'avoir bien voulu accepter de faire ce rapport.

Discours de Albert THOMAS

Albert THOMAS. — Camarades, lorsque j'ai suivi, hier, la discussion générale sur le rapport du Conseil Central, j'ai eu de temps à autre l'impression d'un regret à demi formulé par quelques orateurs. Il eût semblé, à les entendre, que l'on n'avait donné dans ce congrès qu'un temps insuffisant aux grandes questions politiques ou sociales, et que l'on avait réservé une journée pour un sujet à la vérité très limité, très modeste et que d'aucuns peut-être auraient considéré comme une amusette.

Je suis, pour ma part, très désireux de voir la Coopération, aussi bien la Coopération française que la Coopération internationale, réfléchir sur ses méthodes, réfléchir sur ses buts, réfléchir sur sa politique générale. J'ai moi-même été l'auteur, dans un Congrès international, on l'a rappelé, d'une motion demandant à l'Alliance de définir ses buts d'avenir et ses méthodes. Mais je ne pense pas qu'il y ait quelque disproportion, quelque inharmonie entre une préoccupation de cette sorte et la préoccupation des loisirs.

Le loisir, c'est le bien précieux qu'au moment même où naissait l'industrialisme moderne, les ouvriers, les artisans ont eu conscience de perdre. Au moment de la création des premières manufactures, les ouvriers de Saint-Maur faisaient entendre leurs plaintes sur la suppression des heures de détente, sur la régularité et l'asservissement du travail mécanique, sur la suppression des fêtes.

Le loisir, c'est aussi le bien qu'au cours du XIXᵉ siècle, les ouvriers ont constamment réclamé ; cela a été l'aspiration de toute la classe salariée moderne : huit heures de travail, huit heures de sommeil, huit heures de loisir. Cela a été la formule constamment répétée dans les programmes de revendication d'avant-guerre.

Le loisir, c'est ce qui caractérisait, pour les socialistes faisant leur première propagande, aux environs de 1878, le bien dont jouissait presque uniquement la classe bourgeoise. C'était Lafargue qui publiait son pamphlet sur le Droit à la Paresse, et c'était Lucien Rolland qui chantait sa complainte du Prolétaire :

> Prolétaire, tes patrons
> Aiment les beaux horizons ;
> Ils vont partir, les pauvres diables ;
> Vers des campagnes adorables,
> Se mettre à l'abri des chaleurs,
> Dans des jardins remplis de fleurs ;
> Mais ce n'est pas pour toi que chante l'oiseau,
> Que rit le ruisseau.
> L'usine t'appelle,
> Tes patrons ont un coffre-fort,
> Il faut que tu l'emplisses d'or.
> Ne sois pas rebelle !

C'était la revendication, c'était celle que symbolisait le jour de Fourmies, la pauvre Maria Deraismes, lorsque, à la tête des camarades, elle défilait, son bouquet d'aubépines entre les bras.

Le loisir, c'est comme l'ont dit récemment nos camarades les travaillistes anglais, la part que réclame la classe ouvrière dans les résultats du progrès moderne.

Ai-je besoin de dire que, dès l'origine, notre Mouvement coopératif s'est soucié du loisir ; ai-je besoin de rappeler que, le plus souvent, lorsque nous fondions nos petites sociétés, dans de petites villes de province, dans les quartiers de Paris, ce n'était pas uniquement avec la pensée de distribuer des marchandises à meilleur marché, mais avec une pensée d'émancipation intellectuelle, avec une pensée d'organisation intelligente des loisirs pour les familles ouvrières !

J'ai été, il y a déjà bien des années, le chroniqueur de la Coopération française ; pendant quelque cinq ou six ans, j'ai parcouru nos petites sociétés, j'ai assisté aux inaugurations, j'ai bu le verre de Gaillac au milieu des petites boutiques encore à peine installées, lorsque les camarades clouaient les dernières planches, et toujours c'était le même rêve qu'ils exprimaient, le rêve d'aboutir rapidement au développement des œuvres sociales, à l'organisation de soirées récréatives, à la fondation d'une section de pupilles ; bref à tout ce qui pouvait embellir et parer la vie du travailleur.

Camarades, j'ai évoqué ces souvenirs des années passées ; mais, depuis lors, depuis la guerre, deux grandes révolutions se sont produites.

La première a été la transformation complète du Mouvement coopératif ; cela a été la phase des sociétés de développement et de fusion, cela a été l'essor de notre Magasin de Gros, cela a été la création et le développement de la Banque, cela a été le système des gérances. Et l'on a pu se demander, c'était notre préoccupation aux environs de 1918 et de 1919, si la Coopération, pourvue de moyens nouveaux, allait créer des œuvres sociales en harmonie avec sa puissance accrue.

Et puis, il y eut tout de suite un deuxième problème, une résolution plus profonde encore, je veux parler des huit heures. Peut-être, même en ce moment, n'a-t-on pas encore complètement mesuré ce que représente, dans la société moderne, aux environs de 1918 et 1919, l'établissement des huit heures, comme régime normal de travail, dans presque tous les pays du monde.

Immédiatement, lorsque cette révolution se produisait, quelques hommes, quelques organisations ont eu le souci des loisirs. Qu'est-ce que le prolétariat allait faire des loisirs nouveaux qui lui étaient octroyés, qu'il avait d'ailleurs conquis par des mouvements puissants dans beaucoup de pays ; comment allait-il les utiliser, les organiser ?

Je me rappelle qu'en 1919, déjà, nous nous sommes réunis quelques-uns, des intellectuels, des coopérateurs, des représentants de syndicats, dans un petit bureau des environs de la Madeleine. Il y avait là des artistes, il y avait Gémier, il y avait Jouhaux, il y avait Merrheim, il y avait nos camarades de la Coopération, et nous avons étudié, pendant quelques séances, comment les loisirs pouvaient être organisés.

Et puis, quelques années ont passé, des années rudes, les luttes de 1920, les divisions ouvrières, surtout les grosses crises économiques de 1920 et 1921, le recul du mouvement des huit heures dans un certain nombre de pays, les décrets-lois allemands de 1923. Et c'est alors que, dans l'Organisation Internationale du Travail, nous avons eu un nouveau souci des loisirs, c'est alors que nous nous sommes demandé si, pour protéger, pour défendre contre des attaques constantes la journée de huit heures nouvellement établie, il n'était pas nécessaire d'organiser le loisir, d'en faire apprécier davantage tout le prix au monde ouvrier, d'en démontrer la grande valeur, afin de mieux défendre la courte journée de travail.

C'est ce que nous avons appelé alors la politique constructive des huit heures, celle que nous avons tenté d'exprimer dans la Recommandation de la Conférence internationale du Travail de 1924.

Camarades, je ne reviendrai que très brièvement sur le rapport qui vous a été distribué. J'ai essayé d'y montrer comment s'aménageait cette politique des huit heures, j'ai essayé de marquer comment le loisir d'abord devait être compris. Hélas ! pendant toutes ces premières années des courtes journées, ils ont été encore nombreux, les ouvriers qui, après avoir accompli la journée de huit heures dans une usine, sont allés faire encore deux heures, trois heures ou quelquefois quatre heures de travail dans un autre usine. Ils ont été nombreux, ceux qui, en raison même de l'insuffisance des salaires, ont cherché à prolonger la journée de travail, pour augmenter un peu leurs ressources .

Et puis, il y a la nécessité de ne pas gaspiller les loisirs. Trop nombreux sont ceux, dans les grandes agglomérations industrielles, qui ne peuvent profiter du loisir, parce qu'ils se rendent à la campagne, parce que les transports, même dans l'agglomération urbaine, sont mal organisés. Dans beaucoup de pays, on a constitué des commissions locales de transports, destinées à améliorer les transports ouvriers et à créer ainsi des conditions qui permettent de ne pas gaspiller les heures de liberté et de jouir des loisirs.

Et puis, autre problème d'aménagement du loisir, que vaut le loisir dans le taudis ? que vaut le loisir, si l'ouvrier n'a pas le coin de tranquillité, de sérénité où il peut jouir du repos, après la journée de travail ? C'est toute la politique de l'habitation ouvrière qui se trouve ainsi liée à la politique des loisirs.

Il y a aussi, pour utiliser convenablement les loisirs, de grandes réformes sociales nécessaires, de ces réformes trop souvent oubliées dans la passion politique de chaque jour, mais qui devraient nous réunir tous, sans aucune exception de tendances.

Utiliser les loisirs, nous dirons tout à l'heure quelques-unes des joies que nous voudrions assurer à ceux qui en jouissent. Hélas ! leur sera-t-il possible toujours de les goûter ? Nous parlerons du développement des facultés intellectuelles pour les ouvriers, après la journée de travail. Est-ce que la société leur aura donné toujours la possibilité d'un tel développement ? Ai-je besoin de rappeler ici une autre question ? J'ai entendu tout à l'heure la série des résolutions que vous avez votées. Puisque la Coopération exprime des vœux pour certaines réformes fiscales ou autres, puisqu'elle prend des résolutions, il en est une que je regrettre de n'avoir pas demandée à temps à nos camarades, c'est que la Coopération, si elle veut permettre à tous de bien utiliser les loisirs, réclame elle aussi le prolongement de la scolarité jusqu'à l'âge de quatorze ans, afin de permettre aux pauvres connaissances élémentaires reçues par les enfants de se consolider, d'être développées. Tant que cette réforme n'aura pas été réalisée dans un pays comme le nôtre, un des plus arriérés à l'heure actuelle des pays civilisés dans ce domaine, l'effort de construction et d'utilisation des loisirs demeurera précaire et quelquefois vain.

Ainsi, camarades, il faut que les loisirs soient défendus, il faut qu'ils soient compris, il faut qu'ils soient préservés contre le gaspillage, et c'est alors seulement qu'ils pourront être utilisés au maximum, par l'intermédiaire de fortes organisations.

Des tentatives de toutes sortes ont été faites. Je ne les rappellerai pas ici. Des sociétés ont été créées : sociétés sportives, sociétés de culture ; les patrons sont intervenus, souvent avec l'intention de diriger les loisirs sous une forme très morale, souvent aussi avec l'intention de se servir des loisirs pour maintenir le vieux patronage ou pour contenir certaines revendications ouvrières.

Dans quelques pays, l'Etat s'en est mêlé, les autorités publiques ont pris des initiatives, en matière de loisirs ; en Belgique, une grande œuvre a été faite, des associations provinciales puissantes, dans le Brabant, dans le Hainaut, ont aidé à l'organisation des loisirs ; tout récemment, Piérard a fait voter à la Chambre, sous une forme un peu réduite, l'institution d'une Commission nationale des Loisirs ou de l'Education nationale, comme on l'a appelée après transformation de son projet de loi.

A la vérité, lorsqu'on fait l'énumération de tout ce qui a été déjà tenté, on ne peut pas dire que l'effort soit suffisant, on ne peut pas dire que l'effort soit ordonné.

Et c'est précisément parce que le terrain est encore vierge, parce qu'il est possible de faire une grande œuvre, que nous avons le devoir, nous coopérateurs, de nous demander quel peut être le rôle de la Coopération, dans cet effort d'utilisation des loisirs, je dirai dans cet effort de transformation de la société moderne.

Il est de mode aujourd'hui de réfléchir, de ratiociner même sur les conditions de l'homme moderne. C'est une réflexion que je ne crois pas sans valeur. Trop souvent, les générations présentes oublient les révolutions techniques et les révolutions sociales qui en sont la conséquence, et au milieu desquelles ils ont été plongés. Beaucoup d'auteurs attirent notre attention sur cette condition de l'homme nouveau. Il y a quelques années, c'était Ferrero, c'était le philosophe allemand Kayserlinck, tout récemment, c'est M. Lucien Romier qui publie des considérations fort littéraires et un peu dilettantiques sur l'homme nouveau. Evidemment, nous ne songerons jamais assez aux transformations intimes qu'inconsciemment nous pouvons subir, en raison de toutes les conditions de l'industrialisme moderne, en raison de l'organisation nouvelle de la vie, en raison de l'évolution technique qui la transforme, comme le cinéma, comme la T. S. F., comme l'automobile, come l'avion.

Mais deux traits me semblent devoir être retenus, pour le sujet qui nous occupe aujourd'hui. D'une part, c'est ce qu'on peut appeler la séparation du travail et de la vie. Autrefois, l'artisan, souvent mi-artisan mi-artiste, aimant son métier, le développant avec une demi liberté, avec une certaine spontanéité d'esprit, le mêlant à sa vie, pouvait organiser son travail au foyer ou à côté du foyer, s'y plaire, conserver la joie dans le travail, y apporter quelque faculté créatrice. Pour la plupart des hommes, l'industrie moderne a supprimé tout cela : la plupart des ouvriers sont devenus, selon le mot de Proudhon, des ouvriers parcellaires, n'accomplissant plus qu'une part infime du travail générateur de produits nouveaux, et c'est ainsi qu'ils ont été asservis par le travail et qu'au lieu de regretter, comme l'artiste ou comme le savant à sa table, de n'avoir pas toujours l'heure complémentaire qui permettrait d'aboutir à la création qui a été rêvée, il regarde l'horloge de l'usine, et il attend avec impatience la cloche qui le libèrera.

C'est la condition de l'ouvrier moderne. Est-il possible, comme certains l'ont rêvé, de restaurer, dans le travail industriel moderne, et là création et la joie ?

Il semble bien que l'évolution se précipite de l'autre côté et qu'au lieu d'avoir une restauration de la création artisanale ou artistique dans le travail, c'est maintenant de plus en plus le système de la taylorisation, le système du travail à la chaîne qui asservit davantage l'ouvrier.

Et alors, c'est l'obligation de porter ailleurs et la liberté et la vie, c'est l'obligation de chercher dans le loisir la compensation de la journée de travail ainsi subie, c'est l'obligation d'affirmer pour ainsi dire son humanité en dehors même du travail. Et c'est là le prix particulier de l'utilisation du loisir.

Le loisir, c'est le moment où, avoir été, pour ainsi dire, asservi dans son travail, après avoir subi toute une série de groupements de contrainte au cours de la journée, après avoir, comme le dit M. Romier, de plus en plus extériorisé sa propre vie, chacun éprouve le besoin d'organiser sa vie, d'affirmer sa liberté et son intelligence dans le coin de retraite et de repos qui peut être imaginé à la fin du labeur quotidien.

Et c'est ainsi — je crois que vous ne me démentirez pas sur ce point — que, dans les générations nouvelles, un prix plus considérable se trouve attaché à l'utilisation des loisirs, à l'organisation de la vie individuelle et de la vie familiale.

Mais le foyer familial lui-même est-il demeuré en dehors de l'évolution ? Est-il identique à ce qu'il a été dans le passé ? En aucune manière. Dans le logement ouvrier de la grande ville, dans le faubourg, on entend, pendant une grande partie de la soirée, la sonnette continue, le timbre trépidant du cinéma qui appelle ses spectateurs. Et il n'est pas beaucoup de maisons ouvrières de banlieue qui ne soient munies de l'antenne de T. S. F. Si bien que le foyer se trouve lui-même pénétré par la vie moderne, mais qu'au lieu du groupement de contrainte que l'on a subi dans le travail, c'est le groupement voulu, c'est l'association volontaire avec un certain nombre d'autres hommes, c'est, comme dans la coopérative, le groupement spontané qui s'institue. C'est ici, camarades, que nous retrouvons le rôle de la Coopération.

Comme l'a marqué hier mon ami Simiand, la coopérative est le prolongement du foyer ; le foyer est prolongé, complété par l'organisation de la vie qui appartient en propre à la Coopération.

Sans doute, il est d'autres groupements qui songeront à aider à l'organisation et à l'utilisation des loisirs. Les syndicats ont des prétentions en la matière ; les groupes politiques peuvent avoir des prétentions analogues. Mais les uns et les autres, lorsqu'ils utiliseront les loisirs, les utiliseront pour leur but particulier. L'organisation des loisirs sera surtout une propagande. Peut-être la Coopération aussi, à certaines heures, songe-t-elle à utiliser le loisir pour sa propagande particulière ; mais qui ne conviendra qu'elle a un autre rôle à remplir, que c'est à elle qu'il appartient, en dehors même de la pensée de propagande, d'organiser la vie de ses membres et d'utiliser au mieux les loisirs dont ils peuvent disposer ?

Camarades, c'est l'œuvre que les grandes coopératives de l'étranger, comme nos coopératives de France, tentent d'accomplir.

Très brièvement, dans le rapport, nous avons indiqué les initiatives qui ont été prises à la fois pour l'habitation, pour les jardins ouvriers qui sont devenus un phénomène social de première importance : il n'y a pas, à l'heure actuelle, de grande capitale, comme Berlin, comme Vienne, autour de laquelle nous ne voyions pendant des kilomètres et des kilomètres la multiplication des jardins ouvriers. Il y a les vacances, il y a les œuvres de protection et de divertissement de l'enfance, il y a toutes les œuvres d'éducation.

Nous les avons très brièvement indiquées, je n'y reviens pas ; grâce à mon ami Fauquet, j'ai pu, dans le rapport que nous déposerons dans quelques jours à la Conférence Internationale du Travail, compléter, pour les années 1928 et 1929, toute la documentation que nous avons pu recueillir ; vous pourrez vous rendre compte de l'effort considérable qui s'est accompli.

Camarades, j'en ai dit assez, je crois, pour marquer la valeur de l'œuvre coopérative en matière d'utilisation des loisirs. Je ne suis ici qu'un pauvre théoricien ; c'est à Fauconnet, mon co-rapporteur, qu'il appartiendra tout à l'heure de dire dans quelle mesure la Coopération française a assumé la grande tâche d'organisation des loisirs, et comment elle pourra développer ses œuvres d'avenir.

A lui, au bon organisateur des sociétés, de discuter les conditions dans lesquelles nous pourrons utilement remplir la mission qui, dans le monde moderne, est dévolue à la Coopération en matière d'organisation des loisirs.

Me sera-t-il permis cependant d'ajouter deux mots et d'apporter à mon co-rapporteur deux suggestions. La première, c'est que, dans l'effort nouveau qui sera assumé, la commission ou la sous-commission à fonder de l'Office technique ou l'organe nouveau, quel qu'il soit, qui en sera chargé, se préoccupe de faire grand, se préoccupe de faire neuf.

Poisson. — Très bien !

Albert Thomas. — Le danger, c'est qu'avec les subventions de tel ou tel organisme local, régional ou central, on ne perpétue les petites entreprises qui ne sont pas sans valeur sans doute, mais qui ne répondent pas à la grande mission de la coopération ni aux aspirations des masses populaires.

Ce qui importe, c'est de chercher, en toute matière, en matière de sports, en matière d'éducation, de faire des choses neuves et grandes.

Un auteur américain, un professeur d'université, D. G. Mason, dans une très belle conférence qu'il publiait en 1928, indiquait que précisément notre effort devait consister essentiellement à retrouver dans le loisir un peu de l'esprit créateur, un peu de la joie qui, dans le travail moderne, a disparu.

« Si le travail, disait-il, n'avait pas été mécanisé et asservi par l'industrialisme, il n'y aurait pas de problème des loisirs, car chacun trouverait sa satisfaction dans son travail. Dans l'état actuel des choses, la question essentielle est de savoir ce que doivent être les loisirs, pour donner aux hommes le plus possible de ces satisfactions que procure le travail, lorsqu'il est créateur. Bref, les conditions des loisirs créateurs doivent être modelées sur celles du travail créateur ».

Loisirs créateurs. C'est la formule que je demande à mon camarade de retenir, et qu'en tout domaine il tâche de faire grand.

Il me souvient du spectacle que nous avons eu, il y a quelques deux ans, à Prague. C'était au temps de l'Olympiade ouvrière. Ce jour-là, dans le grand stade de Prague, nous avons pu voir ensemble sept ou huit mille gymnastes, sept ou huit mille ouvriers, armés de marteaux, de lourds marteaux de forgeron, imitant, sur un mode rythmé, le travail des artisans. Tous les marteaux tombaient au même moment, tous les marteaux s'arrêtaient à un centimètre de terre au même moment, selon le rythme de l'orchestre. Ce qu'il y avait d'admirable, c'est que ces hommes s'étaient tous retrouvés à Prague, venus de toutes les extrémités du pays, la veille, douze heures à l'avance, qu'ils avaient eu une seule répétition ; mais les méthodes avaient été telles, l'instruction avait été telle que pour les petits groupes de sept ou huit, répandus dans les divers villages, que, le jour où ils se retrouvaient, c'était selon le même rythme des muscles, selon le même rythme de l'esprit qu'ils accomplissaient le travail de beauté qu'ils offraient à toutes les populations assemblées.

Camarades, faut-il de même demander à nos futurs organisateurs de congrès, — j'ai vu ce que l'on faisait pour la presse, ce que l'on faisait pour l'impression — de prendre aussi l'initiative d'organiser le foyer ouvrier comme il convient.

Il y a quelques mois à peine, avait lieu en Italie, dans la grande organisation nationale du Dopo lavoro, une exposition nationale du mobilier populaire et de l'ornementation du foyer.

Est-ce que notre Fédération ne serait pas capable de prendre une initiative de cette nature et d'aider la beauté à entrer et à s'installer, dans tous les foyers coopératifs de notre pays ?

Camarades, ce sont là quelques suggestions ; il en est une dernière que je veux faire. Certes, il faut se prémunir contre toute doctrine particulière, il ne faut pas oublier que le mot loisir vient du mot latin *licet*, et cela indique que chacun doit faire ce qui lui plaît et que l'utilisation des loisirs ne doit pas être une organisation disciplinée du loisir ; notre rôle, c'est de donner précisément à tous ceux qui jouissent de quelques heures de liberté des moyens nouveaux pour choisir librement ce qui leur plaît.

Néanmoins, sera-ce trop demander à notre petite commission de réfléchir sur la doctrine générale du loisir ? C'est le problème qui préoccupe à l'heure actuelle les grands pays industriels, où le loisir s'est développé d'une manière plus considérable que chez nous-mêmes ; c'est l'inquiétude des hommes qui ont trop de loisirs.

J'ai reçu, il y a quelques jours, une petite brochure d'un financier américain, Otto Kahn, dont le nom est assez célèbre et qui se met à son tour, comme les millionnaires d'avant-guerre, à réfléchir sur la vie, sur la destinée humaine, et le voilà qui se préoccupe des loisirs, qui se demande avec inquiétude, dans la société américaine où les loisirs sont grands, où les possibilités matérielles, même pour les ouvriers qualifiés, sont assez considérables, si les loisirs sont bien utilisés, si les divertissements intellectuels et les divertissements sportifs s'enchaînent avec un rythme harmonieux.

En Angleterre, il y a quelques jours, au mois d'Avril, c'était un écrivain anglais, E. M. Joad qui, à son tour, entreprenait la description des loisirs d'une société où les heures de liberté seraient très considérables, mais aussi où il n'y aurait pas de grandes préoccupations de développement intellectuel spirituel, et il faisait la description de l'Angleterre nouvelle, avec des réseaux de champs de tennis mutipliés à travers le pays, avec les golfs étendus dans toutes les prairies, avec les innombrables hôtels de wek-end et les dancings qui pullulent, avec les routes sillonnées d'automobiles se suivant comme aux portes de Paris, presque minute par minute, que dis-je, seconde par seconde. Et il montrait ce qu'il y avait de lamentable dans une société d'agitation de cette nature, sans autre réflexion, dit-il que ce que peut en comporter la nostalgie des superstitions et des religions lointaines ou le goût pour tous les fanatismes.

Camarades, si je cite ces exemples, c'est pour demander à tous nos camarades des organisations, en profitant de l'expérience provinciale et locale, de réfléchir eux aussi pour leur modeste part au gros problème général qui se trouve posé devant nous. Ce que je veux leur demander, c'est de réfléchir à ce que peut être la plus belle et la plus noble culture de l'individu humain.

Certes, ils n'ouvriront pas un grand débat philosophique, mais du moins devront-ils avoir la préoccupation essentielle de former des êtres humains sains au point de vue physique, sains et solides au point de vue moral.

Camarades, dans l'isolement de l'exil à Genève, il m'arrive souvent de réfléchir à toutes les pensées qui ont pu nous guider dans la vie politique intense de notre pays ; je réfléchis sur toutes les formules qui se présentent à l'examen. Moi aussi, j'ai pensé à la part qui peut être celle de la coopération dans l'émancipation ouvrière, à la part qui peut revenir à l'action syndicale, à l'action politique ; moi aussi, je me préoccupe de ces problèmes. Je vous avoue même que j'aimerais bien les voir un peu se renouveler, Et lorsque, à trente ans de distance, j'entends après tant d'agitation les mêmes formules que j'entendais au temps de ma jeunesse socialiste je me demande en vérité si le monde avance.

Ce que je veux dire simplement, c'est qu'au fur et à mesure que je me consacre à l'œuvre si imposante et si modeste à la fois de notre Organisation Internationale du Travail, je me convaincs davantage qu'il n'y a, pour la solution du problème social qu'une grande conception : faire des hommes, faire de l'homme, sauver de l'homme, sauver tous les hommes, comme disait Vinet, réaliser en chaque homme la plénitude de l'humanité moderne, comme disait notre Jaurès, c'est là le programme très général, très simple qui doit nous animer. Lorsque nous l'aurons rempli, tous autres problèmes nous deviendront aisés et faciles.

Le Président. — Tout à l'heure, vous ne m'avez pas laissé terminer ma phrase ; vous m'avez interrompu par vos applaudissements. Je tenais à remercier Albert Thomas d'avoir bien voulu quitter ses nombreuses occupations pour assister à notre congrès. Vos applaudissements nouveaux viennent de me prouver que vous l'avez entendu avec satisfaction et je me permets de lui présenter les remerciements de l'ensemble du Congrès.

Je donne la parole à Fauconnet.

Exposé de FAUCONNET

A. Fauconnet. — Camarades, après l'exposé si complet de notre ami Albert Thomas, est-il encore besoin de démontrer l'obligation qui est faite au Mouvement Coopératif de s'intéresser à la question des loisirs.

L'attention soutenue avec laquelle vous avez suivi son exposé, l'accueil chaleureux que vous avez réservé à sa péroraison ont montré que votre réponse était déjà affirmative.

Aussi, ne reste-t-il à examiner que les conditions et la forme sous lesquelles le Mouvement Coopératif entend organiser les loisirs et en tirer une bonne utilisation, au bénéfice de la propagande coopérative, tout en donnant satisfaction aux consommateurs de loisirs.

Pour mieux nous permettre de tirer des conclusions logiques et conformes à cette manière de voir, nous avons, préalablement, fait une enquête dans le Mouvement Coopératif, et le rapport que nous avons eu l'honneur de vous soumettre vous indique les réponses qui nous ont été faites.

Avant d'analyser ces dernières et d'en tirer les enseignements qu'elles comportent, nous voudrions remercier les Sociétés Coopératives qui ont bien voulu répondre à notre questionnaire. Quatre cents questionnaires ont été envoyés : trente sociétés nous ont répondu. C'est presque un succès par rapport aux pourcentages obtenus dans les différentes enquêtes menées par la Fédération Nationale, alors surtout que nous n'avons écrit qu'une seule fois.

Tout d'abord, nous voulons marquer la distinction qu'il y a à faire entre certaines œuvres sociales et celle des loisirs. C'est ainsi que les œuvres de solidarité, de mutualité, de prévoyance ont été détachées de nos préoccupations, pour l'effort d'organisation que nous vous demandons d'accomplir. C'est pourquoi restant dans le domaine qui nous est particulier, nous n'avons recherché que les loisirs récréatifs et éducatifs qui ont été créés dans le Mouvement Coopératif, pour y trouver la volonté nettement caractérisée des Sociétés coopératives de s'occuper de la question des loisirs.

De notre enquête, il ressort que l'action éducative est celle qui s'est le plus affirmée. C'est ainsi que de nombreuses sociétés coopératives ont souscrits des abonnements au *Coopérateur de France* ; nombreuses aussi sont celles également qui ont cru devoir éditer de petites feuilles particulières.

Dans le domaine des bibliothèques, on peut dire que presque toutes les sociétés coopératives ont créé ou tenté de créer des bibliothèques à l'usage de leurs adhérents. Depuis la création des sociétés de développement, certaines même ont créé des bibliothèques circulantes.

S'il est vrai que les loisirs de quelques-uns ont été ainsi satisfaits, nous estimons cependant que les résultats acquis sont insuffisants. Il convient, selon nous, de généraliser cette forme de loisirs éducatifs qui, comme toutes les autres, aura non seulement l'avantage de répondre à un besoin des consommateurs, mais encore de contribuer au développement de la propagande coopérative.

A côté de cette forme de loisirs qu'est la lecture, nous trouvons quelques centres de culture générale organisant des visites-conférences ou quelquefois des cours par correspondance.

Dans le domaine des loisirs récréatifs, où des tentatives encore insuffisantes ont été faites, on peut et on doit agir utilement. Nous dirons même qu'il y a là, pour le Mouvement Coopératif, tout un vaste domaine lui permettant de créer des œuvres de loisirs extrêmement intéressantes, qui le feront pénétrer davantage au sein des masses de consommateurs, encore indifférentes à son action économique.

Ces considérations générales exposées, nous devons aborder un problème plus important.

Quels ont été et quels sont encore les moyens financiers qui ont permis ces différentes réalisations ? Presque dans tous les cas, les fonds de dotation ont été fournis par les sociétés, prélevés sur les fonds de la vente au public, ou encore sur le fonds des œuvres sociales, ce qui revient à dire que l'effort était fait par les seules sociétés.

Que faut-il déduire de cette constatation ? C'est que les sociétés ont tenté de créer dans leur sein des groupements où la sympathie fraternelle, où l'esprit social crée un esprit favorable à la Coopération en général. Elles ont fait des efforts, malgré leurs ressources limitées, parce qu'elles sentaient la nécessité de grouper les éléments sympathiques à la Coopération, pour y maintenir et y développer la foi dans la réalisation de l'œuvre commune.

Cela est si vrai que, comme le rappelait tout à l'heure notre ami Albert Thomas, dans les sociétés où un effort permanent, si petit soit-il, ne peut être envisagé, on a généralement recours à une fête annuelle, à laquelle sont conviés les sociétaires et les sympathisants, fête dont on tire une action éducative et une action de recrutement, au bénéfice de la société coopérative. Mais, là encore, c'est la société seule qui supporte les frais.

Notre enquête nous a également permis de faire une autre constatation, sur un autre point. Les éléments techniques paraissent avoir fait complètement défaut, et lorsque quelques résultats ont été obtenus, ils l'ont généralement été grâce à quelques dévouements, grâce quelquefois à une compétence qui s'était mise à la disposition de la coopérative, mais alors à titre gracieux.

Or, chacun sait que, lorsqu'une organisation repose simplement sur le dévouement ou sur la bonne volonté, un beau jour, l'organisation disparaît avec le dévouement ou la bonne volonté qui la soutenait.

Voilà ce qu'on a réalisé, avec les moyens financiers dont on disposait et en utilisant les dévouements et les éléments techniques qu'on a pu réunir.

C'est peu. Ces petites réalisations marquent cependant l'attention que le Mouvement Coopératif apporte à la question des loisirs, et par là-même à la création de groupements sympathiques à notre mouvement d'association.

Nous venons aujourd'hui vous proposer, non pas une transformation des méthodes, car ces méthodes sont inexistantes pour l'instant, mais le moyen d'organiser rationnellement les loisirs, dans le Mouvement

Coopératif, sur le plan local, sur le plan régional, voire même sur le plan national.

A la base, nous voyons, à côté de chaque société coopérative, la création d'un organisme ayant son autonomie propre, sa capacité juridique, et qui aurait pour mission d'organiser les loisirs, au bénéfice de tous les adhérents de la société coopérative et même de tous ceux qui voudraient y participer.

Cette société serait, selon nous, une filiale de la société coopérative ; ce serait le prolongement de l'action de la société coopérative. Et pour marquer l'étroite collaboration qui existerait entre les deux organisations, l'assemblée générale de la Société des Loisirs pourrait se faire à l'issue de l'assemblée générale de la Société Coopérative.

Ainsi, on apercevrait très bien l'étroite collaboration qui existerait entre les deux organismes.

L'adhésion à cet organisme nouveau serait obligatoire pour tous les sociétaires de la coopérative. Mais, comme adhésion veut dire cotisation, il faudrait que cette dernière soit versée par la société coopérative elle-même.

Que serait cette cotisation ? Elle serait surtout une cotisation de principe, versée par la société, qui rattacherait automatiquement le coopérateur à la société de loisirs.

Comment pourrait-elle être déterminée ? Différents moyens peuvent être envisagés. Nous pensons, par exemple, que le moyen suivant pourrait être accepté et serait ainsi indiqué. L'adhésion à la société se ferait par une cotisation annuelle, versée par la société coopérative. Tout de suite, je veux vous rassurer : je n'entends pas demander aux coopératives de faire des efforts qui seraient au-dessus de leurs moyens. Mais nous pourrions déterminer le montant de la cotisation à la société de loisirs, de la façon suivante :

Une société coopérative a l'habitude de verser, pour les loisirs, une somme de 1.000 francs par an ; elle a 200 sociétaires ; cette société pourrait indiquer que, pour adhérer à elle, il faut verser une cotisation annuelle de 5 francs.

Ainsi, tous les coopérateurs seraient membres de la société de loisirs, sans que la société coopérative ait fait un effort plus grand que ses possibilités.

La cotisation annuelle à cet organisme nouveau serait déterminée à chaque assemblée générale ; elle pourrait ainsi être élevée ou abaissée, suivant les possibilités de la société coopérative.

Notre société serait donc constituée et aurait, par le moyen que je viens de vous indiquer, une somme d'argent dont elle disposerait pour organiser les loisirs.

Quel serait le rôle de cette société ? Elle grouperait tous les individus utilisant tel ou tel loisir, suivant l'importance de la société, suivant les loisirs locaux ou généraux, et pourrait même se diviser en plusieurs sections.

Comment fonctionneraient ces sections ? Prenons un exemple. Supposons que, dans une société de loisirs, on crée une section photographique. Quel sera le but de cette section ? Elle groupera tous ceux que la photographie intéresse ; elle enseignera l'art photographique à ses adhérents ; ceux-ci détermineront eux-mêmes comment et sous quelle forme ils pourront envisager par exemple des excursions collectives, au cours desquelles des clichés seront pris par les adhérents, et plus tard, ces clichés une fois développés seront soumis à la critique de professeurs qualifiés.

Ainsi, la section aura fait l'éducation photographique de ses membres, en favorisant leur loisir favori.

D'autre part, cette section pourra envisager l'achat en gros des produits photographiques, du matériel, des appareils dont les membres peuvent avoir besoin, et ceci au bénéfice de ses propres adhérents.

De plus, leurs cotisations personnelles qu'ils auront la liberté de s'imposer, jointes à l'effort fait par la société coopérative, leur permettront d'obtenir des avantages immédiats plus importants et diminueront les dépenses qu'occasionne leur loisir préféré.

Si nous prenons les loisirs les uns après les autres, tous peuvent être organisés de la même façon.

Tout à l'heure, Albert Thomas rappelait l'action qu'il y avait à mener en ce qui concerne les jardins ouvriers. Dans ce domaine également, instruments aratoires, graines, volumes donnant des conseils de jardinage pourront être achetés collectivement, au bénéfice des membres ; un jardinier professionnel pourra, dans les soirées hivernales, faire des conférences sur l'art de cultiver un jardin ; un concours même pourra être organisé entre les membres de la section.

Au point de vue musical, instruments de musique, partitions, méthodes, pourront être achetés par les participants ; des professeurs rémunérés pourront diriger la section.

Au point de vue sportif, même conception. Supposons par exemple une société du Sud-Ouest, région dans laquelle le jeu de boules est très goûté. La société de loisirs pourra louer un boulodrome à l'usage de ses adhérents.

On pourrait multiplier les exemples à l'infini, et on s'apercevrait bien vite que la Société coopérative peut être l'organisation qui facilitera à ses adhérents la possibilité d'organiser leur loisir préféré.

Quant aux membres participants de chaque section, leur cotisation spéciale sera celle qu'ils auront déterminée eux-mêmes, pour leurs propres besoins ; elle viendra s'ajouter à l'effort déjà fait par la Société coopérative.

Ainsi, contrairement à ce qui se passe actuellement, la Société coopérative ne supportera pas tous les frais qu'occasionne l'organisation des loisirs, mais facilitera l'organisation de ces loisirs, et sa participation financière pourra donner la possibilité d'obtenir, en les payant, les éléments techniques qui nous ont fait défaut jusqu'à ce jour.

Déjà, de nombreuses sociétés coopératives ont amorcé cette pratique. La Société que je représente à ce Congrès a déjà ébauché une tentative dans ce sens ; elle a créé une école de musique, et les adhérents payent une cotisation. Un centre de culture générale a été organisé, et là encore les adhérents qui assistent à des conférences ou participent à des visites d'usines, de théâtres, etc, etc..., payent une cotisation. Des fêtes de plein air sont organisées ; là encore ceux qui veulent y participer sont appelés à verser une certaine somme. C'est le siège qui organise, c'est le siège qui prépare, suivant les indications données par la Commission des Œuvres sociales qui demain pourra être transformée en Société des Loisirs.

Mais, dira-t-on, pourquoi créer une société à côté de la société coopérative ?

C'est que la société éducative ou récréative bénéficiera d'avantages particuliers que réservent à ces sociétés les communes, les départements et même l'Etat ; elle bénéficiera de l'exonération du droit de timbre. C'est ainsi que si une société de ce genre avait été créée, elle ne serait pas menacée d'une patente de 25.000 francs, pour avoir organisé des soirées éducatives, à l'usage des enfants des coopérateurs.

Enfin, nous pensons qu'il sera plus facile, pour des sociétés ainsi constituées, de les fédérer régionalement, peut-être même nationalement, ce qui nous permettra d'envisager des manifestations d'ensemble, sous la forme de concours et de tournois.

Si nous savons faire l'effort qui convient, je vois très bien, d'ici quelques années, 10.000 15.000 ou 20.000 coopérateurs groupés dans une société de loisirs, bénéficiant de moyens de transport à tarif réduit, venir dans une de nos réunions de province assister à l'ouverture du Congrès de la Fédération nationale des Coopératives de Consommation et organiser des réjouissances collectives.

Camarades, nous devions nous borner à donner des directives générales ; il ne pouvait être question pour nous d'entrer dans le détail de tous les futurs groupements.

Que préconisons-nous dans notre résolution ?

Nous préconisons la création au sein de l'Office Technique, d'une sous-commission élargie. Dans notre esprit, ce sera une commission d'étude qui aura pour mission de préparer l'organisation des loisirs. Elle aura à rechercher la forme juridique à donner à notre nouvelle organisation, à indiquer dans quelles conditions, sous quelle forme, par quels moyens la société coopérative pourra automatiquement incorporer tous ses sociétaires dans la société des loisirs. Et en collaboration avec la Société coopérative, elle établira la liste des loisirs éducatifs et récréatifs particuliers à chaque région, ainsi que ceux d'ordre général.

En possession de tous ces éléments, elle viendra devant vous l'année prochaine pour vous présenter un rapport sur son activité, rapport qui, selon nous, devra conclure à la création d'un organisme national de loisirs, organe de la Fédération nationale des Coopératives de Consommation.

C'est au cours de cette réunion que les sociétés ainsi renseignées devront envisager la création de cet organisme.

Quel sera le rôle de l'organisme national ?

Grouper les sections utilisant les mêmes loisirs et les fédérer entre elles. De plus, ce nouvel organisme sera chargé d'étudier, de créer si besoin est, un service de renseignements, un service d'assurances accidents, un service juridique, un service de contentieux à l'usage de toutes les sociétés de loisirs ; en un mot, cet organisme renseignera les sociétés de loisirs et sera à leur égard ce que les sociétés de loisirs seront elles-mêmes à l'égard des adhérents de la société coopérative.

J'en aurai terminé en résumant les points suivants :

Organisation des loisirs, par la création d'une société particulière, à côté de chaque société coopérative ;

Participation de la société coopérative, par une cotisation annuelle, rattachant automatiquement tous les coopérateurs à la nouvelle organisation ;

Participation pécuniaire des adhérents, suivant les loisirs particuliers de chacun ;

Création d'un organisme national des Loisirs, avec mission de renseigner, d'aider juridiquement et techniquement à la création d'organismes de loisirs, par la centralisation des mêmes loisirs et la centralisation de tous les loisirs en général.

Camarades, j'en ai fini. Je vous demanderai de bien vouloir accepter la méthode que nous vous avons présentée. Nous n'avons pas voulu aujourd'hui vous soumettre quelque chose de tout fait ; nous avons voulu créer un organisme chargé de présenter quelque chose ; mais, dans notre esprit, cet organisme devra être composé d'éléments appartenant non seulement à Paris, mais nous voudrions y adjoindre également dans la mesure du possible des camarades représentant plus particulièrement les Fédérations qui voudront nous apporter leur technicité, leurs connaissances et aussi le moyen de présenter au prochain Congrès quelque chose de complet, quelque chose d'intégral.

C'est dans cet esprit que nous faisons confiance au Congrès et que nous lui demandons de voter la résolution qui lui est présentée.

Le Président. — La parole est à Alice Jouenne.

Exposé d'Alice JOUENNE

Alice Jouenne. — Chers Coopérateurs, chères Coopératrices, permettez à une éducatrice d'apporter sa toute modeste expérience dans la question de l'utilisation des loisirs. Plus que le travail, le loisir demande une éducation, un apprentissage et il veut surtout une mentalité nouvelle. Il m'a pris idée de consulter, par une grande enquête, les goûts des enfants modernes, pour savoir ce que pourrait être l'organisation des loisirs de demain, car c'est la jeunesse d'aujourd'hui qui prépare le monde nouveau et qui sera le principal facteur du véritable loisir tel que nous le concevons dans la société nouvelle.

Bien des adultes, presque tous, ne comprennent pas ce que c'est que le loisir et en sont même les ennemis. Je vais vous en donner tout de suite un exemple. Les enfants des écoles travaillent 6 heures par jour ; on leur donne encore, par dessus le marché, une étude ; de sorte que, l'ouvrier travaillant 8 heures, l'enfant travaille 9 et même 10 heures. Le Conseil Municipal de Paris avait demandé, avec beaucoup de sagesse, que l'étude du soir soit une sortie de loisir et employée à des sports, des promenades, des lectures amusantes, etc... Savez-vous quels ont été nos plus grands ennemis et qui a empêché la réalisation de ce projet ? Ce sont les parents ! Les parents viennent dire : « Il faut que nos enfants travaillent ; il est inutile de les faire jouer ; ils doivent surtout arriver à quelque chose ». Ces parents ne comprennent pas que des loisirs bien organisés procureraient une meilleure organisation et plus de goût du travail.

Je viens vous dire que j'ai fait une enquête sur les loisirs qui a porté sur 600 à 700 enfants et j'ai recueilli de nombreuses observations. Je me disais : « Voyons ce que ces enfants modernes désirent ». Et voici les résultats de mon enquête. Qu'aiment les enfants, ce sont tout d'abord les fêtes populaires, le cirque, le guignol, bref tout ce qui présente du mouvement et de la nouveauté ; ils aiment aussi les voyages, les excursions, le jardinage, le cinéma, les jeux, les sports et aussi — ceci a retenu particulièrement mon attention — la réception des amis. La réception des amis est donc, même pour les enfants, un grand élément dans les loisirs. Cela confirme d'ailleurs ce que disait hier M. Charles Gide : l'amitié, la compagnie que nous avions oubliée dans la vie industrielle à outrance du siècle dernier, vont renaître du loisir moderne.

Quels seront donc les éléments du loisir moderne ? Le changement, le mouvement, la société, la nouveauté. Et ce sont ces éléments là qui se trouvent justement à la base des loisirs pour les adultes.

Lorsqu'un enfant ne s'était pas amusé, la formule était toujours la même : « Hier, je ne me suis pas amusé, je suis resté à la maison ». Et quelquefois il ajoutait : « J'ai gardé mon petit frère ou ma petite sœur, ce n'était pas rigolo ».

Tout le rythme du loisir ancien et du loisir nouveau est contenu dans ces désirs.

Autrefois, il y avait les jeux de marionnettes qui allaient de village en village et je me rappelle, quand j'étais enfant, combien les gens de mon village se passionnaient lorsque, en hiver, il passait un théâtre de marionnettes animées. Tout le monde courait. Il y avait aussi les fêtes populaires, les jeux de plein air.

Et puis, voici le rythme nouveau :

Le cinéma. A cet égard, la Coopération a le devoir, non seulement d'organiser mais de moraliser le cinéma, de manière qu'il ne reste pas dans les idées bourgeoises dont il s'inspire aujourd'hui.

Quant à la T. S. F., la Coopération française a le devoir, non pas de la moraliser, mais de la prendre. Les émissions par T. S. F. sont réservées aujourd'hui à un esprit tout particulier, à un vieil esprit dont nous ne voulons plus et que les jeunes ne comprennent plus. La T. S. F. n'est pas encore en possession de ses moyens modernes ; c'est à la Coopération qu'il appartient de les lui donner. La Coopération a donc le devoir de s'emparer de la T. S. F. qui est une des plus grandes forces, je ne dirai pas seulement nationales, mais internationales et qui sera un des plus puissants facteurs pour la paix du monde.

Il y a également les sports, il y a les jeux et tous les jeux qui sont particuliers aux régions. Je me rappelle aussi — cela n'existe plus aujourd'hui — que dans le village lorrain où j'habitais étant enfant, le dimanche après-midi, il y avait un jeu de quilles ; sur un terrain communal, au bord de la rivière, où les hommes, adultes et jeunes gens, jouaient avec passion.

Le loisir, vieux comme le monde, il faudra l'organiser selon le rythme de la vie moderne. Il faudra qu'il soit varié et qu'il ait une grande part d'indépendance et de liberté. Vous rythmerez le loisir sur toutes les formes de la vie, selon les âges et selon les époques, et, ici, nous retrouvons ces belles fêtes saisonnières qui exprimaient autrefois les sentiments les plus humains, les plus profonds. La fête du gui de nos ancêtres les Gaulois, n'était-elle pas la fête du soleil qui revenait enfin vers nos régions ? La fête de Pâques n'est-elle pas la fête du printemps, la fête de la résurrection des choses et même de la résurrection de notre être qui, au contact du soleil, reprend vigueur et force ? Et puis ne pourrait-il y avoir la fête des sentiments profonds, par exemple la fête de la maternité ? On célèbre la fête des mères, aujourd'hui ; mais elle a un caractère particulariste, alors qu'elle doit avoir un caractère humain. Et la fête du souvenir, et la fête de l'enfance, et la fête de la paix, et la commémoration de tous ceux qui nous ont précédés dans l'histoire du progrès de l'humanité ? Voilà des fêtes à organiser. N'est-ce pas là un beau programme du loisir ?

Mais il faut que ces fêtes soient organisées selon un rythme tout à fait moderne, et ici le rôle de la Coopération est un rôle magnifique, splendide, parce que, à côté de la ruche du travail, elle doit placer la ruche de la joie.

Il y a longtemps que les sociétés coopératives ont essayé d'organiser le loisir. D'après une enquête que nous avons faite en 1921 et où nous avons reçu une cinquantaine de réponses que j'ai encore, nous avions constaté que, dans les sociétés coopératives, il y avait déjà des chorales, des sociétés de sport, des sociétés de musique et de chant, des groupes de pupilles pour les enfants. Mais tout cela, comme l'a dit notre camarade Fauconnet, n'était pas coordonné. Il s'agit donc de coordonner toutes les initiatives, et puisque je parle de ces choses et que nous sommes à Royan, je voudrais vous faire part d'une expérience qui a été faite dans ce département.

Il y a, dans toutes les écoles de la Charente-Inférieure, une coopérative scolaire ; car nous sommes dans le département où la coopération scolaire a pris le plus grand développement, grâce à un inspecteur primaire, M. Profit, et grâce aussi au dévouement de tous les instituteurs et institutrices. Je le dis bien haut, parce que trop souvent on leur reproche leur égoïsme.

Ces coopératives scolaires ont pu réaliser, dans plusieurs centaines de communes, l'achat d'un cinéma par le seul effort des enfants.

De plus, il y a à Royan, pas très loin de ce casino, un petit espace de 6 mètres de long sur 2 mètres de large, où un instituteur coopérateur se dévoue, prépare des films, les reçoit de toutes les organisations et les envoie toutes les semaines dans toutes les communes du département. Ainsi, toutes les semaines, il y a des loisirs organisés, avec un film bien choisi et une petite causerie qui réunit les parents, les enfants et les amis de l'école, de même que les jeunes gens car cette œuvre est à la fois scolaire et post-scolaire.

Voilà donc un intéressant essai d'organisation des loisirs.

D'autre part, il faut des centres de culture. Notre camarade Albert Thomas disait tout à l'heure qu'il faudrait prolonger l'âge scolaire jusqu'à 14 ans. Nous voudrions qu'il fut prolongé plus encore, et notre camarade Albert Thomas est certes d'accord avec nous. Savez-vous ce qu'il faut, pour qu'il n'y ait pas deux genres de loisirs, le loisir bourgeois et le loisir ouvrier ? Il faut réaliser l'école unique, pour que tous les enfants soient égaux devant l'instruction. Par l'égalité des enfants devant l'instruction sera organisé le véritable loisir humain qui ne sera pas un loisir de classe.

Nous voulons des centres de culture, des terrains de jeux. Est-ce que, dans un avenir plus ou moins éloigné, dans les villes et même dans les villages où la Coopération est puissante, il ne devrait pas y avoir un terrain de jeux de la Coopération ? Il y a une société coopérative qui est représentée dans ce Congrès et qui rêve d'avoir le jardin coopératif. Nous voudrions ce jardin pas trop près de la société, nous disaient les délégués de cette société, afin que nos camarades oublient un peu les conversations coopératives, qu'ils soient plus libres pour s'amuser, rire et avoir cette activité libre et joyeuse qui doit caractériser tout loisir. Comme ce serait beau, les jardins coopératifs et les terrains coopératifs de jeux où tous, enfants, jeunes gens, adultes et vieillards iraient se distraire, s'amuser et se préparer pour un meilleur travail !

Ensuite, il faudra un *Office des Loisirs*. Que sera cet office ? Tout simplement un organisme de documentation. Notre camarade Fauconnet vous a parlé tout à l'heure d'un office national et d'offices régionaux. Il y a des gens qui aiment le même loisir, qui ont, si vous voulez, les mêmes goûts ou les mêmes manies. Voilà par exemple un philatéliste ; il a sa petite passion, il recherche un autre philatéliste. A l'Office des

Loisirs, ce brave homme se présentera et dira : Pour la philatélie, est-ce que vous avez des renseignements à me donner ? Y a-t-il, dans le pays, quelqu'un qui pourrait faire de la philatélie avec moi ? L'Office lui donnera les renseignements qu'il désire obtenir. Un autre exemple : bien des gens aiment la botanique, mais ignorent qu'il y a des cours au Muséum : l'Office des Loisirs le leur apprendra. J'ai connu un brave homme qui, à l'âge de cinquante-cinq ans, a commencé de s'intéresser à l'astronomie ; mais ce n'est que cinq ans plus tard qu'il a appris l'existence d'une société d'Astronomie, dont le siège est à l'Hôtel des Sociétés Savantes. Si un Institut des Loisirs avait existé, il aurait pu s'y adresser et tout de suite être renseigné. Je me rappelle qu'à l'U. D. C. de Paris, il y eut une sténo-dactylographe qui vint un jour me trouver et me dit : « Vous allez vous moquer de moi... — Et pourquoi ? — Je voudrais vous demander si je pourrais apprendre un peu de philosophie. — Mais certainement, pourquoi pas ? Il y a des livres d'initiation philosophique et il y a aussi des cours à la Sorbonne, à des heures où vous pourriez peut-être aller ». Et pendant trois mois, cette jeune fille est venue chez moi tous les dimanches ; je l'ai initiée à la philosophie. S'il y avait eu un Institut des Loisirs, elle aurait pu se documenter.

Vous voyez, mes chers Amis, qu'il faut créer un Office des Loisirs, et qu'il faut le créer par la Coopération.

On a parlé de lecture. Le loisir est si profondément révolutionnaire qu'il devra révolutionner tout ce qui existe aujourd'hui. Que disait Jaurès de la lecture ?

« Lorsque je vais dans une école, je ne demande pas à l'instituteur quel est le premier de la classe ; je lui demande quel est l'élève qui sait le mieux lire. »

Pour donner le goût de la lecture, il faut changer toutes les bibliothèques municipales et toutes les bibliothèques scolaires. Qu'y trouve-t-on, en effet ? Des livres qu'on n'a pas pu vendre ou donner ailleurs. Il faut changer les livres et ne mettre dans les bibliothèques que des livres soigneusement choisis.

Notre camarade Albert Thomas me disait tout à l'heure qu'à l'île de Java, où il est allé, on faisait traduire les œuvres les plus modernes de tous les pays du monde, en javanais, et à des prix très bas, pour que les indigènes aient la possibilité de les acheter.

Dans la Russie soviétique, un ami qui est allé là-bas me disait : « La chose qui m'a donné le plus d'émotion, c'est de voir un train-bibliothèque qui va à travers les villages distribuer les libres ».

N'oublions pas que c'est par le livre et par l'amour du livre que la Révolution française est arrivée plus vite, car les idées de liberté se transmettaient en secret par le lire.

Aujourd'hui, on néglige le livre, ce qui est assez compréhensible, au siècle de la T. S. F. et du cinéma. Cependant, le livre doit être à la base du loisir nouveau.

Il faudra également organiser les voyages. Il faut savoir quitter l'endroit où on est ; il faut savoir partir. Il faudra réformer l'école et donner à l'enfant non pas des masses de connaissances qui le dégoûtent de l'instruction, mais lui donner le goût de l'étude, de façon qu'ayant quitté l'école, il n'ait pas l'horreur du livre, mais le désir de s'instruire et l'amour de la culture.

Et puis, le loisir organisé doit s'adresser à l'âme populaire ; il doit faire comprendre quelle sera l'humanité de demain. Il doit donner d'une façon tangible des idées nouvelles sur la transformation de la société. Car si le loisir ne donne pas d'émotion collective, il ne durera pas et pour que le loisir dure, il faut qu'il éveille en l'homme une émotion profonde, une émotion collective. Il faut qu'il évoque en lui le monde nouveau.

Il ne faut pas oublier de donner des loisirs à la ménagère qui doit disposer, dans la mesure où cela est possible, d'un outillage moderne dans une habitation moderne. Il ne faut plus que la ménagère passe trop de temps dans sa cuisine et il faut que la Coopération ouvre des comptoirs d'outillage nouveau pour les ménagères, de façon que le travail du foyer se fasse vite.

Quand on parle des loisirs pour adultes, on pense trop souvent aux hommes et on oublie trop les femmes. Il faut que la mère de famille ait aussi des loisirs.

Vous voyez donc que l'organisation des loisirs contient en germe toutes les libertés nouvelles.

Il faut aussi des chants nouveaux. Autrefois, nous avons chanté : « La tour, prends garde de te laisser abattre ! » Ces chants-là exprimaient déjà cette force collective qui, par l'union des individus, voulait abattre la tour de l'absolutisme.

Aujourd'hui, il nous faut d'autres chants, et déjà Maurice Bouchor, le grand poète coopérateur, avait commencé ce travail. Continuons-le

La Coopération, sur des rythmes nouveaux, par les loisirs bien organisés, doit arriver à ce que le travail lui-même ne soit qu'un loisir. Alors, la vie sera belle, la vie sera joyeuse, et près de notre cœur nous sentirons palpiter l'innombrable cœur humain.

Je vous demande pardon d'avoir tenu trop longtemps cette tribune ; mais je tiens à vous dire, en terminant, qu'il était tout naturel qu'une femme prît la parole dans ce débat, car — vous ne le savez peut-être pas — la femme, d'après une légende hindoue, est le produit du loisir d'un dieu. Le dieu Shiva était en repos depuis des siècles. Fatigué de son long loisir, il voulut l'employer à une belle création et cette création, dit la légende hindoue, se manifesta devant lui par la femme. Il en fut joyeux.

Vous le voyez, il était bien naturel que la femme, produit du loisir d'un dieu, se mêlât aussi des loisirs nouveaux que veut inaugurer la Coopération.

Le Président. — La parole est à Polvant.

Discours de POLVANT

Polvant. — Qu'il me soit permis tout d'abord de féliciter notre ami Fauconnet pour le travail consciencieux qu'il a fourni dans son rapport si étudié, si complet, sur « La Coopération et les loisirs en France ».

Comme le signale Fauconnet, depuis longtemps déjà cette question des loisirs a retenu l'attention d'un assez grand nombre de nos sociétés ; mais, pour certaines, en se plaçant plutôt au point de vue particulier de la propagande coopérative qu'à celui plus général de l'utilisation rationnelle des loisirs. Mais on reconnaîtra sans peine qu'il n'y a nul antagonisme entre ces deux tendances et que l'on doit au contraire arriver aisément à les concilier et à les faire marcher de pair, à réaliser en un mot l'utilisation des loisirs tout en la faisant servir à notre propagande. Et, à ce propos, le rapport Brot de l'année dernière, à Grenoble, pourrait très bien se souder à celui de Fauconnet de cette année.

Notre ami signale encore que 30 réponses seulement ont été faites au questionnaire adressé par la Fédération Nationale à toutes les sociétés. Il est vraiment regrettable que le nombre en ait été si minime, et nous ne pouvons que l'approuver énergiquement lorsqu'il formule cet avis, à l'adresse des sociétés qui n'ont pas cru devoir répondre au questionnaire, qu'à côté des problèmes d'ordre commercial qui doivent les intéresser, il est d'autres questions d'ordre moral qui font nécessairement partie du programme coopératif et dont il n'est pas permis de se désintéresser. S'il est vrai qu'il y ait parfois des difficultés qui puissent servir d'excuse, ce qui est certain c'est qu'il faut avoir la ferme volonté de vaincre ces difficultés : Vouloir, c'est pouvoir.

Il est évident que les 30 questionnaires retournés ne sont pas identiques, qu'ils doivent être même très différents les uns des autres en raison des différences de circonstances et de milieux où ils ont été remplis. Mais qu'importent ces dissemblances ? L'essentiel est que tous les efforts, pour inégaux et différents qu'ils soient, convergent vers le même but d'entr'aide sociale et de développement coopératif qui nous est indiqué par le questionnaire. Au reste beaucoup de sociétés réalisent déjà certains points du questionnaire et s'attachent avec persévérance à l'étude des autres. C'est sans doute, une question d'heureuse rencontre de bonnes volontés intelligentes et agissantes, mais c'est aussi, répétons-le, une question de bonne volonté tout court et d'entraînement progressif et continu.

Certaines sociétés subventionnent les sports, d'autres la musique instrumentale ou chorale, d'autres encore les cercles théâtraux, etc... Il y a là ample matière à l'intéressante utilisation des loisirs et il y aura lieu, dans toute la mesure du possible, de multiplier ces possibilités d'utilisation par les journaux gratuits, les bibliothèques, les réunions éducatives, les conférences, etc... Mentionnons à part la création, dans les milieux ruraux, de jardins ouvriers qui, outre qu'ils répondent largement au but que nous poursuivons, ont encore cet autre avantage de fournir aux travailleurs un supplément de revenu qui, par ce temps de vie chère, n'est pas à dédaigner. On pourrait objecter que cultiver un jardin c'est encore travailler. — Sans doute il serait regrettable qu'il fût fait abus du jardinage au point de constituer une seconde journée de travail s'ajoutant à la première ; mais j'en appelle au témoignage des intéressés eux-mêmes, n'est-il pas vrai que le jardinage, pratiqué sans excès de temps et d'efforts, se trouve être, pour ceux que l'usine a tenus renfermés pendant les heures de travail obligatoire, une diversion salutaire qui équivaut en réalité à un véritable repos.

Mais si beaucoup de nos organisations coopératives encouragent ainsi divers groupements qui, en fait, réalisent partiellement l'utilisation des loisirs, il en est peu qui arrivent à faire coexister et à rendre vraiment vivants plusieurs de ces groupements, soit éducatifs, soit sportifs ou simplement utilitaires. Cela peut tenir à de nombreuses causes, de circonstances, de milieu. Et puis, sauf exception, parmi les membres de nos différents groupements, le même adhérent ne fait partie que d'une seule équipe. Il lui serait souvent assez difficile, en effet, en s'affiliant à plusieurs, de participer assidûment à toutes les études ou à tous les exercices indispensables à leur instruction. Il en résulte que les recrues manquent souvent pour mettre en action les organismes que l'on voudrait créer. Il faut surtout se rendre compte que l'organisation et le fonctionnement de plusieurs équipes artistiques ou sportives coûtent très cher, que les ressources limitées dont disposent nos sociétés les obligent à la prudence et que celles mêmes qui ont acquis une certaine puissance financière hésitent à engager des dépenses fort utiles sans doute mais qui ont l'inconvénient d'être fort élevées.

Et pourtant, condition indispensable du développement coopératif et de l'utilisation judicieuse et complète des loisirs, il faut aller de l'avant, créer encore, créer toujours, en un mot aboutir. A mon avis la Fédération Nationale devra s'employer par son organe de Direction générale à rechercher par contrées, par secteurs, dans les Unions régionales, les divers organismes existants, à les conseiller, à les aider de son expérience et de son appui, à les mettre à même enfin de remplir aussi pleinement que possible la mission qui leur est et qu'ils se sont eux-mêmes assigné.

Entièrement d'accord avec le projet de résolution de Fauconnet, je pense qu'il est désirable que la Fédération Nationale crée un Comité central chargé d'étudier les diverses formes d'organisation qui devront concourir à l'utilisation des loisirs, d'aider moralement et pécuniairement celles qui existent, d'en prévoir de nouvelles et d'en faciliter l'éclosion par tous les moyens en son pouvoir. Il lui appartiendra naturellement de s'entendre préalablement avec chaque société coopérative.

Nous avons, à l'*Union des Coopérateurs du Cambrésis*, un Bureau de propagande qui s'occupe de la recherche et de la création de tout ce qui peut contribuer à une utilisation des loisirs aussi satisfaisante que possible dans ses sections. Chaque année, toutes nos sections, à tour de rôle, ont une fête cinématographique où toute la population est conviée à assister. A cet effet, nous avons un opérateur qui chaque soir, pendant la période où ont lieu ces séances, part avec la camionnette spécialement affectée à ce service. La durée d'exécution de nos programmes est d'environ deux heures. A l'entr'acte, une causerie sur un sujet coopératif est faite par un administrateur de la société.

De plus, deux cercles artistiques subventionnés par le Bureau du Comité Général se partagent le secteur et, tout au long de l'année, s'en vont donner des représentations théâtrales dans un grand nombre de localités. J'insiste ici pour exprimer l'avis que les groupements appelés à se produire à toutes fins utiles, et notamment en vue de donner le plus d'intensité possible à l'œuvre de l'utilisation des loisirs, devraient être agréés par le Bureau du Comité Général afin d'éviter d'avoir à regretter, ici ou là, la formation d'organismes peu préparés, plus ou moins inaptes à remplir leur mission et à donner satisfaction soit au goût sportif, soit au souci d'art de l'ensemble des spectateurs. Il ne faut pas que nos représentations ou nos joûtes se réduisent à des exhibitions ridicules qui, au lieu de donner plus d'éclat à notre idéal coopératif, ne pourraient que l'exposer aux critiques peu indulgentes de ses adversaires. Or, si la Coopération ne peut éviter et supporte d'ailleurs aisément les critiques sans objet de ses contempteurs intéressés, il convient du moins qu'elle ne prête pas bénévolement le flanc à certains propos dénigrants, n'eussent-ils même qu'une apparence de fondement. C'est pour cela que, selon nous, le Bureau du Comité Général doit être l'organe initiateur et protecteur indispensable des diverses organisations qui se forment au sein de nos sociétés régionales, de même qu'il est indispensable que la Fédération Nationale ait le contrôle de nos Bureaux régionaux.

En définitif, que serait donc, dans le cas qui nous occupe, le rôle du Comité Directeur de la Fédération ? Un rôle assurément très utile, si important, si indispensable même qu'en y réfléchissant on ne peut admettre qu'il ne lui soit pas dévolu : Je viens de vous parler des deux cercles dramatiques que possède notre Union. Il ne faut pas croire que leur tâche soit toujours facile à remplir ; les obstacles apparaissent parfois où l'on s'y attendait le moins. C'est ainsi que l'une de nos principales difficultés consiste assez souvent dans le choix des pièces que nous devons jouer. On comprend que dans nos villages, dans nos petites villes, il est impossible de trouver chez les libraires des pièces de théâtre en rapport avec le degré de force de nos acteurs bénévoles. Nous sommes donc obligés de commander sur catalogues, à Paris, à la librairie Stock, ou chez Billaudot ou ailleurs encore, les comédies, drames, opérettes ou vaudevilles que nous pensons pouvoir interpréter. Or, personnellement, il m'est arrivé maintes fois de passer commande d'une vingtaine d'ouvrages scéniques parmi lesquels il ne s'en trouvait pas un que nous puissions jouer, ces pièces ne répondant pas à nos désirs ou à notre degré de pratique du métier ; ou bien encore n'ayant pas les décors appropriés pour pouvoir les représenter avec une mise en scène en rapport avec le texte. Bien entendu, cela grève énormément notre modeste budget sans donner satisfaction à personne. Il y a là, n'est-il pas vrai, de sérieux inconvénients auxquels on conçoit sans peine que nous désirions nous soustraire. Et naturellement, sous une forme ou sous une autre, ils se présentent de même pour les sociétés musicales, chorales, sportives ou autres.

Ces inconvénients seraient certainement évités s'il y avait à la Fédération Nationale un Comité spécial chargé d'étudier et de recommander aux groupes intéressés les meilleurs moyens d'organisation méthodique de toutes les œuvres susceptibles d'apporter un concours effectif à la résolution du problème de l'utilisation des loisirs et, par ricochet, à la propagande coopérative. Pour mener à bien cette tâche, le Comité aurait à envisager la création dans chaque catégorie d'une bibliothèque spéciale répondant aux besoins particuliers de chaque groupement : bibliothèques théâtrale, musicale, sportive, etc... Ces bibliothèques seraient ainsi en état de donner satisfaction à toutes demandes de sociétés locales quelconques, sans perte de temps et sans recherches inutiles autant qu'onéreuses.

Ce Comité Directeur — ou une délégation — devrait en outre s'efforcer de visiter au moins une fois l'an nos organisations locales. Pour ce faire, il conviendrait, à moins d'impossibilité absolue, de choisir un jour où le groupement visé devrait se produire en public ; il serait fait de la visite un rapport à envoyer au Secrétaire général de la société et, de la séance, un compte rendu succinct à insérer dans le journal de nos sociétés et décernant, selon les cas, la critique ou l'éloge, la première comme un encouragement à mieux faire, le second comme un encouragement tout court.

Il est certain que sous la tutelle éclairée et bienveillante de la Fédération Nationale, tous nos groupements, de toutes catégories, obtiendraient des encouragements et des satisfactions de toutes sortes qu'ils ne connaîtraient jamais autrement. Il deviendrait possible, par exemple, à un cercle théâtral de se mettre en rapport avec une autre société d'acteurs amateurs, de recevoir de cette société des renseignements documentaires et, réciproquement, de lui en envoyer. Des concours pourraient ainsi s'organiser entre sociétés sœurs, où les unes et les autres chercheraient à se signaler et à obtenir les prix offerts à leur compétition, et où, en tous cas, l'émulation ne pourrait que se fortifier dans toutes les équipes.

On peut dire que ces échanges, ces déplacements, ces concours exerce-raient sur l'esprit de nos militants la plus heureuse influence. Chaque jour, par leur zèle inlassable, par leur volonté agissante, ils s'efforcent vaillamment de donner au Mouvement coopératif la place qui lui revient dans notre société en raison de son importance économique et surtout de son rôle éminemment moral et social ; n'est-il pas juste qu'ils soient encouragés dans leur action, si pleine de dévouement et d'abnégation, en faveur du bien de tous ?

En terminant, je déclare — et vous avez pu le pressentir dès le début de cette allocution — que je me rallie sans réserve d'aucune sorte au projet de notre ami Fauconnet. Certain que ce projet contient tout l'es-sentiel de ce qu'il est actuellement possible de réaliser et dans le domaine de l'utilisation des loisirs, et dans le domaine de la propa-gande coopérative, je pense que le Congrès, l'ayant examiné, voudra l'adopter à l'unanimité de tous ses membres.

Le Président. — Comme conclusion à ce débat, je mets aux voix la résolution suivante :

Le Congrès de la F. N. C. C. considère comme étant de la plus haute impor-tance pour le Mouvement Coopératif de s'occuper à la fois de l'organisation des loisirs par les sociétés coopératives et la pénétration des idées coopératives dans toutes les Associations de loisirs ;

A cet effet le Congrès donne mandat au Conseil Central pour que la section spéciale de l'Office Technique — élargie et étendue — apporte toute son activité pour étudier ce double problème et l'organise à cette fin.

Particulièrement, le Congrès recommande l'étude de la Création d'Associations spéciales pour l'organisation et l'utilisation des loisirs auprès de chaque société ; l'examen des méthodes de coordination par catégories ou géographi-quement de toutes ces œuvres ; la recherche des moyens de déterminer le maximum d'utilité et d'efficacité pour les voyages ;

Le Congrès pense également que doit être étudiée la possibilité d'obtenir ou de renforcer les encouragements publics et privés qui peuvent être accordés aux Associations pour l'organisation des loisirs ;

Le Congrès demande au Conseil Central de faire connaître, sur le rapport de la Section spéciale de l'Office Technique, les résultats des travaux de celle-ci, soit par le moyen d'une conférence spéciale, soit par un rapport spécial lors du prochain congrès.

Elle est adoptée à l'unanimité.

QUATRIÈME SÉANCE, DIMANCHE 19 MAI (après-midi)

La séance est ouverte à 14 heures 15.

E. Poisson. — Le Conseil Central propose au Congrès de faire présider cette séance par E. Buguet, assisté de Rondeau, de *l'Union des Coopérateurs de la Rochelle*, et de Desmoulins, de *l'Union des Coopérateurs de la Creuse*.

Le Président. — Je donne la parole à Cleuet, pour l'exposé du rapport.

LE MOUVEMENT COOPÉRATIF
ET LA RATIONALISATION

Exposé de CLEUET

A.-J. Cleuet. — L'exposé dont parle notre camarade Buguet sera très bref ; vous l'avez déjà dans la brochure du Conseil Central. Il s'agit d'une question vaste, mais que nous devons envisager sous un angle limité, celui de la Coopération, à l'égard du problème de la rationalisation.

J'ai cherché la formule qui explique le mieux, en quelques mots, ce qu'est la rationalisation.

Vous savez tous d'ailleurs de quoi il s'agit, et parmi les quarante ou cinquante définitions qui ont été données de ce terme, je pense que la meilleure est sans doute celle de la Conférence Economique Internationale :

« Les méthodes techniques et d'organisation destinées à assurer le minimum de perte de l'effort et du matériel. La rationalisation comprend l'organisation scientifique du travail, la standardisation à la fois des matériaux et des produits, et la simplification des procédés, ainsi que les améliorations dans les méthodes de transport et de mise en vente ».

C'est cette troisième partie qui nous intéresse plus spécialement. Il ne s'agit pas, en effet, dans la question que nous avons à examiner, d'expliquer en détail ou même dans les grandes lignes ce qu'est la rationalisation. Il s'agit de savoir si le Mouvement Coopératif donne son adhésion de principe à ces méthodes qui d'ailleurs ne sont pas nouvelles si le mot est peut-être nouveau, car le problème de la rationalisation est aussi vieux que le monde. Les hommes ont toujours cherché à perfectionner et à accentuer la rapidité d'exécution des travaux qu'ils sont chargés d'accomplir ; le développement du machinisme qui s'est accentué d'une manière si forte au cours du siècle dernier est sans conteste la plus grande manifestation de la rationalisation.

Les systèmes qui sont préconisés, notamment dans le domaine industriel qui est celui où depuis quelques années le mot et la chose sont surtout employés ne font que s'ajouter aux perfectionnements et aux inventions qui ont déjà été trouvés précédemment.

Il semble que l'acharnement qu'on met depuis quelques années à perfectionner encore toutes ces méthodes n'a pas d'autre but que de répondre à la nécessité des besoins qui sont beaucoup plus nombreux à notre époque qu'autrefois.

Je me rappelle qu'au temps où je commençais quelques lectures de sociologie, on avait une tendance à croire qu'au fur et à mesure que des perfectionnements viendraient, les travaux seraient moins longs, moins pénibles, et que les loisirs (dont on a parlé ce matin) seraient encore beaucoup plus grands qu'ils ne le sont à l'heure actuelle, parce que les inventions et les perfectionnements industriels auraient automatiquement libéré un certain nombre de mains et auraient donné des loisirs.

On n'avait pas vu suffisamment, à ce moment-là, que la multiplication des besoins serait venue, par le fait même de ce travail et de l'application de ces inventions, et c'est ce qui légitime véritablement la campagne de rationalisation qui se développe et suit son cours à l'heure actuelle, non seulement dans notre pays, mais dans le monde entier, dans les pays les plus industrialisés aussi, dans des pays où il y a peut-être moins qu'en France de préventions contre les méthodes nouvelles, comme l'Amérique et l'Allemagne, par exemple, où les programmes de rationalisation sont suivis avec beaucoup plus d'intérêt que dans le nôtre, et même dans un pays, que j'ai eu l'occasion de visiter l'année dernière, la Russie, où la rationalisation a été poursuivie par les organes de l'Etat et dans les Coopératives. Les résultats des économies réalisées ont d'ailleurs été publiés dans un certain nombre de bulletins officiels de l'Organisation soviétique et dans les bulletins officiels du *Centrosoyus*.

Il s'agit en réalité, par la rationalisation — et c'est surtout le but principal qui est recherché, si on peut concrétiser cette idée en quelques mots, de substituer à plusieurs produits différents, employés à un même usage, un produit unique, qu'on pourrait appeler produit normal, et qui réponde au même besoin que l'ensemble des produits supprimés et qui les remplacerait tous.

Voilà, au point de vue industriel, le but qui est recherché, en même temps que les méthodes susceptibles d'unifier la production pour arriver à une diminution du prix de revient et de tout ce qui est inutile dans les différents stades de la fabrication.

Il est hors de doute que la rationalisation, appliquée dans ces conditions, doit aboutir, pour le commerce et pour la coopération, à une diminution des stocks, puisque la diversité des produits sera réduite, et par conséquent à une diminution des invendus ; l'approvisionnement en sera rendu plus facile et moins onéreux qu'il ne l'est actuellement ; les frais généraux seront plus réduits.

Ceci dit, pour expliquer les raisons pour lesquelles la Coopération doit et peut intervenir dans ce problème. La Coopération doit s'occuper de la rationalisation, parce qu'il est de son intérêt, non seulement dans ses organisations principales et centrales, comme le Magasin de Gros par exemple, qui lui-même est non seulement commerçant mais industriel, mais aussi dans les organismes de base, d'appliquer ces méthodes. Elles auront leur intérêt pour nos usines, dans la mesure où l'importance de celles-ci le permettra ; elles auront aussi leur intérêt pour les coopératives de détail, au point de vue de l'agencement des entrepôts, de l'organisation générale de la vente, de la *publicité* et d'un certain nombre d'opérations qui seront rendues plus rapides et moins coûteuses.

Mais le consommateur, même s'il n'y avait pas de sociétés coopératives, même s'il n'avait pas les raisons que je viens d'indiquer de s'intéresser au problème de la rationalisation, le consommateur aurait le droit et le devoir de s'intéresser aux méthodes qui amèneront la rationalisation des produits dans le sens que je viens d'indiquer tout à l'heure.

Il ne suffit pas, il serait surtout peu désirable que les industriels décident seuls par exemple, pour la présentation de certains produits alimentaires, que les litres ou les bouteilles seront réduits à un ou deux types, que tel ou tel flaconnage sera présenté de telle façon, qu'en matière de conserves, les boîtes seront unifiées à tel ou tel modèle ; mais il faut aussi que le Consommateur ait voix au chapitre.

Il me semble que même si nous étions contre la rationalisation — et je me demande comment on pourrait être contre un système qui doit apporter dans l'économie générale moderne une abondance de produits à des conditions meilleures — mais enfin, même si nous étions contre ce système-là, le fait que les industriels tentent de l'appliquer et l'appliquent à l'heure actuelle, nous ferait un devoir d'agir, afin que le Mouvement Coopératif, représentant l'universalité des consommateurs, soit consulté, de façon à ce que les produits dont il fait usage ne soient pas modifiés sans qu'il ait lui-même donné son avis sur la question, parce que notre Mouvement est en tous cas intéressé comme acheteur et comme consommateur.

Ce sont là les raisons pour lesquelles, dans le premier paragraphe de la résolution que nous demanderons au Président de mettre aux voix, nous avons inséré le paragraphe suivant :

Le Congrès recommande à la F. N. C. C. de suivre attentivement toutes les tentatives faites pour la rationalisation systématique de l'économie. Il insiste pour que cette rationalisation ne puisse s'accomplir sans le concours et le contrôle des organisations de consommateurs. Il réclame qu'elle ait pour résultat l'abondance, la qualité et un plus juste prix des marchandises. En particulier, il mandate en ce sens ses délégués au Conseil National Economique, au Comité Technique de l'Alimentation, et à toutes les institutions qui s'occuperaient de ce problème.

Voilà donc, du point de vue général, comment nous situons la question.

En ce qui concerne notre organisation intérieure, j'ai eu l'occasion de vous en dire déjà quelques mots ; j'ajouterai que, poussés sans doute par la nécessité de nous défendre contre les organisations privées concurrentes mieux organisées que nous, ou organisées bien avant nous, ayant des antécédents commerciaux que nous n'avons pas, nous avons été amenés, dans le Mouvement Coopératif, à pratiquer le système de la rationalisation.

Les trois manifestations principales se sont produites depuis notre congrès de 1913 où nous avons pris cette résolution : Pousser les sociétés à s'agglomérer de façon à avoir des sociétés de développement, non pas pour le plaisir de dire que nous avons des groupes considérables de coopérateurs, faisant 50 ou 100 millions d'affaires, mais parce que nos sociétés éparpillées sur le territoire étaient à la fois peu solides par leur administration étriquée, et peu intéressantes pour les consommateurs.

Pour nous défendre, il a fallu constituer ces groupements que nous appelons les sociétés de développement et il a fallu également que nous

nous resserrions autour des organismes centraux qui ont en quelque sorte opéré l'intégration des opérations commerciales, par le Magasin de Gros, et des opérations financières par la Banque.

C'est donc bien avant que la rationalisation ait pris sa place dans l'activité générale, que le Mouvement Coopératif avait déjà tenté et réalisé des progrès dans ce sens.

Si nous examinons le problème dans ses grandes lignes, il n'est pas difficile de le saisir ; mais la réalisation dans le détail est beaucoup plus compliquée. Je me garderai de m'y perdre au cours de cet exposé. Permettez-moi de vous dire, comme nous l'avons indiqué en quelques mots dans notre rapport, qu'il y a un certain nombre de petits efforts à faire, surtout des efforts de bonne volonté, dans les sociétés coopératives, qui rendraient beaucoup plus faciles pour les organismes centraux et pour tous vos services d'ailleurs, l'examen réciproque de nos exploitations.

C'est d'abord l'unification des méthodes comptables. Ce n'est pas une utopie. Les bilans des sociétés sont établis de différentes manières, et il est compréhensible qu'on ne trouve pas partout les mêmes traditions à cet égard. Il serait cependant précieux de diviser l'actif et le passif en des postes qui seraient pour tous les mêmes, de façon à s'y retrouver facilement.

Tenez, nous avons parlé hier, dans ce Congrès, à la suite d'une interpellation de notre camarade Boyet, de la Commission du Ministère du Travail chargée de répartir les crédits. Pour nous qui faisons partie de cette Commission, la besogne se complique du fait de la diversité des comptabilités ; nous avons eu toutes les peines du monde à faire comprendre aux fonctionnaires qui siègent avec nous, les conditions dans lesquelles les sociétés coopératives présentent leur bilan. Eh bien ! à l'exception d'un certain nombre de sociétés importantes qui font appel à ces crédits, pour la plupart des autres, il est impossible de s'y retrouver, à telles enseignes qu'il a fallu, suivant une méthode antérieurement fixée par le Ministère du Travail, à propos des Coopératives de production, faire des bilans en blanc, sur lesquels les comptables des sociétés n'ont plus qu'à inscrire des chiffres. Et chaque fois que cette transposition est faite, on relève des erreurs imputables à la diversité des postes qui ne cadrent pas toujours avec les principes généraux de la comptabilité, de sorte que nous avons les plus grandes difficultés à obtenir satisfaction, puisque déjà on est très serré à l'égard des sociétés qui ont une comptabilité bien tenue et claire.

De ce côté-là, il y aurait donc beaucoup à faire.

Il en est de même pour les statuts types. Cette question est depuis longtemps à notre ordre du jour et devrait également trouver une solution d'unification.

Je dirai encore la même chose des méthodes administratives, bien que je ne sois par certain que l'unification soit tout à fait possible dans ce domaine et même qu'elle soit vraiment utile en soi. Mais il serait tout de même plus facile de s'y reconnaître dans bien des circonstances. Voulez-vous me permettre un petit exemple qui montrera combien, malgré l'intimité qui nous unit, les embarras administratifs sont énormes chez nous.

Un coopérateur quitte aujourd'hui la société de Lille ou de Dunkerque ; il va chercher du travail à Guéret ou à Bordeaux. Il lui est impossible pratiquement de faire automatiquement le transfert de son action d'une société à une autre.

Sans doute, chaque société a son autonomie et constitue une unité juridique différente ; mais il serait tout de même possible que les transferts soient effectués automatiquement, dans des conditions fixées à l'avance et qui seraient les mêmes pour toutes les sociétés. C'est qu'en effet, si le coopérateur doit lui-même donner son adhésion à son arrivée dans le pays où il va s'installer, il y aura des chances pour qu'il ne le fasse pas, pour qu'il prenne ou pour que sa femme prenne des habitudes différentes de celles qu'ils avaient auparavant.

Je ne crois pas qu'il y ait en France de sociétés qui aient accepté ce transfert ; peut-être ont-elles été arrêtées par la règle qui interdit le remboursement immédiat de l'action au sociétaire qui se retire ; mais ici, le cas est différent ; il ne s'agit pas de rembourser, il s'agit de transférer à une autre société, à charge de revanche.

Tous ceux qui ont vécu le Mouvement Coopératif savent bien que si nous arrivions à l'unification d'un certain nombre de méthodes administratives, comptables et techniques, ce serait certainement à l'avantage de notre Mouvement.

Évidemment, il y a encore d'autres questions que celles-là qui viennent à l'esprit. C'est d'abord celle de la publicité générale, de nos impressions que nous pourrions obtenir à de meilleures conditions que celles de l'heure présente. De ce côté-là encore, il y a pas mal de difficultés ; c'est que nous sommes particularistes, nous ne recherchons pas suffisamment l'adaptation réciproque à des formes qui nous seraient communes.

Je ne fais aucun grief à ceux des délégués des sociétés que nous avons déjà eu l'occasion de réunir au Magasin de Gros, par exemple pour étudier les moyens de réaliser au même moment, dans toutes les sociétés ou dans un certain nombre de grandes sociétés, des ventes réclames, mais nous n'avons pas fait de grands progrès dans cette voie. Les arguments que nous avons donnés à ce moment-là aux sociétés, qui évidemment ont toutes une raison autre et parce que nos propositions ne correspondaient pas à un moment de leur activité commerciale, n'ont pas pu les convaincre. Mais toutes les raisons qu'on nous a données sont purement accidentelles.

Ce qu'il faut par-dessus tout, c'est la possibilité pour le Magasin de Gros de réaliser, pour un certain nombre d'articles, un achat massif, à une période déterminée. Il est beaucoup plus profitable d'acheter un article en une seule fois que d'en acheter par an douze douzaines.

Je pourrais, dans cet ordre d'idées, citer des exemples nombreux. Je ne veux pas retarder la fin de ce Congrès en les multipliant ; je me borne seulement à signaler, par quelques aperçus, comment nous voyons le problème de la rationalisation dans notre milieu coopératif, et c'est la raison qui nous incite à vous demander d'adopter ce deuxième paragraphe de la résolution présentée :

« Le Congrès, d'autre part, considère que les efforts propres du Mouvement Coopératif pour sa rationalisation doivent être continués et étendus, aussi bien en ce qui concerne les conditions de fonctionnement des sociétés, qu'en ce qui concerne les organismes centraux et la coordination des efforts des sociétés, du Magasin de Gros et de la Banque des Coopératives. Les éléments de standardisation doivent faire l'objet d'une étude spéciale, celle-ci devant être confiée par le Conseil Central à une Commission nationale choisie parmi les compétences techniques, administratives et scientifiques. »

Enfin, notre résolution prévoit et demande au Congrès d'affirmer que la Coopération constitue elle-même un système rationnel de l'économie générale.

Nons pensons, en effet, étant donné les considérations diverses que nous venons de citer, que l'organisation même des consommateurs dans les coopératives permet plus facilement que leur dispersion l'application des méthodes de rationalisation. Sans doute, l'éducation du consommateur, même dans nos propres milieux, n'est pas très avancée; mais en tout cas, il y a un essai extrêmement important, et nos réunions, nos journaux, nos revues ont pour but d'éduquer le consommateur, et nous pouvons, sous un autre angle, discipliner ses goûts, ce qui est essentiel en matière de rationalisation.

En tout cas, le consommateur trouve chez nous sa pleine et entière indépendance ; c'est dans une organisation générale coopérative qu'est véritablement la liberté du consommateur.

Nous estimons donc que, pour les raisons particulières que nous avons tout à l'heure indiquées, l'action coopérative généralisée et universalisée est la forme la plus rationnelle et la plus logique de la rationalisation, et c'est pourquoi nous avons terminé la rédaction de notre résolution par ce troisième paragraphe :

Enfin, le Congrès, considérant le Mouvement Coopératif comme un système type de rationalisation économique, demande à la F. N. C. C., dans sa propagande et par des écrits spéciaux, de propager cette idée.

Exposé du Dr FAUQUET

Le Président. — Je donne la parole à notre camarade Fauquet.

Dr Fauquet. — Chères Coopératrices, chers Coopérateurs, je voudrais, d'une façon aussi brève que possible, marquer quelle est la place que doit occuper la rationalisation dans l'ensemble de nos préoccupations. Je voudrais essayer aussi de préciser quelles sont les différences qu'il peut y avoir entre la rationalisation appliquée dans le Mouvement Coopératif, et la rationalisation appliquée dans l'économie capitaliste.

Cleuet vous a donné la définition de la rationalisation, définition qui ne peut guère être qu'une énumération, une évocation des procédés divers dans lesquels interviennent la méthode, la réflection, la systématisation.

Le mot rationalisation est devenu, dans ces dernières années, un mot à la mode. Il recouvre cependant, en partie tout au moins, un grand nombre de choses anciennes. Ce n'est pas à des Français qu'il est besoin de rappeler que notre Révolution a institué le système métrique. Le système métrique est un excellent exemple de rationalisation.

Le mot rationalisation a fait fortune dans ces dernières années, et tout d'abord en Allemagne. L'inflation, la chute progressive du mark et la hausse des prix avaient provoqué, avec les profits faciles, le pullulement des entreprises ; puis est venu le rétablissement de la monnaie, et par suite l'ouverture d'une nouvelle période, dans laquelle l'économie allemande, privée du dumping des changes, a été obligée de chercher, dans la réduction des frais généraux, de nouvelles conditions d'existence.

Pour obtenir l'abaissement du prix de revient, on a employé, en Allemagne, des moyens multiples dont l'ensemble fut baptisé du nom de rationalisation.

Le mot était correctement choisi, parce qu'il évoquait très exactement l'appel à la méthode, l'appel au système, la mise en jeu de toutes les ressources de l'intelligence ordonnatrice qui est, à proprement parler, la raison.

Mais c'était aussi un mot avantageux, dans la mesure même où il entraînait avec lui quelques éléments de passion et d'intérêt, qui n'ont rien de rationnel. Il y avait, en effet, parmi les fins qui étaient poursuivies par ce moyen qu'est la raison, des fins qui correspondaient à des intérêts particuliers, aux intérêts des grands dirigeants de l'économie capitaliste allemande.

L'assainissement de l'économie allemande comportait nécessairement des sacrifices, sacrifices assez durs pour certaines catégories de la population ; il fallait réduire les frais généraux, il fallait introduire de nouvelles machines, il fallait réduire le personnel, il fallait supprimer un certain nombre d'entreprises, les entreprises mal outillées ou mal placées. L'assainissement, la mise en ordre de l'économie allemande ; tout cela comportait des chômages, et ma foi le mot rationalisation était un mot commode, avantageux, un mot dont on n'a pas manqué d'utiliser le prestige pour faire accepter les sacrifices qu'imposait la situation nouvelle.

L'appel à la raison, n'est-ce pas l'appel à une certaine rigueur, à une certaine nécessité contraignante pour toute intelligence bien constituée ? On éleva donc des autels à la déesse Raison, pour que dans une sorte de ferveur et d'adoration les victimes consentissent à ce sacrifice.

Nous trouvons à chaque instant, dans l'évolution sociale, l'emploi de mots qui ont une noble précision pour le théoricien, pour le penseur, mais que les intérêts et les passions utilisent pour leurs fins propres.

La même chose s'est passée aux Etats-Unis, d'où nous sont venues l'organisation scientifique des entreprises du travail. Derrière ces expressions qui paraissent en elles-mêmes ne s'appliquer qu'aux autorités supérieures de l'esprit humain, s'abritent, à n'en pas douter, des intérêts d'un degré inférieur.

Cependant, nous devons, malgré tout, constater que ces appels à l'organisation, à l'application de la méthode, même s'ils ne sont pas désintéressés marquent une étape importante dans l'évolution du monde capitaliste.

Il n'est pas indifférent pour nous, coopérateurs, de voir qu'une partie au moins du monde capitaliste tourne le dos à la vieille économie libérale et fait appel à l'organisation, qu'à la place de l'économie dispersée du libéralisme, elle cherche à créer une économie organisée. Mais, pour être organisée, l'économie capitaliste n'en reste pas moins l'économie capitaliste. La direction de cette économie appartient de plus en plus à des groupes qui, sans négliger les profits substantiels, visent surtout à la puissance et à la domination. Et cette domination que rend possible la concentration dans quelques mains des grands leviers de commande de l'économie, tente et réussit à s'étendre, même au-dessus des souverainetés politiques, au-dessus des Etats.

Il y a là un problème particulièrement préoccupant. Dans quelle mesure les Etats, les souverainetés politiques, sur lesquelles les masses populaires avaient acquis ou semblaient avoir acquis une influence croissante, comment ces souverainetés politiques pourront-elles se défendre contre les grands empires économiques que nous voyons se constituer de nos jours ? C'est un problème préoccupant, mais dont l'étude ne serait pas à sa place, je crois, dans un Congrès coopératif, précisément parce que, en raison de la discipline que nous nous sommes imposée, nous ne devons aborder qu'avec la plus grande prudence les problèmes qui débordent le champ coopératif et qui nous entraîneraient dans des discussions d'ordre politique sur lesquelles nous pouvons avoir les uns et les autres des divergences de vues.

Je reste donc sur le plan coopératif, ou plutôt j'y reviens, et je cherche à préciser comment se présente la rationalisation à l'intérieur du Mouvement Coopératif.

Comme Cleuet le rappelait tout à l'heure, comme notre ami Serwy l'avait indiqué dans l'allocution qu'il a prononcée hier, il y a longtemps que les Coopérateurs font de la rationalisation. La Coopération elle-même est un effort de rationalisation de l'économie. Le mouvement coopératif n'est pas une simple collection d'entreprises diverses et nombreuses. Ces entreprises coopératives s'associent les unes aux autres en fédérations du premier degré, du deuxième degré ou du troisième degré. Elles établissent entre leurs magasins de gros, entre leurs centrales, des relations multiples. Elles forment des ensembles, ensembles coordonnés qui ont même quelques analogies avec les organisations que nous trouvons dans le monde capitaliste, sous la forme d'ententes industrielles, de cartels, etc...

Ces analogies ont même porté quelques coopérateurs, à tort je crois, à faire des assimilations tout à fait fausses, entre les comptoirs d'achat ou de vente de l'industrie capitaliste, et les vraies organisations coopératives.

A côté de ces analogies, il y a des différences essentielles. Ces différences ont plus qu'un intérêt théorique. En prendre nettement conscience, c'est s'orienter vers des pratiques qui, dans une mesure peut-être importante, seront différentes de celles employées dans l'économie capitaliste.

Tout d'abord, les unités qui entrent dans le système coopératif sont tout à fait différentes, quant à leurs dimensions, quant à leur nombre, des unités qui composent les ensembles de la rationalisation capitaliste.

Les unités qui composent le système coopératif sont de toutes petites unités, les petites unités de l'économie agricole, de l'économie artisanale et de l'économie ménagère.

Rendons-nous compte que l'économie coopérative ne commence pas à l'entreprise coopérative, qu'en réalité elle commence, soit dans les ménages, soit dans les petites exploitations qui sont groupés dans la coopérative et dont la coopérative est simplement le prolongement, l'entreprise commune.

Toutes ces petites unités économiques, ménages ruraux ou ménages urbains, petites exploitations paysannes ou artisanales, sont innombrables dans le monde. Si on les additionnait, si on avait une claire notion de l'importance globale que représentent toutes ces petites unités économiques, on reconnaîtrait que si l'économie capitaliste domine par la concentration de ses forces l'ensemble de l'économie, elle n'en constitue cependant qu'une toute petite partie, moins importante en fait que l'ensemble des forces économiques, il est vrai individuellement minuscules mais innombrables, que l'organisation coopérative peut grouper et qu'elle groupe effectivement dans une proportion grandissante.

Voici le Magasin de Gros anglais. Vous savez qu'il possède en Afrique des palmeraies qui alimentent en matières grasses ses fabriques de savons, et celles-ci approvisionnent les sociétés coopératives de détail. Tout ce système est un merveilleux exemple d'intégration qu'on pourrait recommander aux économistes pour qu'ils le citent dans leurs leçons. Mais ce serait une erreur d'en voir le point de départ dans la boutique. Du fait que la boutique est coopérative, le point de départ réel, ce sont tous les ménages de coopérateurs associés.

C'est une intégration qui, de même que l'intégration coopérative paysanne repose sur les plus petites unités économiques. L'économie capitaliste ne pourra jamais réaliser une intégration qui ait pour point de départ les ménages ou les exploitations paysannes. C'est un domaine qui appartient en propre à la Coopération. Nous avons là un champ de développement dont l'importance ne doit pas être sous-estimée : nous pouvons nous rendre maîtres d'une grande partie de l'économie.

Mais je suis tout à fait d'accord avec l'exposé que nous faisait avant-hier notre camarade Clouet : nous pouvons, nous devons avoir de grandes ambitions, mais nous devons en même temps reconnaître les limites dans lesquelles notre activité peut se développer avec succès.

Par exemple, dans une nation qui est familière à nos camarades communistes, la Russie, la Coopération s'est développée dans des proportions considérables, mais sa fonction n'est pas, n'est, en tout cas, que dans une très faible mesure, la grande industrie ; la grande industrie, c'est, en Russie, la fonction des trusts d'État. L'activité propre, essentielle de la Coopération, en Russie, comme dans les autres pays, c'est seulement de s'emparer de la partie de l'économie qui va le plus rapidement possible de l'exploitation paysanne au ménage urbain.

Voilà la partie de l'économie dont nous pouvons nous emparer, dont nous devons nous emparer.

Quand on parle du Magasin de Gros anglais, on est souvent enthousiasmé par l'importance de ses productions industrielles, par son effectif de 40.000 ouvriers et employés dans une centaine d'usines. Mais quand on examine de près quelles sont les productions du Magasin de Gros anglais, on s'aperçoit que les deux tiers ou presque les trois quarts de ses productions industrielles sont des transformations de produits agricoles. Et dans les sociétés anglaises de détail comme dans les nôtres, ce sont les produits alimentaires qui constituent la plus grande partie du chiffre d'affaires.

Mais d'autre part, il se trouve que ces denrées alimentaires que nous pouvons transformer dans nos usines, proviennent d'une partie de l'économie générale qui est dans les mains des paysans, et du côté des paysans, nous trouvons aussi un mouvement chaque jour grandissant d'organisation coopérative et c'est pour atteindre un plus haut degré.

La rationalisation de l'économie coopérative que nous poursuivons comporte aussi l'établissement de relations directes entre organisations coopératives agricoles et organisations coopératives de consommation.

Du fait que la Coopération groupe de petites unités, il doit en résulter pour nous des méthodes de rationalisation qui, dans le détail, devront différer des méthodes de rationalisation capitaliste.

Toutes ces petites unités sont liées intimement, font corps avec des familles ou des personnes ; il y a, dans ces petites unités, un lien intime entre l'économie et l'homme ; nous devons en tirer parti pour que ces petites unités économiques qui sont à la base de notre Mouvement soient en liaison étroite, en liaison à la fois morale et technique, avec nos sociétés de détail. Il doit y avoir coordination technique entre les petites unités que groupent les entreprises coopératives du premier degré et ces entreprises elles-mêmes.

Les Coopératives agricoles de vente d'exportation au Danemark, ne s'occupent pas simplement du problème de la vente, qu'il s'agisse de la vente des produits laitiers, des œufs, du lard, dans tous les cas, il est apparu que le problème de l'écoulement, dans les coopératives agricoles, ne pouvait être pleinement résolu que si les produits avaient certaines qualités d'homogénéité, d'où nécessité pour la Coopérative de s'occuper des conditions de la production.

De sorte qu'au Danemark, et plus généralement partout où la Coopération agricole s'est perfectionnée, le système qu'elle constitue commence non à la coopérative locale, mais en réalité sur l'exploitation paysanne. Les conditions dans lesquelles le paysan fera son travail sur son exploitation, sont déterminées par les directives de la Coopérative qui sait quelles conditions doivent remplir les produits qu'elle est chargée de vendre.

Une tâche analogue s'impose aux coopératives de consommation.

Il faut que nous essayions, par l'éducation, de faire de nos ménagères des collaboratrices techniques de nos directeurs de sociétés coopératives. Il faut qu'il y ait une liaison entre la boutique où se trouve le stock de marchandises de la société, et le placard de la ménagère. Est-ce qu'il n'est pas absurde, par exemple, qu'il y ait, dans nos boutiques, des catégories d'articles en nombre considérablement plus élevé que celui des catégories d'articles contenues dans le placard de la ménagère ?

Réfléchissons que l'un des problèmes de la rationalisation coopérative est celui-ci : Quelle utilisation technique pouvons-nous faire, du fait que nos sociétaires sont nos sociétaires et pas seulement nos clients ?

J'arrive enfin à un dernier point, c'est que notre organisation coopérative est essentiellement fédéraliste. Ce n'est pas une organisation construite par en haut comme les grandes organisations capitalistes ; c'est une organisation de bas en haut qui à chaque échelon réserve l'autonomie et met en jeu la responsabilité.

C'est un avantage que nous avons sur les rationalisations capitalistes qui, le plus souvent, construisent de grands systèmes, où le danger de la bureaucratie est toujours menaçant parce que la centralisation autoritaire réduit l'autonomie et les responsabilités des unités inférieures.

Toutes les constructions coopératives, au contraire, sont et doivent avoir une structure fédéraliste qui multiplie les points d'attache pour des volontés de succès, pour des responsabilités, pour des volontés qui courent des risques et qui, courant des risques, sont toujours attentives à obtenir le meilleur rendement.

Un dernier mot. Nous ferons, nous continuerons à faire de la rationalisation ; nous ferons appel à la raison, à l'esprit de méthode, nous systématiserons tout ce qui peut être systématisé ; mais nous n'oublions pas que la raison, lorsqu'elle ne subit pas à chaque instant l'épreuve de l'expérience, peut être une mauvaise conseillère.

Il faut qu'à chaque instant nous soumettions les conceptions de notre esprit à l'épreuve de l'expérience. La méthode coopérative, toute l'histoire du Mouvement Coopératif le prouve, ce n'est pas l'application de théories *à priori*, c'est essentiellement la méthode des essais et des erreurs. Tenons-nous à cette méthode qui est essentiellement expérimentale ; défions-nous des formules toutes faites. Et puis n'oublions pas que si la raison nous donne la notion de la ligne droite qui est le plus court chemin, elle n'est pas le moteur qui nous entraînera sur le chemin. Cultivons donc l'esprit coopératif. Abandonnons les chimères. Soyons méthodiques, mais aussi soyons enthousiastes. Notre enthousiasme nous conduira à de plus grandes choses que n'en peut décrire notre imagination.

Le Président. — La parole est à Marcel Brot.

Exposé de BROT

Marcel Brot. — J'aurais pu simplement demander de ma place une addition très courte à la résolution qui vous a été présentée ; mais je veux aussi ajouter une brève observation pour signaler qu'un exemple déjà nous a été donné que la rationalisation véritable doit se baser sur les besoins mêmes de la consommation.

Notre camarade Fauquet, tout à l'heure, disait que la Coopération seule pouvait réaliser cette intégration qui va du ménage à la source même des matières premières. Je crains bien qu'il y ait des formes d'organisation rationnelle capitaliste qui puissent déjà réaliser cela, parce qu'elles puisent leur force dans la connaissance directe des besoins du consommateur.

Hier, à propos du rapport du Conseil Central, nos amis Detweiller et Simonnet vous ont parlé de la force grandissante des organisations du commerce à succursales multiples. Ils ont mis en garde les sociétés coopératives à forme locale, sur le sort qui pouvait les attendre demain, et aussi les sociétés coopératives de développement elles-mêmes, sur le manque de contact qui existe entre elles.

Je crois que la puissance de ces organisations capitalistes n'est pas seulement dans le fait qu'elles ont réalisé des économies véritables par la suppression des intermédiaires de toute nature, dans la diminution des frais généraux, dans la réduction des immobilisations et dans une rotation plus rapide des marchandises ; mais aussi parce que, contrairement aux grossistes qui bientôt ne seront plus qu'un souvenir, par leur clientèle directe, elles ont une connaissance directe des besoins de la consommation.

Il faut attirer l'attention de nos sociétés sur l'usage que font les maisons capitalistes de la force qui provient de leur organisation rationnelle.

Leur supériorité ne réside pas seulement dans leur puissance d'achat, dans leur puissance d'organisation, mais aussi dans leur puissance de bataille.

Comment sont-elles dangereuses pour nos sociétés coopératives ? Ce n'est pas seulement parce que, en face des sociétés coopératives locales, elles ont toutes ces qualités que je viens d'énumérer ; c'est aussi parce que, étendant leur rayon d'action sur de nombreux départements, ayant plus d'un millier de magasins de vente, agissant sur les masses de consommateurs, elles ont des possibilités d'attaque plus grandes et peuvent livrer des batailles à la coopération, détruisant les unes après les autres les organisations, comme elles détruisent à l'heure actuelle le petit commerce.

Peu leur importe, en effet, de perdre de l'argent pendant six mois, en face de deux ou trois sociétés dont, permettez-moi l'expression, elles veulent avoir la peau, puisque, à côté, des centaines de magasins seront là pour compenser la perte subie momentanément.

Ceci nous indique par conséquent que, comme premier effort de rationalisation interne du Mouvement Coopératif, nous devons établir le plus rapidement possible un lien nécessaire, entre nos sociétés coopératives de développement, de façon à procéder à la réduction de ce qu'on a appelé les déserts coopératifs, déserts qui ne sont pas improductifs pour les sociétés à succursales multiples, au contraire, puisque c'est là précisément qu'elles se rattrapent de tous les sacrifices qu'elles sont obligées de faire par ailleurs.

Voilà donc un premier effort de rationalisation interne que nous devons faire, et nous pouvons demander tout au moins à nos camarades des sociétés de développement s'ils vont toujours rester isolés, s'ils vont donner, à l'encontre de ce que font les sociétés à succursales multiples, cet exemple de gens incapables d'avoir ensemble même un seul geste de défense commune, alors qu'il existe entre les sociétés à succursales multiples des organisations permanentes d'entente qui sont excessivement dangereuses pour l'avenir.

Voilà ce que je voulais dire d'un mot, avant de demander la petite addition suivante. C'est que si le rapport de nos amis a bien souligné que le but de la rationalisation devait être, en définitive, d'apporter plus de bien-être par une abondance plus grande des produits, ils ont ajouté aussi qu'il fallait, à leur avis, aboutir à une plus grande puissance de consommation, par une augmentation même des revenus de chacun.

Vous savez tous que l'idée de la rationalisation a produit, dans les milieux ouvriers, une certaine émotion, en raison des conséquences brutales qu'elle pouvait avoir pour des catégories entières de salariés. Il me semble qu'ici nous ne devons pas oublier la double qualité de nos coopérateurs qui sont en même temps des producteurs, et que nous devons, conformément d'ailleurs à ce qui est écrit dans le rapport, ajouter dans la résolution que les consommateurs n'envisagent pas, comme les capitalistes, les effets de la rationalisation avec cynisme, mais qu'ils en voient les conséquences pratiques pour les producteurs salariés. Lorsqu'ils parlent de la production paysanne, les Coopérateurs ne se placent pas seulement au seul point de vue du consommateur, mais ils réclament pour le producteur paysan, propriétaire de ses moyens de travail, une juste rémunération de son effort. Il nous faut indiquer donc qu'à aucun point de vue, à aucun moment nous n'entendons que la rationalisation soit un prétexte à la réduction du niveau de vie des travailleurs salariés, elle doit l'améliorer, au contraire.

Le Président. — La parole est à Racamond.

Exposé de RACAMOND

Racamond. — Camarades, nous venons, au nom de la minorité de ce Congrès, apporter sur le rapport de nos camarades Poisson et Cleuet quelques observations qui, à notre avis, ont une certaine valeur.

Nous regrettons que le Rapport se soit borné à une simple énumération de la rationalisation des moyens de production et des moyens de distribution des produits dans la Coopération.

Je dois dire tout de suite que nous ne sommes pas contre le principe de la rationalisation. Nous sommes absolument d'accord qu'il faut poursuivre la lutte pour le minimum d'effort en vue du maximum de production, qu'il faut rechercher, ainsi qu'on l'indique dans le rapport, d'ailleurs, à diminuer les multiples formes sous lesquelles la production est livrée à la consommation, à standardiser dans la mesure du possible tous les produits livrés au consommateur, de façon à réduire au minimum la peine des hommes, le travail nécessaire à la production et à en augmenter l'efficacité.

Mais, Camarades, nous ne sommes pas d'accord lorsque, à l'époque actuelle, un rapport sur la rationalisation, présenté dans un congrès de coopérateurs, n'embrasse pas le problème dans son ensemble.

Je ne pense pas qu'il y ait ici quelqu'un pour nier que le Mouvement

Coopératif représente dans la minorité qu'il organise et pour l'ensemble des consommateurs, les consommateurs eux-mêmes, en face de ceux qui détiennent les matières premières et les instruments de production.

Le Mouvement Coopératif, disait hier un camarade qualifié, est anti-capitaliste. Il est composé de consommateurs qui sont les exploités du capitalisme.

Oh! Camarades, je place, dans notre régime actuel, sur le même plan, le petit cultivateur qui détient simplement ses instruments de travail, et l'ouvrier d'usine ; mais je ne crois pas que le Mouvement Coopératif prétende grouper, en tant que consommateurs, les capitalistes qui détiennent, je le répète, la richesse, les matières premières et l'outillage. Je ne vois pas Citroën ou Renault, quoique consommateurs, adhérant à une société coopérative de consommation.

Et, Camarades, si la Coopération est anticapitaliste, ainsi que l'indiquait hier le professeur Charles Gide, on ne doit pas borner l'examen du problème de la rationalisation simplement dans la mesure où cela peut intéresser les consommateurs ouvriers et petits paysans groupés dans notre Fédération des Coopératives, mais examiner le problème de la rationalisation dans la mesure où il intéresse les capitalistes.

Cela ne peut donc pas être une simple question d'aménagement, au sein de notre Mouvement Coopératif, de la production, de la standardisation des moyens de livrer à la consommation la production, de l'aménagement de nos magasins, de modifications à apporter au sein de nos sociétés coopératives pour qu'elles deviennent plus puissantes, en face de l'économie capitaliste. Nous sommes d'accord sur ce terrain et je veux tout de suite dire que, pour notre part, nous n'admettrons pas la partie du discours que notre camarade Poisson qui déclarait hier que nous étions partisans du tout ou rien, que nous ne voulions pas nous occuper des revendications présentes, des moyens d'améliorer la situation des travailleurs, même dans le régime actuel, et que nous étions préoccupés avant tout et uniquement du Grand Soir dont il parlait.

Nous aussi, Camarades, nous nous occupons des améliorations à apporter à la situation des ouvriers. Et même, citoyen Poisson, pour un membre du parti communiste, — car toutes les fois que vous parlerez derrière moi à cette tribune, je ferai part à la salle de vos observations — et même pour un membre du parti communiste, les revendications immédiates, l'amélioration du sort des travailleurs à l'époque présente est à l'ordre du jour des préoccupations de tous les membres du parti communiste ; mais cela, en orientant l'action des travailleurs vers la lutte directe contre le capitalisme et en vue de leur émancipation.

La rationalisation, en régime capitaliste, ne se présente pas simplement sous l'aspect d'une amélioration technique dans le fonctionnement de nos coopératives, dans le fonctionnement de leur rôle de distribution des produits aux consommateurs ; elle se présente sous l'aspect d'une lutte entre le capitalisme et la classe ouvrière, pour obtenir de celle-ci une production toujours plus élevée, avec le minimum de rétribution.

Comment, camarades, s'est présenté en France, pour le prolétariat, le premier effet de la rationalisation capitaliste ? Il s'est présenté sous la forme d'une réduction cruelle des salaires. Dès que les prémices de la stabilisation de la monnaie ont été vérifiées en France, le patronat a appliqué dans notre pays, vous le savez comme moi, comme première mesure de rationalisation pour la réduction du prix de revient, une réduction formidable des salaires. Il a utilisé à cet effet la crise économique, et nous aurions voulu, puisque aussi bien la Coopération représente l'ensemble des coopérateurs ouvriers...

Un Congressiste. — Et les autres !

Racamond. — Camarades, je vous en prie... Vous avez dit : « Et les autres ». Je répète une fois de plus que s'il y a ici Citroën ou Renault, coopérateur, qu'il se lève ! Mais s'il s'agit de petits paysans ou de travailleurs des villes, je vous ai dit que j'assimile la situation des uns et des autres, et qu'en conséquence, si je parle de la réduction des salaires dans les entreprises capitalistes, et qu'il y ait ici des représentants de la petite paysannerie...

Un Congressiste. — Et les gros propriétaires ?

Le Président. — N'interrompez pas !

Racamond. — ...et si on vient affirmer le droit à la vie de la petite paysannerie, ce n'est pas du côté de mes amis que vous trouverez de l'opposition.

La première manifestation de la rationalisation en France, lorsqu'il s'est agi de soutenir la concurrence sur le marché mondial, a été la réduction des salaires dans la plupart des usines.

Nous avons des chiffres et des chiffres sérieux, et nous disons que la réduction des salaires dans les masses travailleuses, dans une offensive directe contre leur puissance de consommation, et par conséquent contre les coopératives qui les groupent, aurait rendu à mon avis nécessaire que, dans la résolution, il y ait une protestation vigoureuse contre l'application de telle méthode de rationalisation qui s'en prend à la puissance de consommation des travailleurs et diminue la puissance des coopératives de consommation.

Camarades, nous aurions aimé tout au moins trouver cela dans la résolution qui nous a été présentée.

Dans cette résolution, on dit également que la rationalisation doit avoir pour objet l'amélioration des moyens de consommation pour la classe ouvrière, je l'espère, et pour l'ensemble de la population elle-même ; qu'elle doit avoir pour objet l'extension du marché intérieur qui doit être orienté vers l'amélioration des conditions d'existence à l'intérieur du pays et que c'est comme cela qu'on comprend le système de rationalisation.

Je vous le demande en toute bonne foi, Camarades, depuis que nous l'avons vu en France et depuis que nos camarades Allemands subissent les mesures de rationalisation capitaliste, est-ce que cette augmentation de la production ainsi obtenue a été orientée vers l'amélioration du marché intérieur, vers l'augmentation de la puissance de consommation de la population du pays dans lequel la rationalisation est appliquée ? Non.

Nous avons l'habitude de parcourir le pays et nous posons des questions à toutes les assemblées ouvrières que nous fréquentons. Nous ne sommes pas des théoriciens, c'est possible, encore moins des professeurs de statistique, c'est possible ; mais quand nous demandons aux ménagères dans nos assemblées : « Est-ce que vous avez, avec les salaires de vos compagnons, avec les ressources du ménage, de cette économie primaire dont on parlait, est-ce que vous avez les mêmes possibilités de consommation qu'il y a deux ou trois ans ? Ah ! camarades, la réponse ne se fait pas attendre. Et si vous voulez faire de la statistique, nous vous invitons à assister à quelques-unes des assemblées de grévistes et à examiner quelles sont leurs conditions de vie ; vous y verrez que l'augmentation de la production n'a pas été orientée vers l'amélioration du marché intérieur, mais qu'elle a été orientée vers la concurrence pour les débouchés, qu'elle a été orientée vers la lutte avec l'industrie des pays étrangers, que ce sont des capitalismes qui se dressent les uns contre les autres, et que toutes les mesures appliquées dans les entreprises pour accroître la production n'ont en vue que la rivalité dressant les uns contre les autres les capitalismes des grands pays.

Camarades coopérateurs, j'aime à croire que de temps en temps vous vous évadez de la Coopération et que vous regardez un peu plus haut ; que malgré que vous n'ayez aucune fin politique en tant que coopérateurs — c'est Poisson qui le disait hier — vous ne dédaignez pas de lire autre chose que le *Coopérateur de France*, et je crois que dans tous les journaux que vous lisez, vous sentez les rivalités qui dressent les uns contre les autres les impérialismes des divers pays, vous sentez la lutte pour les marchés et pour les débouchés.

Que l'on n'essaye pas de dire ici que cela n'existe pas. Les collègues de Poisson et de Cleuet, si je ne me trompe, au Conseil National Economique, les représentants des grandes firmes patronales expriment leur inquiétudes toutes les fois qu'ils rendent compte de l'activité des groupements à la tête desquels ils sont placés ; pour protéger le pays de l'invasion des produits extérieurs, ce sont les barrières douanières qui ne font certes pas diminuer les prix intérieurs. Dans chaque pays, c'est la réduction des salaires, la production à outrance, la diminution systématique des salaires.

Un Congressiste. — Grâce à qui ?

Racamond. — Grâce à ceux qui, lorsque les ouvriers se mettent en grève pour obtenir des salaires meilleurs, n'hésitent pas à briser leur mouvement.

Le Président. — Je vous en prie, Camarades, faites silence. La question est assez sérieuse pour qu'elle soit étudiée sérieusement.

Un Congressiste. — Si on fait de l'obstruction contre les orateurs minoritaires, nous en ferons contre les autres.

Racamond. — Camarades, on me demande grâce à qui. Est-ce que cela s'adresse à Racamond, représentant une coopérative, ou est-ce que cela s'adresse à un camarade dont vous savez qu'il est un militant du mouvement syndical unitaire ?

Je dis donc que la rationalisation subie par les travailleurs dans les entreprises capitalistes n'a pas été orientée vers l'amélioration du marché intérieur, mais qu'elle est orientée vers la concurrence avec le capitalisme des autres pays.

En France tout particulièrement, Camarades, nous n'entendons parler, dans les revues patronales, dans les journaux économiques, que de la nécessité pour le pays de tenir dans le monde la place qui convient sur le marché.

C'est là, je le répète et j'y insiste, le but de la rationalisation capitaliste et sa première application, car, je n'ai pas besoin de le rappeler longuement à des coopérateurs, cela a été la recherche de la réduction du prix de revient par la diminution des salaires, et l'augmentation de la durée du travail.

Ensuite, on a considéré qu'il était impossible de réaliser, sur le marché, une position suffisamment favorable pour soutenir la concurrence avec les industries des autres pays, et on a lancé en France les principes de la rationalisation industrielle, telle qu'elle est appliquée dans les pays où l'industrie produit beaucoup, où elle détient la première place.

Dans ces commencements d'application, il résulte qu'ainsi que l'indiquait l'orateur qui m'a précédé, les travailleurs français ont été quelque peu émus de ces méthodes de travail : réduction des salaires, augmentation de la durée du travail, introduction dans les entreprises de méthodes de travail nouvelles, c'est-à-dire d'un assujettissement plus grand du travailleur à la machine.

L'ouvrier qui entre maintenant dans certaines usines voit ses gestes mesurés ; aucun d'entre eux ne peut faire autrement qu'au service du patron ; c'est ainsi que l'indiquait Albert Thomas ce matin, le travail à la chaîne, le développement de la machine avec, comme serviteurs, des hommes qui n'ont plus la possibilité de penser une minute et qui doivent s'ingénier à n'être qu'un rouage de la machine.

E. Poisson. — Alors, vous être contre les machines ?

Racamond. — Poisson, je vous ai déjà dit que je vous connais depuis le temps où vous étiez anarchiste.

E. Poisson. — Il n'est pas question de moi ; je vous demande si vous être contre la machine. C'est à cela qu'il faut répondre.

Racamond. — Camarades, le travail à la chaîne, la discipline dans les usines, l'obligation pour les ouvriers d'observer cette discipline du travail, tout cela est fait pour essayer d'augmenter dans la mesure où les travailleurs accepteront cette servitude, la production, et augmenter ainsi le profit du patronat.

Vous me dites que je ne réponds pas à vos arguments. Les ouvriers de chez Citroën qui sont venus dans notre bureau, à la Grange-aux-Belles et qui, pleurant comme des femmes, nous expliquaient qu'ils avaient été expulsés de l'usine ou de la chaîne, parce que la rapidité donnée au travail ne leur permettait pas de suivre la cadence, ces ouvriers répondraient à ma place. Vous oubliez que l'on n'embauche plus dans les usines au-dessus de quarante-cinq ans ; les camarades métallurgistes qui sont ici savent bien que cet esclavage imposé en vue de l'augmentation du profit pour le patronat, c'est la rationalisation capitaliste qui en est le prétexte, et cela, en vue de soutenir la concurrence sur les marchés étrangers.

Les ouvriers mineurs du Nord — il y en a peut-être quelques-uns ici — ne me démentiront pas, si je dis qu'en vue d'augmenter la productivité, on a exigé d'eux qu'ils acceptent des conditions de descente nouvelles à la mine, et que l'on obtient pour chacun d'eux 40 minutes de plus sur huit heures de travail.

Les camarades du Nord également ne me démentiront pas, si je dis que, dans les usines du textile, on a augmenté le nombre des métiers que chaque femme est obligée de conduire, que l'on augmente ainsi la production dans des conditions formidables, que la puissance de consommation de ces travailleurs et de ces travailleuses n'en est pas accrue, mais qu'en revanche leur misère et leurs souffrances sont aggravées.

Ce n'est pas moi qui le dit ! Ce matin, le citoyen Albert Thomas nous expliquait comment ce travail d'esclavage était une véritable atteinte à la faculté pour chaque ouvrier de développer sa personnalité et ses facultés de penser.

Un Congressiste. — Il faut le supprimer !

Ragamond. — Albert Thomas ajoutait : il faut, en raison même de ce développement du machinisme et de cet assujettissement de l'ouvrier à la machine, organiser pour les travailleurs des loisirs agréables qui permettent, lorsque l'on aura subi l'usine pendant des heures et des heures, de s'évader de cette vie mécanique et de travailler un peu à développer sa personnalité.

Et Albert Thomas nous a parlé, sur ce terrain, de ce qui a été fait en Belgique, par nos camarades coopérateurs, ce à quoi nous souscrivons.

Mais comme je traite en ce moment-ci de la rationalisation capitaliste, je voudrais que vous sachiez que tous les patrons américains, par exemple, n'ont pas les mêmes préoccupations que celui dont on parlait ce matin à cette tribune. Après le travail éreintant dans les usines, on organise les loisirs, aux Etats-Unis, par des bibliothèques, des terrains de jeux et de sports. Mais on organise cela d'une telle façon qu'au lieu d'obtenir le développement de la personnalité de chaque individu, on obtient un abrutissement encore un peu plus complet chaque jour.

Ce n'est pas moi qui le dis, Camarades, c'est le secrétaire ou l'ex-secrétaire de la Fédération confédérée de la Métallurgie qui, revenant de visiter les usines de Ford, expliquait comment il avait été frappé de l'aspect vieillot de tous les travailleurs auxquels il demandait leur âge ; comment il avait été surpris quand il avait visité les bibliothèques, de ne trouver aucun livre qui puisse élever la pensée ; comme il avait constaté que l'idée de tous les ouvriers était orientée vers le succès possible d'une équipe sur un terrain de foot-ball et comment, après avoir travaillé à l'entreprise commune, sous le joug de la machine, ces ouvriers étaient maintenus dans une servitude nouvelle qui empêchait leur esprit de se développer.

C'est là l'utilisation des loisirs organisés par le capitalisme américain, utilisation des loisirs que l'on essaye d'organiser aussi dans vos pays du Nord, Camarades, du côté patronal.

La rationalisation capitaliste ne cherche pas seulement à obtenir des travailleurs une augmentation de production à l'usine, pour des salaires toujours plus réduits, en égard au coût de la vie ; elle cherche aussi à les abrutir le plus qu'elle peut.

Voulez-vous d'autres exemples ? Le citoyen Albert Thomas, qui a lu le livre de Lucien Romier, n'a pas été sans lire également le livre d'un professeur français, M. Philip, qui a fait quelques enquêtes aux Etats-Unis, pendant trois années, et qui nous explique comment on fait passer là-bas des examens d'intelligence pour les ouvriers. Est-ce que vous vous imaginez que ce sont les plus intelligents qui sont embauchés ? Non, Camarades, l'ouvrier intelligent est un homme qui ne convient pas au capitaliste américain et qui demain ne conviendra pas au capitaliste français. M. Philip, qui n'est pas un minoritaire dans la Coopération...

E. Poisson. — Il n'est pas non plus un majoritaire.

Ragamond. — ...M. Philip nous explique comment on est allé chercher dans certaines usines, les jeunes femmes ou les jeunes filles pauvres d'esprit, comment on les a spécialement choisies pour expérimenter leur rendement dans les fabriques de textile, et voir si elles ne pourraient pas produire autant que celles qui n'ont pas perdu l'esprit !

Et les capitalistes américains ont découvert qu'elles suivaient plus facilement le rythme de la machine, qu'elles étaient meilleures que les femmes qui pensent à leur amour ou à leur ménage.

Voilà ce qu'est la rationalisation américaine, voilà ce qu'est la rationalisation capitaliste.

En France, le capitalisme oriente le travail vers cette direction ; cela réduit la puissance de consommation des ouvriers, cela aggrave encore leur situation et leurs conditions d'existence, et nous pensons qu'à côté des choses que nous notons dans le rapport, il aurait été utile que nos camarades de la Fédération Nationale des Coopératives élèvent une protestation contre les méthodes de la rationalisation capitaliste.

Camarades, vous pourrez apporter des statistiques ; nous en avons aussi. Nous connaissons l'augmentation du coût de la vie, il n'y a pas que nous qui le disons et qui connaissons la difficulté d'arracher des salaires meilleurs. J'ai indiqué que la rationalisation capitaliste n'augmentait pas la moyenne de consommation pour les ouvriers à l'intérieur du pays, qu'elle était orientée vers la concurrence avec les industries des autres pays.

Mais, camarades, la concurrence avec l'industrie des autres pays, c'est l'introduction des antagonismes que dressent les uns contre les autres les divers impérialismes; c'est la préparation à la guerre entre les grands pays qui se disputent les matières premières et les débouchés.

Nous aurions aimé trouver dans le rapport de nos camarades au moins quelques allusions aux dangers de guerre. Je sais bien qu'on va appeler cela de la politique; mais lorsque j'écoutais hier nos camarades allemands qui expliquaient comment — j'allais l'oublier — la rationalisation est génératrice également de chômage dans tous les grands pays capitalistes, et ajoutaient quelle est la solidarité qui unit les 60 millions de travailleurs groupés par la Coopération internationale, je me posais la question suivante : la rationalisation accentue la rivalité sur le marché étranger ; c'est la lutte de tous les impérialismes pour se disputer les débouchés, c'est la préparation de la guerre entre impérialismes divers.

Et demain, lorsqu'on se heurtera, pour arracher une portion du marché extérieur, à un impérialisme rival, ces 60 millions de coopérateurs se battront à nouveau, sans avoir élevé auparavant la moindre protestation, sous prétexte que c'est de la politique !

Cependant, Camarades, il n'y a pas que nous, les minoritaires, les communistes, comme dit Poisson, il n'y a pas que nous qui nous préoccupons de ces dangers de guerre. On sent, dans toutes les feuilles bourgeoises, la préparation au conflit. Mais s'il y avait une nécessité pour vous, qui comprenez tout cela comme moi, de rechercher des preuves de la préparation à la guerre, vous la trouveriez dans la fébrilité déployée par tous ces gouvernements impérialistes dans la préparation des armements. Aujourd'hui même, à Paris, se déroule une manifestation du développement des préparatifs de guerre ; hier, on lançait un nouveau sous-marin, à Toulon ou ailleurs.

Le Président. — Camarade, vous vous écartez quelque peu du Rapport.

Racamond. — Vous craignez la vérité ?

Le Président. — Non ! je vous rappelle seulement au sujet.

Racamond. — Je ne sors pas de mon sujet ; je discute la rationalisation et je dis: La rationalisation prépare la guerre; dans la prochaine guerre, 60 millions de coopérateurs s'entretueront ; si les coopérateurs ne protestent pas contre les préparatifs de guerre, ils seront demain les troupes de ces massacres.

Je dis que cet antagonisme sur le marché mondial prépare de nouvelles guerres, et que vous en avez des preuves qui vous crèvent les yeux, que vous les voyez comme nous ou que vous essayez de dissimuler ces préparatifs auxquels vous assistez, derrière les parlottes de la Société des Nations.

Camarades, nous disons que la Fédération Nationale des Coopératives de Consommation a le devoir, elle qui ne groupe que les consommateurs en face des capitalistes détenteurs des matières premières et de l'outillage, préparant la guerre par la rationalisation, de se dresser vigoureusement contre les préparatifs de guerre. Elle est une force qui doit s'affirmer non pas seulement en prétendant qu'elle ne fait pas de politique, mais en combattant la politique de l'impérialisme mondial, comme la politique de guerre contre laquelle elle doit s'élever.

Nous disons aussi que la rationalisation capitaliste, dans laquelle vous essayez de ménager la part de la Coopération qui a réservé sa place au sein du capitalisme, se dresse contre la rationalisation socialiste qui est appliquée et dont on poursuit l'application en Russie.

Un Congressiste. — Nous y voilà !

Racamond. — Nous y voilà, en effet ! Camarades, nous vous disons : En raison même de ce que nos camarades russes poursuivent l'application d'une rationalisation que ne profite pas seulement aux patrons, qui n'est pas simplement basé sur le profit pour quelques-uns, mais qui est basée sur l'amélioration des conditions d'existence des travailleurs, qu'ils soient ouvriers ou paysans, nous vous disons que la rationalisation capitaliste dans laquelle vous essayez de vous ménager une place, n'hésitera pas à se dresser contre l'Union des Républiques Soviétiques, afin d'empêcher l'expérience de rationalisation socialiste.

Hier, notre camarade Paquereaux vous disait : « La Coopération n'atteindra son plein développement que lorsque les travailleurs se seront débarrassés de l'exploitation capitaliste ; il n'y a qu'à ce moment que l'on peut espérer voir le plein épanouissement de la Coopération entre producteurs et consommateurs. »

Lorsque Paquereaux vous disait cela, Poisson répondait : « Ne nous parlez pas du tout ou rien ; ne nous parlez pas de cette caricature de socialisme qui existe en Russie ; ne nous parlez pas de ce capitalisme dissimulé. »

Le représentant des Coopératives russes est venu vous dire qu'il y a là-bas 26 millions de coopérateurs groupés, que ces 26 millions de coopérateurs, représentant par conséquent plus de 50 millions d'habitants dans ce pays, ont pris entre leurs mains les possibilités de rationalisation.

Mais nous ajoutons, Paquereaux vous le disait hier avec raison, que cette rationalisation-là, que le développement de cette coopération, le développement de ce système de production à l'intérieur, se dressait contre la rationalisation capitaliste, et c'est pourquoi les impérialismes des divers pays se dresseront contre l'Union des Républiques Soviétiques.

Camarades, je sais bien que vous nous répondez souvent, quand nous disons cela : « Allons donc ! personne ne menace la Russie des Soviets, personne n'a l'intention de l'attaquer. » Je veux admettre que vous soyez de bonne foi en pensant cela ; mais il n'y a pas seulement cette différence que la Russie des Soviets prépare la rationalisation capitaliste : socialiste, veux-je dire...

Un Congressiste. — Vous aviez bien dit !

Racamond. — Vous n'en pensez pas un mot, mon pauvre ami !

Vous me demandiez tout à l'heure à quoi aboutissait mon développement sur l'assujettissement des ouvriers capitalistes à la machine ; vous me demandiez la solution.

En Russie, la solution est à la journée de sept heures, dans toutes les entreprises où l'on a pu appliquer la rationalisation.

Un Congressiste. — Avec diminution des salaires.

Racamond. — Vous me demandiez tout à l'heure une solution aux méthodes de rationalisation dans la production.

En Russie, la question des loisirs est en face des réalisations, et si le camarade Albert Thomas, au lieu de vous dire ce qui a été fait dans l'Italie fasciste, avait voulu nous parler du développement des moyens de loisir en Russie soviétique, je pense qu'il aurait pu vous donner un rapport autrement large de ce que l'on peut faire, quand le prolétariat ouvrier et paysan a le pouvoir.

Camarades, aux portes de Moscou, au voisinage de toutes les usines, il y a des parcs de culture et de repos, où chacun peut choisir la méthode qui lui convient pour utiliser ses loisirs, où chacun peut employer son temps selon sa pensée.

Vous demandiez la solution tout à l'heure, camarades. C'est l'Union des Républiques Soviétiques qui vous la donne. Si le camarade Albert Thomas est encore là, dites-lui donc qu'il vous donne la description du champ de culture et de repos qui a été aménagé aux portes de Moscou, sur l'emplacement du Palais d'été du Tzar !

Camarades, autre chose. Nous comprenons que cela ne plaît pas à tout le monde ; mais vous nous permettrez tout de même...

Le Président. — Racamond, permettez-moi de vous dire qu'il y a quarante-cinq minutes que vous parlez et que, quand vous vous éloignez du sujet, il est nécessaire de vous y rappeler.

Racamond. — La rationalisation capitaliste — et c'est cela qui compte pour nous — prépare la guerre. La rationalisation capitaliste prépare la guerre contre la Russie.

Le Président. — Camarades, soyez patients. Notre camarade Racamond n'en a plus que pour quelques minutes.

Racamond. — La révolution russe oriente la production vers la rationalisation socialiste.

Le capitalisme prépare aussi la guerre contre la Révolution russe. Je me répète, parce que ce qui compte pour nous, c'est d'empêcher que les 60 millions de coopérateurs se cassent la figure une fois de plus.

Le capitalisme prépare la guerre à l'égard de la Révolution russe, parce que la Russie est la citadelle révolutionnaire du prolétariat international, parce qu'elle soutient la classe ouvrière dans toutes les luttes qu'elle mène contre le capitalisme...

Un Congressiste. — Et les grèves de Russie ?

Racamond. — Par conséquent, Camarades, nous le déclarons avec la certitude que plus loin et plus haut que ce congrès les travailleurs coopérateurs nous entendront, nous regrettons que le rapport présenté par nos camarades Poisson et Cleuet se soit cantonné simplement sur une espèce de technique à l'intérieur de la Coopération, alors que le problème de la rationalisation est beaucoup plus loin et beaucoup plus large.

Nous regrettons que l'on n'ait pas appelé la Fédération Nationale des Coopératives de Consommation à protester contre la méthode de rationalisation du patronat qui a provoqué la réduction de la puissance de consommation des ouvriers.

C'est le rôle des Coopératives de protester contre cela.

Une protestation vigoureuse, contre les méthodes de travail, véritables méthodes esclavagistes qui font des ouvriers à l'usine de véritables attributs de la machine, un rouage supplémentaire, voilà la menace de guerre contenue dans la rationalisation capitaliste.

Un Congressiste. — Ah ! finissez ! C'est toujours la même chose !

Racamond. — Nous regrettons, camarades, et nous le proclamerons partout où nous rencontrerons des Coopérateurs, que le rapport de Clenet et de Poisson n'élève pas une véhémente protestation contre la préparation à la guerre.

Plusieurs Congressistes. — C'est toujours pareil !

Racamond. — Et en terminant, nous vous le disons, les camarades de la minorité coopérative mèneront la lutte pour que la Coopération sorte enfin de l'ornière commerciale qu'elle s'est tracée, pour qu'on la remette un peu sur le terrain qu'elle n'aurait jamais dû quitter, de la lutte du prolétariat contre le capitalisme, aussi bien pour la production que pour la consommation ; et aussi, pour dresser, à côté des dizaines de millions de travailleurs révolutionnaires, les 60 millions de coopérateurs contre la guerre et pour la défense de la révolution russe.

Le Président. — La parole est à Couvrecelle.

Discours de COUVRECELLE

Couvrecelle. — Camarades, je n'ai pas l'intention d'examiner le problème de la rationalisation par rapport à l'économie générale ; j'ai simplement l'intention d'examiner d'abord un point du rapport qui, dans sa deuxième partie, concerne l'intégration coopérative et la publicité commerciale coopérative.

Nous sommes tout à fait d'avis que l'intégration est une forme de rationalisation. Eh bien ! avant qu'on emploie le mot de rationalisation, nous avions déjà employé cette méthode. Elle réalise incontestablement un progrès, elle comporte des avantages sérieux, elle permet en effet — et là j'en viens au côté pratique du problème — elle permet dans les sociétés de développement particulièrement, l'augmentation du chiffre des affaires dans les boutiques coopératives, la diminution des frais d'exploitation et donne ainsi dans une mesure appréciable plus de satisfaction aux consommateurs.

Malgré tout, cette intégration comporte certaines réserves, certains résultats défavorables. En effet, le système de l'intégration, comme nous le pratiquons dans la généralité de nos sociétés, non pas seulement pour l'épicerie et la boulangerie, mais également pour l'habillement, pour la chaussure, pour le ménage, comporte des immobilisations assez considérables, et on peut bien dire que la majeure partie des forces financières de nos organisations coopératives sont employées en immobilisations qui ne sont pas en rapport avec le chiffre d'affaires réalisé dans ces rayons.

Mais nous pensons qu'il y a des moyens de parer à ces difficultés. C'est par l'intensification de nos systèmes de publicité commerciale.

Nous devons dire que, sur ce terrain, nous avons été dépassés d'une façon considérable par les organisations capitalistes qui nous entourent, et plus particulièrement dans la région de l'est de notre pays. Je voudrais qu'on s'inspire dans une certaine mesure de ces difficultés, pour trouver la solution du problème qui se pose.

A ce sujet, je me déclare tout de suite d'accord avec Brot quand il dit qu'il est nécessaire que nous nous rencontrions davantage, entre techniciens du Mouvement Coopératif, pour essayer de mieux faire, et je pense que dans le domaine de la publicité commerciale, il faut que nous arrivions rapidement à trouver des solutions concrètes et pratiques.

Je me permets de faire à cet égard une suggestion, avant la réunion des directeurs de coopératives qui aura lieu le 11 Juin prochain à Paris. Je pense qu'en effet, en ce qui concerne la publicité commerciale et particulièrement l'élaboration des catalogues cooperatifs, destinés à documenter les coopérateurs, nous pourrions peut-être nous mettre d'accord régionalement, pour adopter la formule d'un catalogue-type composé de chaussures, d'articles de ménage, etc..., pour lesquels un accord interviendrait en ce qui concerne le choix et si possible les prix de vente. L'organisation technique comporterait le choix d'un employé qui serait chargé de la publicité générale pour toute une région.

Nous arriverions ainsi à répartir les frais d'une façon rationnelle et nous aurions abouti à ne plus être dans l'obligation d'avoir des catalogues coûtant fort cher, mais dont le prix de revient diminuerait dans des proportions considérables, en raison du nombre d'unités imprimé. Nous pourrons ainsi en distribuer assez largement.

Il y a quelques semaines, je faisais un sondage à ce sujet ; j'essayais d'établir un petit catalogue de 8 ou 10 pages, je demandais des prix à plusieurs organisations qui étaient suffisamment bien placées, et j'étais dans l'obligation de constater que, pour 50.000 exemplaires, il fallait compter payer ce catalogue de 75 centimes à un franc l'unité.

Je pense que si, par l'association de nos forces, par la rationalisation de nos moyens, nous arrivons à tirer non plus à 50.000 mais à 300.000 ou à 500.000, nous aurons ce même catalogue pour 25 ou 30 centimes, et nous aurons rationalisé notre publicité coopérative.

Je voudrais également attirer l'attention du Congrès et particulièrement de la Fédération sur le phénomène qui se passe dans l'ensemble du pays et plus spécialement dans l'est de la France.

Je voudrais dénoncer ici, car je crois que nous pouvons le faire sans crainte de représailles bien considérables — et nous sommes bien décidés à nous défendre, au besoin à attaquer — je voudrais dénoncer le système instauré par les sociétés à succursales multiples, qui, à l'encontre des intérêts des consommateurs et sous prétexte de concurrence, installent dans n'importe quelle bourgade, même de 300 à 400 habitants, leurs formes diverses de succursales, qu'elles soient de couleur brune, blanche, verte ou noire. C'est bien un système pléthorique contraire à l'intérêt général.

Je sais bien qu'on répondra à cela : Mais, la Coopération, alors qu'il y a déjà tant de boutiques, vient aussi ouvrir son magasin.

En fait, nous croyons ainsi servir l'intérêt des consommateurs dans une mesure appréciable, et nous pensons qu'il suffit que la Fédération nationale porte à leur connaissance que, du fait qu'ils viennent unanimement dans les boutiques coopératives, ils auront réalisé eux-mêmes la rationalisation de l'emploi de leur force de consommation.

Nous aurons ainsi réussi à faire baisser le pourcentage des frais généraux de nos organisations, par l'élévation automatique du chiffre des affaires. Nous aurons ainsi battu les organisations capitalistes, sur le terrain même où elles se placent.

Voilà les suggestions que je voulais faire au Congrès.

Je suis persuadé que je suis d'accord avec l'unanimité de mes auditeurs, pour souhaiter que le Mouvement Coopératif poursuive son action suivant ces indications et que sur ces différents points il fixe l'attitude de demain.

Le Président. — La parole est à E. Poisson, rapporteur.

Discours de POISSON

Poisson. — Dans le rapport que Clouet et moi vous avons présenté, et dont la conclusion sera tout à l'heure mise aux voix, il y a, en effet, sous le nom de rationalisation, trois choses non pas distinctes mais tout de même un peu différentes.

A l'heure où l'on parle de rationalisation, mettant sous ce mot beaucoup de choses, — je le montrerai tout à l'heure en répondant à l'orateur des Coopérateurs communistes — nous voulons, en tant que Mouvement Coopératif, considérer les différents aspects que l'on envisage généralement sous ce mot.

Trois choses, ai-je dit, dans le rapport. L'une, qui n'a pour ainsi dire pas été discutée, c'est que si l'on entend la rationalisation comme le système le plus économique de la production et de la répartition des richesses, la véritable économie rationnelle serait une économie intégralement coopérative.

Il n'est pas difficile de le montrer, même en se plaçant dans la logomachie actuelle et en parlant de rationalisation verticale et de rationalisation horizontale.

C'est incontestable, pour la rationalisation horizontale dont Couvre-celle parlait il y a une minute. Il est facile de montrer que la répartition des richesses la moins coûteuse c'est celle qui aboutit non pas au pullulement des magasins, mais au contraire à leur concentration. Une succursale pour un périmètre donné, intégrant en elle les différents besoins alimentaires et même les autres, constitue une économie rationnelle. Or, c'est cela que la Coopération tend à faire, et c'est même pour cela que nous sommes pour l'intégration des sociétés, pour la fusion des sociétés, pour que les sociétés se développent partout en essayant de réunir en une seule société toutes les branches.

Donc, l'économie coopérative vers laquelle nous marchons, c'est déjà de la rationalisation horizontale.

Mais c'est aussi de la rationalisation verticale, puisque le produit est pris à sa source et porté jusqu'à la table du consommateur.

Cette rationalisation s'opère dans le Mouvement Coopératif par les liens de plus en plus étroits qui unissent les sociétés de détail et notre Magasin de Gros. Elle s'opère par la création de services centraux multipliés, Magasin de Gros, Banque des Coopératives. Elle s'opère au sein du Magasin de Gros lui-même, essayant de mettre sous la même direction la production de ses usines et la vente même de ses produits.

C'est là un immense effort et nous avons quelque droit de dire à tous les partisans de la rationalisation que la plus complète rationalisation, ce serait la coopération intégralement réalisée.

Et après tout, puisque le mot est à la mode, puisqu'il a du succès, puisqu'il obtient des suffrages auprès de l'opinion publique, nous vous disons dans notre rapport : Une propagande utile peut être faite, par tracts, par paroles, pour montrer le caractère de rationalisation de la production et de la répartition, que représente le Mouvement Coopératif, en marche vers ses destinées.

Voilà le premier point.

Donc, notre ami Couvrecelle, par là même, a satisfaction.

Un effort doit être fait pour cela : il faut montrer ses avantages.

Cependant, il y a une critique. Oh ! elle a été faite avec beaucoup de réserve, avec beaucoup de prudence, mais elle a été nettement marquée par le Docteur Fauquet.

Il n'a pas dit qu'il était opposé à la rationalisation ; il ne s'est pas déclaré contre, mais il a marqué qu'au bout du processus économique, à ses débuts et à sa fin, aussi bien au moment de la production agricole qu'au moment de la consommation ménagère, il y a lieu non pas à l'homogénéité que représente par excellence la rationalisation, mais au contraire à la diversité, et qu'il fallait tenir compte dans une certaine mesure des petits groupes qui constituent les bases mêmes de l'économie dont l'intégration peut être accomplie par des liens fédératifs, mais non pas par des liens seulement unitaires.

Nous ne discuterons pas cette question théorique.

Pour le moment, contentons-nous de dire que nous savons que si l'économie coopérative est un modèle de rationalisation, il est clair cependant que ce n'est pas avec une formule s'appliquant à toute l'organisation de la production que nous pouvons résoudre le problème complet.

En ce qui concerne, par exemple, la production agricole, même faite sous la forme coopérative, même restée encore sous la forme individualiste, il y a lieu, pour une très large part, de chercher la charnière, le lien de l'économie coopérative complète de la production et de la consommation.

C'est peut-être même un point sur lequel le Mouvement Coopératif a besoin de réfléchir et de ne pas rester cantonné dans de vieilles formules qui ont l'air très révolutionnaires dans les livres de notre ami Lavergne, mais qui sont dès maintenant largement dépassées par les faits.

Ceci dit, nous arrivons au deuxième point.

Nous avons parlé de la rationalisation dans le Mouvement Coopératif lui-même, dans son organisation interne. Dès maintenant, je crois pouvoir dire, avec Cleuet, que c'est, pour nous, le point essentiel du rapport : C'est l'effort de standardisation, d'unification, de simplification de toutes nos méthodes administratives et commerciales. C'est la recherche d'un seul type pour toutes les sociétés, type qui, par sa réputation, sera une forme de propagande ; c'est la présentation de toutes nos boutiques avec le même aspect extérieur, je dirai même peut-être avec la même couleur ; c'est la devanture de la boutique coopérative différant de toutes les autres et immédiatement reconnaissable ; c'est l'organisation intérieure de la boutique, faite suivant les mêmes méthodes, les mêmes matériaux, avec la recherche du meilleur emplacement pour chaque produit, après une étude scientifique de la meilleure position des produits, de leur meilleure présentation, de leur meilleure conservation ; c'est l'installation de la boutique, non pas seulement pour les produits, mais pour les consommateurs.

Dans le problème de la rationalisation, et Fauquet l'a très bien montré, nous ne prenons pas la position de rationalisateurs d'une économie de la production faite pour le profit. La boutique du commerçant est arrangée pour obtenir le maximum de profit, pour présenter par exemple les marchandises qui rapportent le plus, et si ces marchandises sont de mauvaise qualité, le profit n'en sera que plus grand. Au contraire, la boutique de la société coopérative est faite pour le consommateur ; elle doit l'attirer, dans les limites de la concurrence, en tenant compte de ce que font les concurrents, mais elle doit faire quelque chose de plus. Elle doit essayer d'être elle-même. Je parlais de l'emplacement de la Coopérative. La place pour le Coopérateur, pour venir s'y fournir, pour être servi le plus commodément possible, doit être une des recherches de la rationalisation et une des applications de notre Mouvement.

J'ai donné ces exemples, mais c'est toute la réorganisation de nos méthodes administratives et de nos méthodes de comptabilité qui devrait être entreprise et unifiée ; ce sont nos imprimés de toutes sortes, de tous formats, qui devraient être standardisés et que nous voudrions produire dans des imprimeries à nous, qui seraient à la disposition des sociétés. C'est la longueur des papiers, leur épaisseur, la recherche du meilleur imprimé faite en commun par l'expérimentation de tous, qui doit être l'objet de la rationalisation du Mouvement coopératif. Ce sont les méthodes de publicité, ce sont les systèmes de propagande pour attirer les coopérateurs qui peuvent faire l'objet d'un grand effort de rationalisation.

Voilà pourquoi nous vous demandons la nomination d'une commission spéciale, composée de techniciens, d'administrateurs capables de mettre au point tous ces problèmes, très simples en apparence, très difficiles en réalité. C'est là l'objet principal de notre rapport.

Il en est un troisième, celui qui a fait l'objet des critiques les plus vives, surtout dans l'intervention très complète de Racamond.

En entendant Racamond, tout à l'heure, je me disais : « Les jours se suivent et ne se ressemblent pas ! Hier, nous avons entendu un discours de Paquereaux tout en faveur de l'unité coopérative ; il a fait, je ne dirai pas des concessions, mais il a tenu compte de certaines nécessités, tout va bien ! ».

Sans doute, je me méfiais un peu, l'unité coopérative, c'est très bien, c'est charmant ; la déclaration de Paquereaux sur les Comptoirs Industriels, je l'enregistrais avec joie ; mais je n'oubliais pas que, parmi les signataires de la circulaire sur les Comptoirs Industriels, il y avait quelques noms un peu inquiétants. Et puis, j'étais aussi un peu effrayé parce qu'enfin, la Banque Ouvrière et Paysanne, tout de même, n'est pas précisément un symbole d'unité du point de vue financier. Mais enfin, ça avait pris, j'étais content.

Je vois que vraiment, j'ai beau être Normand, je ne suis pas malin ! Car aujourd'hui, j'ai entendu Racamond. Ah ! c'est un autre langage ! C'est autre chose : Tout doit être fait, tout doit être orienté par-dessus la tête des mauvais bergers que vous êtes ; par-dessus votre tête, on s'adressera aux coopérateurs. Et on leur dira quoi ? On leur dira que le Mouvement Coopératif est engagé dans une très mauvaise voie, qu'il faut faire un rétablissement, qu'il faut le ramener à la coopération lutte de classe et révolutionnaire.

C'est bien ce que Racamond a dit, n'est-ce pas ?

Eh bien ! cela, c'est le contraire de l'unité. Car dans l'unité, vous avez bien le droit d'avoir votre opinion et de la défendre ; mais l'unité, c'est la possibilité d'être coopérateur sans adhérer à un parti politique ou à une doctrine de lutte de classe.

Hier, tout était bien ; aujourd'hui, voilà le bout de l'oreille qui paraît. Il paraît, quoique votre doctrine coopérative soit au fond très simple.

Vous dites très franchement, vous Racamond, qu'il faut faire de la politique. Cela, on ne le voyait pas aussi bien avec Paquereaux ; on pouvait croire que c'était de la politique économique, mais que ce n'était pas de la politique de parti. Mais avec vous, Racamond, on voit clair ; c'est net. C'est à propos de la rationalisation, mais ce pourrait être à propos de tout autre chose : vous dites : Il n'y a point de rationalisation intéressante pour la classe ouvrière, dans le régime capitaliste. Pour vous, la rationalisation n'est intéressante que dans ce que vous appelez, par euphémisme, le régime socialiste de la Russie.

Qu'est-ce que cela veut donc dire ? Cela veut dire que, pour vous, il y a, en Russie, un pouvoir politique qui est entre les mains d'un parti politique ; que cela étant, tout va bien ; mais que partout où le pouvoir n'est pas aux mains de ce même parti, tout va mal.

Vous m'avez dit que je vous ai reproché la politique du tout ou rien, et vous avez dit que vous étiez pour les améliorations de la classe ouvrière, pour les réformes utiles à l'ensemble des travailleurs et même aux petits paysans.

Pardon ! il faut être logique. Si, comme dans les sociétés coopératives, tout ce qu'on fait se retourne contre les travailleurs, il n'y a qu'une chose à faire : tendre à la prise du pouvoir. Et quand vous parlez de réformes, c'est une agitation pour amener à vous, par la Coopération, les travailleurs ; mais d'après vous, la Coopération, dans la société actuelle, n'est même pas un palliatif : ce n'est rien du tout. Il n'y a qu'une chose qui soit intéressante : prendre le pouvoir, comme en Russie.

Et après, du jour au lendemain, tout ce qui était mauvais deviendra bon. Et il en est ainsi notamment pour la rationalisation. La rationalisation, qui est si mauvaise, si déplorable ici, est parfaite là-bas. Voilà votre théorie.

Permettez-moi de vous dire que vous allez un peu fort, car vous tendez singulièrement à mélanger les choses.

Vous nous avez dit : la rationalisation a fait ses preuves en France ; elle a amené, depuis deux ans la diminution des salaires et l'augmentation des heures de travail.

Même s'il était démontré, et c'est à voir, que la capacité d'achat des travailleurs a diminué depuis deux ans, dans l'ensemble — et en tout cas je ne le crois pas en ce qui concerne le monde rural que vous prétendez défendre — même si cette capacité d'achat avait diminué, même s'il y avait une aggravation dans les heures de travail, permettez-moi de vous dire qu'il y a une chose que je nie, c'est qu'un tel résultat serait dû à la rationalisation.

Car on peut bien dire qu'en France les progrès de la rationalisation capitaliste sont, pour ainsi dire, nuls.

Ce que vous avez appelé la rationalisation, c'est l'effet de la stabilisation monétaire. Il ne faudrait tout de même pas confondre. Vous pouvez dire peut-être que la stabilisation de la monnaie a déterminé une hausse des prix qui n'a pas été accompagné d'une hausse des salaires. Mais cela n'a rien à voir avec la rationalisation. Nous discuterons ce problème-là un autre jour ; ce n'est pas le problème de l'organisation méthodique de l'industrie. Donc, distinguons.

Et puis, vous allez plus loin. Vous dites : Mais, l'organisation de la production, méthode de perfectionnement, l'organisation de la production dans la société d'aujourd'hui, cela ne vaut rien, cela se retourne contre la classe ouvrière ; il n'y a rien à faire tant qu'on n'aura pas le pouvoir.

Mais alors, il faut être clair. Cela veut dire que, tant que le régime capitaliste sera debout, il faut considérer comme mauvaise et dangereuse, l'introduction de toute machine nouvelle, l'introduction de tout perfectionnement technique, il faut admettre que toute organisation plus perfectionnée du travail doit être absolument repoussée.

PAQUEREAUX. — C'est un argument de réunion publique.

POISSON. — Tâche donc de t'arranger avec Racamond et de concilier ce que tu as dit hier avec ce qu'il a dit aujourd'hui !

PAQUEREAUX. — Tu fais-là une opération à laquelle tu es habitué.

POISSON. — Je fais cette opération comme tu en fais d'autres.

PAQUEREAUX. — Et tu la fais avec d'autant plus de sûreté que la parole ne nous sera pas donnée.

POISSON. — Je défie que tu répondes à cette argumentation de Racamond. Ce n'est pas une théorie sur les préparatifs de la guerre qu'il nous faut ; ce qu'il faut, c'est répondre à la question précise que je traite à l'heure actuelle.

C'est que, si vous dites : Toute amélioration de la production, toute augmentation de la production, tout perfectionnement technique, toute amélioration des méthodes, toute nouvelle organisation scientifique du travail doit être repoussée dans le régime capitaliste, parce que cela aggrave la misère du prolétariat...

PLUSIEURS DÉLÉGUÉS. — Non, non, non ! Nous ne disons pas cela !

POISSON. — Comment ! non ! Mais c'est toute la théorie que Racamond a soutenue ici !

RACAMOND. — Poisson, je n'ai pas dit cela !

POISSON. — Il y a une chose certaine, c'est qu'il y a ici quelques centaines de coopérateurs qui vous ont entendu et qui m'entendent ; si vraiment je dénature votre parole ou votre pensée, ils le diront.

Je prétends que je discute sérieusement et je montre les contradictions de votre théorie.

Je sais aussi bien que vous, Racamond, et peut-être les coopérateurs qui sont ici, même ceux qui seraient aux antipodes de nos idées savent très bien que, dans la société actuelle, toute machine qui s'introduit dans un atelier, que ce soit chez Citroën ou chez Renault, tout le monde sait que toute nouvelle méthode technique a comme résultat dans la société d'aujourd'hui, un chômage partiel et des difficultés d'organisation. Il est curieux de voir applaudir des vérités aussi banales ; mais ce n'est pas comme cela que vous vous en tirerez. Même si la machine est entre les mains du capital, même si le perfectionnement technique et la meilleure organisaton du travail dans la société actuelle, le vrai problème ne consiste pas à dire aux travailleurs : « Voyez comme il est malheureux d'être en régime capitaliste ! »

Il ne suffit pas de leur dire cela. Il faut leur dire que la machine est utile, que le perfectionnement est utile ; il faut leur dire non pas que la chaîne est misérable en tout temps, mais qu'elle est un moyen d'organisation du travail.

Ne faites pas seulement vos réserves : ayez une méthode d'action. C'est vrai, la rationalisation n'est pas sans dangers. Mais qu'est-ce que nous disons donc, Cleuet et moi, dans notre rapport ? Nous marquons précisément les dangers de la rationalisation. Ils sont de deux espèces : dangers pour les producteurs, dangers pour les consommateurs.

Dangers pour le consommateur. — C'est d'abord qu'en réalité la rationalisation des entreprises n'aboutisse à un monopole de fait, et avec ce monopole de fait, à une augmentation des prix qui aura pour conséquence un accroissement des profits, sans accroissement des revenus du travail. D'accord.

Et puis, la rationalisation peut avoir pour résultat de standardiser non pas les produits de bonne qualité, mais les produits dont le prix de revient est le plus bas et le profit le plus grand. Donc, danger encore pour le consommateur.

Autre danger : la raréfaction des produits peut provenir d'une répartition des marchés entre les détenteurs des moyens de production et d'échange.

Si on met la main sur une industrie entière, on peut raréfier les produits pour en faire monter le prix.

Voilà des dangers que nous marquons dans notre rapport et nous disons aux consommateurs . « Veillez au grain ». Et voilà pourquoi nous vous proposerons tout à l'heure des moyens d'action.

Et du côté des producteurs. — Dans notre rapport, nous avons indiqué que la rationalisation ne devait pas aboutir à une diminution des revenus du travail, car elle serait dangereuse, mais qu'au contraire elle pouvait (nous n'avons pas dit qu'elle devait) être un moyen d'augmenter la force d'achat et par conséquent d'accroître le marché intérieur, stimulant la production grandie et la richesse du pays.

Et c'est tellement notre opinion que lorsque Brot est venu nous demander tout à l'heure qu'à ce point de vue-là, il n'y ait aucune équivoque, nous avons répondu tout de suite oui, et nous avons rédigé en commun un amendement qui sera ajouté à notre motion :

...et que la rationalisation ne constitue pas un prétexte à la réduction du niveau de vie des producteurs salariés.

Voilà notre position. La rationalisation est une économie ; c'est le prix de revient moindre. Le tout de savoir à qui elle va profiter.

Elle peut profiter au consommateur tout seul ; elle pourrait profiter au producteur salarié tout seul ; elle peut profiter au capitaliste tout seul. C'est là une question d'équilibre des forces sociales en présence. Si les producteurs salariés divisés n'ont pas d'organisation professionnelle sérieuse, s'ils sont isolés en face d'un capital associé, ils peuvent sinon être toujours les victimes, du moins supporter le poids de la rationalisation. Mais de même, les consommateurs peuvent aussi être victimes, au profit non pas seulement du capital, mais quelquefois des producteurs salariés eux-mêmes. Quand il s'agit, par exemple, de protéger l'industrie des mines par des droits de douane que les consommateurs payeront, au profit de qui cela se fait-il ? Au profit du capital, pour une part, sans doute ; mais l'argument donné pour obtenir ces droits de douane, et en parti passé dans la réalité des faits, c'est l'augmentation ou le maintien des salaires des ouvriers mineurs. Je ne discute pas le bien fondé de cette mesure ; je constate que tout effort d'organi-

:sation du marché, s'il est fait pour les uns, est fait contre les autres. Mais ce que je sais bien, c'est qu'il n'est pas fatal que ce soit uniquement le capitalisme qui en profite, et que ce soit les producteurs et les consommateurs qui en fassent les frais.

Je le dis et je le prouve.

Vous m'avez donné trois exemples. — En ce qui concerne la France, je vous ai répondu : la rationalisation n'existe pas, n'est même pas commencée ; ce n'est pas elle qui est cause de la situation actuelle. C'est peut-être une organisation des patrons entre eux, du syndicalisme patronal, grâce aux divisions ouvrières que vous connaissez bien.

Il n'est pas fatal non plus que les consommateurs en fassent les frais, car, à mesure que les organisations coopératives se développent, c'est tout au moins un instrument de régularisation qui fonctionne sur le marché et les concurrents sont obligés de suivre nos prix.

Et puis, si l'ensemble des répartiteurs de toutes les formes du commerce privé et coopératif, si l'ensemble des débouchés se dressent syndicalement associés, en face des producteurs, la victoire de ces derniers sur le marché n'est pas du tout sûre.

Mais, permettez-moi de vous dire deux choses. C'est que même si provisoirement les consommateurs et les producteurs ne devaient pas bénéficier de la rationalisation, ils doivent être tout de même pour tout ce qui représente une organisation plus perfectionnée de la production et de la productivité.

Car c'est dans une société plus perfectionnée, plus riche de produits qu'il est plus facile de lutter pour améliorer le sort des consommateurs ou des producteurs. Ce n'est pas avec des producteurs asservis, exploités, mal payés, avec des consommateurs inorganisés, que l'on peut espérer un redressement quelconque d'une situation à l'encontre des détenteurs du capital.

Ce que nous disons, c'est qu'il faut être d'abord pour la machine, pour la production intensifiée, pour la production équilibrée avec les besoins, par l'organisation du marché. Il faut être pour le progrès, parce que c'est le progrès. Si les machines ne s'installaient pas, si la production diminuait, si l'anarchie s'insinuait, vous croyez que le sort de l'humanité en serait meilleur ? Ah ! quelle plaisanterie ! Ce n'est pas là mon avis.

Nous disons, nous, qu'il y a un intérêt général. Vous avez écrit dans vos journaux que vous êtes contre l'intérêt général...

Paquereaux. — Oui.

Poisson. — ...que, pour vous, l'intérêt général n'existe pas. Eh bien ! nous disons que, même dans la société capitaliste d'aujourd'hui, où les hommes, comme des loups, essayent de se partager le gâteau de la production, plus le gâteau sera grand, même s'il y a des loups capitalistes qui ont beaucoup d'appétit, plus les autres auront de possibilité d'arracher un morceau.

Il y a donc l'intérêt général qui est d'avoir le plus grand gâteau possible. C'est cela qui est l'intérêt de la production et de la productivité.

Et c'est pour cela qu'à notre avis vous avez tort.

Vous nous dites que les impérialismes nationaux et internationaux se livrent des batailles et que la rationalisation a pour bbut d'obtenir des prix inférieurs et d'arriver à des salaires plus bas pour favoriser l'exportation sur les marchés extérieurs.

Mais, avec une contradiction admirable, vous nous dites aussi que les impérialismes capitalistes sont devenus internationaux.

Permettez-moi de vous dire que les produits français iraient bien à l'étranger, mais alors, qui donc les consommerait à l'étranger et bénéficierait des bas prix ? Ce sont les consommateurs étrangers.

Et précisément, puisque vous admettez les impérialismes internationaux, ce seraient les produits étrangers qui nous arriveraient à meilleur compte.

Vous me direz : Il y a des politiques de droits de douane qui se font face. Mais si elles sont internationales, elles arrivent, elles aussi, à se balancer.

Et puis, ce n'est pas vrai, votre histoire des impérialistes internationaux. Aujourd'hui, les cartels et les trusts tendent beaucoup moins à s'entredévorer qu'à restreindre la concurrence pour se partager les marchés entre eux et à se diviser les entreprises. Votre argument n'a donc plus la base qu'il semblait avoir.

Quelle est notre opinion ? C'est qu'en face de toute rationalisation : production, productivité, matières premières, standardisation et normalisation des produits, en face des cartels et des trusts que vous ne pouvez pas empêcher, parce que si cette évolution favorable au progrès est entre les mains du capitalisme, elle est tout de même le progrès, il faut d'abord faire le progrès, et par la Coopération dans la mesure de ses forces et de la volonté des hommes, substituer la formule coopérative à la formule capitaliste. Voilà notre opinion.

Nous n'avons pas cette espèce de levier magique ; nous ne croyons pas que, quand on a en mains les rênes du gouvernement, on peut tout faire, tout changer.

Et permettez-moi personnellement de vous dire — puisque vous avez dit que j'avais été anarchiste dans ma jeunesse, — permettez-moi de vous dire que j'ai dû le rester, quoique conservateur à vos yeux, puisque, en vérité, je ne crois pas à la puissance mystique infinie et sans limite de l'action de ceux qui ont le gouvernement et l'administration des hommes. Je crois qu'il y a, dans l'évolution économique moderne, des forces qui peu à peu les égalent et les dominent. Celles qui les dominent aujourd'hui, ce sont les forces économiques du capitalisme.

Et puis, il y a la force nouvelle que crée l'économie publique, en face de l'économie privée.

Ah ! elle est encore bien modeste, elle est encore bien timide, elle balbutie, elle fait des fautes peut-être, mais elle est le monde en gestation, et pas plus qu'on ne peut arrêter le progrès technique, pas plus on ne peut arrêter le progrès moral et social.

Jetez un regard sur l'histoire de l'humanité, jugez les âges d'époque en époque : le monde marche, avec la complexité des choses, vers le progrès, vers la satisfaction des besoins humains. Et à mesure qu'ainsi s'opère cette évolution, les hommes, insatiables, réclament toujours davantage, et l'évolution se fait par les moyens techniques de la science et du perfectionnement. Et puis, se mêlent à cela les batailles de ceux qui veulent prendre le plus possible dans la répartition des richesses. Mais nous disons que plus on va, plus aussi l'idée d'égalité comme l'idée de liberté et l'idée de justice, se fait jour, et plus le progrès grandit. Et voilà pourquoi nous sommes pour la rationalisation, formule du progrès, mais qui ne sera parfaite qui si la Coopération l'anime dès maintenant par son contrôle et si elle la réalise intégralement par le système qu'elle représente.

Le Président. — Aucun orateur n'étant plus inscrit, après la réponse de Poisson, le débat est clos.

Paquereaux. — Est-ce que je peux parler ?

Le Président. — Non, ce n'est pas possible. Après la réponse de Paquereaux, il y aurait la réponse de Poisson et nous serions là encore à minuit.

Paquereaux. — Poisson a insinué...

Le Président. — Le débat est clos. Camarades, vous avez pris connaissance, dans le Rapport, de la Résolution qui vous est proposée, et Poisson vous a donné lecture de l'amendement qu'il a lui-même rédigé, d'accord avec Brot. Inutile de vous relire ces textes que je mets aux voix.

Paquereaux. — Nous ne pouvons pas nous expliquer.

Poisson. — Mais vous ne votez pas contre ; alors, c'est à l'unanimité que la résolution est admise.

CLOTURE DU CONGRÈS

Le Président. — Camarades, avant de prononcer la clôture du Congrès, j'ai à remplir en votre nom un agréable devoir. C'est de remercier les organisateurs qui nous ont reçus ici. Je remercie tout particulièrement nos amis de la Fédération du Centre-Océan, et plus spécialement nos amis de la Coopérative Régionale des Charentes et des Deux-Sèvres, qui ont organisé nos assises annuelles avec le souci de vous donner le maximum de confort.

Ceci dit, je voudrais marquer d'un mot la bonne tenue et la méthode qui ont présidé à ces débats. Cela indique la maturité de notre Mouvement ; cela nous donne aussi la certitude de nouveaux progrès que nous enregistrerons dans l'avenir, comme déjà nous en avons enregistré dans le passé.

Je pense que tous les délégués qui ont assisté à ce Congrès retourneront dans leurs sociétés avec la volonté plus ardente que jamais de pousser le développement de leur propre organisation, et de concourir au progrès indéfini de notre Mouvement jusqu'à ce que nous soyons arrivés à ce qui est le désir de tous les Coopérateurs : l'établissement d'un régime économique nouveau.

C'est dans cet esprit, camarades, que je vous salue et que je déclare clos le Congrès de la Fédération Nationale des Coopératives de Consommation.

La séance est levée à 18 heures.

ANNEXES

RAPPORTS ET DOCUMENTS

PREMIERE PARTIE

DEUXIEME PARTIE

PREMIÈRE PARTIE

RAPPORT DU CONSEIL CENTRAL
au Congrès de Royan

Avant de parler de l'activité générale de la F. N. C. C. au cours de 1928, le Conseil Central tient à rendre hommage à ceux de ses membres disparus. Ils sont — hélas — au nombre de quatre : Henri Ponard, Georges Garbado, Edouard Lavielle et Casimir Chiousse.

Le meilleur hommage qui peut être rendu à nos amis est de citer, ici, ce que déjà Le Coopérateur de France (1) a publié.

Henri PONARD

Pierre-Henri Ponard était né le 8 août 1861. Ouvrier tourneur pipier dès son enfance et voué aux dures besognes de l'atelier paternel ou de la fabrique patronale, il eut, aussitôt parvenu à l'âge d'homme, la volonté de se consacrer au service de l'organisation de ses camarades de travail, au relèvement et à l'émancipation de ses compatriotes.

Il devint d'abord, et dès 1886, à vingt-cinq ans, coopérateur au sein de la petite société locale *La Fraternelle*, fondée quelques années plus tôt, en 1881, et dont l'évolution, à l'heure où il y pénétrait, prenait précisément un cours nouveau, de tous points opposé à celui de ses débuts, et résolument contraire au véritable esprit coopératif.

Ponard ne fut d'abord dans la coopérative qu'un simple adhérent passif sans autorité et sans mandat. Mais il réfléchissait et observait. Ses idées sociales mûrissaient et s'affirmaient. En 1891, à 30 ans, le voici qui fonde dans sa ville le syndicat ouvrier de l'article de Saint-Claude, *Le Travail*, et il va commencer à acquérir sur les ouvriers, comme lui, une autorité qui ira chaque jour grandissant. En 1892, il crée les premières organisations socialistes du Jura, et quatre ans plus tard, élu Conseiller municipal de Saint-Claude, il va, partant du point de vue d'une organisation ouvrière autonome qui puisse seule édifier la société nouvelle, se décider à utiliser *La Fraternelle* comme un des éléments positifs dans la construction d'une cité économique socialiste. De là, la modification des statuts de la coopérative et la constitution du fonds de réserve collectif et du fonds perpétuel inaliénable, qui vont donner à la société sa physionomie particulière et son caractère original. De ce jour, Ponard, sans s'en douter, devenait chef d'école.

Il fut l'un des trois délégués des coopératives au fameux congrès des organisations socialistes de 1899. Puis, cherchant la voie la meilleure, il adhéra avec sa *Fraternelle*, à la nouvelle Fédération Nationale, constituée en 1900 au congrès de Paris, sous le nom de *Bourse des Coopératives*.

---

(1) Les Notes sur Henri Ponard et Georges Garbado ont été rédigées par Jean Gaumont.

Collaborateur occasionnel du *Bulletin de la Bourse*, et peu à peu connu du monde ouvrier et coopérateur français, à la fois comme syndicaliste, coopérateur et militant politique, il défendit au Congrès coopératif de Sotteville, en 1903, un remarquable rapport qui le mit en pleine lumière. C'est que Henri Ponard apportait vraiment une formule de coopération fédéraliste, animée du vieil esprit de libertarisme proudhonien, à caractère constructif, dans laquelle la coopérative entrait comme le principal élément de création d'un *socialisme des institutions*, qu'il opposait au socialisme politique, qu'il fût à base parlementaire et réformiste, ou d'essence révolutionnaire et centraliste. Pour lui, la société socialiste nouvelle devait être une véritable « fédération des communes économiques et sociales », constituées par les coopératives de consommation et de production. C'est ce type de coopération que Charles Gide reconnut comme représentatif d'une école différente de celle de Nîmes, et à laquelle il donna le nom d' « école de Saint-Claude ». Il ne fit guère école, toutefois, puisque deux ou trois sociétés seulement l'adoptèrent dans tout le pays.

En vrai Jurassien, tenace et patient, Ponard travailla silencieusement. A peine détourné de sa tâche d'organisation, de comptable, d'administrateur, par sa collaboration aux petits journaux locaux, à la *Tribune Coopérative*, créée par Jaurès dans *l'Humanité*, de 1906 à 1908, il ne cessa de développer ou de créer à Saint-Etienne les institutions nouvelles. Après *La Fraternelle*, qu'il dota de tout un ensemble d'œuvres sociales, mutualistes, syndicales, de solidarité, d'éducation, et qui prospéra sous sa direction intelligente, sous sa volonté obstinée et attentive, il élargissait le réseau des créations ouvrières qui y avaient leur centre et leur point de départ avec la *Maison du Peuple* : boulangerie, boucherie, restaurant et café, Cercle du travail, puis ateliers coopératifs de tournerie, *La Pipe*, de taille de pierres précieuses, *Le Diamant*, imprimerie, etc., etc., qui, depuis trente ans, ont fait de Saint-Claude et de la région voisine un « centre » de coopération des plus actif et des plus intéressant.

Libéral et tolérant, Ponard comprit vite que la formule qu'il avait fait accepter et pratiquer par ses compatriotes ne pouvait guère s'étendre au-delà du cercle particulier qui l'avait vu naître. Aussi, loin de se dresser en chef d'école intransigeant et sectaire, fut-il l'un des premiers derrière Jaurès à accepter l'Unité coopérative en France. Il vint avec sa société à la fédération unifiée dès sa création, et figura avec elle au Congrès de Reims en 1913. En 1918, il fut élu au Conseil Central et au Conseil Supérieur de la Coopération. Il n'a pas cessé depuis d'être un des représentants du Mouvement aux organismes centraux, et l'un des plus assidus, malgré l'éloignement, et bien que ses compatriotes, reconnaissants de son dévouement de quarante années, lui eussent successivement confié des tâches de plus en plus lourdes, l'élisant à la mairie de Saint-Claude, puis au Conseil général et à la Chambre des Députés.

Henri Ponard laisse derrière lui, à la fois, un grand exemple et une grande œuvre. Ce travailleur modeste, réservé, silencieux et grave, a vu grandir et prospérer les institutions dont il fut le créateur, s'élever et s'émanciper peu à peu les forces sociales dont il était l'âme. Il meurt en plein triomphe et en pleine gloire, si l'on doit appeler gloire la réussite d'un long et patient effort de réalisation des rêves de la jeunesse.

Figure originale et bien représentative de l'authentique peuple ouvrier de la région, épris plus que d'abstraites théories, d'une action organisatrice et constructive, il exprimait dans l'action sociale et coopérative, le vieil esprit associationniste des montagnards jurassiens qui, depuis. des siècles, donna naissance aux *fruitières,* ou fromageries paysannes, et façonna obscurément la pensée de Fourier et de Proudhon, deux. des ancêtres et précurseurs coopératistes du vieux socialisme français.

A travers toute sa longue carrière de militant, devenu « chef d'école », du constructeur patient et volontaire de « l'amphyctionie » coopérative sanclaudienne, se retrouve la tradition du fédéralisme, c'est-à-dire de l'autonomie de l'individu dans le groupe, du groupe primaire dans la fédération, articulée à tous les degrés et à tous les échelons avec les autres éléments, dans le domaine communal et national, comme dans le cadre syndical et corporatif, comme aussi dans le faisceau coopératif. Aussi peut-on dire qu'il fut l'un des hommes qui traduisit avec le plus de fidélité, tant par ses origines que par sa vocation, le véritable esprit ouvrier, syndical et coopératif de notre pays.

Nous saluons avec douleur et respect Henri Ponard mort, mais toujours vivant dans ses œuvres, comme il sera dans notre cœur et dans notre souvenir, et nous adressons aux coopérateurs sanclaudiens, à sa famille, l'hommage de notre sympathie fraternelle profondément attristée.

Georges GARBADO

A quatre mois et demi du décès d'Henri Ponard, voici Garbado, administrateur comme lui de nos organisations centrales, membre comme lui du Conseil Supérieur de la Coopération, qui s'en va à son tour, emporté par la maladie qui, depuis quelques mois, le tenait éloigné de nos délibérations et l'avait empêché d'assister à notre Congrès de Grenoble. Avec lui, c'est encore, comme avec Ponard, un représentant de l'époque héroïque de la Coopération française, un de nos grands Fondateurs, qui disparaît, ayant mené, dans le même temps, et parallèlement avec son camarade et ami, une admirable et féconde carrière de propagandiste, de militant, de constructeur et d'organisateur commencée en 1892, il y a trente-six ans, et qui vient de s'achever maintenant sans avoir connu une défaillance, un découragement ou un fléchissement de la volonté.

C'est en 1892 que Georges-François Garbado, alors ouvrier typographe à Amiens, participait comme administrateur et président du Syndicat ouvrier de sa profession, à la fondation de la Société coopérative de consommation l'*Union d'Amiens.* Il avait alors 29 ans, étant né, à Amiens même, le 20 mai 1863. Raconter sa vie, c'est aussi faire le récit de la Société amiénoise, si puissante aujourd'hui, puisqu'il en fut, de 1892 à 1908, seize années durant, successivement le premier secrétaire du Conseil d'administration jusqu'en 1898, le directeur-gérant de 1898 à 1903.

La Coopérative était de constitution assez originale. Créée par les syndicats ouvriers pour la sauvegarde et la défense de la force d'achat des salaires conquis par la cohésion et la solidarité des travailleurs syndiqués, sa tendance originelle en faisait une société de formule étroitement et exclusivement ouvrière, établie pour les ouvriers et subordonnée à leurs organismes corporatifs et syndicaux. A ce point de vue, on a pu dire parfois, non sans raison, que le type coopératif d'Amiens représentait une « école » assez différente des autres sociétés de même constitution rochdalienne. Ses premiers administrateurs furent donc les administrateurs des syndicats : ceux des mouleurs, des cordonniers, les typographes, des tisseurs, des teinturiers et des ouvriers en voiture, à raison de trois par chaque corporation syndiquée. Georges Garbado, travailleur sérieux, intelligent, estimé de tous, déjà connu dans sa ville comme excellent typographe, syndiqué de plusieurs années et président de sa corporation, la mieux organisée et la plus instruite, fut à ce titre l'un des principaux fondateurs, le plus compétent même et le plus capable, de la nouvelle coopérative, fondée le 24 juillet 1892, 9, rue du Bloc. Les débuts furent pénibles. Il fallait les entendre raconter par Garbado avec l'émotion rétrospective des pères pour les enfants fragiles qu'ils ont eu tant de peine à sauver et aussi avec cette pointe d'humour picarde spirituelle et gaie qui rendait les relations avec lui si attrayantes et si pleines de charme.

Garbado, peu à peu devenu le principal dirigeant de l'entreprise coopérative et y acquérant chaque jour les qualités administratives et techniques indispensables, fut consacré directeur-gérant en 1898. La société avait alors près de 1.800 sociétaires et atteignait plus de 400.000 francs de ventes d'épicerie, de chaussures, lingerie, lainage, vêtements. Depuis peu, une boulangerie avait été créée, et la prospérité, difficile à assurer d'abord, était venue. A Amiens, la Coopérative était devenue l'animatrice de toute la vie ouvrière locale, employant et salariant les chefs des syndicats locaux, établissant dans son sein des œuvres de prévoyance, de mutualité, d'épargne, des caisses de chômage et de prêt, une harmonie, un journal coopératif et syndical, une association ouvrière de production de cordonnerie, la *Cordonnerie Ouvrière* (1902), dont la plus grosse partie de la production était écoulée à l'*Union*, etc., etc.

Garbado fut l'âme de tout ce mouvement, l'exécuteur des décisions prises par les différents organismes, le plus souvent après les avoir étudiées lui-même et fait accepter par ses camarades.

Puis, à partir de 1900, ce fut la propagande hors d'Amiens, l'expansion du Mouvement coopératif dans les environs.

Garbado fut de l'équipe militante qui, presque chaque dimanche, portait la propagande en faveur de la Coopération et du Syndicat jusqu'au fond des petites bourgades ouvrières ou paysannes picardes, du Ponthieu au Vimeu ou au Santerre. On l'avait élu conseiller municipal d'Amiens, et son autorité d'organisateur coopératif s'étayait maintenant de celle de l'administrateur municipal. La coopérative qu'il dirigeait était devenue une des plus importantes, rassemblant, en 1905, 3.600 familles ouvrières amiénoises, auxquelles elle fournissait jusqu'à l'horlogerie et la bijouterie, les aidant à triompher dans les grandes grèves de 1904, selon la formule d'entente d'alors entre coopératives et syndicats.

Elle atteignait et dépassait le million en 1905, un million et demi en 1908, avec 3.700 familles associées. C'est alors que les hommes qui avaient depuis 1906 la charge d'administrer le Magasin de Gros, demandèrent à Garbado, dont la réputation d'administrateur, de technicien du commerce et de coopérateur intègre leur était connue, de venir assumer à Paris, au siège du nouveau Magasin de Gros, encore malingre et frêle, les fonctions délicates, obscures et combien ingrates ! d'agent commercial. Si Garbado eût été un ambitieux vulgaire, il eût refusé ce poste dont les responsabilités et le labeur étaient extrêmement lourds. Mais il savait que, pour que le Magasin de Gros réussît et prospérât, il fallait au poste qu'il allait occuper un homme de conscience infaillible, de moralité insoupçonnable, et il quitta l'œuvre qu'il avait fondée et qu'il laissait en bonnes mains à Amiens, pour se dévouer de nouveau corps et âme à la création du service d'achats commerciaux de la nouvelle institution fédérale du Mouvement coopératif français. Il y est demeuré jusqu'en 1916, sauvant par sa présence, par son zèle dévoué et peut-on dire héroïque, le mot n'est pas excessif, à l'heure tragique de la guerre et de l'invasion de 1914, l'organisme confié à sa garde fidèle après la mobilisation de la plupart des coopérateurs.

Arrivé à Paris en 1908, Georges Garbado, qui avait donné son adhésion à la société *L'Egalitaire*, de la rue de Sambre-et-Meuse, ne tarda pas à en être élu administrateur, et les mesures qu'il proposa et fit adopter par le Conseil et des assemblées générales souvent difficiles et houleuses, contribuèrent largement à assainir la situation financière et commerciale d'une coopérative que de mauvaises méthodes avaient grandement compromise et qui menaçait de suivre jusqu'au fond une pente dangereuse et glissante. L'expérience, la sagesse, la prudence l'autorité ferme et souriante, la probité indiscutable, la ténacité courageuse devant les résistances têtues et aveugles des uns, les propositions aventureuses et démagogiques des autres, triomphèrent, et *L'Egalitaire* put sortir de sa situation embarrassée, se libérer du joug pesant que de maladroites tractations lui avaient imposé et devenir bientôt sous la conduite d'un guide et d'un conseiller sûr comme Garbado le pivot de la concentration administrative et commerciale nécessitée par les circonstances et par les décisions des Congrès. *L'Union des Coopérateurs Parisiens* de 1912-1913 lui doit donc d'avoir pu naître et il eut aussi la plus plus grande part à sa fondation et à ses premiers développements.

Georges Garbado fut ainsi l'un des meilleurs coopérateurs parisiens après avoir été l'un des meilleurs coopérateurs de Picardie. Il fut aussi l'un des premiers et des plus décidés partisans de l'unité coopérative, la regardant non comme un abandon de son idéal, mais au contraire comme la condition indispensable pour réaliser la tâche d'émancipation ouvrière qu'il lui avait assumée dans son esprit et dans son cœur à l'heure des enthousiasmes de sa jeunesse. La société qu'il administrait à Paris, fut aussi l'une de celles où l'esprit de secte et de particularisme fit place le plus tôt au sentiment de la cohésion, de la concentration et d'unité nécessaires et entraîna à sa suite les adhésions nombreuses. Il semblait à tous que la haute conscience et l'idéalisme sans souillure d'un Garbado fût la garantie qu'ils attendaient d'une raisonnable union de la « Confédération ouvrière » avec « l'Ecole de Nîmes ».

Les circonstances de la guerre firent du chef de l'agence commerciale du Magasin de Gros son directeur lorsqu'il reprit son activité économique en 1915 et l'associèrent à l'action des pouvoirs publics parisiens et ceux de l'Etat pour le ravitaillement de la population. Membre de plusieurs Comités pour l'étude des moyens d'assurer l'alimentation de Paris et du département de la Seine pendant les hostilités, Garbado rendit les plus grands services. Rapporteur de la Commission consultative des cafés et de la Commission des sucres au ministère du Commerce, il assura ses diverses missions avec la plus impeccable autorité technique, une intelligence déliée et assimilatrice, une probité matérielle et morale sans conteste ainsi qu'il convenait à un coopérateur, défenseur-né des droits des consommateurs et gardien naturel des intérêts généraux de la cité. Partout où il passa et où il eut à agir, ce fut pour faire la preuve, aux yeux des pouvoirs publics et devant la population, que pour protéger efficacement les besoins du peuple rançonné par le « mercantilisme déchaîné », aucun abri n'est plus sûr que la robe sans tache de la Coopération. La probité de Garbado, sa vigilance, sa droiture, furent une vivante leçon de choses dont profita l'idée coopérative et eurent pour beaucoup d'hommes du gouvernement et de la haute administration la valeur d'un enseignement et d'un symbole. Nommé membre du Comité directeur, puis élu en 1920 administrateur-délégué permanent du Magasin de Gros, membre du Conseil

Central et des organismes supérieurs du Mouvement, élu aussi en 1918, au Conseil Supérieur de la Coopération et toujours réélu depuis, plusieurs fois délégué à des Congrès étrangers, collaborant aux journaux, publiant un livre précieux de praticien avisé et expérimenté, Georges Garbado était l'une des figures les plus connues et les plus populaires du Mouvement coopératif français. Tous l'estimaient pour les services éminents qu'il avait rendus ; tous le respectaient pour sa modestie, sa fierté et son désintéressement exemplaires, pour la dignité de sa vie de famille et de militant ; tous l'aimaient pour son aménité souriante, les qualités de son âme affectueuse et bonne, pour sa sincérité et sa fidélité éprouvée à ses amitiés.

Hélas ! frappé déjà en 1922 dans sa santé et diminué dans sa résistance physique, il avait dû, à son grand regret, prendre sa retraite, et était alors retourné dans sa chère Picardie, à Beauval, où il avait retrouvé son *Union* de 1908 renforcée et puissante, maintenant élargie à tout le territoire picard, et qui, sous la direction de ses successeurs et amis, de Cozette, son frère par l'union familiale et par l'union du cœur, représente aujourd'hui l'une des plus magnifiques institutions de la Coopération dans notre pays.

C'est à Beauval qu'il vient de mourir, le 25 juin, à l'âge de 65 ans. La mort nous prend les meilleurs, les pionniers, les grands Fondateurs. Sa place sera désormais vide au foyer familial et à la table des Conseils coopératifs — Deux places vides en quatre mois : Ponard et lui !

Mais elle ne le sera jamais dans notre souvenir, non plus que dans celui des coopérateurs amiénois et picards, non plus que dans celui des parisiens. Son nom sera sans doute inscrit demain sur quelque monument coopératif ; il sera dans l'histoire de la Coopération. Sa physionomie sympathique, spirituelle et fine, le souvenir de sa personne loyale et droite, modeste et simple, de son idéalisme qui jamais ne fléchit, restera au cœur de ceux qui furent ses amis. Il sera honoré pour avoir fondé l'*Union de Picardie*, édifié l'*Union des Coopérateurs Parisiens*, cimenté de son effort le *Magasin de Gros des Coopératives de France*. Aussi longtemps que resteront vivants quelques-uns de ceux qui le connurent, il sera aimé et regretté. Avec sa famille et ses amis proches auxquels elle s'associe respectueusement et affectueusement, la Coopération tout entière peut prendre le deuil, car elle perd en lui un homme qui lui avait tout donné et qui se continue encore par les siens à son service, car nous étions des siens comme il était des nôtres, comme coopérateur, comme ami et comme frère, profondément.

Entre la petite et la grande famille de Georges Garbado, si longtemps rapprochées par la communauté des rêves, des espoirs, des souvenirs, par l'estime et par l'affection, le lien est indestructible.

Édouard LAVIELLE

Edouard Lavielle, secrétaire général de l'*Union Coopérative du Sud-Ouest* et membre du Conseil Central de la F. N. C. C. depuis notre Congrès de Grenoble, a trouvé la mort le dimanche 20 juillet dernier, en se baignant dans la Gironde.

Edouard Lavielle était jeune ; il avait trente-sept ans ; mais il jouait un rôle très actif dans la Coopération depuis fort longtemps. Audacieux et dévoué, il s'efforça de donner à la Coopération de la région un développement toujours plus grand. Il n'était guère de sections de la société qu'il n'avait pas visitées à l'occasion de réunions de bureau ou de propagande. Cependant il s'occupait de la partie commerciale de la société, il entendait s'intéresser à tout ce qui touche la vie coopérative et cela avec une foi ardente qui ne se démentait jamais. D'autre part, Lavielle était toujours très occupé des œuvres sociales, et il s'intéressait beaucoup à tout ce que faisait le Mouvement à ce point de vue.

Il disparaît alors qu'il avait conçu de multiplier son activité coopérative au bénéfice de la société et de la coopération entière. Sa disparition laissera un vide dans le Mouvement et la Région du Sud-Ouest le regrettera très vivement. Une mort prématurée ne lui a pas permis de jouer le rôle qu'il désirait jouer.

Casimir CHIOUSSE

C'est M. Charles Gide qui a rendu hommage à notre ami Chiousse en ces termes :

L'année 1928, qui avait déjà fait tant de vides dans notre Comité Central, nous frappe encore avant de s'achever. Cette fois c'est notre bon vieux camarade Chiousse qui nous est enlevé ; le plus ancien, hormis moi qui selon l'ordre de la nature aurait dû le précéder. Depuis plusieurs années sa santé était très atteinte et je m'étais demandé avec inquiétude s'il aurait la joie de nous recevoir au Congrès national de Grenoble. Cette satisfaction lui a pourtant été donnée et ce Congrès où se sont affirmées une fois de plus ses qualités d'organisateur aura été le couronnement de sa carrière coopérative.

En répondant à son discours de réception à Grenoble, je lui rappelai que c'était dans cette même ville, au Congrès de 1893, que nos relations avaient commencé, et que durant les 35 années écoulées entre ces deux Congrès, elles ne s'étaient jamais interrompues. Dans combien de villes de France, et parfois de l'étranger, ne nous étions-nous pas retrouvés ! Ensemble nous avions été au Congrès de l'Alliance Coopérative Internationale de Manchester et fait l'inoubliable pélerinage à Rochdale : il en publia une relation illustrée. Quel aimable compagnon de voyage ! Quel entrain ! Combien il savait jouir des choses ! Quel auditeur sympathique et facile à émouvoir ! Combien son cœur toujours jeune battait à toute noble parole généreuse et que de fois même son œil se mouillait d'une larme quand on touchait en lui quelque fibre sensible de l'honneur et de l'amitié.

Chiousse aurait été classé dans ce qu'on nomme en politique l'extrême droite, s'il y avait parmi les coopérateurs une droite et une gauche, mais heureusement il n'y en a pas. Il avait au plus haut degré le respect de l'ordre, de la religion, du drapeau et aussi de la grande Compagnie au service de laquelle il a passé sa vie. Les compliments qu'il adressait aux grands chefs à chacun des Congrès des employés du P. L. M. ont provoqué parfois quelques sourires — mais dans ces compliments il n'y avait rien de servile : il y avait au contraire la fierté de servir, au sens le plus noble de ce mot, servir à son rang dans la grande armée des cheminots.

Néanmoins, durant la période 1895 à 1912, sa présence dans le Comité Central de l'ancienne Union de la rue Christine fut un obstacle aux tentatives de fusion avec la Bourse Socialiste. On nous disait : « Nous consentirons bien à l'union avec vous, mais pas avec Chiousse et la Fédération P. L. M. Non ! » Nous nous sommes refusés à lâcher ce fidèle camarade. Et quand en 1912, la fusion s'est enfin réalisée, ce fut en réservant sa place. Il est vrai qu'au premier moment ce fut lui qui ne crut pas pouvoir nous suivre mais ce scrupule ne fut pas de longue durée et peu de temps après, Poisson n'eut pas de peine à le déterminer à reprendre sa place dans la nouvelle Fédération dont il a été depuis un des membres les plus assidus. Le mois dernier encore, nous avons eu le plaisir de le voir à notre déjeuner mensuel où j'aimais à m'asseoir auprès de lui.

A ceux qui ne cessent d'affirmer que la coopération neutre est sans force et sans vertu, la vie de Chiousse peut répondre. Quoique absolument opposé à toute idée de lutte de classes et même à tout programme syndicaliste agressif, nul ne pourra contester qu'il n'ait été un très bon coopérateur et que son action n'ait été très efficace. Il lutta avec énergie contre les marchands et contre le fisc. Son autorité était grande et la preuve en est dans la fidèle affection que lui portaient tous les coopérateurs du P. L. M., qui pendant tant d'années ont renouvelé sa présidence et qui récemment encore, lors d'une difficulté qui s'était élevée avec la Compagnie, l'ont énergiquement maintenu à leur tête. Tous ceux de nous qui ont l'expérience du milieu coopératif savent, hélas ! combien c'est chose rare que le maintien indéfini de la confiance dans les dirigeants des sociétés et combien souvent les meilleurs sont renversés par quelques mécontents. Pour durer il ne suffit pas d'avoir la compétence et l'autorité, il faut être aimé, et Chiousse l'était.

Il était aimé de ses fidèles cheminots, il l'était aussi, parmi nous, même de ceux qui étaient bien loin de lui par leurs opinions et qui chercheront souvent, à sa place laissée vide, la figure militaire et loyale de ce bon serviteur de la Coopération.

Casimir Chiousse est né le 26 septembre 1857, à Mirabeau (Vaucluse).

Après avoir été dans l'Administration des Lignes télégraphiques du 1er janvier au 1er novembre 1878, il entra à la Compagnie des Chemins de fer du P. L. M., le 20 novembre 1882, où il occupa successivement les plus modestes emplois.

Il fut d'abord journalier ; il devint wagonnier, facteur de deuxième et de première classe, puis Commis principal, Chef de section, sous-chef et Chef de bureau, puis, ensuite, Inspecteur et Inspecteur général adjoint attaché à la Direction de la Compagnie. Ce coup d'œil sur les différentes fonctions qu'il a remplies montre à la fois ses qualités d'intelligence, sa volonté de bien faire, en même temps que sa puissance de travail.

Il fut l'initiateur de la Coopération de Consommation sur le réseau du P.-L.-M. et il consacra toute son activité — en dehors de ses fonctions — à la développer ; il fut le conseiller précieux et dévoué, et cela ne le dispensa pas de prendre une part active et féconde à l'action générale de la Coopération. Il fut vice-président de l'Union Coopérative dès 1892 et lui consacra une large part de son labeur.

Membre du Comité Central de la F. N. C. C., dès 1918, il fut toujours assidu à ses délibérations et il jouissait d'une sympathie générale et profonde.

Il est impossible de résumer tout ce que fut son effort tenace et persévérant au bénéfice de la Coopération et de l'intérêt général.

Ses obsèques ont eu lieu le mercredi 19 décembre, à Manosque.

Au Rapport du Conseil Central sont joints les Rapports d'Albert Thomas sur La Coopération et les Loisirs, *— suivi d'un Rapport de A. Fauconnet, qui examine ce qui a déjà été réalisé* *par le Mouvement dans cet ordre d'idées — et un Rapport de E. Poisson et A.-J. Cleuet, sur l'importante question de* Le Mouvement Coopératif *et la Rationalisation.*

Ces deux questions ne manqueront certainement pas d'intéresser très vivement les sociétés ; elles posent, à la fois, le problème de la technicité dans la Coopération et l'organisation des loisirs que le Mouvement se doit de ne pas négliger.

Avant d'entrer dans le détail des questions dont le Conseil Central doit rendre compte, il y a lieu de noter les quelques faits essentiels sur lesquels l'attention des sociétés doit être plus particulièrement retenue.

L'an dernier on avait enregistré la naissance du journal Le Coopérateur de France, *bi-mensuel, et on avait laissé entrevoir la possibilité de le rendre hebdomadaire si le concours des sociétés était suffisant. C'est aujourd'hui chose faite.* Le Coopérateur de France *— amélioré par la matière et par sa présentation — est hebdomadaire depuis le premier janvier. C'est là un fait important qu'il y a lieu de souligner.*

Le Conseil Central, en vue de faciliter la propagande, a décidé la création d'un Film National. Ce film — sous certaines conditions — est à la disposition des sociétés.

Le mois de novembre dernier a été consacré au recrutement des Capitaux et des Sociétaires. La F. N. C. C. a mis à la disposition des sociétés les moyens d'action utiles : affiches, dépliants, éditions spéciales du journal Le Coopérateur de France *et elle a ajouté, aux lots de la Grande Souscription de* L'Enfance Coopérative, *une voiture automobile. On trouvera, par ailleurs, des renseignements sur cette manifestation ; renseignements desquels il ressort que lorsque la question se posera à nouveau il y aura lieu, préalablement, de procéder à une enquête auprès des sociétés.*

Pour satisfaire à de nombreux besoins, le Comité Central a décidé la création d'un Service de Documentation et il s'est assuré, à cette fin, le concours de Georges Gaussel. Ce Service pourra être très largement et très utilement développé avec l'aide des sociétés qui se doivent de plus en plus de fournir les renseignements qui leur sont demandés.

La F. N. C. C. a été privée pendant plusieurs mois d'un délégué permanent ; elle s'est assurée le concours de Georges Duhamel qui, en accord avec les Fédérations Régionales, se rend auprès des sociétés et leur fournit tous les renseignements dont elles peuvent avoir besoin.

Le Congrès de Grenoble — sur le Rapport de Georges Yung — avait chargé le Conseil Central de créer un organisme des assurances-accidents propre au Mouvement. Des renseignements utiles sont donnés par ailleurs, mais il convient de noter, ici, qu'un Syndicat de Garantie est créé et qu'il est appelé à rendre de très grands services aux sociétés.

La question des assurances-incendies avait été également abordée au Congrès de Grenoble. En accord avec L'Assurance Ouvrière, un examen de conditions d'assurances nouvelles est poursuivi à l'heure où le Rapport est écrit ; dès maintenant il est cependant possible de dire que, là encore, les sociétés — et les coopérateurs eux-mêmes — pourront bénéficier d'avantages fort importants. Cette question est développée ailleurs et elle fera l'objet d'une information spéciale devant le Congrès.

L'Ecole Technique pour le Personnel Coopératif a été ouverte, en 1928, le 12 novembre. Elle a réuni plus d'élèves que l'année précédente, mais le nombre est encore insuffisant. Cette école est appelée à rendre les plus grands services au Mouvement ; il sera nécessaire qu'un effort plus grand soit fait pour lui donner tous ses moyens.

La Journée Coopérative Internationale a été mieux suivie cette année que les années précédentes. Il importe que, l'an prochain, toutes les sociétés y participent, ainsi que cela a lieu dans un grand nombre d'autres nations.

Le Groupe Parlementaire de Coopération — en accord avec le Comité d'Entente des différentes formes de la Coopération — a organisé Deux Journées Parlementaires de la Coopération, les mercredi 23 et jeudi 24 janvier 1929.

Le Conseil Central a pensé devoir organiser une Exposition à l'occasion du Congrès de Royan. Elle aura un caractère très limité et spécial.

Un Magasin Coopératif sera exposé ; il sera agencé intérieurement après avoir été soumis à l'examen d'un certain nombre de techniciens et il pourra, ainsi, être un modèle pour l'avenir. Ce Magasin sera entouré d'aquarelles représentant un certain nombre de devantures des Magasins actuels.

D'autre part, une Exposition des méthodes comptables de certaines sociétés sera installée. Cette Exposition comprendra toutes les pièces comptables utilisées par les sociétés en prenant les produits à l'achat et en allant jusqu'à la vente.

Des machines diverses pouvant être utilisées pour la comptabilité seront également exposées.

Une Notice sur cette Exposition sera éditée.

Bureau Permanent de la F. N. C. C.

Au cours d'une séance, tenue à Grenoble, le 19 mai 1928. — à l'issue du Congrès National — le Conseil Central a désigné Ernest Poisson, Maurice Camin et Georges Yung comme Secrétaires Généraux de la F. N. C. C.

Dans cette même séance, il a renouvelé le mandat de la Commission Administrative de la F. N. C. C. qui est chargée d'examiner — dans l'intervalle des séances du Conseil Central — les questions intéressant le Mouvement. Elle est ainsi composée : Marcel Brot, Maurice Camin, A.-J. Cleuet, A. Fauconnet, Gaston Lévy, E. Poisson, Gaston Prache, Georges Yung. Elle se réunit au moins deux fois par mois.

La Commission Administrative assure en même temps le rôle de Commission des Finances.

Commission mixte

La Commission Mixte, qui est composée des membres de la Commission Administrative de la F. N. C. C. et des membres du Comité Administratif du M. D. G. et de la B. C. F. s'est réunie pour examiner un certain nombre de questions et elle a pris l'initiative de l'organisation de l'Exposition de Royan.

Les réunions du Conseil Central

Le Conseil Central a été entraîné à examiner la question de la fréquence de ses réunions. Il a décidé de maintenir le principe de la réunion mensuelle. Mais il a pensé ne pas être tenu de se réunir obligatoirement chaque mois ; il a maintenu les réunions de janvier, mars, mai (deux), juin, septembre, octobre, novembre, étant entendu que les réunions de février, avril, juillet, août et décembre seraient convoquées en cas de besoin ; il a également décidé que ces réunions seraient tenues si un membre du Conseil Central lui en faisait la demande.

Au cours de l'année 1928 le Conseil Central s'est réuni neuf fois. Deux réunions ont eu lieu à Grenoble, la première avant le Congrès et la seconde à l'issue du Congrès. Les réunions ont eu lieu aux dates suivantes : 22 janvier, 26 février, 25 mars, 22 avril, 16 mai, 19 mai, 24 juin, 23 septembre, 28 octobre, 25 novembre.

Conformément à la décision prise par le Congrès National en 1917, le Conseil Central indique ci-dessous les absences de ses membres aux séances : Berland, 2 ; Bertrand, 1 ; Chiousse, 3 ; Couvrecelle, 1 ; Charles Gide, 2 ; Lepouriel, 1 ; Poulette, 1 ; Reilh, 3 ; Paul Thiriet, 4.

Renouvellement du tiers des Membres du Conseil Central

Conformément à l'article 9 des Statuts de la F. N. C. C., le Conseil Central est renouvelable par tiers chaque année. Les membres sortants sont les suivants :

1° Membres désignés par les Fédérations Régionales : E. Bugnon (Fédération de Lorraine et des Ardennes) ; P. Cuminal (Fédération de la Région Lyonnaise) ; J.-B. Lamothe (Fédération de la Région Parisienne) ; Poulette (Fédération du Forez et du Bourbonnais) ; Gaston Prache (Fédération du Nord et du Pas-de-Calais) ; Saint-Eloy (Fédération du Centre).

En raison du décès de Ch. Chiousse et de E. Lavielle, les Fédérations des Alpes et Savoies et du Sud-Ouest auront à désigner un représentant au Conseil Central.

2° Membres désignés par le Congrès : Gaston LÉVY, Paul FOUCAUT, Charles GIDE, E. POISSON.

Commission de Contrôle

Le Congrès de Royan est appelé à désigner une Commission de Contrôle qui — conformément aux statuts — est renouvelable.

Les membres sortants, désignés en 1928, sont : DAVID, DUCROCQ, JEVAIS, TUTIN et WILKS.

Le Mouvement des Sociétés

Le nombre des Sociétés adhérentes à la F. N. C. C., au 31 décembre 1927, était de 1.509 ; il est, au 31 décembre 1928, de 1.465, soit une différence en moins de 44, qui provient de 48 dissolutions ou disparitions et de 21 fusions compensées en partie par 25 adhésions nouvelles.

Comme les années précédentes, il y a lieu de tenir compte de l'ouverture de magasins nouveaux par un grand nombre de sociétés.

	Chiffre d'affaires Exercice 1926	Chiffre d'affaires Exercice 1927	Nombre de Sociétés au 31/12/28	Sociétés fusionnées	Sociétés dissoutes ou disparues
Albi	58.133.000	67.656.000	87	»	4
Algérie	900.000	4.900.000	4	»	2
Amiens	81.246.000	89.746.000	13	1	»
Bordeaux	84.586.000	95.756.000	109	1	2
Bourges	54.170.000	57.893.000	90	»	1
Cameroun	»	»	1	»	»
Chine	»	»	1	»	»
Constantine ...	725.000	694.000	6	»	»
Corse	100.000	100.000	6	»	»
Dijon-Besançon	47.740.000	57.200.000	100	»	3
Grenoble	31.856.000	37.916.160	84	»	2
Lille	231.300.000	264.013.000	127	5	2
Limoges	130.443.000	152.416.000	87	3	8
Lyon	94.976.000	97.560.000	105	1	3
Madagascar ...	»	»	1	»	»
Maroc	»	»	2	»	»
Marseille	53.770.000	58.410.000	109	2	3
Martinique	»	»	1	»	»
Nancy	180.350.000	211.500.000	125	1	3
Nantes	73.150.000	72.707.000	61	»	2
Nouvelle-Calédonie....	»	»	1	»	»
Oranie	2.270.000	2.355.00	7	»	»
Paris	195.130.000	217.408.000	72	3	8
Roanne	120.730.000	130.743.000	127	1	2
Rouen	63.270.000	69.586.000	32	3	1
Strasbourg	80.443.000	106.093.000	26	»	»
Tonkin	»	»	1	»	»
Troyes	50.850.000	54.940.000	72	»	2
Tunisie	2.200.000	1.500.000	2	»	»
	1.638.338.000	1.851.092.000			

Les nombres des sociétés et le chiffre d'affaires ne sont pas ceux du même exercice. Cela tient au fait que le chiffre d'affaires de 1928 n'est pas encore connu.

Librairie et Éditions

La F. N. C. C. a édité et assuré la vente des brochures et des livres suivants :

Congrès de Grenoble. — Le tirage avait été de 1.500 exemplaires, qui ont été vendus.

Agendas de poche pour 1928. — Cette édition a beaucoup augmenté sur les années précédentes. Le tirage total a été de 235.000 exemplaires. De plus en plus les sociétés considèrent cette édition comme un bon moyen de propagande.

Almanach des Coopérateurs. — En accord avec *L'Union de Limoges*, l'édition de *L'Almanach des Coopérateurs* a été renouvelée cette année et elle a, également, obtenu un grand succès.

Drapeaux, brassards et insignes arc-en-ciel. — L'usage des drapeaux arc-en-ciel tend à se généraliser. Le nombre de sociétés qui en ont commandé est important.

Il y a lieu de noter qu'une certain nombre d'organisations étrangères ont fait des commandes.

L'Annuaire

L'Annuaire est paru avec un peu de retard. Cela tient au fait que la partie statistique a été longue a établir en raison de ce que les sociétés n'ont pas répondu assez tôt aux questions que la F. N. C. C. leur avait posées.

Il contient la statistique des sociétés avec les chiffres de 1927 et un tableau donnant les indications utiles sur les sociétés de développement.

Il renferme en outre une série d'articles très intéressants.

Dans un remarquable article sur « La liquidation de la guerre », M. Charles Gide expose, en termes lumineux, les conséquences de la dernière loi monétaire.

Jean Gaumont rapporte avec sa maîtrise habituelle certains faits curieux et sur « Une école coopérative ».

« L'Ecole Technique pour le Personnel Coopératif » fait l'objet d'un article documenté de Georges Yung.

Ernest Poisson donne un aperçu suggestif des « Activités extérieures de la F. N. C. C. ».

Enfin Paul Ramadier poursuit son importante étude sur « le fonctionnement juridique des sociétés coopératives » qui est appelée à rendre de si grands services aux sociétés.

Cette courte énumération dit assez l'intérêt que présente l'annuaire de 1929.

En outre, la F. N. C. C. a pensé qu'il était utile de publier les photographies de l'Exposition de Grenoble ; elles ont été imprimées avec soin et ainsi les sociétés pourront conserver le souvenir de cette manifestation qui a si pleinement réussi.

Le Coopérateur de France

L'an dernier, dans son Rapport, le Conseil Central soulignait la transformation de *L'Action Coopérative* et la publication de *Le Coopérateur de France*. Ce fut là un effort important. Le tirage bi-mensuel atteignait 240.000 avec plus de 200.000 envois à domicile ; il a fallu créer toute une organisation nouvelle devant satisfaire aux besoins ; celle-ci a pu donner toute satisfaction.

Cependant, la périodicité du journal a paru insuffisante et, d'autres part, quelques observations ont été faites en ce qui concerne sa facture et sa matière. Pour répondre aux désirs qui avaient été formulés, le Conseil Central a décidé de rendre le *Coopérateur de France* hebdomadaire et cela depuis le 1er janvier dernier. D'autre part, des améliorations sensibles ont été apportées à la présentation du journal. On a recouru aux sept colonnes, on a augmenté le nombre des dessins et des photographies et la matière est plus variée et, aussi, plus vivante.

Les mesures utiles sont prises pour lui donner tout l'attrait nécessaire.

A l'effort qui a été fait pour mettre à la disposition du Mouvement un organe habdomadaire il est indispensable que les sociétés répondent en souscrivant des abonnements nombreux. A côté des éditions spéciales — à propos desquelles il convient de remercier les sociétés qui les assurent, — le tirage de l'édition générale est relativement faible. Or, le prix de l'abonnement est fort peu élevé : cinq francs par an pour cinquante-deux numéros envoyés au domicile des abonnés. C'est moins de dix centimes par exemplaire. Il n'est pas de société qui ne pourrait souscrire un abonnement pour les membres du Conseil d'administration et pour tous les membres des diverses Commissions qui peuvent exister au sein de la société.

Le Conseil Central demande aux Sociétés de ne pas manquer de faire cet effort.

La Propagande

La F. N. C. C. a répondu favorablement à toutes les demandes qui lui ont été adressées par les sociétés pour des conférences et elle désire prêter son concours de plus en plus, car elle peut disposer, maintenant, des représentants nécessaires.

C'est ainsi qu'au cours des derniers mois Louis Duhamel a visité toute une Région et qu'il est allé dans un certain nombre d'assemblées générales à propos desquelles la F. N. C. C. avait été sollicitée.

D'autre part les secrétaires généraux ont fait un nombre assez important de réunions.

Crédits du Ministère du Travail

Depuis le Congrès de Grenoble, les avances ci-dessous ont été consenties aux sociétés coopératives sur le fonds de dotation du Ministère du Travail.

Union des Coopérateurs de l'Adour, Bayonne	450.000
Union des Coopérateurs de l'arrondissement de Douai, Sin-le-Noble	500.000
Union Coopérative Montalbanaise, Montauban	150.000
L'Amicale, à Neuvy-sur-Loire	30.000
Union Coopérative Lorientaise, Lorient	300.000
L'Alliance des Travailleurs, Saint-Chamond	150.000
Union Coopérative du Sud-Ouest, Bordeaux	1.000.000
Union Chazelloise, Chazelles-sous-Lyon	70.000
Union de Lille, Lille	400.000
Union des Coopérateurs de la Loire-Inférieure, Nantes	50.000
Coopérative Régionale de Basse-Normandie, Alençon	800.000
L'Avenir Chaumontais, Chaumont	100.000
Union des Coopérateurs du Sud de l'Aisne, Château-Thierry	1.200.000
Union des Coopérateurs de la région Saint-Aignanaise, Saint-Aignan	150.000

Coopérative des Fonctionnaires, Tourcoing.................. 50.000
Union des Coopérateurs de Denain, Denain................ 400.000
L'Ouvrier de l'Avenir, Le Relecq-Kerhuon................... 100.000
Union des Travailleurs de Saint-Valier, Saint-Valier...... 30.000
Union Ouvrière, Firminy.............................. 35.000
Union des Travailleurs, Saint-Etienne.................... 800.000
Union des Coopératives des Ardennes, Charleville........... 80.000

Le Conseil Central a décidé de faire les démarches utiles pour obtenir que le délai qui s'écoule entre la décision de la Commission des Crédits, la signature du Ministre et le versement à la B. C. F. soit abrégé.

Modification à la Loi de 1917

Le Conseil Central a décidé de demander la modification de la loi du 7 mai 1917. Cette modification a pour objet : 1° de porter le taux des actions à 500 francs ; 2° la modification des références de la loi, qui ne sont plus exactes.

La première modification correspond à la valeur actuelle de la monnaie.

Groupe Parlementaire de la Coopération

Le Groupe Parlementaire de la Coopération a été constitué en juin 1928. Il réunit plus de 130 députés.

Son Bureau est ainsi composé : Président : Frédéric Brunet ; Vice-Présidents : César Chabrun, Mancelle, Caffort, Jean Locquin, Poitevin, Bouhenri ; Secrétariat : Paul Ramadier, secrétaire ; Sallez, secrétaire-adjoint ; Questeurs : Gaston Boissé, Thomas.

Le Groupe a décidé de prendre le titre de : « Groupe Parlementaire de la Coopération », et d'ajouter en sous-titre : « Agricoles, Consommation, Production, Crédits, etc... » Cette décision a été prise en vue d'éviter la création d'autres groupes.

École technique pour le personnel coopératif

Notre Ecole a tenu une première session du 23 avril au 13 juillet, et une deuxième commencée le 12 novembre et qui se terminera pour une fraction à fin mars et pour l'autre fraction en mai.

La première session a réuni 12 élèves (1 jeune fille et 11 jeunes gens), sur lesquels 9 ont obtenu le diplôme de fin d'études. Quelques-uns de ces élèves étaient remarquables.

Pour la deuxième session, les sociétés ont envoyé 24 élèves (6 jeunes filles et 18 jeunes gens).

Les élèves de première ont été placés autant que possible dans des familles de coopérateurs, en commençant par les jeunes filles, et nous n'avons eu qu'à nous louer de cet arrangement.

L'Ecole a pris à sa charge les frais de séjour des élèves de première.

C'est notre ami Simiand, professeur d'économie sociale au Conservatoire des Arts et Métiers, qui a bien voulu prendre la direction de l'Ecole.

Il s'est entouré de professeurs qui se sont intéressés à leur tâche et y ont apporté leur dévouement et leurs compétences.

Les sociétés ont été tenues au courant du nom des professeurs et des matières enseignées. En particulier les sociétés ayant envoyé des élèves à l'Ecole ont reçu chaque semaine le bulletin de travail détaillé, comportant le sommaire des cours.

Des visites techniques dans des usines choisies ont été faites sous la direction soit du professeur de technologie, soit d'un chef de travaux.

Les délassements n'ont pas été oubliés : conférences littéraires, artistiques, sociales, invitations aux fêtes coopératives, visite dominicales du Comité d'éducation de la Région parisienne.

Les jeunes gens sortis de l'Ecole devront avoir un bagage technique suffisant et surtout ils sauront comment conserver et compléter leur instruction ; ils connaîtront surtout davantage l'idéal coopératif, les sentiments qui guident les coopératives, et ils y puiseront plus de zèle et plus de compréhension pour le travail qui leur est confié.

Nous pensons que l'Ecole technique correspond à un des plus grands besoins de notre mouvement. Le besoin de cadres pour appliquer les méthodes modernes, veiller à la conservation des résultats péniblement acquis à ce jour, et pousser au développement de nos entreprises dans des conditions qui ne sont en aucune façon comparables à celles d'avant-guerre.

Il est donc du *devoir* des sociétés de faire vivre l'Ecole en la subventionnant. Elles le peuvent, sans qu'il leur en coûte un centime, en adressant à la F. N. C. C. une part de ce qu'elles doivent sur la taxe d'apprentissage, en acompte sur le payement de cette taxe. La direction de l'Enseignement technique a fixé à 80 % de la taxe la somme que chaque société peut verser pour notre école. Nous le répétons : il n'y a là aucune dépense réelle pour la société, et il est *indispensable* de faire ce versement si on veut que le mouvement ait à sa disposition un outillage de développement à la hauteur de ses destinées.

Le Conseil d'administration de l'Ecole est ainsi composé : Brot, administrateur-délégué de l'Union des Coopérateurs de Lorraine ; Bugnon, Président de la Commission de l'Enseignement ; Camin, secrétaire de la F. N. C. C. ; Cleuet, administrateur-délégué du M. D. G. ; Fauconnet, Secrétaire de la Fédération de la Région Parisienne ; Gaston Lévy, administrateur de la B. C. F. ; Poisson, secrétaire de la F. N. C. C. ; Prache, secrétaire de la Fédération des Coopératives du Nord ; Yung, secrétaire de la F. N. C. C.

Déclaration de la F. N. C. C.
à l'occasion des Élections législatives

Le Conseil Central a publié la Déclaration suivante, à l'occasion des élections législatives :

C'est au nom des consommateurs et au nom des sociétés coopératives qui sont, actuellement, au nombre de 3.500 et réunissent plus de trois millions de familles, que la Fédération Nationale des Coopératives de Consommation exprime, ici, leurs revendications.

En agissant ainsi, la Fédération Nationale des Coopératives de Consommation entend rester, ainsi que ses statuts le précisent et comme ses Congrès l'ont confirmé, hors des luttes des partis politiques et en dehors des problèmes religieux, se tenant strictement sur le terrain économique.

La Fédération Nationale des Coopératives de Consommation est, à l'heure actuelle, une des grandes forces actives au point de vue économique et social, et elle est, aussi, le seul organisme représentant la volonté d'entente et d'action volontaire qui, sans recherche de profit privé, s'administre suivant la loi démocratique qui est faite de l'égalité absolue des sociétaires, quelle que soit leur situation. Par conséquent, elle peut considérer que lorsqu'elle parle de la gestion des intérêts publics, elle s'inspire de l'intérêt général.

Problème Monétaire

La Fédération Nationale des Coopératives de Consommation pense qu'à l'heure actuelle le problème le plus urgent est celui d'une stabilisation définitive de la monnaie qui doit compléter la stabilisation de fait déjà acquise.

Elle a d'autant plus le droit de présenter cette revendication, que dès 1924, à son Congrès National de Nancy, elle s'est prononcée pour la stabilisation, et cela, à une heure où ses partisans étaient peu nombreux.

C'est un fait, qu'avant tout, les institutions économiques ont besoin de sécurité monétaire. C'est dans l'incertitude du lendemain que peuvent se commettre toutes les exactions et tous les abus, et dans l'instabilité que les troubles les plus importants peuvent être apportés au jeu normal des prix et que la spéculation de toute espèce se fait.

La stabilisation de la monnaie assurera le progrès des institutions économiques qui méritent de vivre et de progresser, aussi bien dans le domaine de la répartition que dans le domaine de la production. Elle aura pour résultat de fortifier la position des consommateurs désormais assurés d'un emploi sûr et complet de leur puissance de consommation ainsi consolidée et qui, s'accroissant, sera le levier de toute activité économique nouvelle.

Il n'y a pas de stabilité économique sans stabilité monétaire.

Politique Fiscale

En examinant la question de la politique fiscale, on peut considérer que c'est par la stabilisation de la monnaie que l'épargne retrouvera l'aiguillon nécessaire, car elle aura la certitude de garantie de ses placements.

A ce point de vue, il apparaît indispensable d'examiner les charges extrêmement lourdes qui pèsent sur les consommateurs tant en ce qui concerne les impôts indirects que les impôts directs ; il est essentiel qu'une révision de l'ensemble des taxes qui touchent la consommation soit faite en maintenant l'équilibre indispensable du budget.

Politique Financière

Dans une situation économique en plein équilibre et avec des charges fiscales pesant moins sur le consommateur, l'emploi de la puissance de consommation en faveur de l'épargne sera, inévitablement, plus considérable.

Il apparaît aussi qu'un grand effort doit être accompli pour la création d'une finance populaire orientée vers le seul souci de la réorganisation, à l'intérieur, des entreprises économiques destinées à servir l'intérêt général qui se confond avec l'intérêt de toutes les classes sociales qui sont, également, orientées vers un développement harmonieux des forces productives agricoles et industrielles.

Cette finance populaire pourrait avoir comme point de départ la centralisation de tous les crédits dont l'Etat dispose en faveur des institutions d'ordre économique : crédits aux coopératives de consommation et de production ; crédits aux artisans ; crédits agricoles ; crédits maritimes; tout en réservant ou en complétant même ces dotations pour chacune des catégories intéressées.

Il apparaît qu'une Banque Nationale, indépendante de l'Etat, contrôlée par lui, mais administrée par les représentants directs des institutions de toute espèce qui bénéficient à l'heure actuelle de ces crédits et qui en conserveraient l'emploi particulier, s'impose. Elle pourrait être le point de départ d'un organisme destiné à drainer l'ensemble de l'épargne populaire pour l'employer aux seules fins de l'intérêt général et de la conception rationnelle du progrès économique sous ses différentes formes.

Politique d'Organisation Economique

Pour développer le progrès économique en s'inspirant des exemples qui nous viennent particulièrement des Etats-Unis, une organisation non seulement française mais européenne s'impose afin de standardiser et de rationaliser la vie économique dans son ensemble ; mais il importe que cette rationalisation de la production et de l'organisation du marché ne puisse se faire, aussi bien à l'intérieur que sur le plan international, qu'avec le concours et sous le contrôle des consommateurs représentés, non seulement par les défenseurs de l'intérêt public, mais par les représentants directs des intérêts économiques en présence, et des consommateurs en particulier.

Cette politique économique internationale doit conduire à des ententes de plus en plus fréquentes et de plus en plus nombreuses et, laissant de côté un protectionnisme facteur de vie chère et un libre-échange qui ne pourrait servir que les trusteurs internationaux, à une organisation internationale des échanges reposant sur des traités de commerce nettement orientés vers une mise en commun des forces de production européennes et leur utilisation par chaque pays, suivant ses dispositions historiques, économiques et sociales.

Politique Commerciale

Dans le cadre même d'une politique internationale économique, le commerce à une tâche plus particulière à remplir, et une politique économique doit l'inspirer.

Il est indispensable que, d'une part, le marché intérieur soit organisé de façon à, partout obtenir la persistance des prix et que, d'autre part, une recherche minutieuse soit faite pour déterminer les réductions possibles du prix de revient des marchandises, comme des frais de transmission, quand celles-ci passent des producteurs aux consommateurs.

La Fédération Nationale des Coopératives de Consommation essaiera avec ses propres organisations, de donner un exemple de ce que pourrait être la rationalisation du commerce et une production organisée, pour satisfaire aux besoins des consommateurs. Mais elle considère que ce qu'elle apportera comme modèle doit, à son sens, devenir, présentement, la loi même du commerce en général. Eviter tous les gaspillages, rationaliser la répartition en même temps que faire l'éducation du consommateur, telle est la politique économique pour laquelle le concours des Pouvoirs Publics doit être acquis, car elle correspond à l'intérêt général du pays.

Sur le terrain de la répartition, il faut réclamer le même effort que sur le terrain de la production. Le problème de la vie chère ne peut être résolu que par une économie des frais de répartition et une organisation rationnelle de la production.

Politique Sociale

Ainsi pourra être utilement accrue la puissance de consommation de chacun et créés les ressorts mêmes d'un développement de la production si, en même temps, le maximum de productivité est obtenu auprès de chaque catégorie de producteurs. Pour cela, à côté des réalisations techniques, il y a des conditions morales qu'il faut satisfaire.

Il est, en effet, absolument indispensable qu'au lieu d'opposer le citadin au villageois, l'ouvrier au paysan, l'idée d'une large rémunération du travail soit développée, car elle est indispensable aussi bien à l'ouvrier industriel qu'au travailleur des champs. A l'opposition de la ville et de la campagne, doit faire place la solidarité des producteurs redevenus associés sur le terrain de la consommation.

C'est en donnant à tous les producteurs non seulement l'accroissement de leur puissance de consommation, mais des conditions de vie normales et humaines, que la production elle-même pourra être augmentée.

Le Mouvement coopératif marque ainsi les lignes générales de ce qu'il lui paraît indispensable de réaliser pour le bien du pays :

1° Stabilisation monétaire ;

2° Revision des impôts de consommation ;

3° Création d'une banque pour la centralisation de l'épargne populaire ;

4° Organisation internationale de la production et des échanges ;

5° Rationalisation du commerce et de la production françaises.

Il pense également que les Pouvoirs Publics ne sauraient se désintéresser de donner un appui aux coopératives de consommation.

Le Mouvement Coopératif se permet de rappeler les services qu'il a rendus aussi bien pendant la guerre que pendant les crises économiques qui ont suivi.

Il a, en maintes occasions et à certaines époques, été le seul régulateur du prix de la vie, et son action a été beaucoup plus efficace que les moyens coercitifs restés souvent illusoires.

Aujourd'hui, plus que jamais, et surtout dans un état de stabilisation définitive, le Mouvement Coopératif est l'organe permanent et essentiel de défense et de libération des consommateurs. C'est par lui qu'on peut obtenir le maximum d'utilisation de la puissance de consommation de chacun, et qu'il est possible d'aboutir à l'économie et au meilleur emploi des salaires et des revenus.

Le Mouvement Coopératif ne demande pas une fiscalité privilégiée, et, cela, contrairement à l'affirmation de certains et à la méconnaissance de beaucoup.

Les Coopératives de Consommation payent tous les impôts que paient les commerçants privés et, en plus, tous les impôts que leur caractère de société leur impose. En voici, au surplus, l'énumération :

1° Droit d'apport ....3 % du capital souscrit.

2° Droit de timbre des titres (timbre proproportionnel) .... 2,40 minimum.

3° Taxe de transmission .... 1,08 par titre — 0,12 % du capital chaque année si l'on souscrit l'abonnement au timbre.

4° Impôt sur le revenu des valeurs mobilières. 18 %.

5° Droit de mainmorte s'ajoutant à l'impôt foncier calculé sur le revenu des immeubles taxés à l'impôt foncier .... 15,60 %.

Impôts payés par l'ensemble du commerce

6° Patente .... Taux variable.

7° Impôt sur les bénéfices commerciaux et industriels .... 9,60 % en 1926. / 15,"" % en 1927.

8° Taxe sur le chiffre d'affaires.............. 2 %.

9° Taxe de luxe .... 12 % perçus sur objets classés en raison de leur nature ou de leur prix, seulement chez le détaillant.

10° Taxe de luxe sur les spiritueux............. 30 %.

11° Taxe d'apprentissage .... 0,20 % des appointements et salaires.

12° Droits de régie et de consommation........ variables.

A ces impôts s'ajoutent les frais relatifs aux assemblées générales. Ceux-ci sont particulièrement élevés pour les sociétés coopératives en raison du nombre important de leurs sociétaires.

Du point de vue fiscal, le Mouvement Coopératif réclame simplement le droit commun, et non pas une législation d'exception. Du point de vue de l'équité, il entend que ce régime ne constitue pas une défaveur à son endroit, comme cela est demandé par ses adversaires intéressés.

Il s'étonne que certaines mesures, telles que celles qui ont été prises pour les Caisses d'Epargne et pour d'autres associations de même nature, en matière d'impôt sur le revenu, n'aient pas été appliquées à la coopération de consommation.

Le Mouvement Coopératif a, à son Ordre du Jour, un projet de « Loi sur la Coopération » qui, dans la présente législature, a recueilli la signature de plus de 150 membres de la Chambre des Députés. Ce projet, rapporté, doit être repris dans la nouvelle législature. Il importe qu'il soit voté au plus tôt, si l'on veut donner à la Coopération le cadre juridique qui lui est indispensable.

La Fédération Nationale des Coopératives de Consommation demande également que dans le plus bref délai on lui permette d'appliquer pour elle et les autres formes de la Coopération, des ententes conformes à la décision de la Conférence Economique Internationale de Genève. Un projet de loi, déposé par le sénateur Chanal, reste pendant devant le Sénat ; il aurait pour résultat de permettre de constituer des coopératives mixtes entre les agriculteurs et les consommateurs, pour toutes les branches d'activité qui peuvent les relier. Cette loi aurait une efficacité certaine pour établir des étalons de prix pour un grand nombre de marchandises et de produits agricoles ; elle aurait pour résultat de souder les intérêts des producteurs agricoles et des consommateurs citadins, et elle serait conforme à une véritable politique économique où les catégories économiques — producteurs et consommateurs — ne s'opposeraient pas et, au contraire, se solidariseraient.

Enfin, la coopération, soucieuse de l'intérêt des consommateurs trop souvent négligé, demande à participer à tous les organismes créés soit pour le contrôle des services publics, soit pour leur transformation d'institutions politiques en organismes chargés de l'administration des choses.

La Coopération demande que les usagers et les consommateurs soient appelés, non pas avec une représentation restreinte et insuffisante, mais avec une représentation conforme à ses forces, à toutes les institutions créées par l'Etat et les Pouvoirs Publics, afin de défendre un intérêt qui est le seul à se confondre définitivement avec l'intérêt économique général.

La Fédération Nationale des Coopératives de Consommation se félicite de ce que le Conseil National Economique du pays va recevoir la consécration officielle ; elle pense que, dans la représentation des forces économiques du pays, elle a droit à une délégation proportionnelle à ses forces — qui, ainsi qu'il est dit par ailleurs, sont égales à trois millions de familles.

D'autre part, la Fédération Nationale des Coopératives de Consommation pense qu'étant donné l'évolution économique qui a lieu à travers le monde, il apparaît important, pour l'avenir de l'économie nationale, que le Conseil National Economique voie ses attributions, pouvoirs et moyens d'action augmentés, tant au point de vue national qu'international et cela, en vertu même de l'expérience faite et des résultats déjà acquis.

Les Économats

La F. N. C. C. a été saisie de très nombreuses lettres de sociétés signalant l'existence d'Economats qui, parfois, prennent le titre de Coopératives. Des interventions ont été demandées au Ministère du Travail.

D'autre part, le Conseil Central a décidé de faire lui-même une enquête sur la situation et de demander au Ministère du Travail de faire lui-même une enquête.

Le résultat de cette double enquête permettra une connaissance générale des faits et une action pourra être plus utilement entreprise.

Les Droits de Douane

Le Conseil Central ayant eu connaissance de l'additif proposé par le Gouvernement à propos des droits de douane, a voté l'ordre du jour ci-après qui a été communiqué à la presse :

Les consommateurs vont être encore lourdement frappés.

Sans les consulter, sans connaître l'opinion des organisations économiques intéressées, le Gouvernement a déposé un « additif » augmentant considérablement les droits de douane, et qu'il désire faire voter hâtivement.

La Fédération Nationale des Coopératives de Consommation proteste contre les augmentations de droits qui portent sur 1.800 articles dressant des barrières douanières dont le résultat sera le ralentissement de la vie économique du pays et le renchérissement du coût de la vie.

Les prétextes invoqués ne sont pas tous justifiés. Accord franco-allemand ? Mais des produits industriels sont frappés que l'Allemagne ne présente pas sur le marché français. Protection légitime des agriculteurs ? Mais on crée des droits que les associations agricoles n'ont jamais demandés. Harmonie avec la valeur du franc ? Mais on porte le coefficient d'articles de première nécessité à 8, 10 et 16 fois le taux de 1914.

La Fédération Nationale des Coopératives de Consommation signale que tous les consommateurs s'élèveraient, sans distinction de partis, contre l'adoption hâtive d'un tel projet.

Elle demande que tous les intéressés soient entendus en vue d'un examen plus complet, de façon à ne pas faire peser sur le pays déjà surimposé, des charges de douane formidables et leurs incidences sur les prix.

Quelques exemples des majorations proposées

	Tarif 1914	Tarif actuel	Tarif proposé	Coefficient	Augmentation probable de prix vente par kg
	—	—	-		—
Sucres bruts destinés au raffinage	5,50	81,90	100	18,1	0,20
Sucres raffinés	6,»	84,»	100	16,6	0,20
Saindoux	30,»	51,»	120	4	0,80
Saucisson	50,»	85,»	250	5	2,10
Lentilles	3,»	3,90	25	8,3	0,30
Pois	3,»	3,90	25	8,3	0,30
Racines chicorée	3,»	9,»	30	10	0,25
Chicorée brûlée	8,»	24,»	51	6,4	0,35
Lait concentré	5,»	8,50	40	8	0,70

Création de Services de Contentieux

Le Conseil Central — pour répondre à un vœu émis au Congrès de Grenoble — a décidé la création de services de contentieux dans cinq régions : région parisienne, région du Nord et du Pas-de-Calais, région lyonnaise et du Forez et du Bourbonnais, région du Sud-Ouest, région de Lorraine et des Ardennes.

Ces services ont été créés en accord avec le Conseil juridique. Ils fonctionnent dans les conditions suivantes :

a) Les questions intéressant les sociétés au point de vue contentieux sont adressées par les sociétés au secrétaire de la Fédération régionale, qui les soumet à un service créé à cette fin. Le secrétaire de la Fédération régionale transmettra les réponses aux sociétés.

Il est entendu que toutes les questions d'ordre juridique importantes, nouvelles, délicates, et les interprétations des textes législatifs, ainsi que celles pouvant créer des embarras, seront soumises au Conseil Juridique de la F. N. C. C.

b) Les Fédérations régionales enverront tous les quinze jours, à la F. N. C. C., une liste des sociétés ayant demandé des renseignements en précisant la nature de ceux-ci.

Il en sera de même pour la F. N. C. C.

c) Les services de contentieux des Fédérations régionales se réuniront avec le Conseil Juridique chaque trois mois, sur la convocation de la F. N. C. C.

Cette réunion permettra d'examiner les questions qui auront pu se poser.

Film National

Le Conseil Central a édité un film qui est mis à la disposition des sociétés sous certaines conditions. Ce film peut très utilement servir la propagande.

Office Technique

Le Conseil Central a réorganisé l'Office Technique. Il a pensé qu'il était utile de le diviser en sections spéciales.

Le rôle de l'Office Technique est de donner les avis utiles à la F.N.C.C.

sur toutes les questions intéressant la Coopération et son action. Ses propositions et vœux sont soumis au Conseil Central par la C. A.

Voici la liste des Sections et leur composition :

I. — *Droit, Impôt, Contentieux* : Cohu, Ernest Lafont, Lévy-Oulmann, Quillent, Ramadier, Sarrazin, Lucas.

II. — *Comptabilité, Organisation de Bureau* : Genot, Matray, Charles Grouard, Caron, Lebon.

III. — *Banque, Finances* : Chabrun, Chomat, Tardy, Lévy.

IV. — *Publicité* : Allinc, Dubuisson, Pierre Marcel, Sénèque, Camin et Brot.

V. — *Assurances* : Dreyfus, Durant, Furster, Hermans, Nourry, le Directeur de l'A. O., Yung.

VI. — *Achats et Ventes, Entrepôts, Transports* : Cantagrel, Courel, David, Vaxelaire, Veil, Lyon, Thiriet, Buguet.

VII. — *Fabrications* : Baudouin, Couvrecelle, Tellier, Veil, Cleuet.

VIII. — *Architecture* : Clément-Camus, Picard, Vinsous, Camin.

IX. — *Œuvres sociales* : Mme Bélime-Laugier, Bled, Dr Chalet, Doyen, Galland, Gémier, Guillevic, Martin, Radiguer, Fauconnet.

X. — *Economie générale* : Fauquet, Gide, Bernard Lavergne, Edgard Milhaud, Oualid, Roger Picard, Henri Sellier, Albert Thomas, Poisson.

Une réunion plénière de l'Office Technique aura lieu au moins une fois par an.

Service d'Architecture

Le Conseil Central, qui a créé une section d'Architecture au sein de l'Office Technique, a pensé que, sans négliger les conseils de cette section, il était utile de créer un service chargé de renseigner les sociétés sur toutes les questions qui, dans cet ordre, peuvent les intéresser. Il a confié ce service à M. Vinsous. Toutes les demandes de renseignements doivent être adressées à la F. N. C. C.

Service Juridique

Le Service Juridique de la Fédération a répondu à 2.120 demandes de consultation. Ce chiffre montre toute l'importance de ce service.

Ces demandes ont principalement porté sur les statuts, les fusions entre sociétés coopératives, les questions de loyer, les différends entre les gérants, les questions fiscales.

Un nombre assez important de sociétés ont fait reviser leurs statuts pour les mettre en harmonie avec la loi du 7 mai 1917 et les principes coopératifs.

Les fusions par voie d'apport se sont multipliées en raison de la loi du 19 mars 1928, qui a prévu jusqu'au 20 mars 1931 des avantages fiscaux assez appréciables et notamment la réduction des droits d'enregistrement.

La loi du 30 juin 1926 sur le renouvellement des baux suscite les mêmes difficultés que l'an dernier. Le principe du droit au renouvellement du bail pour les sociétés coopératives est en effet l'objet des mêmes discussions. Ce que le législateur a entendu protéger, c'est le fonds de commerce. Aussi les sociétés civiles ne peuvent-elles prétendre au bénéfice de la loi.

Quant aux sociétés anonymes, une distinction s'impose : celles qui vendent au public ont à notre avis un droit incontestable au bénéfice de la loi ; celles qui ne vendent qu'à leurs membres ont un objet civil, elles peuvent en conséquence se voir refuser tout droit au renouvellement de leur bail.

Le droit de reprise de locaux d'habitation, par application de l'article

5 de la loi du 1er avril 1926 a fait également l'objet de consultations. Nous indiquons que les sociétés coopératives ne peuvent demander à reprendre des locaux d'habitation pour les faire occuper par leur personnel. Ce droit ne peut être exercé qu'au profit du propriétaire lui-même ou des membres de sa famille (conjoint, ascendants ou descendants des conjoints).

Les contrats de gérances et les droits de cautionnement soulèvent toujours des difficultés. La loi du 1er février 1928 a porté à 12.000 francs le montant des sommes susceptibles d'être déposées à titre de cautionnement aux Caisses d'Epargne. Lorsque le cautionnement dépasse 12.000 francs elle doit être déposée à la Caisse des Dépôts et Consignations. L'intérêt servi par cette dernière est de 2 % à courir du 61e jour de dépôt tandis que celui servi par la Caisse d'Epargne est de 3 fr. 75 % du jour du dépôt.

La loi du 5 avril 1928 sur les assurances sociales a provoqué des demandes de consultations, notamment pour la création de caisses primaires. Certaines sociétés coopératives ont songé à créer, au profit de leurs membres, des sociétés de secours mutuels conformément à la loi du 1er avril 1898, ces sociétés pourront fonctionner comme caisses primaires.

La taxe d'apprentissage a contribué cette année à augmenter le nombre des questions fiscales. L'article 25 de la loi du 13 juillet 1925 sur la taxe d'apprentissage ne vise que les personnes ou sociétés exerçant une profession industrielle ou commerciale qui ont payé au cours de l'année écoulée plus de 10.000 francs de salaires ou rémunérations quelconques. Les sociétés civiles ne sont donc pas assujetties à cette taxe. Quant aux sociétés anonymes, l'administration les assujettit toutes en raison de leur forme, qui est commerciale. Cette thèse ne nous paraît pas à l'abri de toute critique. Les sociétés anonymes qui ne vendent qu'à leurs membres exercent une profession purement civile, leur forme seule est commerciale. Elles ne devraient pas, semble-t-il être assujetties à la taxe d'apprentissage. Si la question était soumise au Conseil d'Etat, elle ne manquerait pas d'être chaudement discutée. Le taux est de 0,20 % du montant des salaires payés. La déclaration de salaires en vue de l'application de la taxe doit être faite au Préfet dans les deux premiers mois de chaque année.

La même solution doit être donnée pour l'application de l'article 2 de la loi du 26 avril 1924 sur l'emploi obligatoire des mutilés. Cette loi ne s'applique en effet qu'aux exploitations qui emploient plus de 10 salariés. Pour les mêmes motifs que ceux indiqués ci-dessus pour la taxe d'apprentissage, seules, à notre avis, les sociétés anonymes vendant au public devraient être assujetties à cette loi. Cependant il est probable que l'administration tiendra à soumettre à la loi toutes les sociétés anonymes et peut-être aussi celles qui ne vendent pas au public ne sont cependant pas exonérées de l'impôt sur les bénéfices commerciaux. Le pourcentage des mutilés à employer obligatoirement a été fixé à 10 % du nombre des salariés employés. La déclaration prévue par la loi doit être faite au Préfet dans la première quinzaine de janvier.

Les trop-perçus sur les bénéfices industriels et commerciaux ont encore donné lieu à d'assez nombreuses consultations. Nous rappelons que les ristournes distribuées aux sociétaires et provenant exclusivement de la vente aux sociétaires ne sont pas passibles de l'impôt sur les bénéfices industriels et commerciaux. La déclaration des bénéfices doit être faite au contrôleur des Contributions directes dans les deux premiers mois de chaque année.

Conférences des Secrétaires des Fédérations régionales

Deux Conférences des secrétaires des Fédérations Régionales ont eu lieu en 1928.

La première a été tenue le 25 février et elle a examiné la question des relations entre la F.N.C.C. et les Fédérations Régionales et elle a décidé que des renseignements mensuels seraient fournis par chacune des Fédérations, la F. N. C. C. devant elle-même fournir aux F. R. les renseignements utiles.

D'autre part, un très important et très intéressant exposé a été fait par les secrétaires des Fédérations Régionales sur le développement du Mouvement dans leur Fédération Régionale.

La seconde Conférence a eu lieu le 22 septembre.

Elle a, à nouveau, examiné la question du développement de la Coopération, puis, nécessairement, le Mois du Recrutement des capitaux et des sociétaires, la Confédération Générale des Consommateurs, la loi sur les Assurances Sociales, l'Assurance Ouvrière et l'Ecole Technique pour le personnel coopératif.

Cette Conférence a, également, été très utile.

Le Conseil Central a décidé de convoquer deux Conférences chaque année.

Les Assurances Sociales

La loi du 5 avril 1928 sur les assurances sociales a prévu le montant de l'application de cette loi.

Un règlement d'administration publique doit être rendu avant le 5 avril 1929.

Dix mois après la publication de ce règlement, la loi entrera en vigueur.

Le Ministre du Travail doit (art. 73) consulter les organismes en cause avant de proposer au Conseil d'Etat un avant-projet d'administration publique. C'est ce qu'il a fait en instituant une Commission chargée d'examiner une partie de cet avant-projet.

La Fédération Nationale des Coopératives était représentée dans cet organisme qui a terminé ses travaux le 20 décembre 1928.

A vrai dire, dans cette loi qui touche à tant d'intérêts, peu de précisions ont été données. Seulement des indications, et parfois difficilement conciliables avec les faits et les possibilités. Toute l'application de la loi reposera sur le règlement élaboré par le Conseil d'Etat.

A la Commission chargée de donner son avis et ses suggestions, nous avons déjà aperçu les grandes lignes du fonctionnement de la loi. Mais le Ministre est libre de retenir ou de rejeter ces suggestions. Ensuite le Conseil d'Etat sera libre également dans son travail d'environ quatre mois pour mettre au point les rouages délicats et obtenir l'agrément de la Caisse des Dépôts et Consignations, de la Banque de France et de l'administration des P. T. T.

Le *Coopérateur de France* a donné des explications sur les buts et avantages de la loi et sur son fonctionnement.

D'autre part, les sociétés ont été avisées des différentes possibilités qui s'offrent à elles :

La loi fonctionnera à l'aide d'une Caisse primaire départementale d'origine administrative et de caisses primaires créées par les organismes suivants :

Sociétés de Secours Mutuels ;

Syndicats ;

Caisses d'Assurances mutuelles agricoles.

Les assurés peuvent aussi se grouper spontanément pour créer une caisse primaire.

Les Coopératives ne sont pas, par elles-mêmes, habilitées à créer une caisse primaire. Si leurs membres sont groupés en une société de secours mutuels, cette société peut concourir à l'application de la loi.

Nous avons dit, à différentes reprises, qu'il n'y avait aucun intérêt, bien au contraire, à trop éparpiller les efforts. En conséquence nous avons donné le conseil de ne créer des caisses primaires mutuelles coopératives que pour un département entier et à condition que la densité coopérative soit suffisante.

L'avantage de la création d'une mutuelle coopérative est la présomption d'affiliation de l'assuré au moment de l'application de la loi.

Toutefois, certaines sociétés y trouveront un désavantage : les caisses primaires mutuelles doivent avoir un Conseil d'administration composé de 18 membres dont 9 assurés, 2 praticiens (médecin et pharmacien) et 6 employeurs au moins. Pour ces derniers, il sera parfois difficile de les trouver dans la coopérative, d'autant plus que celle-ci se recrute dans toutes les professions.

En ce cas les coopératives peuvent employer la formule : Caisse primaire d'assurés spontanés. Il faut alors faire signer à l'avance l'adhésion à cette caisse, dont le Conseil d'administration se composera de 16 assurés et 2 praticiens.

Dans certaines régions, où le mouvement coopératif n'est pas suffisamment dense pour envisager la création d'une caisse primaire coopérative, la coopérative pourra faire adhérer ses mutuelles soit à une Union mutualiste, soit à une Caisse d'assurés spontanés, même si elle est formée en dehors de la Coopération.

L'adhésion à l'Union mutualiste entraîne toutefois le désavantage signalé plus haut en ce qui concerne le Conseil d'administration. De plus, certaines unions mutualistes admettent des sociétés de secours mutuels d'usine qui sont à la mutualité ce que les économats patronaux sont à la coopération.

En ce qui concerne les groupements spontanés créés en dehors, s'assurer qu'ils répondent à un recrutement suffisamment large et ouvert pour qu'aucune tendance, ni religieuse, ni politique, ne trouble le but normal qu'est l'assurance sociale.

Enfin, dans les départements où aucune de ces actions ne sera possible, les coopératives pourront être invitées, si désirable, à adhérer tout simplement à la Caisse départementale, les sociétés ou sections coopératives constituant les groupes agissants des sections locales de la Caisse départementale.

En tout cas, dans les 5 hypothèses envisagées plus haut, nous avons recommandé à toutes les sociétés de faire adhérer leurs membres, pour le risque vieillesse, à la Caisse Fédérale des Retraites, qui existe depuis longtemps, qui a donné ses preuves et qui est placée sous le contrôle du mouvement.

La politique première et constante de la Fédération Nationale, que la loi n'a pas admise, a été l'unité de fonctionnement dans les localités, c'est-à-dire que nous pensons à l'avenir de la Caisse primaire départementale et à l'activité de nos sections locales auxquelles une autonomie suffisante sera laissée pour la surveillance des risques et le paiement des prestations. Nous pensons que des caisses primaires nombreuses seront créées qui ne pourront pas vivre et qui devront disparaître. Nous espérons seulement que ces disparitions ne jetteront ni trouble ni discrédit et avons invité les sociétés à ne créer elles-mêmes des caisses qu'avec le maximum de chances pour réussir.

L'existence de ces caisses nombreuses nous a fait décider de parer dans une certaine mesure aux grands désavantages de la dispersion des organismes de la loi, en leur demandant non pas de s'unir, mais au moins de s'entendre pour un certain nombre de buts communs :

    faire connaître la loi,
    entente avec les syndicats médicaux,
    entente avec les syndicats de pharmaciens,
    hygiène sociale et publique,
    plan rationel du médecin.

Un Comité d'Entente, composé de la F. N. C. C., la Fédération de la Mutualité, la C. G. T., la Fédération de la Mutualité et de la Coopération agricoles, les Associations de production.

A l'image de ce Comité, les fédérations ont été invitées à constituer, avec des représentants des mêmes organisations, des Comités départementaux, afin de poursuivre les mêmes buts.

Ainsi, soit directement dans l'application effective de la loi, ou dans le travail des sections locales des Caisses primaires départementales, soit dans les Comités d'entente des assurances sociales, soit au Conseil supérieur des Assurances sociales où elle aura ses représentants, la Coopération fera connaître son sentiment à l'égard de tous les problèmes posés par cette loi sociale de la plus grande importance.

Assurance Ouvrière

Un accord a été réalisé entre la F. N. C. C. et l'A. O., le 7 janvier. Les principes de cet accord sont les suivants :

1° La F. N. C. C. sera nommée agent général de l'A. O. ; les conditions de commissions pour les branches d'assurances exploitées (incendie, accidents, vie, etc...) seront énumérées et détaillées dans un état annexe.

2° Lors de la création du « Syndicat de Garantie des Sociétés Coopératives », à l'étude, les deux délégations étudieront et fixeront les conditions de gestion de cet organisme.

3° Les membres de la délégation de « L'Assurance Ouvrière » sont personnellement favorables à un changement du titre de la société, s'il est possible, mais n'ont pu prendre un engagement à cet égard, la question étant du ressort du Conseil d'Administration et même de l'Assemblée générale des adhérents.

4° La cotisation annuelle de l'A. O. à la F. N. C. C. sera réglée par la Commission Administrative de l'Assurance Ouvrière.

D'autre part, un certain nombre de sociétés sont devenus sous-agents de la Fédération Nationale. Elles y ont trouvé l'avantage de bénéficier en plus de la réduction de 20 % dite de mutualité, d'une commission intéressante sur les primes nettes de leurs propres assurances ou des assurances de leurs sociétaires.

C'est de plus le moyen le plus efficace d'aider au développement de l'Assurance Ouvrière, laquelle, de plus en plus, tend à devenir l'organisme central d'assurances de notre mouvement.

L'Assurance Ouvrière, d'ailleurs, en liaison avec l'Office Technique de la F. N. C. C. (section des assurances) a mis au point deux combinaisons intéressant au plus haut degré nos sociétés :

I. *Assurances des succursales*. — Une police unique au premier feu. Les succursales sont classées par catégorie (capitaux assurés) et en deux classes (nature du risque). Le taux a été réduit au maximum et les frais d'enregistrement pour une police unique au premier feu sont beaucoup moins élevés. Il est certain que l'Assurance Ouvrière est placée ainsi aussi bien que toutes les compagnies « sérieuses ».

II. *Assurance des sociétaires.* — L'Assurance Ouvrière est à même de faire des polices par société pour faire une assurance collective au premier feu pour les coopérateurs, à des conditions telles qu'*aucune* autre assurance ne peut les faire.

Les sociétés peuvent d'ailleurs utiliser cette faculté pour leur propagande, dans des conditions qui ont été indiquées par circulaire et qui seront rappelées au Congrès.

L'Assurance Ouvrière sera à même de donner au Congrès des renseignements sur l'*assurance des entrepôts,* qu'elle pourra faire dans des conditions *extrêmement* avantageuses. Les administrateurs trouveront à Royan des représentants qualifiés de l'A. O. pour toutes explications utiles particulières à chaque société.

Les assurances autos, accidents et responsabilité civile ont retenu également l'attention de la F. N. C. C. et feront l'objet au Congrès d'une communication.

Les sociétés ont été avisées qu'en tout état de cause, et chaque fois que leurs polices, quelles qu'elles soient, viennent à expiration, elles ont *intérêt* à aviser la F. N. C. C. Lorsqu'il ne sera pas possible de leur donner immédiatement des avantages, il est prudent pour elles de ne souscrire qu'à des polices renouvelables annuellement, afin de bénéficier le plus tôt possible des améliorations envisagées.

Mois de Recrutement de Capitaux et de Sociétaires

Le Conseil Central a décidé d'organiser, en novembre, un Mois de Recrutement de Capitaux et de Sociétaires. La F. N. C. C. a édité des affiches et des dépliants et *Le Coopérateur de France* a fait deux éditions spéciales.

Une voiture automobile a été ajoutée aux prix de la Grande Souscription de *l'Enfance Coopérative.*

90 sociétés seulement ont participé à ce Mois de Recrutement. A l'heure où ce Rapport est imprimé le résultat obtenu par les sociétés n'est pas encore connu.

Le Conseil National Économique

Le Conseil National Economique a procédé, durant sa première session, à l'examen de deux rapports. L'un concernait l'aéronautique marchande française, l'autre la crise de l'épargne et le financement de l'outillage national.

Touchant l'organisation de notre aviation commerciale, le Conseil National Economique n'est pas parvenu à formuler une opinion unanime. Plutôt que de recourir à des compromis, il a préféré soumettre aux pouvoirs publics les deux conceptions en présence. Dans une première conception, les transports aériens constituent un service public auquel trois grandes catégories d'intérêts doivent être associés. Ce sont l'Etat, les collectivités usagères (départements, communes, colonies et protectorats, régions économiques, etc.) et les grands services de transports. Seule une régie coopérative, sous forme de société anonyme à capital variable, permet d'assurer une gestion ne s'inspirant que de l'intérêt général tout en conservant les avantages des sociétés privées, notamment pour l'exploitation en pays étrangers. C'est cette société qui doit être créée et recevoir la gestion de tous les services réguliers aériens. Dans la deuxième conception, au contraire, cette gestion est laissée à l'initiative privée. Les compagnies de navigation obtiennent l'aide de l'Etat et acceptent son contrôle.

En soumettant ces deux conceptions au Gouvernement, le Conseil National Economique a été unanime pour insister sur l'urgence des décisions à intervenir et sur la nécessité d'un programme d'ensemble. Il a pris acte de l'assurance que lui a donné le ministre que le projet définitif des pouvoirs publics lui serait communiqué pour avis.

Quant au rapport sur la crise de l'épargne et au financement de l'outillage national, dû à M. Lewandowoski et à notre ami Gaston Lévy, il a rencontré l'approbation absolue du Conseil National Economique, qui a formulé plusieurs résolutions.

Il a émis notamment le vœu :

« Que la rémunération du travail, en assurant au travailleur, en outre de la satisfaction de ses besoins normaux, la sécurité de son avenir soit suffisante pour lui permettre de faire œuvre de prévoyance et d'épargne et de participer ainsi directement ou indirectement au développement de l'économie nationale ;

« Que la loi pose quelques règles générales sur la présentation des bilans, de façon qu'ils deviennent plus accessibles au public et qu'elle prévoie des mesures propres à en assurer l'application et à rendre plus efficace le contrôle des actionnaires sur le fonctionnement des sociétés ;

« Que l'exercice direct ou par personne interposée de la profession de banquier soit interdit à ceux qui auraient subi une condamnation entachant leur honorabilité ;

« Que pour satisfaire à la tendance de l'épargne vers la spécialisation et la régionalisation de ses placements, les entreprises d'outillage national se constituent sous une forme régionale ou spéciale, avec le concours des grands organismes économiques et professionnels. »

On voit par ce qui précède la grande activité déployée par le Conseil National Economique et le rôle agissant que les coopérateurs y ont joué dans l'intérêt général.

Confédération Générale de Défense du Consommateur

A la suite de certains articles de presse et d'une correspondance échangée avec la Fédération Nationale des Syndicats de Fonctionnaires, une entrevue eut lieu avec cette dernière, puis avec d'autres organisations, et une ligue fut créée avec les statuts suivants :

ARTICLE PREMIER. — Entre les collectivités ci-dessous contractantes et celles qui seront, par la suite, admises à adhérer aux présents statuts.

Il est formé, dans les termes de la loi du 1er juillet 1901, une Association dénommée « Confédération Générale de Défense du Consommateur » (C. G. D. C.) qui pourra comprendre, outre les Associations constituées conformément à la loi du 1er juillet 1901, tous autres groupements ou syndicats légalement constitués.

ART. 2. — La C. G. D. C. a pour objet :

D'organiser une action commune concernant la protection et la défense des intérêts et des droits des consommateurs et de les représenter partout où ces intérêts et ces droits seront en jeu.

Etant bien entendu que chaque collectivité adhérente conserve, de la façon absolue sa personnalité propre, ainsi que son entière autonomie et le choix de ses moyens d'action en ce qui concerne son objet ou ses intérêts particuliers.

ART. 3. — La C. G. D. C. se propose, notamment :

1° De présenter une organisation et constituer une documentation suffisante pour que la connaissance des grands problèmes économiques permette la discussion avec des représentants des producteurs et, d'une façon générale, de tous les groupements économiques.

2° D'établir des rapports suivis avec les Pouvoirs Publics, en vue de la défense des intérêts des consommateurs et de leurs associations.

3° De veiller à l'application des lois protectrices des consommateurs, ou l'en prendre l'initiative.

4° Poursuivre l'établissement d'une fiscalité qui s'inspire au maximum de l'intérêt des consommateurs.

5° De poursuivre une politique économique internationale en faveur des consommateurs, en vue d'une union économique des peuples nécessaire à l'organisation de la paix et d'engager une action en vue d'obtenir l'abaissement des droits de douane au minimum strictement indispensable à l'intérêt général du pays, et en vue de multiplier les traités de commerce comportant la clause de la nation la plus favorisée.

6° De réclamer le contrôle des monopoles, ententes, trusts nationaux et internationaux de producteurs, tant au point de vue des prix des produits que de leur qualité et de leur quantité — et la participation à ce contrôle des organisations de consommateurs.

7° S'efforcer d'obtenir la représentation des organisations de consommateurs au contrôle et à la gestion des services publics à caractère économique.

8° De rechercher avec les organisations de producteurs l'établissement du prix de revient et du prix de vente légitimement rémunérateur, et d'obtenir par la régularisation du marché une persistance du juste prix pour le consommateur.

9° Parrallèlement à un effort de normalisation de la production, de la présentation et de la répartition des produits, poursuivre l'éducation des consommateurs en ce qui concerne le choix, l'achat et l'utilisation des marchandises ; les encourager à se grouper dans leurs organismes naturels de défense, dans les coopératives de consommation, développées et perfectionnées.

Art. 4. — La C. G. D. C. se compose des collectivités signataires des présents, savoir :

Groupe I. — La C. T. I. (Confédération des Travailleurs Intellectuels).
Groupe II. — L'Union Fédérale des Associations de Mutilés et anciens Combattants ;
    L'Union Nationale des Combattants ;
    L'Association Générale des Mutilés de la Guerre.
Groupe III. — La Fédération Nationale des Syndicats de Fonctionnaires.
Groupe IV. — La Fédération Nationale des Coopératives de Consommation. et des collectivités qui seront admises par la suite.

Toute demande d'admission sera soumise au Comité Directeur.

La C. G. D. C. est administrée par un Comité Directeur composé de trois représentants de chacun des groupes ci-dessus, auxquels pourront être adjoints de nouveaux membres.

La C. G. D. C. organisera des Comités Régionaux, départementaux et locaux avec les mêmes statuts, sur les mêmes bases et les mêmes principes et établira une liaison avec eux.

La C. G. D. C. n'a pas eu cette année d'activité extérieure. Ses réunions n'ont servi qu'à l'organisation intérieure, qui a été laborieuse.

Il a été décidé que l'effort de la C. G. D. C. portera en 1929 sur : 1° les impôts de consommation (étude spéciale du sucre et du café comme exemples) ; 2° la spéculation illicite ; 3° les municipalités et les décrets-lois sur le ravitaillement ; 4° entente des producteurs et des consommateurs (viande et lait comme exemples).

Imprimeries

La F. N. C. C. a participé avec *Les Presses Universitaires* à l'acquisition d'une imprimerie à Vendôme.

D'autre part elle a passé un accord avec *L'Imprimerie Nouvelle* à Amiens, accord qui permet de centraliser utilement les impressions.

Situation des Directeurs des Sociétés Coopératives

Une enquête décidée sur ce sujet a été faite auprès de 97 sociétés importantes. Elle a abouti à des données effectives pour 65 d'entre elles.

Après discussion sur la définition même de la fonction de direction, à laquelle sont rattachées des fonctions techniques très variables selon les sociétés et les hommes employés, les sociétés étudiées ont été classées en trois catégories :

I. au-dessous de 10 succursales.

II. de 10 à 50 succursales.

III. au-dessus de 50 succursales.

Les salaires moyens ont été donnés dans une note adressée aux sociétés qui ont répondu à l'enquête, ainsi que les pourcentages moyens de frais de direction par rapport au chiffre d'affaires.

En même temps, une étude a été faite, non pas pour établir un contrat-type pour toutes les sociétés, mais pour donner des indications sur un certain nombre de points et poser des principes. Sans discuter des théories sur les salaires, il importait de mettre en garde les sociétés contre la tendance à faire des conditions inférieures aux directeurs des coopératives. Le bon recrutement du personnel exige que, à responsabilité et à capacité égales, les tarifs ne s'éloignent pas trop de ceux du commerce privé.

La note discute des contrats de salaires avec les directeurs en ce qui concerne : 1° les appointements fixes ; 2° la prime sur le chiffre d'affaires ; 3° la prime à bénéfice brut ou à bénéfice net.

Il a été indiqué que le calcul qui apparaît comme le plus rationnel est celui qui consiste à tenir compte : 1° d'un salaire fixe qui peut être assez réduit ; 2° d'un salaire variable obtenu en multipliant le chiffre d'affaires par un coefficient, lequel serait variable selon l'importance du bénéfice net.

Ainsi, dans une société dont il serait possible de déterminer actuellement le chiffre d'affaires normal et le bénéfice net normal, on fixerait pour ces deux chiffres un coefficient dit de base, calculé de telle sorte que le salaire fixe plus la prime de base forment une rémunération convenable. Le coefficient ensuite diminue si le bénéfice est diminué et augmente si le bénéfice est augmenté selon un barème déterminé à l'avance.

Nous avons indiqué que, pour faire jouer convenablement ce système, il fallait déterminer rigoureusement un compte d'exploitation-type (même si on en présente un autre pour l'assemblée générale). Ce compte d'exploitation doit comprendre dans les frais : 1° l'intérêt des immobilisations ; 2° les intérêts des stocks ; 3° les amortissements normaux.

Dans ces conditions, le prix sera fonction de l'activité du directeur sur :

a) Le chiffre d'affaires ;

b) La majoration brute ;

c) La diminution des frais généraux ;

d) Le montant des immobilisations ;

e) Le montant des stocks.

Nous nous sommes mis à la disposition des sociétés pour étude et critique de tout projet de contrat.

Enfin nous avons indiqué que des clauses concernant la maladie, les accidents, les retraits, devaient être insérées dans le contrat, ainsi que la sécurité de la société (interdiction de même emploi dans une maison concurrente dans un rayon déterminé).

La note ci-dessus ne contient pas les chiffres qui ressortent de l'étude faite sur les conditions des directeurs, mais ils sont à la disposition des sociétés sous la forme des moyennes ressortant de l'enquête.

Activités extérieures de la F. N. C. C.

La F. N. C. C. entend défendre les consommateurs partout où leurs intérêts sont en jeu. Ainsi elle est représentée dans un certain nombre de Comités qui ont pour objet l'étude de problèmes touchant à l'économie générale du pays.

Le Comité Technique de l'Alimentation a tenu de nombreuses séances au cours de 1928. Il a examiné et publié un Rapport intéressant sur le coût de la vie. Il s'est préoccupé de la réglementation de la fabrication du savon pour obtenir l'interdiction de matières résineuses dans celle-ci et il a demandé que le savon qui contiendrait de la résine soit obligatoirement appelé « Savon résineux ».

Il s'est également intéressé à la question de la standardisation et il a procédé à une étude sur les litres, les boîtes de conserves, les emballages et les caisses. Cette standardisation serait favorable aux consommateurs.

D'autre part, le Comité Technique de l'Alimentation s'est préoccupé de l'additif concernant les droits de douane et il a pu déposer des amendements dont un certain nombre ont été votés par le Parlement.

Le Conseil d'Administration de l'Office Central des Pétroles a proposé la transformation de la taxe sur le chiffre d'affaires sur les pétroles en taxe à la production ; cette proposition n'a pas encore été votée.

Le Comité Consultatif des Chemins de fer a tenu de nombreuses réunions. A chacune d'elles des questions de tarifs ont été posées et, généralement, en vue d'augmentations. Le représentant de la F. N. C. C. a toujours soutenu l'intérêt général.

Le Comité d'Action Economique et Douanière a pour objet de favoriser les échanges. Il a — au cours de l'année écoulée — pris position dans maintes circonstances, tant au point de vue des tarifs douaniers qu'au point de vue de la revision des accords commerciaux.

L'Office Central des Céréales panifiables a eu à se préoccuper de l'utilisation du blé indigène pour la fabrication des pâtes alimentaires ; il a émis un avis favorable sous la double réserve du contrôle de la qualité et des prix.

Loi sur les Habitations

Le Conseil Central a pensé que la Coopération devait s'intéresser à la loi sur les Habitations votée par le Parlement. Il a demandé à la Fédération de la Région Parisienne de créer une société qui pourrait servir d'exemple pour les autres régions.

A l'heure où ce Rapport est imprimé la question n'est pas encore résolue ; mais elle est suivie et la création de la société et sa mise en action seront sans doute un fait accompli sous peu de temps.

Commission Nationale
pour l'Enseignement de la Coopération

Enseignement. — Pendant l'année scolaire 1927-28, les Cours ont été repris dans les Facultés de Droit d'Aix-en-Provence, de Bordeaux, de Lille et de Lyon.

Nous n'avons pas pu, dans les Enseignements : Secondaire, Primaire et Technique, accroître sensiblement l'action des années précédentes, faute de ressources. Sauf dans les Académies de : Paris, Lille et Nancy où nous avons trouvé des concours nouveaux, grâce, dans les deux premières Académies, à l'action de Commissions régionales d'Enseignement de la Coopération, et, dans la troisième, à celle de l'Union des Coopérateurs de Lorraine.

A Paris, la Commission a été constituée avec le concours de la Section du Syndicat des Instituteurs, et a obtenu un Enseignement régulier de la Coopération dans tous les Cours Complémentaires, et une subvention de 8.000 francs pour le voyage d'études de 20 jeunes gens et jeunes filles.

A Lille, la Commission a rassemblé près de 20.000 francs de subventions, et a organisé l'Enseignement dans la plupart des établissements scolaires (Secondaires, Primaires et Techniques) du département par une étroite collaboration entre la Fédération régionale des Coopératives et l'Université.

A Nancy, M. le Recteur a pris lui-même l'initiative d'une réunion des Inspecteurs d'Académie pour leur demander d'intervenir auprès des Chefs d'établissements et auprès des Professeurs. Leurs instructions ont déterminé 38 écoles à donner un Enseignement régulier, ce qui a permis de donner 84 Bourses.

Dans les autres Académies, les résultats ont été plus ou moins importants, selon les collaborations qu'il a été possible de rassembler.

Des Commissions départementales ont commencé d'agir dans les Ardennes, l'Aisne, et dans l'Académie de Bordeaux.

BOURSES. — a) *Individuelles :*

Académies	Enseig. sup.	Enseig. sec.	Enseig. prim.	Enseig. Techn.	Total
Aix-en-Provence			2		2
Bordeaux			4	2	6
Caen			6		6
Grenoble			1	1	2
Lille	1	8	21	3	33
Lyon	1		2	2	5
Montpellier			1		1
Nancy		6	13	2	21
Paris	5	2	24	2	33
Poitiers			3		3
Toulouse		1	2	1	4
TOTAUX..........	7	17	79	13	116

b) *Collectives :*

Académies	Écoles	Nomb. Élèv.	Voyage fait	Durée
Nancy	Cours Profes. Verdun.	9	Nancy	1 journée
id.	Ec. Prim. (G. et F.) Bar-le-Duc	10	id.	1 id.
id.	E. P. S. G. Nancy...	44	id.	1 id.
Lille	E. N. F. Laon.......	30	id.	1 matinée
id.	E. P. S. et Ec. Prim. (G. et F.) Ardennes.	9	Verdun	1 journée
Besançon	E. P. S. et Ec. Prim. (G.-F.) Ter. Belfort.	18	Nancy	1 id.
Strasbourg	E. N. G. Montigny..			

Apéa cmsæÉcoles	Nomb. Élèv.	Voyage fait	Durée	
E. P. S. G. Metz......	23	id.	1	id.
C. Comp. G., Moyeuvre				
Cours Prof. (G. et F.)				
Dijon Saint-Dizier	75	Verdun	1	id.
Clermont-Ferrand E. N. G. Guéret.........	32	Limoges-Saintes		
Caen E. N. G. Caen........	28	Saint-Claude		

TOTAUX....... 12 bourses collectives (278 élèves).

c) *9 à l'Amicale des Anciens Boursiers de la Coopération.*

Voyages d'études. — Les Boursiers ont effectué ces voyages en six groupes :

Le 1er (28), sous la conduite de M. Prache, Secrétaire Général de la Fédération Régionale des Coopératives du Nord et du Pas-de-Calais, accompagné par Mme et M. de Paemlaère, Inspecteur de l'Enseignement Primaire, Mlle Gourdin, ex-Directrice d'Ecole, à Cambrai, et M. Baudel, Professeur au Lycée Chanzy, à Charleville, chargé, depuis plusieurs années, du Cours sur la Coopération dans les Ardennes.

Les Boursiers visitèrent, à Dunkerque, l'Union des Coopérateurs des Flandres. Ils furent fort aimablement reçus à la Chambre de Commerce qui mit un canot automobile à leur disposition pour la visite du port. Ils se rendirent à Malo-les-Bains, puis à Ostende, où ils visitèrent la Coopérative « La Marée ». Ils passèrent à Bruges et à Gand où, là, ils firent visite à la Coopérative du « Vooruit », à des Filatures et des Tissages, sous la conduite de M. le Député Anseele, Administrateur-Délégué du Vooruit. A Mouscron, ils s'arrêtèrent à la Coopérative « La Fraternelle ». Enfin, à Lille, ils visitèrent les organisations coopératives (Union des Coopérateurs des Flandres, minoterie et boulangerie), l'Office Régional d'Enseignement Cinématographique, et la Ville. Ils furent reçus par M. Laforest, Inspecteur de l'Enseignement Primaire, adjoint à M. le Recteur.

Le 2e groupe (38), sous la direction de M. Bugnon, accompagné de M. Dessaint, Inspecteur de l'Enseignement Primaire de la Seine, délégué de la Municipalité de Paris, de Mme et M. Noguier, instituteurs à Paris.

Ils visitèrent, à Château-Thierry, l'Union des Coopérateurs du Sud de l'Aisne ; à Nancy, l'Union des Coopérateurs de Lorraine, l'Agence de la Banque des Coopératives de France, la Laiterie Saint-Hubert, l'Est Républicain, Nancy-Thermal et l'Office Régional d'Enseignement Cinématographique ; à Strasbourg, la Société Coopérative de Consommation et ses magnifiques Œuvres sociales ; une belle réception fut faite à nos Boursiers, à l'Hôtel de Ville, par M. le Maire, entouré de MM. les Adjoints et de nombreux invités.

Ce voyage d'études se termina par une excursion à Sainte-Odile.

Le 3e groupe (24), sous la conduite de M. Bugnon, de Mme et M. Noguier, a visité, à Nancy (pour les Boursiers des trois départements lorrains), les organisations coopératives et l'Exposition Commerciale, Industrielle et Artistique ; à Paris, où les Boursiers de l'Académie de Poitiers les avaient rejoints, ils virent : les organisations coopératives centrales, les Presses Universitaires de France, la Coopérative d'Instruments de Précision, les Grands Moulins de Paris, les Usines Citroën.

La Comédie Française leur avait offert gracieusement une soirée.

M. Roeland, Vice-Président du Conseil Municipal, les reçut à l'Hôtel de Ville.

Le *Bulletin Municipal Officiel* du 31 août 1928 donne un compte rendu de cette réception.

M. Roeland a déclaré :

Nous vous félicitons d'avoir compris toute l'importance des grands principes coopératistes, et d'avoir mis votre zèle à l'étude scientifique de leurs applications, chaque jour plus délicates, plus nombreuses et plus utiles.

Le Conseil Municipal est si bien convaincu lui aussi des mérites et de la nécessité de cet enseignement qu'il vient de décider d'en faire profiter les meilleurs élèves de nos Cours Complémentaires.

Ainsi, apparaît-il, avec évidence, que nous nous attachons les uns et les autres à un même idéal, que vous êtes ici parmi des amis et des alliés, et que la présente rencontre est d'autant plus opportune qu'elle nous permet d'échanger de fraternelles impressions, et d'inaugurer par là une collaboration durable. »

Le 4ᵉ groupe (10), sous la direction de M. Bugnon, accompagné de M. Berthet, Président du Conseil d'Administration de l'Union des Coopératives du Sud-Ouest, a visité, à Bordeaux, les organisations coopératives et les principaux vignobles du Bordelais où nos Boursiers ont été magnifiquement reçus par Mᵐᵉ et M. Cordier dans leurs vignobles du Sauternais, du Médoc et d'Entre-Deux-Mers.

M. le Maire Marquet les a salués à l'Hôtel de Ville avec la plus grande bienveillance.

A Saintes, à l'Ile d'Oléron et à La Rochelle, ils visitèrent les différentes coopératives et leurs installations modernes ; ils admirèrent tout particulièrement les œuvres sociales de l'Enfance Coopérative à Saint-Trojan et à Boyardville.

Le 5ᵉ groupe (10), sous la direction de M. Bugnon, accompagné par M. Sauvan, Professeur à l'Ecole Normale d'Instituteurs de Grenoble, chargé du Cours sur la Coopération, a visité, à Grenoble, les organisations coopératives et la ville ; à Chambéry, une Coopérative P. L. M. et Aix-les-Bains ; à Genève, la Société Coopérative suisse de Consommation, les Restaurants Populaires.

Ils furent reçus au Bureau International du Travail par M. Albert Thomas, ainsi qu'à la Société des Nations, par M. le Professeur Oesterby, Chef du Secrétariat du Président.

A Lyon, ils virent avec intérêt les différentes organisations coopératives (Avenir Régional, Activité, Coopérative des Maçons).

Le 6ᵉ groupe (6), — Boursiers appartenant aux grandes Ecoles (Ecoles Normales Supérieures et Facultés), — a participé au voyage d'études de l'Amicale des Anciens Boursiers de la Coopération.

Ce voyage eut lieu du 23 au 28 septembre 1928 pour visiter les organisations coopératives françaises et suisses de Saint-Claude, de La Chaux-de-Fonds et du Locle.

La Commission Nationale a accordé aussi de nombreuses petites bourses d'une ou de quelques journées d'études, et des bourses collectives à diverses Ecoles Normales.

Nous publierons, cette année, un compte-rendu par Académie. Les Fédérations régionales qui désireraient en avoir connaissance pourront s'adresser au Secrétariat de la Commission Nationale de l'Enseignement de la Coopération, 41, rue Gay-Lussac, Paris (5ᵉ).

Coopération Scolaire. — Un Office Central de la Coopération scolaire a été constitué. Son siège est au Musée Pédagogique, 41, rue Gay-Lussac, Paris (5ᵉ).

Il a pour mission :

de provoquer la création de Coopératives dans les Ecoles et de les organiser régionalement ;

de les renseigner sur l'organisation de fêtes scolaires ;

sur l'achat et l'emploi de Cinéma, d'appareils à projections, de films et de vues ;

sur la cueillette et la préparation, ainsi que la vente des plantes médicinales ;

sur la vente des objets récupérés ;

sur la construction et l'achat des appareils de T. S. F. ;

sur la création de bibliothèques ;

sur la création d'ateliers ;

sur les installations d'économie ménagère et de travaux à l'aiguille ;

sur la création de musées scolaires, laboratoires, collections, etc. ;

sur la décoration des classes, livres, cahiers, buvards, et récompenses.

Un excellent accueil a été fait à cet office ; nous espérons qu'il réussira à rassembler toutes les Coopératives scolaires. Leur nombre, d'après les renseignements du Ministère de l'Instruction Publique, dépasse aujourd'hui 5.000, et leurs recettes annuelles s'élèvent à plus d'un million.

Amicale des Anciens Boursiers de la Coopération. — Les Boursiers se sont constitués en Amicale dont le siège est également au Musée Pédagogique, 41 rue Gay-Lussac, *Paris* (5°).

Cette Association, qui groupe déjà près de 300 Boursiers, a manifesté son activité par un voyage d'études coopératives, par différentes publications, et en particulier par celle d'un *Bulletin :* « L'Arc-en-Ciel ».

CONCLUSION. — Comme on le voit, la Commission Nationale pour l'Enseignement de la Coopération accentue de plus en plus son action, mais elle aurait besoin d'être secondée par un concours plus vigoureux des Fédérations régionales et Sociétés Coopératives.

RECETTES

Fédération Nationale	18.000 fr.
B. C. F. et M. D. G.	2.500
Fédérations régionales	7.500
Sociétés Coopératives	35.205
Départements	2.000
Communes	15.300
Divers	4.500
	85.005 fr.

DEPENSES

	En 1928	Prévues en 1929
Appointements (Noguier et Douel)	7.200	7.800
Frais de bureau	1.700	2.000
Installation	381	500
Chauffage, éclairage, nettoyage		1.000
Frais de voyage	5.000	6.000
Brochures, documentations	2.000	3.000
Cours	5.000	5.000
Bourses	49.000	45.000
Coopérateur Scolaire	17.000	
Commissions départementales		5.000

Amicale des Boursiers 1.450   3.000
Office central des coopératives scolaires 50   3.000

                                                   88.781   81.300

Recettes 85.005
Dépenses 81.300

Excédent 3.705

La Commission a entendu les comptes-rendus de voyages des Boursiers et de l'Amicale. Elle décide la publication d'analyses des comptes-rendus écrits par les Boursiers.

Pour l'organisation du travail, une Commission, composée de Bugnon, Bordage, Gourdon, Lefranc, Noguier et Yung a été nommée.

Comité Exécutif de l'A. C. I.

Le Comité Exécutif de l'A. C. I. s'est réuni plusieurs fois en 1928. Il a tenu une réunion à Brême, du 27 au 30 mars.

Il a examiné un certain nombre de questions intérieures à l'A. C. I. et il a fixé l'ordre du jour de la réunion du Comité Central.

A propos de la représentation de l'Alliance Coopérative Internationale au Comité Economique International, à Genève. Il a enregistré la représentation directe par un expert et accepté la représentation indirecte par son Président, M. Vaïno Tanner, Anders Oerne, Emmy Freundlich. Il a, également, fixé les lignes générales de leur activité, par l'adoption du programme ci-après proposé par E. Poisson :

I. — Le Comité Exécutif de l'Alliance Coopérative Internationale — si heureux qu'il soit du fait qu'il existe une représentation officieuse composée de trois de ses membres dont son président, et d'une demande de représentation directe par un expert — est décidé à continuer de réclamer une représentation officielle au Comité Economique International, telle, du reste, qu'elle avait été envisagée dans les résolutions mêmes de la Conférence Economique Internationale de Genève.

II. — Le Comité Exécutif exprime le désir que les représentants officieux de l'Alliance continuent à lui rendre compte des travaux du Comité Economique International, et qu'ils lui fassent connaître les points de vue qu'ils ont l'intention d'y défendre en accord avec les organismes de l'Alliance.

III. — Le Comité Exécutif pense que les problèmes mis à l'ordre du jour du C. E. I. doivent être sériés et il verra avec satisfaction qu'on y aborde les questions économiques internationales déjà envisagées, telle que celles concernant le sucre et le charbon.

IV. — Le Comité Exécutif pense que le rétablissement et l'élargissement de conventions internationales pour le sucre, comme il en existait avant la guerre, pourraient être favorablement préconisés dans l'intérêt des consommateurs et de leurs coopératives, comme des producteurs agricoles associés dans leurs coopératives.

V. — Il pense également que si les ententes économiques internationales entre les industriels du charbon existent ou doivent être créées, elles doivent avoir au moins un caractère de publicité qui s'affirmera par leur déclaration d'existence et un compte-rendu régulier de leur fonctionnement et agissements au Comité Economique International ; il considère qu'ainsi pourrait être ébauché, sinon établi et exercé, le contrôle nécessaire qui permettrait, dans cette éventualité la défense de l'intérêt général et des consommateurs aussi bien au point de vue de la productivité en charbon en relation avec la nécessité des besoins à satisfaire, que de l'équitable répartition entre les pays et des prix pratiqués.

VI. — Mais le Comité Exécutif pense que d'autres questions doivent être mises à l'ordre du jour du Conseil Economique International, telles que les urgentes questions qui se rapportent au trust de la margarine et au trust des allumettes. Afin que l'Alliance puisse utilement collaborer aux solutions désirables pour les organisations coopératives de ces problèmes, le Comité Exécutif charge éventuellement quelques-uns de ses membres (M. Tanner pour les allumettes, M. Johansson pour la margarine) de préparer des rapports destinés à être transmis par l'Alliance au Comité Économique International.

VII. — Enfin, le Comité Exécutif demande que le Comité Économique International constitue, au plus tôt, la Commission Spéciale chargée d'examiner la question des relations entre coopératives de consommation et de production agricoles, commission prévue par les résolutions de Genève.

Il suggère que cette Commission pourrait être composée en parties égales de représentants des organisations coopératives de consommation et coopératives agricoles. L'Alliance réclame, ainsi que l'Institut International d'Agriculture de Rome, la possibilité de proposer une large partie des membres, se considérant comme qualifiée à cet effet et afin d'établir une représentation directe.

VIII. — Cette Commission spéciale pourrait de suite mettre à son ordre du jour le problème international du blé, dont l'étude a déjà été commencée à la Conférence de Genève, et le Comité Exécutif pense que l'on pourrait éventuellement aboutir à la création, auprès du Comité Économique International, d'un Institut International du blé, avec bureaux nationaux, destiné à faciliter les relations et à préconiser les solutions désirables dans l'intérêt général et pour les organisations coopératives de toute forme.

IX. — Un programme d'études ultérieures pourrait être décidé et mis à l'ordre du jour de la Commission.

Déjà, pourraient être retenus des problèmes économiques internationaux qui se rapportent à la viande frigorifiée, aux conserves, au café, au lait et à ses sous-produits (ce dernier point ayant déjà retenu l'attention de la Conférence de Genève).

X. — Le Comité Exécutif de l'A. C. I. décide, dès maintenant, avec le concours des organisations adhérentes et de ses comités auxiliaires qui gravitent autour d'elle de préparer la documentation nécessaire et les solutions possibles à présenter à la Commission Coopérative du Comité Économique International, sur ces problèmes.

Ces dix paragraphes sont considérés comme les directives devant inspirer les mandataires de l'A. C. I. à Genève en même temps qu'ils devront rester en contact avec elle et appliquer ces principes.

Comité Central de l'Alliance Coopérative Internationale

Le Comité Central de l'Alliance Coopérative Internationale s'est réuni à Genève les 8 et 9 novembre derniers, sous la présidence de Vaïno Tanner. Il avait notamment, à son ordre du jour : la ratification de la désignation des nouveaux membres du Comité Central ; la désignation d'un membre du Comité Exécutif, en remplacement de Kauffmann, décédé ; le rapport du Secrétaire général ; le bilan de l'A. C. I. ; les questions provenant du Congrès de Stockholm ; les cartels et leurs opérations ; l'organisation de la procédure du Congrès ; le tremblement de terre en Bulgarie ; la Journée Coopérative Internationale ; les rapports annuels des Comités Auxiliaires et la fixation de la prochaine réunion.

Le Président salua le Comité Central et le remercia de l'avoir désigné comme président, il dit qu'il s'efforcera de justifier la confiance qui lui a été faite. Il ajouta qu'il convenait de se féliciter de ce que le Comité Central était réuni à Genève qui est le centre de l'activité de la S. D. N. et du B. I. T. et il formula l'espoir que l'activité de l'A. C. I. se développerait de plus en plus. Il termina en rendant hommage à Kauffmann et à Anders Nielsen, membres du Comité Central, décédés depuis la dernière réunion et il salua Edouard Anseele et Edgard Milhaud, présents, membres du Comité d'Honneur du Comité Central.

Le Comité Central a ratifié la désignation des nouveaux membres :: Maurice Camin et Gaston Lévy (France) ; M. Bastlein, en remplacement de Kauffmann (Allemagne) ; et de Kasch, au Comité Exécutif en remplacement de Kauffmann.

H.-J. May donna connaissance d'un télégramme d'Albert Thomas — qui s'était excusé — exprimant ses vœux pour le succès des travaux du Comité Central et adressant ses salutations aux délégués du Centrosoyus, dont il était l'hôte.

Un rapport résumant les travaux du Secrétariat depuis la dernière réunion du Comité Central lui était soumis ; il enregistrait trois adhésions : l'Union Coopérative du Pundjad Latore ; Cooperativa de Obreros y Empleados de Fabriles, Mexique ; Fédération des Coopératives d'Islande, Reykjavik. Le rapport — relativement à l'activité économique internationale — précisait comment l'A. C. I. a été représentée à Genève et soulignait l'intérêt d'une plus large représentation et la nécessité d'insister à nouveau.

Ce rapport donna lieu à un débat. Kissin, au nom du Centrosoyus, critique l'action de la S. D. N. et déclara qu'après deux ans d'efforts rien n'avait été réalisé ; il proposa au Comité Central de rompre ces relations. Victor Serwy, Belgique, au contraire, dit que la tâche à accomplir était de longue haleine et il rappela que la Conférence Economique de Genève avait eu des suites heureuses ; il déposa un ordre du jour relatif à la paix qui fut renvoyé à la fin des délibérations. Poisson remarqua que le Centrosoyus marque beaucoup de persévérance pour demander la rupture avec la S. D. N. ; il fit remarquer que si l'A. C. I. n'était pas allée à la Conférence Economique Internationale alors que la Russie elle-même y participait, la situation eut été ridicule. Poisson examina les résultats obtenus et dit qu'il fallait se féliciter de cette activité qui doit être développée ; il cita l'exemple de la F. N. C. C. qui combattit des propositions d'augmentation de droits de douanes en se basant sur ce qui avait été fait à Genève ; il fit remarquer toute l'importance du traité franco-allemand et dit que l'A. C. I. devait soutenir la grande idée d'un Protocole économique international. Lustig s'associa aux déclarations de Poisson et confirma que les décisions de Genève avaient eu une heureuse influence sur la politique douanière en Europe.

L'ordre du jour suivant — proposé par Poisson — fut voté par le Comité Central :

Le Comité Central de l'A. C. I. approuve le Rapport sur l'activité économique internationale ; il engage l'Exécutif à continuer de suivre les travaux du Comité Economique International et du Comité Consultatif et à réclamer la représentation la plus large et la plus directe de l'A. C. I. qui travaillerait à l'exécution des décisions de Genève et à l'établissement d'un véritable protocole économique qui assurerait la Coopération Economique des Peuples.

Des incidents s'étaient produits entre l'A. C. I. et le Centrosoyus et, surtout, des polémiques s'étaient élevées entre l'Union Centrale Allemande et le Centrosoyus. Le Comité Exécutif avait enregistré les réclamations suivantes de Luibimoff :

I. — *Les sociétés coopératives soviétiques ont reconnu et reconnaissent les Statuts de l'A. C. I. ainsi que leurs résolutions et décisions adoptées en conformité avec lesdits statuts.*

II. — *En même temps les sociétés coopératives sont d'avis qu'il est nécessaire d'observer qu'elles — ainsi que le fait chaque autre organisation coopérative nationale affiliée à l'Alliance — se réservent le droit*

de représenter leur point de vue à l'égard des directives suivies par
l'A. C. I. et de soumettre au sein de l'Union soviétique, ainsi qu'aux
organes concernés de l'A. C. I. (organes exécutifs) des recommandations
s'y référant.

Luibimoff précisa que cette déclaration apaiserait les esprits ; que le
Centrosoyus, en conservant la liberté de défendre son point de vue, res-
pecterait les règles de l'A. C. I. ; il déclara que cette question devait être,
désormais, réglée et qu'il fallait s'occuper de questions plus importantes.

Le Rapport du Secrétariat Général fut adopté.

Bilan de l'A. C. I.

Le bilan et les comptes de l'A. C. I. furent approuvés ; ils enregistrent
une augmentation assez sensible des ressources qui permettront le développement de l'activité.

Questions provenant du Congrès de Stockholm

Le Centrosoyus avait demandé que la langue russe fut reconnue
comme langue officielle. L'Exécutif, après examen de cette question,
proposa au Comité Central, qui l'adopta, la décision suivante :

Que tout membre du Comité Central ou tout délégué au Congrès, dans
l'impossibilité de parler une des langues officielles de l'Alliance, puisse
être accompagné d'un interprète approuvé par l'Alliance. Cet interprète
traduira de la langue maternelle du délégué en l'une quelconque des
langues officielles. Les interprétations dans les deux autres langues
officielles seront faites par l'interprète officiel de l'Alliance. Les noms
des interprètes particuliers et personnels devront être soumis au Secré-
taire général deux semaines avant la date de la réunion à laquelle leur
présence est désirée.

Que le Secrétaire général élabore et soumette à la prochaine réunion
de l'Exécutif des projets relatifs aux modifications qui devront être
apportées aux Statuts et au Règlement permanent de l'Alliance.

En conséquence, les statuts seront ainsi modifiés :

Ajouter ce qui suit après le premier paragraphe de l'article 5 :

Tout membre du Comité Central ou du Comité Exécutif ou tout délégué
au Congrès qui se trouve dans l'impossibilité de s'exprimer dans une
des langues officielles de l'Alliance peut être accompagné d'un inter-
prète, approuvé par l'Alliance, qui interprètrera de la langue mater-
nelle du représentant dans une langue de l'Alliance. Les interprétations
dans les deux autres langues officielles seront faites par l'interprète
officiel de l'Alliance.

Les noms des interprètes personnels doivent être communiqués au
Secrétaire Général de l'Alliance au moins deux semaines avant la date
de la réunion à laquelle ils vont assister. Où cela se peut, l'interprète
personnel sera inclus dans le nombre de représentants officiels du pays
intéressé.

Luibimoff déclara accepter cette proposition et formula l'espoir que
la langue russe serait acceptée plus tard.

Activités futures de l'A. C. I.

Sur la proposition d'Albert Thomas, le Congrès de Stockholm avait
chargé le Comité Central de nommer une Commission pour étudier un
programme d'activités futures de l'A C. I. Le Conseil Central de la

'F. N. C. C. avait, dans sa dernière réunion, voté un projet. Le Comité Central a eu à se prononcer sur le texte ci-après, proposé par l'Exécutif.

Que la question des activités futures de l'A C. I. renvoyée par le Congrès de Stockholm soit soumise à l'Exécutif aux fins d'examen et que l'Exécutif soit autorisé à s'assurer la collaboration d'autres membres du Comité Central ayant des qualités particulières pour traiter tous les aspects des travaux de l'A. C. I.

Poisson dit qu'il avait accepté cette proposition et rappela ce qu'avait proposé la F. N. C. C. Luibimoff dit qu'il fallait rechercher des collaborations « à gauche » et ne plus aller à la S. D. N.

Le Comité Central adopta la proposition de l'Exécutif qui fixera lui-même le nombre des collaborations.

Les Cartels et leurs opérations

Le Comité Central avait à examiner un rapport de Johansson (Suède) sur « Les Cartels et leurs opérations ». Ce Rapport exposait les raisons qui doivent déterminer l'A. C. I. à étudier cette question et il proposait que, pendant quelque temps, la Koopérativa Forbundet fut chargée — à ses frais — de poursuivre les études et les enquêtes déjà entreprises, étant entendu que, dans un an ou deux, l'A. C. I. assurerait directement le fonctionnement de ce service.

L'Exécutif, dans sa réunion tenue en mars, à Brême, avait adopté la résolution suivante :

L'Exécutif décide d'inscrire la question des Cartels et leurs opérations à l'ordre du jour de la prochaine réunion du Comité et de faire parvenir un exemplaire du Memorandum de M. Johansson à chaque membre du Comité Central.

L'Exécutif décide en outre de soumettre au Comité Central les recommandations suivantes :

Qu'il accepte l'offre faite par la Koopérativa Forbundet de se charger des frais du Bureau pendant les deux premières années.

Qu'il invite l'Exécutif de l'Alliance à faire le nécessaire pour qu'une réunion mixte ait lieu de l'Exécutif de l'A. C. I. et de l'Exécutif du M. D. G. International afin de prendre toute démarche utile à donner suite à la proposition.

Une très longue discussion eut lieu qui marqua toute l'importance de la question.

Sir Thomas Allen (Angleterre) déclara être opposé à la proposition de la création du service en Suède ; il dit qu'un service devait être créé à l'A. C. I. et serait saisi de toutes les questions. Johansson défendit son rapport et dit que sa proposition était très importante et fit appel au Comité Central pour qu'il vote son rapport et la proposition de l'Exécutif ; ce vote devant marquer un progrès très important ; Freundlich (Autriche) dit qu'il fallait créer un Bureau d'Etudes à l'A. C. I. elle fit observer que lorsque la Conférence Economique Internationale convoque la Chambre de Commerce Internationale celle-ci apporte des renseignements importants alors que le Mouvement est faible sur ce point.

Kissin déclara qu'il poursuivra l'action engagée par les Suédois, mais que si le Bureau ne doit pas être indépendant de l'A. C. I. il faut que les Suédois continuent leur enquête sans attendre que les Comités Exécutifs se soient réunis ; il déclara que le Centrosoyus était très intéressé par cette question et qu'il lui est possible d'exporter des allumettes aux mêmes prix que les cartels.

Everling (M. D. G. allemand) fit des observations sur le projet et déclara que le Mouvement allemand pouvait lutter directement contre les cartels.

Edgard Milhaud déclara que la question, dans son principe, était d'une telle importance que longtemps l'A. C. I. en ressentirait l'heureux effet ; la question des Cartels est étudiée ailleurs mais cette étude est lente et elle se fait dans des conditions souvent insuffisantes ; il cita l'exemple de gros industriels d'une nation qui, interrogés sur le Cartel qu'ils formaient dirent : « Nous ne formons pas de cartels, nous déjeunons chaque semaine ensemble », il cita des produits et des chiffres et dit que quel que soit l'organisme à créer il fallait le créer rapidement, sa tâche devant être l'étude de cette question et les informations par la presse, ainsi la Coopération, par un moyen qu'elle n'a pas jusqu'ici, pourra dénoncer les ententes contraires à l'intérêt des consommateurs. Poisson dit ne pas vouloir discuter au fond ; il indiqua que la création d'un organisme chargé de l'étude du problème était indispensable et il déposa l'ordre du jour suivant :

Le Comité Central de l'Alliance Coopérative Internationale se déclare partisan de la création d'un organisme tel qu'il est proposé par M. Johansson, concernant les trusts et cartels.

Le Comité Exécutif de l'A. C. I. est chargé de s'entendre — par une réunion commune — avec l'Exécutif du Magasin de Gros International, pour créer cet organisme et décider des conditions de son fonctionnement.

M. Charles Gide dit être favorable à la proposition Johansson ; il faut examiner les conditions dans lesquelles les coopératives peuvent engager la lutte contre les colosses que sont les trusts. En fait, nulle part, on n'a pu définir leur caractère , avant de leur faire la guerre, il faut savoir si leur rôle est utile ou néfaste aux consommateurs. Ceux qu'on doit combattre ce sont ceux qui font une politique malthusienne. M. Charles Gide cite l'exemple du Brésil qui stocke le café pour maintenir les prix et il précise que les coopératives, pour lutter contre ce fait, n'ont que le moyen de la concurrence et si, par les trusts et les cartels, on la supprime il ne restera plus rien. Il faut faire des études et les publier, c'est indispensable si la Coopération veut que la campagne qu'elle engage avec une vaillance un peu téméraire aboutisse.

H.-J. May rappelle comment la question se trouvait posée ; on se trouvait en face de la proposition de l'Exécutif et le texte du M. D. G. anglais ; il dit que la proposition de Poisson doit être votée, puis il dit ses observations sur le rapport Johansson et précise qu'il ne pense pas que l'organisme à créer puisse être financé autrement que par l'A. C. I.

Johansson répondit à May, puis il ajouta que le détail était sans importance et qu'il fallait réaliser, car si le Mouvement était divisé, ses adversaires en bénéficieraient.

Kasch (Allemagne) lit une résolution déclarant « que le Comité Central apprécie le travail fait par la Suède et que ce travail doit être poursuivi jusqu'au moment où un organisme créé à Londres pourra assurer un travail plus important ».

Whitehead déclara être d'accord sur la création de l'organisme et il dit qu'il faut remercier Johansson de ce qu'il a déjà fait.

Kasch déclara retirer sa résolution et Renner proposa de faire un texte unique avec ceux déposés par Poisson et par Kasch.

Poisson dit que ces textes ne pouvaient être confondus. Il remercia Johansson et les Suédois et précisa que l'effort déjà entrepris pouvait être poursuivi jusqu'au jour où l'organisme envisagé serait créé.

La résolution proposée par Poisson fut ensuite votée.

La Procédure du Congrès

La question de l'organisation du travail et des délibérations des Congrès de l'A. C. I. a fait l'objet d'une enquête et d'une note qui est soumise au Comité Central. Après avoir entendu les précisions de H.-J. May, les observations de Lustig, de Sir Thomas Allen et de Serwy, le Comité Central désigne une Commission composée de H.-J. May, Victor Serwy et Lustig pour examiner à nouveau la question, préparer un projet étant entendu que ce projet ne pourra contenir aucune disposition divisant le Congrès en sections.

Visite du Secrétaire Général H. J. May au Canada et aux Etats-Unis

Le Comité Exécutif avait décidé que le Secrétaire Général se rendrait au Canada pour assister à la Conférence des Pools de blé à Regina et qu'il profiterait de ce voyage pour examiner la situation des Coopératives de Consommation aux Etats-Unis. H.-J. May avait soumis au Comité Central un important et très intéressant rapport sur ce voyage. Pour ce qui concerne le Canada le rapport montre comment il serait possible de lier l'action des coopératives de consommation à celle des Pools qui sont très puissants.

Sur la proposition de Lustig, le Comité Central adopte la résolution suivante :

Le Comité Exécutif prend acte du rapport présenté par le Secrétaire Général.

Les renseignements recueillis par le Secrétaire Général au Canada confirment de nouveau la nécessité urgente d'établir une étroite union entre les organisations des consommateurs et celles des producteurs agricoles.

Pareille union ne saurait être réalisée que sur la base d'une complète parité de droit des deux parties. Les droits et les devoirs doivent être répartis également.

Les Pools canadiens jouent un rôle important dans l'agriculture du pays, dont la production constitue un facteur décisif dans l'économie mondiale. Malheureusement toute la distribution se trouve sous l'influence du marché organisé par le capitalisme privé, de sorte que les valeurs créées par l'agriculture subissent très souvent une moins-value provoquée par des manœuvres peu scrupuleuses de la Bourse.

Pour remédier à ce mal, il faut une action concertée de toute l'organisation coopérative mondiale, afin que, d'une part, la production agricole soit arrachée à la spéculation mondiale et que, d'autre part, le commerce mondial du blé soit, avec le concours de l'organisation mondiale des consommateurs, placé sur une base coopérative.

De cette façon, l'agriculteur recevra un prix équitable pour son travail et le consommateur des produits non renchéris par le commerce intermédiaire.

Dans ce sens, le Comité Exécutif de l'Alliance Coopérative Internationale approuve le rapport et les suggestions du Secrétaire Général et exprime l'espoir que l'union entre les organisations agricoles et celles des consommateurs se développera favorablement.

H.-J. May précisa que l'Exécutif propose que cette Conférence soit convoquée en Europe dès que l'heure sera opportune.

Il ajouta qu'étant donné la situation de l'organisation coopérative au Canada et ses conditions possibles de développement, l'A C. I. — sous certaines conditions — pourrait utilement attribuer une subvention.

Après discussion, le Comité Central accepte cette proposition et charge l'Exécutif de fixer la somme et les conditions.

H.-J. May, dans une Note, indiqua la situation de la coopération aux Etats-Unis ; la coopération de consommation est peu développée, mais il y a un grand nombre de coopératives agricoles, de restaurants, de construction et des Banques et Unions de Crédit.

Les rapports de H.-J. May furent adoptés par le Comité Central qui, sur la proposition de Poisson, remercia May pour le service qu'il a rendu à l'A. C. I.

Le Tremblement de terre en Bulgarie

Le total des sommes recueillies pour la Coopération bulgare est de 3.000 livres sterling. May dit que le Mouvement n'a pas suffisamment répondu à l'appel qui lui avait été adressé ; le délégué bulgare remercie l'A. C. I. et précise que, maintenant, la question est résolue car le Gouvernement bulgare fait un emprunt, sous les auspices de la S. D. N.

La Journée Coopérative Internationale

Le Comité Central approuve une proposition de H.-J. May demandant que la Journée Coopérative Internationale soit partout célébrée le premier samedi de juillet.

Divers

La résolution de Victor Serwy vint ensuite en discussion. Elle était ainsi conçue :

Le Comité Central s'appuyant sur les résolutions des Congrès de l'Alliance, de Glascow 1913, de Bâle 1921, de Gand 1924 et de Stockholm 1927, relatives à la paix dans le monde et à la politique internationale ;

Rappelant qu'à la fin de 1922, le Comité Exécutif envoyait ses cordiales salutations à la Conférence de Washington et exprimait l'espoir que ses travaux auraient pour résultat le désarmement le plus tôt possible dans tous les pays ;

Affirmant à nouveau sa réprobation de toute guerre et sa désapprobation de toute politique économique et militariste qui y conduirait ;

Déclarant que la paix et la concorde entre les peuples sont une condition fondamentale de la réalisation de l'idéal coopératif ;

L'Alliance Coopérative Internationale, parlant au nom de 50 millions d'adhérents, s'adresse à la Société des Nations afin qu'elle aboutisse sans retard à obtenir des gouvernements la solution des différends entre nations par l'arbitrage et aussi la réduction et la limitation des armements nationaux ;

Elle convie les coopérateurs de tous les pays à user de toute leur influence auprès de leur gouvernement pour arriver au désarmement général.

Le Président dit qu'il peut y avoir un doute et que cette résolution tombe peut-être sous le coup de l'article 7 des statuts ainsi conçu :

L'Alliance ne s'occupe ni de politique, ni de religion ; elle considère la coopération comme un terrain neutre, sur lequel les personnes d'opinions les plus variées et de croyances les plus diverses peuvent se rencontrer et agir en commun.

Une telle neutralité, sur laquelle repose l'unité du Mouvement Coopératif, doit être observée dans toutes les assemblées ainsi que dans toutes les publications et tous les organes de l'Alliance.

Victor Serwy déclara maintenir son texte et dit que, déjà, l'A. C. I. en avait voté de semblables. Kasch dit qu'il est disposé à ne pas faire de politique mais que la motion est pour la paix et que cela touche la coopération ; il ajouta que le problème est urgent et que des peuples souffrent encore de la guerre par l'occupation et l'A. C. I. doit prendre position. Kissin dit aussi que l'A. C. I. doit se prononcer. Gaston Lévy déclara ne pas être d'accord avec Serwy et Kasch et que l'intervention de Kasch montre que la question posée soulève un problème politique et cela justifie le renvoi ; il n'y a pas de raison pour s'opposer à une résolution favorable à la paix, mais tout dépend du texte. Lévy rappela que pendant plusieurs années l'A. C. I. fut l'objet de critiques précisément pour cette raison et il dit qu'elle a une tâche importante à accomplir et qu'il faut se garder d'aborder les questions externes. Si le Comité Central accepte le principe de la discussion de la motion de Serwy, ce seront tous les points qui, obligatoirement, devront être examinés.

Le Comité Central, par 14 voix contre 13, décida que la résolution de Serwy serait examinée.

Poisson intervint. Il dit que, pour obtenir le vote de cette résolution, il faudrait lui retirer son caractère politique, or, ce caractère, elle l'a. Poisson le démontra en précisant qu'à la S. D. N. deux politiques sont en présence, l'une demande le désarmement, l'autre demande la sécurité, l'arbitrage et le contrôle des armements. Or, c'est en fait, cette question que pose la résolution de Victor Serwy et c'est ainsi qu'elle risque d'entraîner le Comité Central à se diviser sur des raisons de politique intérieure et cela pourrait être grave pour l'A. C. I. Lustig dit que l'A. C. I. peut ne pas intervenir et que cela n'empêchera pas la S. D. N. d'agir et de poursuivre son œuvre.

Luibimoff (Centrosoyus) déclare que la Coopération doit s'occuper de la paix ; il dit que la résolution de Serwy ne suffit pas et qu'elle ne résout pas la question et il propose la motion ci-dessous :

Le Comité Central de l'Alliance est obligé de constater que le problème de désarmement n'a pas du tout fait de progrès et que la Société des Nations est incapable de réaliser des mesures effectives.

Le Comité Central fait sienne la résolution de la Ligue Internationale des Coopératrices concernant le désarmement.

Le Comité Central constate que la poussée des armements et le danger de la guerre, non seulement n'ont pas diminué ces temps derniers mais, bien au contraire, ont augmenté. La renaissance de l'Entente, la rivalité des différents pays dans les armements maritimes et aériens, les pourparlers systématiques et les visites réciproques des chefs militaires de Pologne, de Roumanie et d'autres manifestent ouvertement la tendance de créer une Alliance Militaire qui cache en elle les menaces de guerre.

Le Comité Central fait appel à la vigilance de toutes ses organisations, recommande d'entrer en contact avec les organisations ouvrières et syndicales et de soulever, sans tarder, sa voix décisive contre la poussée continuelle des armements, contre les menaces de guerre mondiale, contre la création de l'Alliance Militaire dirigée particulièrement contre l'Union des Républiques Soviétiques.

H. Vorley (Angleterre) dit que la question soulevée ne doit pas être soumise à l'appréciation du Comité Central et il demanda au Président l'application de l'article 9 du Règlement et, à ce propos de consulter le Congrès. Serwy déclara que le Règlement invoqué concernait le Congrès International et qu'il n'était pas applicable au Comité Central. Le Président et le Secrétaire général précisèrent que ce texte était également applicable aux délibérations du Comité Central. Il est ainsi conçu : « Des motions dilatoires, savoir « l'ajournement de la discussion » ou que la question reste là » seront proposées formellement, appuyées et mises aux voix sans discussion.

Le Comité Central, par 24 voix contre 10, se prononça pour l'application de l'article 9.

Vaïno Tanner, président, se félicita de la bonne tenue de la discussion et il remercia le Comité Central de sa bonne collaboration. Sur la demande de Poisson, le Comité Central remercia le Président pour avoir assuré dans les conditions les meilleures l'organisation et la tenue des discussions.

Conférence Économique de Prague

Une Conférence Economique s'est tenue à Prague du 4 au 6 octobre 1928, sous les auspices de l'Union Internationale des Associations pour la Société des Nations. Cette Conférence a examiné les applications que les Etats ont faites des Résolutions de la Conférence Economique Internationale de mai 1927.

Gaston Lévy et E. Poisson ont participé aux travaux de cette Conférence dont il semble utile de donner, dans ce Rapport, une brève analyse.

La Conférence Economique de 1927 avait proclamé la nécessité de l'abaissement des barrières douanières. Elle avait décidé « que le moment est venu de mettre fin à l'accroissement des tarifs et de s'orienter dans un sens opposé ». Ce conseil a-t-il été entendu ?

Comme l'observait très justement le délégué de l'Association autrichienne « depuis la Conférence de Genève, l'opinion des milieux compétents a évidemment changé du tout au tout, puisque la nécessité d'une suppression générale des barrières douanières est, à l'heure qu'il est, universellement admise. Pourtant, ce retour à de meilleurs sentiments est loin d'avoir, jusqu'à présent, produit des effets pratiques ».

En fait, les tarifs autonomes, au lieu d'avoir été réduits, marquent une augmentation, tantôt légère, tantôt plus importante. Les droits sur les produits agricoles ont été relevés en Allemagne, en Autriche, en France, en Italie, en Tchécoslovaquie et en Yougoslavie. Très peu de réductions ont été enregistrées. L'Allemagne, toutefois, a chargé son Conseil Economique d'étudier celles qui pourraient être introduites dans son tarif.

Bien qu'il y ait eu, ainsi, une augmentation des tarifs autonomes et une progression de la protection, il importe de noter que cette augmentation a été moins forte qu'elle ne l'aurait vraisemblablement été en l'absence des recommandations de Genève. Les droits qui ont été établis, à la suite des discussions parlementaires, sont, en effet, notablement inférieurs à ceux qui avaient été proposés par les Gouvernements. Dans certains cas même, notamment aux Pays-Bas, les augmentations du tarif ont été absolument repoussées. La pression exercée par l'opinion publique n'a pas été étrangère à ce revirement.

Si l'abaissement des tarifs autonomes n'a pas été la tendance des derniers dix-huit mois, par contre, un mouvement très net s'est dessiné en faveur de l'abandon partiel du protectionnisme, grâce à la conclusion de traités de commerce et à l'emploi, de plus en plus fréquent, de la clause de la nation la plus favorisée.

Quant aux traités de commerce, le fait capital de l'année 1927 a été la conclusion du traité franco-allemand, le 17 août 1927. Il suffit de songer au volume des transactions entre les deux pays pour mesurer la portée de l'accord. Mais, outre son importance intrinsèque, cet acte a eu diverses conséquences qu'il convient de signaler. Pour aboutir à une entente, le Gouvernement français avait été amené, au cours des négociations, à modifier son tarif. Cela devait le mettre dans la nécessité de négocier avec d'autres pays, si bien que la signature du traité franco-allemand a été l'amorce de toute rune série d'accords. La situation européenne a été, par là, assainie et éclaircie.

Au reste, le traité franco-allemand a eu encore un autre résultat, qui est sans nul doute essentiel. Il s'agit de l'introduction de la clause de la nation la plus favorisée. Comme E. Poisson le remarque excellemment dans son rapport, « l'octroi de la clause de la nation la plus favorisée de la part de la France marque, non seulement, une orientation nouvelle dans ses relations commerciales avec l'Allemagne, mais un tournant décisif dans sa politique contractuelle, qui se conforme désormais à une recommandation des plus essentielles de la Conférence économique ».

La généralisation de la clause de la nation la plus favorisée est l'autre fait saillant de ces dix-huit derniers mois. On ne peut que s'en féliciter. C'est, en effet, un instrument automatique de réduction des droits de douane.

Il faut toutefois se hâter de faire quelques observations. On distingue habituellement la concession inconditionnée du traitement de la nation la plus favorisée et la concession conditionnelle. Ces deux systèmes présentent des avantages et des inconvénients.

La Conférence de Genève s'était prononcée en faveur de la clause inconditionnée et illimitée, et le délégué de l'Association des Pays-Bas à la Conférence de Prague a entièrement approuvé cette façon de voir, en montrant, exemples en main, toutes les difficultés qui pouvaient résulter de l'octroi conditionnel de la clause. Il est à redouter, en effet, que des différences soient faites entre Etats dont le régime douanier se prête à des concessions et Etats à tarif intangible, alors même que ces derniers ont un tarif extrêmement réduit. Ceux-ci, dans ce cas, peuvent être tentés de modifier leur régime douanier et d'adopter un tarif beaucoup plus protecteur, à seule fin d'avoir, si besoin est, la possibilité de l'abaisser, puisque certains Etats ne consentent le traitement de la nation la plus favorisée qu'au prix de concessions mutuelles. La Grande-Bretagne et les Pays-Bas qui, au cours de leurs négociations, ont été aux prises avec ces difficultés, insistent sur les inconvénients graves du traitement conditionnel et sont des partisans décidés de la clause inconditionnelle et illimitée.

Néanmoins, certains pays, comme l'Autriche, restent partisans du système conditionnel. Le délégué de cette puissance disait, à ce sujet, à Prague : « Ce n'est que dans une ère de libéralisme de la politique commerciale que la clause de la nation la plus favorisée tend à abaisser les tarifs. Aujourd'hui, où prévaut le protectionnisme, elle ne fait que renforcer la réserve générale. C'est là un fait qui devrait nous faire réfléchir s'il ne serait pas plus opportun de préparer l'abaissement des tarifs en abandonnant — pour un certain temps, à titre transitoire — le système de la concession inconditionnée et illimitée des traitements de la nation la plus favorisée et en admettant que deux pays se fassent des concessions mutuelles sans qu'un tiers fut autorisé à en réclamer également le bénéfice, en se basant sur la clause de la nation la plus favorisée. Pour délicate que pourrait paraître en elle-même cette inégalité de traitement, elle n'en semble pas moins être, à l'heure actuelle, un moyen pour arriver à établir la liberté des échanges, sinon dans tous les pays, au moins sur un territoire de plus en plus croissant. »

Un peu, dans le même sens, le délégué de l'Association suisse, déclarait : « Il y a lieu de noter cependant qu'une réserve devrait être faite à l'application intégrale de la clause dans le cas de traités collectifs, et nous croyons pouvoir entièrement adhérer à cette réserve. Il ne serait pas juste, en effet, que des Etats qui désireraient ne pas s'engager par des traités collectifs de ce genre, en profitent indirectement, par le jeu de la clause en n'en endossant pas les charges. Il pourrait donc être stipulé dans les traités bilatéraux, conclus à l'avenir par les Etats signataires de traités collectifs, que les effets de la clause de la nation la plus favorisée seront suspendus dans le cas spécial de ces traités ».

Il semble donc y avoir des cas où la concession inconditionnelle de la clause de la nation la plus favorisée n'aille pas sans inconvénients graves. Ce serait encore ce qui arriverait si deux Etats, contractant une sorte d'union douanière, une tierce puissance, sous prétexte de la dite clause, venait réclamer le bénéfice des concessions sans contre-partie.

Bref, il apparaît que la clause de la nation la plus favorisée doit être encouragée et le plus possible généralisée, mais, selon la formule de M. Paul Elbel, « à la condition expresse que cette clause soit complétée par un certain nombre de garanties qui, toutes, tendent à en rendre l'application plus claire, plus loyale et plus efficace ».

A côté de ces questions essentielles, dont dépend l'avenir du commerce international, il est d'autres questions qui, pour être secondaires, n'en présentent pas moins un très réel intérêt. Ce sont les problèmes touchant, d'une part, les prohibitions et les restrictions d'importer et d'exporter, d'autre part les moyens indirects pour la protection du commerce mondial, enfin l'unification et la simplification des tarifs. A tous ces points de vue, la Conférence de Prague nous a apporté des renseignements précieux.

On sait que la Conférence Economique de Genève, désirant supprimer les entraves à la liberté du commerce mondial, avait mis au premier plan de la tâche à accomplir, l'abolition des prohibitions et des restrictions soit d'importations, soit d'exportations.

Dans ce domaine, des résultats notables ont été obtenus. Une convention internationale a été signée en novembre 1927, et de nombreux Etats y ont adhéré. Plusieurs sont même passés aux actes, et des pays, comme la Belgique et la Suisse, ont supprimé toutes prohibitions et toutes restrictions. La France a renoncé à interdire l'exportation des produits agricoles. En Tchécoslovaquie également, le régime des licences tend à disparaître ; la proportion des positions libres à l'importation s'est élevée de 42,3 % en juillet 1925 à 88,7 % en avril 1928 ; à l'exportation, de 68,2 % en mars 1925 à 99,1 % en avril 1928.

Mais si des progrès ont été réalisés, il reste encore beaucoup à faire. En premier lieu, certains pays, trop nombreux encore, maintiennent des prohibitions sur plusieurs articles importants. C'est le cas, par exemple, de la Grande-Bretagne, qui, liée par un traité de dix ans envers d'industrie britannique des colorants, ne peut, jusqu'en 1931, renoncer à la prohibition d'entrée de ces produits. C'est le cas de l'Allemagne, qui défend l'importation de la houille et de ses dérivés et prohibe l'exportation de la ferraille. C'est encore le cas de la Pologne. Le délégué de l'Association polonaise a apporté, à ce sujet, quelques explications qui méritent d'être signalées : « Le représentant polonais a déclaré que la ratification par la Pologne de la convention du 8 novembre 1927, dépendrait de la levée par les autres Etats des prohibitions d'importer qui gênent les exportations polonaises, en premier lieu, celle de la houille et celle des produits de l'élevage. Il convient de souligner que toutes les prohibitions d'importer qui subsistent encore en Pologne à l'heure qu'il est ne représentent que 7 % de la valeur globale des importations polonaises, tandis que les prohibitions lésant les exportations polonaises portent sur 25 % ». Ainsi, le Gouvernement polonais et divers gouvernements à son exemple, font dépendre la ratification de la conduite des autres Etats. On risque, en sorte, d'aboutir, de proche en proche, à un amoindrissement regrettable de la portée de la convention.

Pour obvier à cet inconvénient, on a préconisé et mis en pratique des conventions particulières comme le protocole, concernant des peaux brutes et les os, de mars 1928. Mais il convient de signaler qu'un des meilleurs adjuvants à une politique normale de liberté du commerce sera le retour, qui s'affirme toujours plus, à la santé financière des Etats. Il n'y a pas de doute, en effet, que nombre d'interdictions d'importer ont pour dessein d'empêcher l'introduction sur le territoire national d'objets considérés comme de luxe, dont l'achat grèverait inutilement la balance des comptes du pays envisagé. Cette tendance a d'autant plus de raison d'être que l'équilibre monétaire du pays est plus instable. Elle est d'autant moins forte que les finances sont plus près de s'accrocher à l'or. A ce point de vue, il est vraisemblablement juste de penser qu'un pays qui a adopté le *Gold Exchange Standard*, sera plus tenté de surveiller ses importations qu'un pays à étalon d'or parfait. Du reste, quelque opinion que l'on ait sur l'efficacité de cette politique somptuaire, on ne peut nier qu'elle soit une réalité : l'exemple de la Pologne, où 60 % des prohibitions frappent des objets de luxe, est, à cet égard, probant ; de même, celui de l'Italie.

Il importe de noter, en second lieu, que même si l'on parvient à supprimer toutes les prohibitions et toutes les restrictions, il est à craindre que certains Etats ne leur substituent des droits d'entrée et de sortie tels que, pratiquement, le résultat soit peu appréciable. C'est ainsi, par exemple, que des droits prohibitifs existent en Autriche sur les ferrailles, les vieux papiers, les peaux et cuirs crus, les cornes et les os, les vessies et les boyaux, etc... Il est à craindre, en outre, que quelques pays ne recourrent à des pratiques déloyales pour compenser la levée des prohibitions d'importations. L'utilisation des mesures de police vétérinaire, auxquelles font appel divers pays pour interdire l'accès du bétail, en est une excellente illustration.

En somme, si l'on doit se réjouir du mouvement qui se dessine en faveur de l'abolition des prohibitions et des restrictions, soit d'importations, soit d'exportations, on ne saurait se dissimuler que la tâche à accomplir reste ardue et qu'une vigilance de tous les instants est indispensable pour assurer la liberté du commerce international.

Touchant les moyens indirects de combattre les pratiques déloyales, il semble que les dix-huit mois qui viennent de s'écouler n'aient point apporté d'améliorations sensibles. Certes, les mesures contre le dumping du change ont eu tendance à disparaître avec l'assainissement progressif des finances des Etats européens. Mais ces subsides directs et indirects subsistent encore et les formes infiniment variées qu'ils revêtent rendent leur réglementation d'autant plus difficile.

En ce qui concerne l'unification de la nomenclature douanière et la simplification des tarifs, ces deux points ont fait l'objet de l'étude des Comités techniques de la S. D. N. Les travaux du Sous-Comité d'experts, chargé de la question, se poursuivent actuellement à Genève.

Pour ce qui est, enfin, de la stabilité des tarifs, le représentant de l'Association autrichienne a fait à Prague une remarque intéressante. Comme il l'a observé très justement, « la réalisation conventionnelle de l'immuabilité d'un tarif douanier, dans son ensemble, sera à peine possible ; la stabilité des positions, qu'un engagement pris n'empêche pas de modifier, dépend, dans beaucoup de cas, de l'existence de certaines prescriptions réglementant leur modification autonome, prescriptions qui garantissent que toute modification d'une position tarifaire doit être, au préalable, discutée en public et qui, par conséquent, permettent à la contre-partie de protester en temps utile. Or, cela ne sera le cas que lorsque les lois constitutionnelles du pays prévoient la consultation préalable du Parlement. C'est pourquoi il serait désirable d'arriver à un accord en vertu duquel il serait exclu qu'un gouvernement modifiât son tarif douanier (ou même un coefficient douanier) de son propre chef, sans prendre l'avis de son corps législatif ». Suggestion qui, à notre sens, devrait être retenue.

Tels sont, aussi brièvement exposés que possible, les principaux résultats auxquels on est parvenu dans le domaine du commerce international. Renonçant à l'accroissement du protectionnisme, les Etats semblent s'orienter vers une politique commerciale contractuelle. Si le libre-échange n'est pas rétabli, si l'Union douanière européenne paraît encore loin d'être réalisée, on tend, du moins, de plus en plus, vers une organisation des transactions mondiales.

*
* *

A cette amélioration, dans la situation du commerce international, les milieux coopératifs ne sont pas restés étrangers. Le Congrès de Stockholm de 1927, réuni peu de temps après la Conférence Economique Internationale, a consacré une large part de ses débats et de ses discussions aux recommandations de Genève.

D'autre part, Gaston Lévy a fait voter à Prague une résolution sur le rôle international de la Coopération. Elle est ainsi conçue :

Parmi les principes et des tendances qui sont susceptibles de créer les conditions favorables à la paix et qui peuvent s'appliquer dans le domaine économique et financier, la Conférence attache une importance particulière aux principes de la coopération de consommation, de la coopération de production agricole et de la coopération de crédit. La coopération de consommation, en supprimant la recherche du profit, permet d'atténuer les antagonismes d'intérêts qui sont susceptibles d'engendrer les rivalités économiques pouvant conduire à la guerre.

La coopération de consommation ayant pour but la satisfaction des besoins, orienterait la production en vue de cette satisfaction et ne provoquerait pas les excès de production qui aboutissent à la recherche immodérée de débouchés que provoque la politique impérialiste et le dumping.

La coopération de consommation, en ristournant aux consommateurs le trop-perçu sur leur consommation, leur permet de réaliser des économies susceptibles d'engendrer une consommation nouvelle, capable d'absorber une production accrue et permettant ainsi un développement général de la production assurée de son débouché.

La coopération agricole, par l'organisation de l'achat en commun des instruments aratoires et des engrais, permet aux paysans (petits et moyens) propriétaires, qui constituent souvent l'armature de la démocratie, d'améliorer les conditions d'exploitation de leur domaine.

La coopération agricole, par le contrôle de la production de ses membres, assure la qualité nécessaire des produits et évite la nécessité d'une publicité fallacieuse pour l'écoulement des produits inférieurs.

Par l'organisation de la vente, elle permet aux paysans producteurs d'échapper aux intermédiaires sans scrupules qui prélèvent sur la production agricole un profit qui a pour conséquence une diminution du revenu du producteur et de sa force de consommation, empêchant ainsi l'écoulement normal d'une production industrielle accrue et le relèvement du niveau de vie des travailleurs agraires.

Le crédit coopératif, par l'utilisation pour les besoins des coopérateurs de leurs épargnes concentrées, aboutit, en raison du même principe d'abolition du profit, à mettre le capital au service de la production et de la consommation, qui exercent ainsi leur contrôle désirable sur l'utilisation des épargnes constitutives de ce capital.

Organisé internationalement, le crédit coopératif permettrait l'utilisation, dans les pays pauvres, mais susceptibles de développement productif s'ils sont alimentés en capitaux, des excédents d'épargne des pays qui ne peuvent les utiliser.

Ainsi, par l'entente et la coopération internationale de consommation, de production et de crédit, les dangers d'impérialisme engendrés souvent par le besoin d'une expansion économique inconsidérée peuvent être écartés tout en permettant un accroissement général de la production, créateur d'un bien-être général accru et capable de supporter les charges sociales à d'établissement de ce bien-être.

La Conférence considère l'interpénétration de ces principes chez tous les peuples comme un des moyens les plus propres à assurer la paix et à écarter certains dangers de guerre découlant des rivalités économiques.

Rapport de la Commission de Contrôle

Chers Coopérateurs,

Conformément au mandat que vous nous avez confié l'an dernier au Congrès de Grenoble, nous avons procédé à l'examen et à la vérification des différents comptes de la F. N. C. C.

Les cotisations sont en notable augmentation : francs 680.540 84 au lieu de : francs 491.270 17 en 1927 et l'excédent de l'exercice se monte à : francs 62.514 73, dont : francs 30.409 20 provenant de l'exploitation de notre journal *Le Coopérateur de France*, résultat que nous trouvons excellent étant donné le prix modique du journal.

Nous avons constaté la parfaite régularité et l'exactitude de toutes les opérations, et nous vous prions d'accepter le bilan tel qu'il vous est présenté.

La Commission de Contrôle,
DAVID, DUCROCQ, JEVAIS, TUTIN, WILKS.

Le Rapporteur,
DAVID.

Bilan au 31 Décembre 1928

ACTIF	VALEURS DISPONIBLES	PASSIF
	Caisse :	
45.246 10	Espèces en Caisse :	
25.128 27	Chèques Postaux : en dépôt.	
92.825 65	Banque des Coopératives, Compte courant.	
58.784 52	Banque des Coopératives, Compte spécial.	
221.984 54		
	VALEURS RÉALISABLES	
55.000 »»	Titres et Valeurs.	
3.747 15	Stock Librairie.	
31.249 30	Stock Coopérateur de France.	
18.287 24	Stock Histoire Générale de la Coopération.	
418.244 40	Débiteurs divers.	
526.503 09		
	VALEURS EXIGIBLES	
	Créditeurs divers . . .	229.248 80
	Frais et factures à payer.	3.773 40
		233.022 20
	VALEURS IMMOBILISÉES	
85.090 25	Matériel *Coopérateur de France* (meubles, machines).	
120.506 60	Matériel *Coopérateur de France* (Adressographe)	
205.596 85		
	Amortissement matériel *Coopérateur de France.*	71.180 »»
	EXCÉDENTS	
	Excédents des exercices précédents	587.372 55
	Excédent de l'exercice .	62.514 75
		649.887 28
954.089 48		954.089 48

Compte d'Exploitation - Exercice 1928

Le Coopérateur de France

RECETTES

Montant des abonnements reçus..........	1.015.271 30	
Publicité	82.233 40	
Vente de bouillons	9.532 95	
		1.107.037 65
Stocks au 31 Décembre 1928......................		31.249 30
		1.138.286 95

DÉPENSES

Frais Publicité	24.670 05	
Papier pour bandes, adressographe, divers	27.358 75	
Pointage et gratifications	6.401 65	
Frais d'expédition, emballage, bureau....	136.655 92	
Frais généraux communs................	1.811 85	
Comptabilité	483 »»	
Travaux de menuiserie	8.500 »»	
Papier Journal	384.492 10	
Frais d'affranchissements	47.972 43	
Collaboration et dessin	16.453 »»	
Impression	327.602 35	
Salaires	69.811 85	
Amortissement du matériel	47.147 »»	
Loyer	3.000 »»	
	1.102.359.95	
Reprise du stock au 1er Janvier 1928.....	4.880 25	
Perte sur débiteurs irrécouvrables.......	637 55	
	1.107.877 75	1.107.877 75
Bénéfice de l'exercice.........		30.409 20

Librairie et Publications

Stocks au 1er Janvier 1928....................	2.730 »»
Montant des achats de l'exercice.....................	115.649 30
Ensemble........	118.379 30
A déduire : stocks au 31 Décembre 1928...............	3.747 15
Prix de revient des marchandises vendues..............	114.632 15
Total des ventes de l'exercice.........................	147.528 70
BÉNÉFICE BRUT........	32.896 55
Frais généraux	12.816 55
BÉNÉFICE NET......	20.080 »

Créditeurs divers

Société Coopérative de Ramonchamp.....................		6.600 »»
Mois de Recrutement, dû à divers......................		18.986 »»
Librairie —	....	15.948 40
Enfance Coopérative —	....	270 »»
Service de Révision —	....	5.000 »»
Le Coopérateur de France (abonnement 1929).............		660 75
— — (factures dues)		24.670 05
Almanachs (dû à divers)		103.366 80
Assurance Ouvrière		2.642 80
	Solde créditeur........	178.144 80

Cotisations

Sociétés Coopératives de Consommation..................		608.185 34
— — Production		4.069 45
Cotisations des Cercles...............................		127 05
— du Magasin de Gros		53.159 »»
— de la Banque des Coopératives.............		15.000 »»
	Total des cotisations reçues en 1928........	680.540 84

Pertes et Profits F. N. C. C.

Intérêts sur comptes courants Banque......		10.262 53
Comité des Régions Libérées (solde du compte)		3.631 34
Commissions encaissées (assurances)		1.251 20
Impôts sur intérêts Banque................	1.086 88	
Commissions ristournées (assurance)	988 20	
Résultat F. N. C. C.	13.069 99	
	15.145 07	15.145 07

Débiteurs divers

Librairie .... dû par divers.		40.518 40
Cotisations .... —		52.055 »»
Exposition de Grenoble................... —		4.570 »»
Mois de Recrutement .... —		2.502 »»
Almanachs .... —		47.550 »»
Le Coopérateur de France, abonnements.................		177.797 60
Bulletin A. C. I., abonnements.........................		32 70
Prêt à Association pour enseignement de la Coopération..		43.000 »»
Prêt à l'Enfance Coopérative...........................		50.000 »»
Sociétés sous-agents (assurances)......................		218 70
	Solde débiteur.................	418.244 40

Stocks

Librairie		3.747 15
Histoire Générale de la Coopération...................		18.267 24
Le Coopérateur de France (papier)....................		31.249 30
	Total.....................	53.263 69

Dépenses de l'Exercice 1928

Frais Généraux Chapitre I

Art. 1. — Loyer et frais accessoires...... 11.656 60
Art. 2. — Assurances et Contributions ... 2.123 10
Art. 3. — Entretien, matériel, agencements. 3.646 25
Art. 4. — Salaire personnel, standard.... 2.280 »»

19.705 95

Frais Administratifs, Chapitre II

Art. 5. — Appointements des trois secrétaires généraux .... 126.000 »»
Appointements du personnel 68.418 05
Comptabilité .... 1.080 »»
Assurances accidents 935 80
Retraites 14.579 50
Frais de réunion des membres du Conseil Central.......... 22.530 90
Frais de traduction............ 40 »»
Art. 6. — Imprimés, circulaires, papeterie, registres, etc............... 8.166 05
Art. 7. — Postes et télégraphes.......... 20.040 55

261.790 85

Propagande, Chapitre III

Art. 8. — Frais de délégation du Secrétariat et de membres du Conseil Central, tournées, conférences, organisations extérieures 97.310 60
Art. 9. — Congrès National 39.225 05
Art. 10. — Exposition de Grenoble 48.576 75
Frais de propagande 116.368 95
Art. 11. — Subvention à la Commission de l'Enseignement 8.884 95
Art. 12. — Service de renseignements commerciaux et administratifs.. 3.037 25
Art. 13. — Service de renseignements juridiques 18.022 60
Art. 14. — Service gratuit du *Coopérateur de France* aux sociétés adhérentes .... 6.220 »»
Art. 15. — Cotisation de l'A.C.I. .... 26.000 »»

363.646 15

Statistique, Chapitre IV

Art. 16. — Un Secrétaire .... 14.975 »»   14.975 »»

Service de Révision et Comptabilité Chapitre V

Art. 17. — Service de révision et comptabilité 12.324 60   12.324 60

Dépenses spéciales, Chapitre VI

Art. 18. — Dépenses spéciales 9.142 55   9.142 55

Total des dépenses....................   681.585 10

Résultats

	Doit	Avoir
Cotisations		680.540 84
Pertes et Profits F. N. C. C.		13.069 99
Frais généraux .... Chapitre 1.	19.705 95	
— — — 2.	261.790 85	
Propagande .... — 3.	363.646 15	
Statistique .... — 4.	14.975 »»	
Service de Révision et Comp- tabilité .... — 5.	12.324 60	
Dépenses spéciales .... — 6.	9.142 55	
	681.585 10	693.610 83
Solde créditeur	12.025 73	
Résultat F.N.C.C. (détail ci-dessus)........		12.025 73
Librairie et Publications.................		20.080 »
Coopérateur de France		30.409 20
Total : Résultat de l'exercice.........		60.514 75

DEUXIÈME PARTIE

Le Mouvement Coopératif et la Rationalisation

Rapporteurs : E. POISSON et A.-J. CLEUET

I

La Coopération en face d'une Rationalisation éventuelle du Commerce et de la Production

La rationalisation de l'économie préoccupe aujourd'hui tous les esprits, passionne tous les milieux sociaux, les réalisations s'en accroissent chaque jour dans tous les domaines.

Qu'est-ce, au juste, la rationalisation ? Si l'on s'en tient à l'explication grammaticale du mot qui, paraît-il, choque certaines oreilles amoureuses du beau langage, la rationalisation c'est tout simplement la recherche d'une organisation rationnelle de la vie économique, et le mot a par lui-même un sens plein et exprime ce qu'il veut dire. Hélas ! l'organisation rationnelle n'est pas précisément le critérium de la société économique actuelle. Tant d'efforts inutiles, mal employés, gaspillés ou perdus sous l'égide d'un système qui invoque la liberté économique et permet souvent le désordre, le gaspillage, en un mot l'inorganisation. Mais si l'on va plus avant dans l'étude de ce que doit être la rationalisation, on s'aperçoit rapidement — comme en toute matière économique — de la complexité du problème.

Pour rationaliser l'économie, il faut sans doute se préoccuper des conditions de production, et aussi de la productivité et de l'utilité des éléments qui y concourent.. Il faut examiner la rationalisation du point de vue des entreprises (matières premières, outillage, méthode de fabrication, type d'entreprise, impôts, main-d'œuvre, organisation technique du travail), mais il faut aussi s'occuper des produits et, en dernière analyse, *de la consommation.*

A cet égard, c'est un point de vue qui échappe souvent à tous ceux qui se préoccupent actuellement du problème de la rationalisation. Produire au maximum et au meilleur compte en évitant toute perte et tout gaspillage, voilà ce qu'il faut pour abaisser le coût de la production ou le prix de revient des produits. Mais la production n'a pas de fin en soi, et tous les produits ou marchandises, objets principaux et but final ne sont-ils pas destinés aux consommateurs ? C'est donc en fonction d'une rationalisation de la consommation que la question doit être examinée. Mais cette rationalisation des goûts des êtres humains, si telle qu'elle est, peut être dans leur propre intérêt, est plus d'ordre psychologique et d'ordre moral que d'ordre économique. Il est vrai que dans la société actuelle le consommateur subit, puisqu'il ne choisit pas, les produits et surtout leur qualité ou leur prix. C'est le résultat d'une économie générale, orientée plus vers le profit privé que vers la satisfaction des besoins humains. Cependant le progrès, la civilisation consistent essentiellement dans une amélioration du bien-être de chacun et de tous. L'individu doit-il être rationalisé dans ses besoins par la force ou par la persuasion ? Il semble bien que la rationalisation pour l'un n'est pas la même que pour l'autre. « Tous les goûts sont dans la nature », dit un vieil adage de sagesse humaine, et qui pourrait l'imposer à une consommation rationnelle de la vie économique dépendant de chancun. La science peut faire connaître le nombre de calories nécessaires à l'existence de chacun ; elle ne peut se substituer à tous pour imposer sous quelle forme elles doivent être absorbées, et quelles quantités exactes seront la part de chacun. Certes, l'éducation du consommateur est donc la base de la rationalisation de sa vie. C'est une autre chose que la rationalisation imposée et qui aboutirait effectivement à la ration. Ainsi, nous trouverons par là même des limites à la rationalisation absolue de la vie économique.

Que le consommateur soit mis à l'abri des illusions ou des tromperies dont il est l'objet, parfait, mais n'oublions pas que c'est pour lui que fonctionne la production économique. Il doit en être de moins en moins le sujet et une rationalisation ne doit pas être seulement envisagée en raison de la fonction de la production, mais particulièrement de la consommation. Ces considérations nous conduisent à rechercher dans quelle mesure et sous quelles conditions les consommateurs et leurs organisations, pour la défense de leurs intérêts, doivent envisager les problèmes de la rationalisation économique. Ils doivent être partisans de tout ce qui aboutira à une production rationnelle des produits qu'ils consomment, à la simplification des catégories, du moment qu'on tient compte des variétés réelles des besoins à satisfaire, à toutes les mesures qui leur permettront de mieux se reconnaître dans les volumes et qualités, et de tous efforts pour les satisfaire au mieux et le plus commodément dans la variété même des goûts de chacun. Il sera pour la standardisation des produits, qui signifiera une meilleure production, une meilleure qualité. Il désire cependant un maximum de variétés compatibles avec les goûts réels ; il désire la possibilité de mieux s'y reconnaître et de faciliter son choix à bon escient, particulièrement pour tout ce qui concerne la quantité et la qualité.

Enfin, la rationalisation peut s'effectuer par le système dit de la standardisation, c'est-à-dire la simplification et la réduction du nombre des types de fabrication et aussi de leurs moyens de production. Elle peut conduire ainsi à un seul type de flaconnage ou d'empaquetage pour chaque produit, à la fabrication de boîtes standard de mêmes dimensions ou de même calibre, en tenant compte de la variété des besoins à satisfaire. Cette standardisation ne peut avoir que le concours entier des consommateurs, et même, pour aboutir, il faut qu'elle soit le résultat d'une entente entre producteurs, répartiteurs et consommateurs. Ce n'est pas par la force qu'elle a des chances de se réaliser, mais par la bonne volonté coordonnée de tous les éléments concourrant moins à la production qu'à la répartition et la consommation. Ainsi donc, c'est favorablement que les consommateurs et le Mouvement Coopératif peuvent envisager tous les efforts de rationalisation, mais sans méconnaître certains inconvénients qui peuvent être écartés par le contrôle des consommateurs ; ceux-ci ont, du reste, avec le Mouvement Coopératif, le véritable moyen que la rationalisation puisse s'accomplir efficacement pour eux, et sans qu'ils aient lieu à y faire opposition.

Déjà, la F. N. C. C. était entrée largement dans cette voie ; elle a participé aux travaux du Comité Technique de l'Alimentation. A l'heure actuelle la standardisation, par exemple des litres — de bouteilles dites « Saint-Galmier » — ainsi que celle des boîtes de conserves, est à l'étude. Nul doute que par des exemples pratiques et répétés, mieux que par des théories, la standardisation et la rationalisation pourront ainsi démontrer leur efficacité. C'est encore dans le même sens que la F. N. C. C. a participé aux enquêtes faites par le Conseil National Économique.

D'autre part, les résultats d'une rationalisation peuvent avoir pour conséquence de faciliter le machinisme et la production en série, c'est abaisser le coût de la production, c'est par excellence abaisser le prix de revient de chaque unité, mais qui en profitera ? Certes, il est possible aux maîtres de la production et du commerce de conserver et même d'accroître sensiblement leurs bénéfices en réalisant même un bénéfice moindre sur chaque unité et en se rattrapant sur la quantité. Toutefois, il ne faut pas oublier que pour eux le ressort de la vie économique est le profit privé, et qu'en conséquence ce n'est qu'indirectement, par l'abondance des produits ou par le contrôle des consommateurs, que la rationalisation doit, en dehors du programme économique qu'elle est en soi, servir immédiatement les consommateurs. A l'inconvénient, du reste, d'une rationalisation dont seuls les grands maîtres de la production et de l'échange bénéficieraient, les consommateurs ont dès maintenant un remède : ils n'ont qu'à avoir leurs propres organismes de répartition et même de production pour recueillir tous les avantages de la rationalisation possible. Ils ont, en tout cas, la possibilité de pouvoir réclamer justement leur part de l'économie faite. Ils ont par là-même un potentiel de capacité dont l'usage est entre leurs mains. Enfin, en tout état de cause, la rationalisation ouvre des possibilités à un contrôle sûr de la qualité et de la quantité, et si elle tient compte d'une façon judicieuse de la variété des goûts, elle doit être envisagée favorablement par les consommateurs.

Les consommateurs ne doivent pas oublier que leur puissance d'achat dépend de leurs ressources en tant que producteurs, soit producteurs de l'agriculture, du commerce ou de l'industrie. Toute rationalisation de la production, toute augmentation de la productivité doit aboutir à l'abondance. Ainsi se crée une utilisation possible plus grande de la force de consommation de chacun, et aussi des facilités nouvelles d'entreprise et d'activité économique. La rationalisation n'est donc pas incompatible avec une hausse des salaires et des traitements ; mais là aussi le contrôle est nécessaire, et il faut qu'on aboutisse à la plus grande puissance de consommation par les augmentations mêmes des revenus de chacun.

Examinons maintenant les répercussions que peuvent avoir les différentes méthodes de la rationalisation pour le consommateur. D'abord, la rationalisation peut toucher la production d'objets qui ne sont pas directement ou immédiatement consommables. Si le problème des goûts du consommateur ne se pose pas, il s'agit simplement de l'usage de la matière première : seul, le problème de la production est en cause. Toutefois, le consommateur ne peut y être indifférent d'autre part, puisque de l'abondance ou de la rareté des marchandises dépendent les prix.

La rationalisation peut provenir d'une augmentation de la production ou d'une amélioration de la productivité ; elle peut résulter d'une meilleure utilisation des matières premières, d'une meilleure technique dans la fabrication, d'une organisation scientifique du travail. La rationalisation peut donc entraîner une économie des prix en évitant le gaspillage, le coulage, la perte, opérant les divisions du travail entre les entreprises, soit par entente entre elles, soit par une coordination dans leurs achats ou une organisation dans leurs moyens de vente sur le marché. Mais n'oublions pas que la rationalisation peut aussi résulter d'une limitation de la production ou de la productivité ; elle aboutirait alors à un monopole économique qui pourrait avoir pour résultat le malthusianisme de la production et des prix des monopoles. Elle pourrait donc, dans certaines circonstances faites sans contrôle, aboutir à rançonner le consommateur. S'il s'agit de cartels de vente faits pour une équitable répartition des marchandises et leurs organisations, c'est parfait ; mais il peut avoir sans contrôle une autre défense et aboutir, par exemple, au maintien des prix imposés. S'il s'agit de trusts, c'est-à-dire des concentrations non seulement de ventes, mais des entreprises de fabrication, les dangers peuvent provenir de l'administration de la production qui ne serait plus légitimée par l'application maximum des forces économiques, et tout cela, si éventuel que ce soit, pourrait se produire si les consommateurs n'étaient pas appelés au contrôle de ces trusts et de ces cartels.

Les consommateurs et leurs organisations seront, d'autre part, favorables à tout effort de rationalisation économique dont ils peuvent espérer obtenir de meilleurs prix, mais ils savent fort bien que, pour une part, ils risquent de ne pas bénéficier de cette rationalisation, à moins qu'ils n'aient essayé de faire leurs affaires eux-mêmes, ou qu'ils ne se soient assuré un contrôle sur l'organisation de la vie économique. C'est pourquoi la rationalisation sera d'autant plus utile et plus efficace qu'elle se fera dans leurs propres organisations coopératives, et que celles-ci compteront dans l'ensemble des institutions économiques et sur le marché.

II

La Rationalisation dans le Mouvement Coopératif

Si la production, si le commerce en général peuvent entreprendre une politique de rationalisation, le Mouvement Coopératif peut également l'entreprendre lui-même. En fait, il y tend depuis de nombreuses années et, sans qu'il ait employé ce mot, on peut affirmer que toute la politique suivie par les organismes centraux de la Coopération, et particulièrement par la F. N. C. C., a toujours eu des fins de rationalisation, si l'on entend par là simplification, économie et coordination des efforts.

D'abord, au point de vue de la méthode commerciale, la F. N. N. C. a poursuivi systématiquement une politique d'intégration pour les sociétés au premier degré de l'échelle. Elle a recherché, par la fusion de ces dernières, aussi bien l'unité dans une même activité — épicerie, boulangerie — que l'unité de toutes les branches d'activité coopérative dans une même société. Elle a poursuivi, par la constitution des sociétés dites de développement, la création de vastes organismes à large périmètre d'action, ayant une armature puissante et unique. Dans les deux cas, il s'agissait d'aboutir à une organisation rationnelle de la Coopération, soit par une exploitation plus économique, soit par une méthode de développement réfléchie et fructueuse.

Elle a, du reste, très largement réussi.

Mais la politique du Mouvement Coopératif ne s'est point simplement exercée rationnellement dans le sens horizontal, en voulant mettre fin à un pullulement de petites sociétés dont la force insuffisante ne donnait pas de résultats positifs. Elle a tendu à une organisation rationnelle du vertical. C'est là l'œuvre de son Magasin de Gros, dont la tâche est d'acheter pour les sociétés, d'importer et même de produire pour elles. Tous les efforts accomplis, pour que cette coopération du deuxième degré soit de plus en plus perfectionnée, seraient à rappeler ici. C'est ainsi qu'à une époque aujourd'hui dépassée, le Mouvement Coopératif a adopté une politique d'entrepôts dont l'utilité a disparu avec l'existence de grandes sociétés ayant leurs propres entrepôts. Il en est venu ensuite à pratiquer de plus en plus la politique dite des contrats et bureaux d'achats qui, tout en appartenant au Magasin de Gros, sont aussi des services de sociétés. Il a obtenu ainsi un maximum d'unité dans le ravitaillement et l'approvisionnement des coopératives.

C'est encore le même souci d'organisation économique rationnelle qui a conduit le Magasin de Gros à organiser ses propres services, en réunissant sous une même direction la production et la vente. C'est ce même état d'esprit qui l'a poussé à la création de boutiques de détail susceptibles d'écouler sa propre production là où cet écoulement ne peut être entrepris directement par les sociétés.

D'un autre côté, si la standardisation est aujourd'hui considérée comme la meilleure méthode de rationalisation, le Mouvement Coopératif peut s'enorgueillir des efforts qu'il a faits pour se standardiser. N'est-ce pas le but que poursuivait la F. N. C. C. sur le terrain juridique lorsqu'elle essayait, par des statuts-type, d'aboutir à un même cadre légal pour toutes les coopératives, à des mêmes règles pour la constitution du capital, la répartition des bénéfices, le fonctionnement des assemblées générales et l'administration, le tout aboutissant, par des modèles identiques, à des publications similaires. N'est-ce pas ce qu'elle recherchait lorsqu'elle demandait que toutes les sociétés prennent le même nom : « Union des Coopérateurs de X... » pour éviter tout conflit entre les coopératives et leurs concurrents et multiplier les possibilités de propagande et de publicité massive ? C'est aux mêmes résultats qu'elle tend du point de vue comptable et financier, avec l'institution de ses réviseurs, ses bilans et ses comptes d'exploitation d'un modèle-type. C'est également l'œuvre du Magasin de Gros quand il établit des produits à la marque de la Coopération ; c'est l'œuvre des sociétés quand elles se donnent la même année sociale ou quand elles unifient leurs moyens de transport. Enfin, l'organisation du personnel ou de la gérance responsable, les rémunérations suivant l'effort à tous les degrés de l'échelle pour les coopérateurs, sont une démonstration évidente d'un essai de rationalisation. Mais si déjà beaucoup a été fait, il reste encore plus à faire.

Le Mouvement Coopératif ne devrait-il pas unifier ses méthodes de publicité, rechercher les plus commodes et les moins chères, par exemple pour ses imprimés, ses fascicules, ses registres, ses enveloppes, et en coordonner la fabrication ? Ne devrait-il pas s'efforcer, d'autre part, de réaliser la même présentation intérieure de toutes les boutiques coopératives ? Ne devrait-il pas aboutir à un même aménagement intérieur en cherchant l'aménagement le plus rationnel ? Ne

devrait-il pas avoir des paquetages et des flaconnages qui ne soient
pas imposés par les fournisseurs, mais qui lui appartiendraient en
propre, correspondant à un principe de juste prix et de poids exact et
créant, par leur uniformité, une puissance remarquable de diffusion ?
Ne devrait-il pas disposer d'un moyen de transport uniforme étudié
en commun ? N'y aurait-il pas lieu, enfin, de rechercher les méthodes
administratives, par exemple l'exploitation des entrepôts pour les
inventaires, les contrats de travail et de gérance, les contrats de direction ?

Mais une tâche de ce genre demande une étude sérieuse de toutes
les standardisations possibles, et elles sont infinies ; elle exige la collaboration de praticiens, de techniciens et même d'hommes de science.
Elle nécessite une œuvre de longue haleine qui doit se poursuivre systématiquement et être menée en collaboration avec les organisations
intéressées, par des hommes qui en comprennent toute l'importance et
toute la portée.

III

La Coopération conçue comme un système rationnel
de l'économie

Mais le Mouvement Coopératif — et c'est là son honneur — a toujours affirmé qu'il substituerait, à mesure de son développement, à
l'économie compétitive d'aujourd'hui une économie nouvelle, l'économie
coopérative. Il a donc non seulement des buts immédiats favorables à
l'économie ménagère, à la régularisation des prix du marché et, du
point de vue moral, à la solidarité, mais il a aussi des fins dernières :
il poursuit un idéal, il pense que, par son activité généralisée et universalisée, il crée un monde nouveau de Société Coopérative, ne-
l'a-t-on point appelé « République Coopérative » ? Or, qu'est-ce que
cette société, sinon une société rationnelle constituée pour servir les
besoins humains qui sont, après tout, le dernier terme de la vie économique.

La fin de toute activité économique — sa raison d'être — est la
consommation. On ne produit pas pour produire comme on fait de
l'art pour l'art : on produit parce qu'il y a des besoins humains à
satisfaire.

Cette vérité première ne semble guère la pensée dominante du monde
économique actuel où le « ressort » de toute entreprise est bien plutôt
la recherche d'un « profit ».

Si l'on veut donc envisager une organisation rationnelle et scientifique de la vie économique, il faut tout d'abord constater qu'au point
de départ il y a aujourd'hui une erreur fondamentale.

Toute conception rationnelle doit partir de ce point de vue qu'il faut
satisfaire le consommateur, et toute l'organisation économique doit
être dirigée vers ce but.

Mais en quoi consiste la satisfaction du consommateur ? Ses besoins
évoluent, ils sont modifiés au cours des temps, ils sont variables suivant les milieux physiques ou sociaux ; c'est une science presque
encore à naître, mais de plus, c'est un art. L'art consiste à dégager les
directives possibles d'une politique économique en sa faveur.

Les ressources du consommateur étant connues comme une donnée
déterminée, il faut lui assurer, avec leur emploi, un maximum de

satisfaction ; il faut lui fournir des produits ou des marchandises en quantités maxima pour des prix minima, de la meilleure qualité et que tout cela il puisse se le procurer avec le moindre effort, à son choix et à son goût.

Le consommateur est-il vraiment libre dans l'exercice de son activité ? Il ne le semble guère aujourd'hui. Il consomme ce qui lui est présenté, il n'a même le choix qu'entre ce qui lui est présenté. Et, encore est-il, qu'il n'exerce son choix que dans un milieu déterminé où les traditions, les préjugés, les habitudes, les conseils et les pressions de toute sorte se font jour. Il subit souvent plus qu'il n'exige.

Organiser scientifiquement la consommation, c'est donc vouloir tout d'abord éduquer le consommateur : c'est tenter de lui apprendre à utiliser au mieux sa force de consommation, c'est orienter ses goûts, c'est lui faire connaître et apprécier la valeur économique et la qualité intrinsèque des produits et marchandises, c'est l'élever à la connaissance véritable de ses intérêts, à se démêler au milieu des rouages souvent compliqués du processus économique et, pour tout dire, la meilleure méthode d'éducation est, avant tout, son expérimentation.

Il faut donc lui apprendre à faire ses affaires lui-même. L'éducation pratique, mutuelle, s'offre à lui et s'offre seule efficacement à lui. Il est donc tout naturellement porté vers les Associations de consommateurs qui apparaissent et grandissent à mesure que ceux-ci prennent conscience de leurs intérêts de consommateurs et, de consommateurs passifs, viennent à constituer une catégorie économique nouvelle et active.

Les coopératives de consommation entendent être, avant tout, des écoles d'économie ménagère ; leur but est de fournir aux consommateurs des marchandises « au poids exact, de bonne qualité et au juste prix ». Et les coopératives prétendent au mieux assurer ce programme car, chez elles, les coopérateurs se servent eux-mêmes. ils créent leurs propres entreprises économiques de répartition. Et les faits sont là pour prouver qu'elles y réussissent.

Particulièrement, les coopératives de consommation montrent, du reste, à l'évidence, la montée croissante du consommateur vers l'exercice d'un droit économique et vers une conception rationnelle de la vie économique. Elles prétendent non seulement servir les intérêts des consommateurs, de ceux qui les composent, mais elles « régularisent les prix du marché » par leur seule existence et obligent les concurrents à se placer dans les mêmes conditions qu'elles. Cela est incontestable : les coopératives ont eu toujours pour résultat de limiter les prix, mais cependant sans les « gâcher », pusqu'elles-mêmes disparaîtraient si, faisant face à toutes les charges des entreprises similaires, elles vendaient au-dessous du prix de revient (1).

Les coopératives se différencient des autres entreprises économiques, non pas par leur structure externe, par leurs méthodes commerciales, mais simplement par le système juridique qui leur est propre, de « répartition de bénéfice », et qui consiste dans une distribution proportionnelle aux achats de chacun et non pas proportionnellement aux capitaux engagés.

---

(1) A propos des charges que supportent les organisations coopératives, il est totalement faux de prétendre que ces organisations vivent de privilèges fiscaux ou d'avantages particuliers des pouvoirs publics ; à l'heure actuelle, toutes les sociétés coopératives, sans aucune exception, paient les mêmes impôts que les commerçants (les impôts qui leur sont applicables) et même quelques-uns en plus que les petits commerçants en ce sens qu'elles sont soumises à tous les droits que comporte l'existence des « Sociétés ».

Elles ont un caractère « distinct », parce qu'institutions écononomiques, elles sont, avant tout, associations de personnes, et associations de personnes à base démocratique, et aussi parce que dans leurs assemblées générales, un sociétaire n'a qu'une voix quel que soit le nombre des actions qu'il possède. Mais elles sont également « associations de personnes » par le fait qu'elles poursuivent un but « désintéressé », un but moral, sans recherche de profit. En un mot, elles n'ont pas de but lucratif, même si chacun de ceux qui les composent trouvent dans la Société la réalisation d'avantages matériels.

On peut donc affirmer que, si la vie économique, scientifiquement et rationnellement organisée, doit avoir pour pensée dominante le souci de servir les besoins des consommateurs, les associations qu'ils établissent entre eux, les coopératives de consommation, présentent le caractère-type parfait d'une organisation rationnelle et scientifique de la répartition en vue de la consommation.

Il y a donc lieu, dans la propagande coopérative, de mettre tout particulièrement en évidence les caractères de rationalisation intégrale que contient et qu'implique l'économie coopérative dont l'avènement a pour gage les progrès constants de la coopération.

IV

Résolution

Le Congrès recommande à la F. N. C. C. de suivre attentivement toutes les tentatives faites pour la rationalisation systématique de l'économie. Il insiste pour que cette rationalisation ne puisse s'accomplir sans le concours et le contrôle des organisations de consommateurs. Il réclame qu'elle ait pour résultat l'abondance, la qualité et un plus juste prix des marchandises. En particulier, il mandate en ce sens ses délégués au Conseil National Economique, au Comité Technique de l'Alimentation, et à toutes les institutions qui s'occuperaient de ce problème.

Le Congrès, d'autre part, considère que les efforts propres du Mouvement Coopératif pour sa rationalisation doivent être continués et étendus aussi bien en ce qui concerne les conditions de fonctionnement des sociétés, qu'en ce qui concerne les organismes centraux et la coordination des efforts des sociétés du Magasin de Gros et de la B. C. F. Les éléments de standardisation doivent faire l'objet d'une étude spéciale, celle-ci devant être confiée par le Conseil Central à une Commission nationale et choisie parmi les compétences techniques, administratives et scientifiques.

Enfin, le Congrès considérant le Mouvement Coopératif comme un système type de rationalisation économique, demande à la F. N. C. C. dans sa propagande et par des écrits spéciaux, de propager cette idée.

L'UTILISATION des LOISIRS

par Albert THOMAS

Directeur du Bureau International du Travail

Il est peu de questions plus actuelles que celle des loisirs. A la vérité, on pourrait être surpris d'avoir à défendre les loisirs, à chercher par quelle méthode on doit les utiliser. Les loisirs, l'étymologie du mot l'indique, c'est le temps où l'on a le droit de faire ce qui plait. Mais s'il y a une nécessité, dans l'évolution industrielle récente, de défendre les loisirs, de chercher à les accroître, c'est que la réduction des loisirs fut une des misères de l'industrialisme contemporain.

C'est une des choses les plus frappantes des origines industrielles de voir qu'au XVII° siècle, au XVIII°, dans les premières manufactures, les ouvriers ont eu conscience de la servitude à laquelle ils allaient être réduits, servitude que commençaient à leur imposer des méthodes comme celle dont on trouve la trace, par exemple, dans le règlement de la manufacture royale de Saint-Maur, où tout était rédigé contre la possibilité même des loisirs. En Allemagne, on peut entendre jusque dans les chansons d'alors les plaintes des ouvriers, qui, passant du régime corporatif au régime de la manufacture, se voyaient ôter les quelques loisirs dont ils pouvaient jouir, grâce aux fêtes nombreuses des corporations et des confréries, et qui étaient astreints de plus en plus à un travail intense et monotone.

Au XIX° siècle, le sort du travailleur ne fit qu'empirer. Non seulement le grand capitalisme naissant, guidé par la recherche unique du profit, réduisait l'individu humain à l'état de simple instrument de ce profit, sans égard ni à l'épuisement de son corps, ni à l'accablement de son esprit, mais les théoriciens du régime justifiaient ces méthodes, les expliquant par la force inéluctable des choses, et ôtaient aux travailleurs tout espoir de voir améliorer leur sort. « En supposant une nourriture suffisante, écrivait en 1848 Chevallier, le célèbre représentant de l'école libérale, la journée de onze à douze heures à Paris et de douze heures dans les départements, n'excède pas la puissance physique de l'homme. Cela laisse peu de loisirs, mais, dans l'état actuel des choses, il est impossible qu'il en soit autrement. »

Enfin, après de longues revendications et des luttes dont je n'ai pas ici à faire l'histoire, la journée de huit heures a été proclamée, établie dans presque toutes les législations. Ce fut, en 1918, en 1919, l'équivalent d'une véritable révolution. Par la journée de huit heures, des loisirs ont été accordés à la classe ouvrière. Des loisirs, c'est-à-dire une libération : la personnalité humaine dégagée d'une écrasante servitude et libre désormais de se développer à sa guise. N'est-ce pas là l'admirable complément de cette liberté de penser, de s'instruire, de prendre part aux affaires de l'Etat qui fut donnée à tous il y a plus d'un siècle et qui, pour toute une partie de la collectivité, ne pouvait avoir son plein effet, parce qu'il faut du temps pour s'instruire, pour agir en citoyen, et que le temps manquait ?

Mais j'ai parlé de révolution. Les révolutions s'accomplissent un jour, brusquement, dans un élan de révolte ou d'enthousiasme. Elles sont, comme le disait le poète anglais Shelley, une sorte de visite de la divinité parmi les hommes. Des principes de justice sont souvent proclamés, mais lorsque le lendemain, l'enthousiasme a baissé, les principes restent parfois sur le papier. C'est par un long effort quotidien, c'est par le petit travail de tous les jours, c'est par les humbles modifications successives des mœurs et de la vie des individus, que la révolution devient réalité.

Je ne connais pas de pays qui déclare l'intention de revenir sur le principe des huit heures une fois introduit. Mais il fallait que, dans la vie quotidienne, la journée de huit heures fut définitivement établie et que les loisirs qu'elle laisse fussent respectés, que rien ne vînt les entamer et que le bénéfice en fût bien acquis tout entier aux ouvriers.

Les loisirs étaient, en effet, menacés de plusieurs dangers.

Il y avait, d'abord, celui de voir l'ouvrier, sous la pression de certaines circonstances, abandonner ses loisirs. L'ouvrier était tenté de travailler pendant ses heures de liberté. La plupart des législations concernant les huit heures n'ont aucune prescription au sujet des salaires. Si le salaire est bas, ce sera la tentation de faire des heures supplémentaires et ils sont nombreux encore, en tous pays, les ouvriers qui, après leur journée normale, accomplie dans une usine, vont travailler ailleurs, souvent dans un autre métier, afin de gagner quelque argent. Les organisations ouvrières, comme les organisations patronales, condamnent ces pratiques qui, non seulement menacent les loisirs, mais qui troublent le marché du travail et risquent de gêner le jeu de la production. Certaines législations contiennent des dispositions contre cette forme de travail. La plupart du temps, cependant, comme l'a constaté l'Inspection du Travail en Allemagne en 1923, la Chambre du Travail de Vienne en 1924, c'est la misère qui pousse l'ouvrier à renoncer à ses loisirs. De bons salaires feront plus que toutes les interdictions pour empêcher ce genre de travail.

Il y avait, en outre, le danger de ne pas pouvoir profiter de la liberté obtenue et de voir, dans une société mal préparée pour une bonne utilisation des loisirs, une quasi-impossibilité d'en jouir.

Quant on voit, par exemple, l'ouvrier de ma commune natale de Champigny, à l'est de Paris, qui s'en va tous les jours chez Renault à Billancourt, vers l'ouest, qui prend d'abord un premier train, qui doit ensuite jouer des coudes dans le métro, afin de ne pas laisser passer trois ou quatre rames, qui, enfin, se bat autour du terrible tramway vieilli, anachronique, de la Porte d'Auteuil, pour aller jusqu'à Billancourt ; quand on le voit mettre presque deux heures pour se rendre à son travail, on doit bien penser que son loisir se trouve singulièrement diminué !

Une enquête menée en novembre 1924 dans la région de Bitterfeld montra que sur quelque 29.000 travailleurs industriels, 10.000 seulement avaient trouvé à se loger dans les environs de leur entreprise. Les 19.000 autres avaient à parcourir des distances allant de 5 à 50 kilomètres pour venir à leur travail. 250 même avaient plus de 50 kilomètres à faire et on a calculé que ces 19.000 ouvriers devaient consacrer chaque jour à leur transport plus de 95.000 heures, qui étaient ainsi perdues pour les loisirs. On pourrait citer encore l'exemple de ces ouvriers d'une région industrielle qui étaient obligés, après la journée de 9 heures, d'attendre plus de deux heures le train devant les ramener chez eux, tout simplement parce que la Compagnie de chemins de fer n'avait pas adapté au nouveau régime son horaire, établi pour une journée de 11 heures de travail.

Ces quelques exemples, choisis dans une petite partie du vaste domaine des loisirs, montrent quels efforts doivent être accomplis rien que pour préserver ces derniers. Toute une politique des transports ouvriers est à élaborer ou à mettre au point. Dans bien des endroits, on s'y est mis. En Allemagne, des « commissions locales pour les transports ouvriers » ont été instituées, en 1924, aux différents sièges de la direction des chemins de fer de l'Etat. Elles font des propositions pour l'établissement des horaires après consultation des milieux ouvriers intéressés.

Une fois préservée l'intégralité des loisirs, d'autres dangers pouvaient menacer ces derniers.

Pour aimer ses loisirs, pour avoir le désir de les employer agréablement, il faut pouvoir les abriter, les loger. Or qu'est-ce, dans beaucoup de pays que la maison de l'ouvrier ? Un logis ? Non pas : un taudis où le travailleur ne saurait prendre aucun plaisir à demeurer et qui lui ferait trouver amères les heures qu'il serait obligé d'y passer. C'est alors le danger si souvent signalé, si redouté et dont on a même fait un grand argument contre la réforme de la journée de travail : l'alcoolisme. Combien de fois n'avons-nous pas entendu évoquer l'attrait du cabaret, bien chauffé, bien éclairé et prédire l'effondrement des loisirs sous les coups de l'alcool. Le danger était réel ; il a été en partie écarté ; il pourrait l'être définitivement par des mesures énergiques dans le domaine du logement.

Il y aurait encore une autre menace : le manque d'habitude d'utiliser les moments qu'on a à sa disposition. Qui d'entre nous n'a vu, dans les mines du Nord, le brave mineur, qui n'est pas du tout alcoolique, rester pendant des heures dans un cabaret, ne prononçant de temps en temps que de rares paroles et restant le plus souvent silencieux, rêveur devant sa chope de bière qu'il ne sait comment terminer ?

Le dégoût des loisirs, le dégoût du temps qu'on possède et qu'on ne sait comment employer, tel était le plus grave danger.

C'est pour toutes ces raisons que, dès 1921, à un moment où la journée de huit heures n'avait pas encore tout à fait cause gagnée, où elle était, dans beaucoup de pays, encore menacée, nous sentîmes qu'il n'y avait pas de temps à perdre, que des mesures devaient être prises au plus tôt si on voulait préserver les loisirs naissants contre les dangers qui les menaçaient et leur faire donner tous les bienfaits qu'en attendait la classe ouvrière. L'idée fit son chemin ; en 1924, la Conférence internationale du Travail vota une Recommandation, qui fut adressée aux Gouvernements de tous les Etats membres de l'Organisation internationale du Travail et qui contenait les principes généraux susceptibles de leur servir de guide dans leur politique des loisirs.

Je ne citerai pas ce document qui reprend divers points mentionnés plus haut, qui propose aux collectivités d'organiser la vie sociale de telle sorte que chaque ouvrier ait la garantie de ses loisirs, qui recommande de veiller à l'établissement de salaires justes, comme l'indique le Traité de Paix, qui réclame les lois nécessaires d'hygiène sociale et une politique de l'habitation, qui indique les moyens d'aider et de susciter les initiatives des institutions existantes, de grouper leurs efforts et qui recommande, enfin, aux divers Etats de communiquer au Bureau International du Travail tous les renseignements qu'ils possèdent en matière de loisirs, afin de faciliter à cette institution sa

tâche d'information, de diffusion et de communication des idées et des
expériences. Bientôt, le Bureau International du Travail, après ces
quatre ou cinq années de tentatives et d'efforts, fera le point : il
dressera le bilan du mouvement des loisirs et s'efforcera de dégager
les tendances générales et les principes définis.

Depuis l'adoption de la recommandation sur les loisirs, il est certain
qu'un grand progrès a été accompli. Beaucoup de craintes, qui avaient
été formulées, sont apparues comme chimériques. Certes, bien des
ouvriers, poussés par des salaires insuffisants, continuent d'utiliser
les heures de loisirs pour aller travailler ailleurs. Mais, dans la
plupart des domaines, il est certain que, spontanément, la classe
ouvrière a su, dans une large mesure, préserver les loisirs acquis.
L'alcoolisme, même dans les pays qui étaient les plus menacés,
n'a pas grandi par les loisirs. Nous avions souvent répété que c'étaient
les longues journées qui créaient l'alcoolisme et que, dès l'instant
où les journées seraient plus courtes, le danger serait moindre. En
France, par une vaste enquête, le Ministère du Travail a constaté
que, depuis l'établissement de la journée de huit heures, l'alcoolisme
avait été, dans tous les centres industriels, en régression.

Non seulement les dangers qui menaçaient les loisirs ont été éloi-
gnés, mais un immense mouvement est né, qui tend à une saine utilisation de ces nouveaux moments de liberté.

Je ne pourrais décrire par le menu les innombrables efforts accomplis dans tout le domaine des loisirs, le remarquable développement
de l'éducation ouvrière, dont l'établissement des huit heures a mul-
tiplié l'élan : la Centrale d'éducation ouvrière belge, qui possédait
42 bibliothèques en 1913 et qui en a 207 en 1922 ; la Workers' Education Association, dont les effectifs passent de 7.000 en 1913 à 25.000
en 1922 ; les Cercles d'études de Suède qui, 57 en 1912, sont 1630
en 1922, tout ce mouvement, plein de promesses, auquel les inventions modernes de la T. S. F. et du cinéma apportent de nouvelles
forces.

Prenons un autre petit domaine de ce vaste territoire des loisirs,
le mouvement des jardins ouvriers. Je ne puis oublier que, dans
la région du Nord, en quelques mois, après le vote de la loi de huit
heures, le nombre des petits jardins, dont je m'occupais alors activement, avait passé de 25.000 à 45.000. Dans la région parisienne,
les statistiques montrent qu'à la même époque, les cartes d'abonnement à la semaine avaient doublé, quelquefois triplé, dans les chemins
de fer. Lorsqu'on approche de Berlin, on traverse pendant des kilomètres de coquets jardins ouvriers qui s'alignent autour de la ville, là
où naguère encore ne s'étendaient que de grands espaces nus. Dans
les environs de Vienne, les jardins ouvriers, qui couvraient 250 hec-
tares en 1913, en occupaient 2.500 en 1922 et, en Grande-Bretagne, il
n'existe, à l'heure actuelle, pas moins de 1.500.000 personnes qui cultivent un petit jardin pendant leurs loisirs.

Dois-je évoquer encore le développement prodigieux des sports et
de la culture physique après la guerre, le goût qui porta tant de
travailleurs vers les piscines, les établissements de bains, qu'on en
a installé jusque dans des bourgades, vers la vie au grand air
et au soleil.

De quelque côté qu'on se tourne, c'est pour y constater la même
progression. Il serait bien vain d'essayer ici de passer en revue les
multiples activités éducatives et récréatives qu'ont permises les loisirs.

On trouverait partout, plus ou moins rapide, avec des reculs partiels sans doute, ce mouvement d'ensemble régulier qui mène l'homme, grâce aux loisirs, vers plus de science, plus de santé et de joie.

Pour grouper tous ces efforts, pour étudier les perspectives d'avenir, de nouvelles organisations sont nées, suivant un principe inscrit dans la Recommandation de 1924 : des organismes officiels, telle l'Œuvre italienne du Dopolavoro, qui étend son activité dans tout le vaste domaine des loisirs ; les Commissions provinciales de Belgique qui, depuis des années, encouragent, soutiennent toutes les tentatives intéressantes et, plus récemment, en 1928, cette Commission nationale instituée par un vote de la Chambre belge et qui aura à proposer les mesures susceptibles d'aider à l'organisation des loisirs. En Pologne, en Roumanie, en Tchécoslovaquie, des associations se sont créées pour étudier et encourager le mouvement.

On peut dire aujourd'hui avec quelque tranquillité que la journée de 8 heures a vraiment cause gagnée, et qu'en dépit de toutes les fluctuations politiques, la nécessité du loisir est devenue telle chez les masses ouvrières qu'il ne sera guère possible de revenir sur la grande conquête qui a été faite en 1918 et 1919.

Mais est-ce que cela est suffisant ? Est-ce que, vraiment, au milieu de tant d'initiatives, parfois incohérentes, au milieu de tant d'incertitudes, de tant d'échecs même, il est permis de penser que la méthode est définitivement assurée, que nous savons vraiment où nous allons, que nous connaissons les principes, la doctrine qui, le mieux, nous mèneront au but ?

Ces questions ne peuvent encore recevoir nulle réponse définitive. Les problèmes qu'elles soulèvent, rapports de l'homme et du métier, culture de l'individu, vie sociale, etc., sont agités de tous côtés. Il y a des tendances qui semblent se dessiner avec plus de vigueur que d'autres, mais il existe surtout beaucoup de recherches, d'expériences, de tentatives diverses. De ces expériences pourront se dégager bientôt les meilleures méthodes, en même temps que se préciseront les buts à atteindre.

La bonne volonté, les forces de tous ne sont pas de trop. Parmi toutes sortes qui s'offrent, il en est qui, plus que d'autres, peut-être, sont précieuses : celles des hommes de la *coopération*. Certes, ces derniers sont bien placés pour apporter au mouvement des loisirs l'aide la plus efficace, et ce n'est pas par vaine formalité que les associations coopératives ont été inscrites dans la Recommandation de 1924 parmi les institutions les plus dignes de collaborer à l'œuvre des loisirs. Soit à l'égard de ses employés, soit à l'égard de ses membres, la coopération se trouve en effet à ce point de vue dans une situation des plus favorable.

A l'égard de ses employés, parce que, puissance collective formée d'unités qui, chacune, prise isolément, est économiquement et socialement faible, elle n'éveille pas chez ceux qu'elle emploie cette méfiance qui gêne ou même empêche souvent toute organisation des loisirs autour de l'entreprise.

A l'égard de ses membres, parce que agissant comme le prolongement ou le complément ou le substitut du ménage dans certaines de ses fonctions, elle est tout près de la vie privée, de la vie familiale et peut s'y intéresser par une démarche toute naturelle. D'ailleurs, la coopération ne se donne-t-elle pas pour but parfois la production ou la distribution de biens, qui comme le logis ou l'électricité sont indispensables ou précieux à une bonne utilisation des loisirs : plus de 4.000 sociétés de ce genre existent en Allemagne, près de 500 en Italie, où elles ont construit des habitations pour plus d'un milliard de lires ; elles groupent un million et demi de membres en Grande-Bretagne, onze millions aux Etats-Unis où elles n'en avaient que quatre millions il y a six ans. Les coopératives d'électricité fournissent à elles seules, en Allemagne, le quart du courant total des centrales rurales. Il faut citer dans ce domaine l'activité intéressante de ces coopératives de vacances qui, en Allemagne, par exemple, ont installé des lieux de séjour pour le week-end ou les avances.

Toutefois l'œuvre la plus considérable, ce n'est pas les sociétés dont le but est proprement la création ou le développement de biens nécessaires à l'organisation directe des loisirs, qui l'accomplissent jusqu'à présent, mais celles qui sont amenées indirectement à s'en occuper. Comment citer tous les exemples que j'en ai sous les yeux ? Comment décrire en un si bref espace l'œuvre d'éducation, de récréation, d'éducation, de récréation que les sociétés coopératives de consommation ont entreprise dans la plupart des pays ? Les sociétés adhérant à l'Union Centrale des Coopératives Allemandes de Consommation n'ont-elles pas organisé, en 1927, près de 12.000 séances, soirées récréatives, auxquelles ont assisté quelque 3.360.000 personnes ? En France, en Grande-Bretagne, même effort. Dans ce dernier pays par exemple, la Royal Arsenal Cooperative Society a constitué 7 chorales, 3 orchestres, 16 groupes d'art dramatique. C'est au bas mot 100.000 £ que le mouvement coopératif britannique consacre annuellement à des activités de ce genre.

Plus digne de remarque encore est peut-être la préoccupation des coopératives d'offrir à ceux de leurs membres et employés qui le désirent, des occasions et des moyens de compléter leur instruction : instruction générale ou instruction professionnelle. C'est par centaines que se comptent dans les grands pays, les classes d'adultes, les cercles de jeunes gens, les bibliothèques, les bourses scolaires, institués par les sociétés coopératives.

Ainsi la part est belle de la coopération dans ce vaste mouvement dont nous ne voyons que les tout premiers pas et qui, par les loisirs, vise à faire de l'homme un être meilleur, plus complet, plus conscient. Sa constitution même, qui donne à chacun la possibilité de s'occuper activement des affaires de tous, n'est-elle pas d'ailleurs la plus belle école d'initiative et d'activité sociale ? On peut, dans l'avenir, attendre beaucoup de la coopération qui, cherchant à mieux organiser la vie, a été amenée à mieux organiser les loisirs, qui a donné dans ce domaine des preuves éclatantes de ce qu'elle pouvait faire et qui, cherchant de son côté les meilleures méthodes, les voies les plus aisées, rend plus proche le jour où sera résolu ce problème qui intéresse la civilisation même.

La Coopération
et les loisirs en France

Rapporteur : A. FAUCONNET

Après l'exposé d'ordre général présenté par notre ami Albert Thomas sur l'importante question de l'utilisation des loisirs, il nous appartient d'examiner cette dernière au point de vue coopératif.

Au moment où le Congrès est appelé, non seulement à discuter la question, mais aussi à se prononcer sur les conclusions que nous lui soumettrons, il nous a paru nécessaire d'attirer son attention sur le fait incontestable que, depuis longtemps déjà, un certain nombre de sociétés se sont intéressées aux loisirs.

Toutefois, il est vrai d'ajouter que ce n'est pas toujours la recherche de l'utilisation des loisirs qui les guidait dans les créations auxquelles elles ont abouti ; c'est ainsi que pour certaines des œuvres réalisées, quelques-unes sont classées dans les œuvres sociales des sociétés et que d'autres ne sont considérées que comme des moyens de propagande coopérative indispensables au développement.

Ce que nous tentons de déterminer aujourd'hui, ce n'est pas une distinction académique entre les œuvres vraiment sociales et celles qui concernent seulement l'aménagement des loisirs, c'est l'expression de notre volonté de coordonner les œuvres de loisirs de façon à ce qu'elles répondent autant aux nécessités présentes et futures qu'aux besoins de la propagande coopérative.

Aussi, pour atteindre avec certitude le but que nous devons nous assigner, nous avons procédé à une enquête. De ces résultats, nous avons tiré des enseignements en vue de l'action que nous demandons aux sociétés d'engager.

Est-ce à dire que le nombre des réponses faites au questionnaire adressé par la Fédération Nationale ait été suffisant pour affirmer que l'ensemble du Mouvement Coopératif se soit intéressé au problème qui, aujourd'hui, fait l'objet de nos préoccupations ?

Nous ne le pensons pas, et nous ajouterons même que quelle que soit l'importance des problèmes d'ordre commercial ou financier que certaines sociétés pourraient avoir à résoudre, il serait de leur intérêt de ne pas se désintéresser de certaines questions d'ordre moral qui sont partie intégrante de notre idéal coopératif.

Il est vrai toutefois que les situations régionales ou locales contrarient parfois les meilleures intentions de certaines de nos sociétés.

C'est ainsi que sur 28 réponses qui nous ont été adressées, 7 d'entre elles mentionnent l'impossibilité où ces sociétés se sont trouvées d'organiser quoi que ce soit, en raison de l'existence dans leur milieu, d'un certain nombre de sociétés de loisirs qu'elles subventionnent en tout ou partie.

Sans méconnaître l'intérêt pour certaines coopératives d'apporter une aide matérielle à ces sociétés de loisirs, nous pensons cependant que leur force de pénétration et de rayonnement pourrait s'accroître davantage par la création d'œuvres de même nature, et qui lui seraient particulières.

Aussi, avant d'aborder l'exposé sur la « Coopération des loisirs » et ses conditions d'organisation et d'action, nous pensons devoir analyser succinctement les résultats de l'enquête à laquelle nous nous sommes livrés.

Notre questionnaire comportait 9 points :

1° *Éducation générale et professionnelle* : Journal ; Bibliothèque au siège de la Société ; Bibliothèques dans les sections ou bibliothèques circulantes mises à la disposition des sections ; Brochures coopératives ; Cours professionnels.

2° *Enseignement Coopératif :* Ecole Coopérative ; Réunions éducatives ; Cinématographe ; T. S. F.

3° *Art musical :* Harmonie ; Fanfare ; Symphonie ; Chorale ; Ecole de musique.

4° *Visites-Conférences.*

5° *Education physique et sports.*

6° *Jardins.*

7° *Décoration du Foyer familial.*

8° *Questions financières.*

9° *Renseignements généraux.*

Pour ce qui concerne l'éducation générale et professionnelle, nous enregistrons les résultats suivants :

a) 16 sociétés publient un journal paraissant périodiquement et adressé à près de 200.000 coopérateurs ;

b) 15 sociétés disposent de bibliothèques et pour 11 d'entre elles nous pouvons indiquer que le nombre de volumes dont elles disposent est de 25.000.

Quelques sections de sociétés ont institué des bibliothèques locales et 3 sociétés ont établi, à l'usage de leurs sections des bibliothèques circulantes.

c) 10 sociétés procèdent à la diffusion de brochures coopératives ;

d) une société subventionne les cours professionnels institués par les syndicats.

L'enseignement coopératif qui retient l'attention de 11 sociétés ne peut être considéré, d'une façon générale, comme utilisation des loisirs en raison de ce qu'il est donné, soit dans des écoles normales d'instituteurs, soit dans des écoles pratiques de commerce ou bien encore, dans certaines écoles primaires où sont données des leçons sur la Coopération.

Toutefois, il y a quelques sociétés qui se sont préoccupées d'incorporer l'enseignement coopératif dans l'utilisation des loisirs. C'est ainsi que certaines ont organisé des réunions éducatives à travers leurs sections en les agrémentant, parfois, de soirées récréatives. Les résultats obtenus par l'emploi de ce moyen ont été excellents ; on peut affirmer qu'ils ne sont conséquents qu'au besoin qu'ont les consommateurs d'utiliser leurs loisirs.

Il est une autre forme d'éducation coopérative indiquée par une société du Sud-Est qui peut être considérée autant comme une forme de loisir que comme un moyen de propagande : ce sont les cours par correspondance qui, d'après cette société, sont suivis par 1.200 personnes.

Le cinéma, dont les avantages ne sont plus à signaler, est utilisé par 7 sociétés et 2 autres en envisagent l'emploi.

A cet effet, nous tenons à signaler une information qui nous a été donnée par l'Union d'Amiens : cette société, qui dispose d'une grande salle bien connue d'un très grand nombre de nos militants, organisait le jeudi après-midi des représentations cinématographiques réservées aux enfants et pour lesquelles un droit d'entrée de 50 centimes était perçu ; ces représentations ont dû être supprimées en raison de ce que l'on voulait imposer à cette société un supplément de patente de 25.000 francs.

En tenant le Congrès au courant de cette situation, nous l'informons, dès à présent, que dans les conclusions que nous soumettons à son approbation, la question du régime fiscal afférent aux sociétés de loisirs, pourrait être réglée beaucoup plus favorablement.

Il résulte des renseignements fournis par ces différentes sociétés que les auditoires sont toujours importants, ce qui démontre, d'une façon incontestable, qu'une bonne utilisation des loisirs n'atténue en rien l'effort de propagande coopérative tentée par le passage sur l'écran, de films à caractère coopératif.

Quant à la T. S. F. dont quelques rares sociétés possèdent un poste et que quelques autres pensent utiliser avant peu, nous devons indiquer que son emploi devra être généralisé en raison de la forme excellente qu'elle apporte à l'utilisation des loisirs en même temps qu'elle reste la forme de la transmission rapide de tout ce qui peut intéresser l'Univers.

L'art musical, d'après notre enquête, a retenu l'attention de 11 sociétés qui ont créé 2 fanfares, une symphonie, 4 chorales, 3 écoles de musique, 3 autres sociétés subventionnent des sociétés locales qui, généralement, prêtent leur concours aux manifestations coopératives. D'autre part, une société a mis la question à l'étude.

Si, dans ce domaine, nous constatons de faibles résultats, nous en enregistrons de meilleurs dans celui des matinées ou soirées récréatives. C'est ainsi que la généralité des sociétés ou de leurs sections, organisent des concerts réunissant de nombreux auditeurs. Certaines d'entre elles, par l'organisation de grandes fêtes artistiques ou champêtres réunissent des milliers de coopérateurs qui, par la bonne utilisation de leurs loisirs s'attachent davantage à tout ce qui constitue la vie coopérative de leur Société.

Il en est de même pour les visites-conférences auxquelles 12 sociétés se sont intéressées.

Dans leur ensemble, ces visites-conférences ou excursions sont assez variées, c'est ainsi que certaines ne tendent qu'à faire connaître différentes installations coopératives, alors que d'autres sont de véritables centres de culture générale comportant en plus de la visite des grandes villes, de leurs monuments historiques et de leurs usines, de certains services publics.

Quelques sociétés organisent, en raison de leur situation géographique, quelques excursions en mer pour lesquelles elles affrètent des bateaux spéciaux.

L'éducation physique et les sports n'ont intéressé, jusqu'à ce jour, qu'un nombre assez restreint de sociétés. Il résulte des 14 réponses parvenues, que 6 sociétés seulement ont abouti à la création de clubs

sportifs ou de sociétés de gymnastique et que les 8 autres subventionnent certaines organisations locales.

Pour les Jardins et la Décoration du Foyer Familial, 2 sociétés seulement ont fait un effort en ce sens.

*****

Après avoir dressé sous un aspect général l'inventaire de tout ce
qui a été réalisé par certaines sociétés, il nous faut aborder le fond
même du problème qui se pose à notre examen.

Il ne s'agit plus, ici, de définir ce qu'est le loisir, ce qui a été fait par
notre ami Albert Thomas, mais de rechercher ce que peut faire le
Mouvement Coopératif pour l'organisation et l'utilisation des loisirs.

La coopération des loisirs comporte, selon nous, deux idées générales :

1) l'organisation des loisirs par la coopération ;

2) l'utilisation de l'idée et de la pratique coopératives dans l'organisation des loisirs.

La première question qui se pose est de savoir s'il y a intérêt pour le
Mouvement Coopératif à s'occuper de l'organisation des loisirs.

Pour notre part, nous répondons par l'affirmative. D'abord, en raison
du souci que nous devons avoir de mettre à la disposition du Coopérateur tout ce qui contribuera à lui faciliter l'utilisation des loisirs que lui
a procuré la réduction de sa journée de travail.

D'autre part, nous pensons qu'en faisant un effort d'organisation dans
ce domaine, nous aurons contribué à constituer autour de nos sociétés,
des centres d'intérêt et d'activité qui ne pourront être que profitables à
leur développement.

Enfin, il y a lieu de croire que si les sociétés qui, déjà, ont commencé
à créer, parfois à l'état embryonnaire, des œuvres de loisirs, avaient reçu
quelques conseils concernant leur organisation et leur activité, elles
auraient eu plus de facilité pour les développer.

Ces considérations exprimées, nous exposerons maintenant ce que
devrait être l'organisation, que nous estimons comme indispensable pour
aboutir aux résultats que nous recherchons.

Contrairement à ce qui se fait dans la généralité des cas, nous
envisagons d'abord la constitution d'un organisme central des loisirs au
sein même de la F. N. C. C. Le nombre de ses membres ne devrait pas
excéder douze. Ceux-ci seraient répartis en deux sous-commissions,
savoir :

a) administration et finances ;

b) organisation technique du loisir.

Quels seront le rôle et les attributions de cet organisme ?

Ici — nous ne saurions le dissimuler au Congrès — apparaît le point
le plus délicat à solutionner.

En effet, nous prévoyons que les sociétés auront à remettre à l'organisme particulier des loisirs que nous leur demandons d'instituer, toutes
les œuvres qu'elles ont pu créer et qui rentrent dans ce domaine.

Cette idée, nous la concevons en raison que les associations de loisirs
que nous prévoyons, devront constituer une association détachée de la
Société et ayant leur organisme propre, ce qui leur permettrait de solli-
citer et d'obtenir très souvent des subventions soit des communes, soit
des départements et, dans certains cas, de l'Etat.

D'autre part, nous considérons que ces associations se devront de
percevoir des cotisations de leurs adhérents, de façon à ce que le produit
de ces dernières, joint aux crédits que chaque société pourrait accorder

à cette association, puisse assurer les ressources nécessaires au bon fonctionnement de l'ensemble des œuvres créées.

Aussi, pour mieux préciser notre pensée sur ce point, nous prendrons comme exemple l'un des points inclus dans l'énumération que formait notre questionnaire, et nous tenterons de démontrer son utilisation par le moyen ci-dessus indiqué.

Prenant le point des sports, nous dirons que l'association qui s'organisera sous la forme que nous avons conçue, aura, par un effort égal de chacun de ses adhérents, la certitude de multiplier ses possibilités d'action.

C'est ainsi que cette association aura plus de facilité à acquérir tout ce qui est nécessaire à son organisation, et ceci en raison de ce que chaque membre aura apporté une égale cotisation, alors que dans l'état actuel des choses, ces différentes œuvres ne vivent et ne se développent que dans la mesure où la Société leur attribue des subventions généralement insuffisantes à leurs besoins.

En agissant ainsi, il est permis d'espérer que l'association pourra s'accroître de façon constante, étant bien entendu que tout adhérent qui voudra profiter des bienfaits que lui procurera le groupement acceptera de participer aux charges dans les conditions qui lui auront été indiquées.

L'application de ces principes coopératifs à l'organisation des loisirs aura l'avantage certain d'enregistrer, chaque année, des résultats dont l'ensemble des adhérents bénéficiera par l'amélioration qu'ils permettront d'apporter aux œuvres existantes.

Si, comme nous l'espérons, cette conception de l'application de l'idée coopérative aux organisations de loisirs est admise par le Congrès, l'organisme central dont nous demandons la création aura non seulement la possibilité d'entrevoir de grandes réalisations, mais de contribuer ainsi à l'intensification de la propagande coopérative.

Une autre question devra également retenir l'attention du Comité central des loisirs ; c'est l'organisation sous une forme fédérale des différentes associations des loisirs.

En faisant cette proposition, nous tenons de suite à rassurer les sociétés sur nos intentions : il ne s'agit nullement de l'ingérence, si minime soit-elle, dans l'organisation intérieure des œuvres de loisirs.

Ce que nous recherchons seulement, c'est la coordination des méthodes et des efforts entre les organisations de loisirs du même département ou d'une région à déterminer.

Sans vouloir atténuer en quoi que ce soit les efforts accomplis par les sociétés et dont nous avons rapporté les résultats, nous pensons qu'ils auraient pu être supérieurs par l'aide que leur aurait apporté aussi bien l'organisme central que l'organisme régional.

Au reste, nous ne pensons pas devoir insister sur ce point auprès du Congrès, qui sait combien est nécessaire la cohésion des connaissances et des efforts.

Ces comités départementaux ou régionaux rattachés à l'organisme central recevraient de ce dernier toute la documentation et renseignements nécessaires à l'organisation et à l'activité des groupements de loisirs dont les sociétés, les comités départementaux, percevraient les cotisations.

La constitution que nous prévoyons aurait également l'avantage de permettre l'organisation des fêtes, excursions, de concours et de tournois entre les groupements du même loisir ce qui, incontestablement créerait une excellente émulation dont notre Mouvement ne saurait que tirer des avantages.

La sous-commission technique prévue à l'organisme central des loisirs aura une mission importante à remplir. Trop souvent, nos sociétés ne s'engagent pas dans telle ou telle action en raison de ce que les hommes à qui on aimerait confier cette tâche n'ont pas toujours les connaissances pour la conduire à son terme logique.

Aussi, estimons-nous que sous l'impulsion heureuse de la sous-commission technique, nos sociétés pourront s'engager avec plus d'assurance dans la voie des réalisations que nous devons appeler de tous nos vœux.

En un mot, le Comité technique des loisirs aura, non seulement à déterminer les loisirs pour lesquels nous devons faire un effort d'organisation, mais aussi à donner pour chacun d'eux le maximum de conseils, de façon que les usagers en tirent le maximum d'avantages.

C'est ainsi que les méthodes d'organisation et d'utilisation des loisirs devront, dans leurs lignes générales, être fixées par ce Comité qui, par la composition d'éléments qualifiés, sera à même d'orienter utilement les sociétés désireuses de s'intéresser à l'action que le Mouvement Coopératif se doit d'engager, autant dans l'intérêt des coopérateurs que dans le sien.

Nous pensons que l'analyse que nous avons faite, après l'exposé si complet d'Albert Thomas sur la définition du loisir, est suffisante pour permettre au Congrès d'exprimer son opinion sur la question de l'Utilisation des Loisirs comme sur ses conditions d'organisation.

Peut-être aurions-nous pu nous étendre davantage sur les questions de détail relatives à l'organisation pour laquelle nous demandons au Congrès de se prononcer.

Nous n'avons pas jugé nécessaire de le faire en raison de ce que notre projet est à base coopérative et que, de plus, il nous était difficile de le faire sans allonger démesurément ce rapport.

L'essentiel, pour nous, était de faire l'inventaire des réalisations déjà faites et d'exprimer quelques idées pour démontrer d'abord l'intérêt qu'il y avait pour notre Mouvement à s'occuper des loisirs et d'indiquer sous quelle forme nous pourrions en envisager l'organisation.

En conclusion de ce qui précède, nous demandons au Congrès de bien vouloir faire sienne la résolution ci-après que nous lui soumettons :

Le Congrès de la F. N. C. C. considère comme étant de la plus haute importance pour le Mouvement Coopératif de s'occuper à la fois de l'organisation des loisirs par les sociétés coopératives et la pénétration des idées coopératives dans toutes les Associations de loisirs ;

A cet effet le Congrès donne mandat au Conseil Central pour que la section spéciale de l'Office Technique — élargie et étendue — apporte toute son activité pour étudier ce double problème et l'organise à cette fin.

Particulièrement, le Congrès recommande l'étude de la Création d'Associations spéciales pour l'organisation et l'utilisation des loisirs auprès de chaque société ; l'examen des méthodes de coordination par catégories ou géographiquement de toutes ces œuvres ; la recherche des moyens de déterminer le maximum d'utilité et d'efficacité pour les voyages ;

Le Congrès pense également que doit être étudiée la possibilité d'obtenir ou de renforcer les encouragements publics et privés qui peuvent être accordés aux Associations pour l'organisation des loisirs ;

Le Congrès demande au Conseil Central de faire connaître, sur le rapport de la Section spéciale de l'Office Technique, les résultats des travaux de celle-ci, soit par le moyen d'une conférence spéciale, soit par un rapport spécial lors du prochain congrès.

Rapport sur la Caisse Fédérale

L'examen des écritures de la Caisse Fédérale arrêtées au 31 décembre 1928 va nous permettre, par comparaison avec celui de 1927, d'apprécier les résultats obtenus au cours de l'exercice écoulé.

Le compte *Assurés* s'élève à 1.970.374,06 contre 1.674.607,14, soit près de 300.000 fr. d'augmentation.

Le chiffre *capitaux placés* a suivi la même progression et est passé de 1.659.641,06 à 1.951.560,58.

Le *deuxième million* est atteint. Nous avions mis douze ans à recueillir le premier, 4 ans nous ont suffi pour parvenir au second ! C'est évidemment un résultat intéressant ; mais nous avons constaté que la moyenne des versements par carte avait diminué (40 fr. en 1928 — 50 fr. en 1927).

En même temps, le nombre de nos adhérents nouveaux a été moins élevé que les années précédentes — 8.140 inscrits contre 7.940. A quoi attribuer ce ralentissement ? Nous n'avons pas les éléments nésessaires pour en juger, mais nous pensons que beaucoup d'organisations qui faisaient des répartitions assez copieuses à leurs employés en vue de la constitution de leurs retraites ont jugé prudent de les réserver jusqu'à la mise en application de la loi sur les Assurances sociales. C'est pour la même raison également, que d'autres collectivités, qui avaient élaboré des projets de retraites, les laissent dormir dans les dossiers plutôt que de les mettre immédiatement en vigueur. On attend... Et cependant la législation nouvelle sur les Assurances sociales, si elle se substitue à l'ancienne loi des retraites, n'a pas voulu en détruire les résultats. Au contraire, elle a *tenu à accorder des avantages très substantiels à ceux qui avaient fait preuve d'esprit de prévoyance.*

C'est ainsi que les adhérents des Caisses de retraites sont admis dès le début de l'application de la loi au bénéfice de l'assurance *contre la maladie* et aussi contre le *risque invalidité* qui en serait la conséquence, au lieu d'être obligés d'attendre le délai de 20 jours pour l'assurance maladie et celui de 2 ans en ce qui concerne l'invalidité. En outre, si un assuré obligatoire décède avant de compter l'année de versements pour avoir droit à l'assurance décès, ses ayants-cause peuvent prétendre aux allocations au décès. De plus les retraites acquises sous le régime de la loi de 1910 s'ajoutent intégralement à celles accordées par la loi des Assurances sociales. Aussi nous sommes persuadés qu'on a grand tort de retarder l'inscription de nouveaux adhérents ou de différer l'affectation à la constitution de retraites, de capitaux qui ne sauraient être mieux utilisés que par notre Caisse d'assurances, laquelle capitalise à 5,80 % les sommes qui lui sont confiées. A ce taux un employeur qui verserait de 20 à 60 ans 5 % du salaire d'un ouvrier gagnant en moyenne 10.000 fr. par an, lui assurerait à 60 ans une pension viagère de 14.000 fr. à capital aliéné et de 11.000 fr. avec un capital réservé de 20.000 fr. Ces chiffres ne sont-ils par le meilleur argument à fournir, en réponse à ceux qui ont toujours représenté la loi sur les retraites ouvrières comme une vaste fumisterie.

Si on avait obligé tous les patrons à faire ce que fait l'Etat pour ses fonctionnaires, tous les travailleurs sur leurs vieux jours auraient joui d'une pension qui les aurait mis à l'abri du besoin.

On a jeté le discrédit sur cette loi à cause des retraites microscopiques qu'elle procurait, sans réfléchir que des versements annuels de *12* ou *18 fr.*, ne pourraient jamais donner, aussi bien capitalisés soient-ils, que des retraites insignifiantes !

Ainsi, nous avons réparti à nos 400 retraités 61.313 fr. 41. L'an prochain ils recevront plus de 100.000 fr. car l'Etat vient de faire un nouvel effort en leur faveur en portant de 200 à 400 fr. l'allocation qu'il leur accordait.

Pour beaucoup d'entre eux la rente sera supérieure au montant des capitaux engagés. A ne considérer que le point de vue rendement, ils pourront considérer qu'ils n'ont pas été leurrés. Ils ont fait un placement merveilleux ! On s'étonne, dans ces conditions, que tant de travailleurs restent encore réfractaires aux idées de prévoyance.

Pour nous, continuons donc nos efforts de propagande, secouons l'indifférence, l'insouciance de tous ceux qui ne se préoccupent pas du lendemain. Il faut que la Caisse Fédérale se développe largement afin qu'elle puisse continuer à remplir dans la prochaine organisation des Assurances sociales son œuvre utile et bienfaisante.

TABLE DES MATIÈRES

www.ingramcontent.com/pod-product-compliance
Lightning Source LLC
LaVergne TN
LVHW020517060726
842525LV00004B/1000